Knut Stang

Die blutigen Hähne

Beiträge zu Herrschaft, Legitimation und Kooperation

Dilettantenvorträge, gehalten auf der 43. Tagung der Akademie zu Bad Meinungen an der Glaubste

Band 1

Das Ich, die Anderen, das Recht in der Geschichte

Bibliografische Information der Deutschen Nationalbibliothek: Die Deutsche Nationalbibliothek verzeichnet diese Publikation in der Deutschen Nationalbibliografie; detaillierte bibliografische Daten sind im Internet über dnb.dnb.de abrufbar. Die automatisierte Analyse des Werkes, um daraus Informationen insbesondere über Muster, Trends und Korrelationen gemäß §44b UrhG („Text und Data Mining") zu gewinnen, ist untersagt.
© 2025 Knut Stang
Verlag: BoD · Books on Demand GmbH, Überseering 33, 22297 Hamburg, bod@bod.de
Druck: Libri Plureos GmbH, Friedensallee 273, 22763 Hamburg
ISBN: 978-3-8192-9593-5

Das Lied von der Moldau

Am Grunde der Moldau wandern die Steine
Es liegen drei Kaiser begraben in Prag.
Das Große bleibt groß nicht und klein nicht das Kleine.
Die Nacht hat zwölf Stunden, dann kommt schon der Tag.
Es wechseln die Zeiten. Die riesigen Pläne
Der Mächtigen kommen am Ende zum Halt.
Und gehn sie einher auch wie blutige Hähne
Es wechseln die Zeiten, da hilft kein Gewalt.
Am Grunde der Moldau wandern die Steine
Es liegen drei Kaiser begraben in Prag.
Das Große bleibt groß nicht und klein nicht das Kleine.
Die Nacht hat zwölf Stunden, dann kommt schon der Tag.

Bertolt Brecht

Inhalt

1.   Karl Bröcker: Zum Geleit

Meine sehr verehrten Damen und Herren, geschätzte Anwesende, bestimmt hat es irgendwann einmal eine Dekade gegeben, von der die Menschen mit Überzeugung sagten, sie sei kaum anders gewesen als die Jahre oder auch Jahrzehnte zuvor. Ich fürchte jedoch, mindestens solange die Stadt Bad Meinungen die Ehre hat, Ihre schöne Jahrestagung zu beheimaten, hat wohl niemand eine solche Zeit erlebt.

Es wäre daher zu leicht, Sie auf dieser Tagung zu begrüßen, die in ungewöhnlichen Zeiten stattfindet, da man das wahrscheinlich am Anfang jeder Tagung der Akademie hätte sagen können. Aber selbst wenn es vielleicht nur der eigenen Egozentrik geschuldet ist, scheint mir doch das Anderssein unserer Tage radikaler, existenzieller als je zuvor, und das zurück bis in Tage, wo es auch diese ehrwürdige Akademie noch nicht gab.

Sie wissen vielleicht, dass dies mein erstes Jahr als Oberbürgermeister von Bad Meinungen ist, mithin auch mein erster Versuch, die Geleitworte unserer Stadt für Ihre Tagung zu entrichten. Sehen Sie mir also meine Unzulänglichkeiten dies eine Mal noch nach. Beim nächsten Mal wird es vielleicht schon besser gehen.

Die Andersartigkeit unserer Tage scheint mir wesentlich in der existenziellen Befragung nicht nur unseres menschlichen So Seins, sondern unseres menschlichen Seins schlechthin beschlossen zu liegen. Fünfzig Jahre, gar nicht so viel mehr, sind Sie, ich, unsere Eltern, vielleicht noch unsere Großeltern mit Brandfackeln durchs Haus gelaufen und haben jeden Vorhang, jedes Sofa, jeden Kleiderschrank in Brand gesetzt. Gut, die Brandfackeln waren Autos, Industrieschlote, Heizungen und Rinderherden, aber gestatten Sie mir, in diesem Bild zu bleiben. Denn nun dämmert es uns langsam, dass das Haus, dass rings der Garten, dass die ganze Straße rauf jedes Haus in hellen Flammen steht. Wir ahnen mühsam, dass es an uns ist, das Feuer zu löschen. Doch anscheinend ist es schon zu viel verlangt, wenn man vorsichtig andeutet, man könnte mal als erstes vielleicht die Fackeln ein wenig kleiner halten, mit denen wir noch immer weitere Feuer entfachen.

Ich bin mir sicher, dass diese Fragen auch an Ihrer Tagung nicht spurlos vorbei gehen werden. Umso mehr freue ich mich darauf, hier und da als stiller Zuhörer mir auch den einen oder anderen Vortrag anhören zu dürfen.

Ich wünsche mithin uns allen spannende Vorträge, im Anschluss an jeden Vortrag eine rege Diskussion, und nicht zuletzt freue ich mich natürlich darauf, Sie am Abend des zweiten Tagungstages auf dem Akademieball wiederzusehen.

Vielen Dank.

2. Arlt Neeskens: Vorbemerkung

2.1. In schwieriger Zeit

Jede Tagung ist von ihren Teilnehmern anders als alle anderen zuvor empfunden worden. Die diesjährige Tagung auch. Die diesjährige Tagung mehr als jede andere zuvor.

Wir haben das schon im Vorfeld gespürt. Es sind uns von Mitgliedern und Vertrauten der Akademie nie zuvor so viele Beiträge angeboten worden, die sich aus unterschiedlichen Blickwinkeln mit der aktuellen politischen Lage, ihrer historischen Entwicklung und dem Zukünftigen befassen. Wir haben daher nach intensiver Diskussion beschlossen, keine Auswahl unter den Beiträge, zu treffen, sondern nach dem ersten, etwa breiter gefassten Themenfeld der Vorträge am zweiten Tag die Beiträge zur Geschichte des 18. und 19. Jahrhunderts zu versammeln. Denn hier lässt sich in der Gesamtschau eine wesentliche Erkenntnis der meisten Tagungsteilnehmer historisch herleiten, nämlich die Bedeutung des Völkerrechts als vielleicht schwachem, aber doch einzigen Instrument zur Gestaltung unserer gemeinsamen Zukunft.

Einigen Beiträgen des zweiten Tagungstags, die nun auch im vorliegenden zweiten Teilband versammelt sind, kann man eine weit über tagesaktuelle Fragen hinausgehende Kritik an den USA entnehmen. Unser Ziel war jedoch nicht, eine Fachtagung zu US-amerikanischer Geschichte, Politik oder Soziologie ins Leben zu rufen. Da gibt es bereits mehrere sehr gute Adressen. Nein, ein weiteres Mal hat uns gerade der laienhafte Zugang unserer Referenten zu ihren Themen neue Aspekte und Sichtweisen eröffnet.

Gerade hinsichtlich dieser Beiträge wird man unser Vorgehen einmal mehr kritisieren. Naturgemäß war Grundlage ihrer Ausführungen kein Besuch in US-amerikanischen Archiven. Sie fußen lediglich auf gedruckten Beiträge der Forschung und natürlich auf dem im Internet verfügbaren Bestand von entsprechenden Quellen, den diverse Archive erfreulicherweise in immer größerem Umfang bereit stellen.

Aber auch die an die Vorträge anschließenden Diskussionen haben gezeigt, dass hier nicht eine Art dumpfer Antiamerikanismus der späten 1960er Jahre oder die Propaganda des Warschauer Pakts gegen die USA eine Renaissance erlebt hätten. Sondern dass die Auseinandersetzung mit den USA an vielen Stellen auch von großer Sympathie für dieses Land und tiefem Respekt geprägt war. Und von der Einsicht, dass eine erfolgreiche Gestaltung der Zukunft, ja ein Überleben der Menschheit ohne oder womöglich gegen die USA kaum vorstellbar ist. Wie sehr diese Zukunft heute bedroht ist, wie sehr wir aber auch schon jetzt in einem ungesunden Zustand fortgesetzter Beunruhigung leben, darauf haben uns dann am dritten Tag sehr aktuelle Beiträge hingewiesen. Hier ging es um den Klimawandel, aber auch um das aus der steigenden Bedeutung von Künstlicher Intelligenz erwachsende Risiko für das demokratische Paradigma oder um die aktuellen Konflikte in der Ukraine und im Gaza-Streifen. Insbesondere die Beiträge dieser dritten Gruppe waren dann so wichtig, dass wir das diesjährige Treffen in Bad Meinungen um einen Tag verlängert haben, auch auf dringenden Wunsch der meisten Anwesenden. Unser Dank gebührt mithin den vielen Helfern im Hintergrund, nicht zuletzt der örtlichen Verwaltung und der lokalen Hotels, dies spontan ermöglicht zu haben. Dieser dritte Tagungstag, der vor allem der aktuellen Situation unserer Welt galt, hat uns alle aber auch sehr ernüchtert, ja betroffen die Rückreise aus Bad Meinungen antreten lassen. Denn die Welt rast an uns vorbei, dass wir ihr nur staunend, mitunter bedauernd, immer öfter geradezu entsetzt zuschauen können. Nicht zuletzt dies war für alle Teilnehmer wie auch für das ausrichtende Komitee eine bittere Lehre, in deren Licht weniger als jemals zuvor in den letzten Jahrzehnten die Tagung freudevoll und beschwingt zu Ende gehen konnte. Aber wir sind stolz, dass so viele mutige und die Kritik nicht scheuende Grenzgänger aus diversen Wissenschaften sich auch in diesem Jahr wieder zusammen gefunden haben, um einander, und durch diese drei Teilbände vielleicht auch noch viele weitere Menschen, mitzunehmen auf die eigene Reise in einem jedem Einzelnen bis dahin weitgehend unbekannte Teil seiner, unserer Welt. Und das gilt dann wieder auch für die Tagung insgesamt, und für die Welt, in der wir leben: Unsere Welt ist eine Reise, aus dem Unbekannten, das wir nur in geringen Teilen erahnen, manchmal erforschen können, in ein Unbekanntes, das uns, wo wir es ahnen, leider einmal mehr in Angst versetzt. Dem wir jedoch nichts erwidern können als das unbedingte Miteinander der Wissenschaften, der Menschen in ihnen und der Menschen insgesamt. Denn mehr als dies haben wir nun einmal nicht, und niemand als nur wir selbst kann antreten, um die Nöte dieser Welt zu lindern.

2.2.   Was uns leitet

Die Dilettantenvorträge der Akademietagungen in Bad Meinungen werden sicher nie eine wissenschaftliche Institution im intellektuellen Diskurs auch nur der deutschsprachigen Länder werden. Das ist einerseits verständlich, andererseits aber auch bedauerlich. Umso beruhigender, dass nicht wenige der in den vergangenen Jahrzehnten veröffentlichten Beiträge später noch den Weg in andere Publikationen gefunden oder sich sogar zu veritablen Monografien erweitert haben. In allen Fällen aber war es gerade der in Bad Meinungen seit Gründung der Akademie vertretene Ansatz eines Überschreitens lieb gewordener Grenzen, welche die Qualität dieser Beiträge wesentlich beförderte.

Nun leben wir in einer Zeit, in der das Überschreiten von Grenzen leider eine ganz andere Dimension gewonnen hat. Und zugleich scheinen viele Menschen genau deshalb in ihrem eigenen Denken wie auch im Umgang mit anderen die Grenzen nur umso stärker zu befestigen. Das mag verständlich sein; klug ist es nicht.

Daher fragt sich, wie aktuell populäre Begriffe, vor allem Strategie, Gewalt und Legitimation, aus ungewohnten Perspektiven neu betrachtet, neu verstanden, neu hinterfragt werden können. Nicht in allen Beiträgen bilden diese Themen das Leitprinzip; das passt zum breiten Ansatz der Akademie. Trotzdem halten wir diese Fragen unserer diesjährigen Tagung für aktueller denn je. Warum?

Regierungen tun abscheuliche Dinge. Zu allen Zeiten, in allen Erdteilen. Mal mehr, mal weniger. Aber es gab keine Zeit – soweit wir wissen jedenfalls – wo das nicht der Fall war.

Wir reden hier von Dingen, die auch schon von den Zeitgenossen als abscheulich wahrgenommen und auch so bezeichnet wurden. Das Entsetzen angesichts von Massakern, Genoziden, Vertreibung, planhafter Vergewaltigung, Zerstörung von Kulturgütern, Ausplünderung usw. ist also nicht die Erfindung einer angeblich ach so verzärtelten Post-Auschwitz-Generation, sondern verbindet Menschen durch Zeitalter und über den gesamten Erdball hinweg.

In vielen, oft emotional ausgetragenen Diskussionen wird jedem, der den Blick über die Stacheldrahtzäune der deutschen Konzentrations- und Vernichtungslager weitet, vorgeworfen, die Singularität der Shoah relativieren zu wollen. Das wäre tatsächlich aller Kritik wert, wenn man den Ausdruck „relativieren" als „belanglos, zum historischen Normalfall machen" versteht. Doch eigentlich meint „relativieren" die Dinge in Relation zu setzen und auf ihre Beziehungen, Ähnlichkeiten, aber auch Besonderheiten hin zu betrachten.

Auf der Akademietagung wurden die Hörer, in den nachfolgend abgedruckten Beiträgen wird der Leser immer wieder mit solchen Abscheulichkeiten konfrontiert sein. Bekannteren wie der Shoah, aber auch

16

anderen Ungeheuerlichkeiten. Etwa jenen, welche die japanischen Truppen bei der Eroberung von Nanking 1937 oder Singapur 1942 begingen. Dem Massenmord durch Unterlassen, den man der britischen Regierung im Rahmen des Great Famine in Irland 1845-1849 anlasten muss. Oder den Millionen von Toten im Kongo, die auf das Konto des belgischen Königs Leopold II. gehen.

Wir wissen alle, dass die Liste solcher Verbrechen durch die Menschheitsgeschichte hindurch lang ist. Dass sich gewiss Pol Pot, Stalin, Bahattin Şakir und Cemal Azmir, wahrscheinlich auch Dschingis Khan oder Attila problemlos in diese Reihe aufnehmen lassen. Aber dann gewinnt man vielleicht den Eindruck, wir hielten nur deswegen so entschlossen an der Singularität der Shoah fest, um nicht die Frage beantworten zu müssen, was eigentlich grundsätzlich zu solchen genozidalen Phänomenen führt. Ob sie nicht die Gattung Mensch als solche, seine Organisation in Stämmen und Staaten, mindestens aber Organisationsformen wie Militär oder Konzerne fragwürdig machen. Ist der Genozid nur eine exaltierte Form dessen, was Menschen in ihrem täglichen Leben, was Staaten in ihrer Geschichte, was Armeen in ihrem Tagewerk ohnehin tun? Und lässt sich das dann irgendwie überwinden?

Denn eins ist klar: Armeen tun abscheuliche Dinge. Immer. Als Gesamtgruppe, als Verband, als Einheit, als Einzelperson. Auf Weisung der Regierung. Mit Wissen der Regierung. Oft auch der heimischen Bevölkerung. Gegen den Widerstand der Regierung. Ohne Kenntnis der Regierung. Oder der heimischen Bevölkerung.

Die Gestalt dieser Abscheulichkeiten wechselt mitunter, vor allem aufgrund der Entwicklung neuer Waffen. Ein Flächenbombardement einer Großstadt war in der Spätantike annähernd unmöglich; die bekannten Waffen wie Ballisten und Katapulte trugen nicht weit genug und richteten auch vergleichsweise wenig Schaden an. Aber die

Grundnatur der entfesselten Gewalt, die sich dann – seitens der Führung gewollt oder mindestens geduldet, manchmal aber auch im Nachhinein geahndet – gegen Unschuldige richtet, lässt sich immer und überall beobachten, wo Menschen – meist Männer – gegeneinander in den Krieg ziehen. Was auch immer man dann meint, wenn man die Opfer dieser Gräuel als unschuldig bezeichnet. Als könne es auch Opfer geben, die angesichts vorheriger Taten zu Recht, nämlich schuldig, Opfer von Vergewaltigung, Genozid usw. werden könnten oder womöglich zu anderer Zeit, an anderer Stelle tatsächlich waren.

Nun ist das Begehen von Abscheulichkeiten keine Privileg von Armeen, leider. Zivile Institutionen tun abscheuliche Dinge. Seit es Gerichte, seit es eine Polizei, seit es Priesterkasten, Kirchen usw., seit es Gilden, Zünfte, Clubs, Vereine gibt, findet sich eine unendliche Menge moralisch verwerflicher Dinge, die hier ihren Ursprung genommen haben. Dabei sind zivile Institutionen mehr als andere Organisationsformen in der angenehmen Situation, dass es immer Menschen aus der Mitte der Gesellschaft gibt, die sich ihnen zugehörig fühlen und daher ihr Handeln mehr oder weniger bedingungslos unterstützen. Es ist ja das „Wir" und nicht das „Die da", was da handelt. Aber damit fühlen solche Institutionen bzw. ihre Mitglieder sich oft auch weniger als alle anderen in der Pflicht, ihr Handeln moralisch zu rechtfertigen oder gar zu hinterfragen.

Wissenschaftler tun abscheuliche Dinge. Es gibt kaum eine Wissenschaft, deren Lehren, Theorien, Thesen, Meinungen, Annahmen, Hypothesen nicht schon zur Begründung von Entrechtung, Mord, Unterdrückung, Naturzerstörung und Vertreibung herangezogen worden sind. Oder die sogar die Mittel bereitgestellt hat, um all diese Abscheulichkeiten überhaupt erst Wirklichkeit werden zu lassen.

Falls jemand meint, wenigstens für die Astronomie gelte dies nicht, so muss man sehen, dass dies eigentlich nur der linke Arm einer über

Jahrtausende untrennbaren Einheit von Astronomie und Astrologie ist. Was aber im Namen der Astrologie schon an Lügen, Begründungen für blutige Kriege, Morde usw. verbrochen worden ist, wäre zweifellos genug Stoff für ein eigenes Buch von nicht geringem Umfang.

Menschen tun abscheuliche Dinge. Offensichtlich ist alles, was oben angeführt worden ist, sind all die furchtbaren Dinge, die Regierungen und Staaten, die Armeen und Verbände tun, immer wieder eigentlich Abscheulichkeiten, die Menschen tun. Aber zugleich tun Menschen auch abscheuliche Dinge, die sich letztlich weder einem Regierungsauftrag, einer Ideologie, einer Religion oder einem Konzern als eigentlichem Urheber zuweisen lassen. Menschen betrügen, rauben, foltern, vergewaltigen, morden, soweit die Kriminalgeschichte zurückreicht, ohne mehr als allenfalls ein fadenscheiniges Deckmäntelchen aus der Mottenkiste von Ideologie und Religion zu zerren. Und es ist durchaus nicht nur und nicht in allen Fällen die nackte Habgier, die sie antreibt. „Follow the money!" ist zwar ein gutgemeinter Ratschlag an junge, aufstrebende Journalisten, Kriminalisten, Historiker. Aber eigentlich ist es auch ein hochgradig blöder Satz, weil er die komplexe menschliche Motivlage auf das verkürzt, was das neoliberale Buchhaltergehirn für den alleinigen Motor der Welt identifiziert zu haben glaubt: Geld.

Wenn aber alle Abscheulichkeiten, die von Institutionen, von Staaten, von übernationalen Verbänden wie den Kirchen in der Vergangenheit ausgegangen sind und offensichtlich nach wie vor ausgehen, letztlich auf Menschen als Akteure zurückzuführen sind, so fragt sich, ob diese kollektive Gewalt durch Begreifen des Individuums verstanden werden kann. Anders gesagt, ist die Gewalt ausübende Gemeinschaft mehr als die Summe ihrer gewaltausübenden Teile? Gibt es eine kollektive, womöglich gar eine institutionelle Gewalt, die sich nicht aus individueller Gewalt zusammensetzt, sondern allenfalls diese individuelle Gewalt nutzt, aufstachelt, mit scheinbarer Legitimation versieht?

Die meisten einfachen Dinge in der Welt sind völlig harmlos. Ein paar Gramm Blei, in eine Letter gegossen, machen keinen Schaden. Auch ein paar Dutzend dieser Lettern sind harmlos, wenn man sie nicht gerade in eine Schleuder lädt und damit auf Spatzen oder Rehpinscher zielt. Aber wenn man ein paar tausend dieser Bleilettern in der entsprechenden Weise zusammenstellt und noch Tinte und Papier hinzufügt, so hat man am Ende vielleicht den „Malleus Maleficarum", also das Handbuch der Hexenjäger von 1486, hat Hitlers „Mein Kampf" oder die Bauanleitung einer Autobombe. Doch selbst diese Dinge sind für sich harmlos, Hitlers schwülstiges Pamphlet sogar ein wenig lächerlich. Allein zusammen mit anderen Elementen, einer entsprechenden Geisteshaltung vieler Menschen, einer Bereitschaft zu exzessiver Gewalt usw. entsteht eine unheilvolle Mischung, die keinem der Protagonisten, noch nicht einmal einem Henricus Institoris oder einem Adolf Hitler, in die Wiege gelegt war.

Also entsteht durch die Agglomeration von Menschen, vielleicht aber auch durch die Institutionalisierung dieser Agglomeration und ihre Persistenz durch Jahrhunderte, womöglich Jahrtausende etwas, dessen Wirken aus den Bestandteilen allein nicht erklärt werden kann. Dann aber fragt sich, ob diese abscheulichen Handlungen von Institutionen, Staaten, Kirchen, Konzernen usw. gelegentliche Entgleisungen dieser an sich sinnvollen Agglomerationen sind. Oder ist die Abscheulichkeit ein unabdingbares Grundelement dieser Agglomerationen, auch wenn sie sich mal stärker, mal schwächer äußert und oft genug eingeschlafen, ja entschwunden scheint? Die mal so, mal so begründet wird. Die mal im Geheimen wirkt, aber oft genug auch das Licht der Öffentlichkeit nicht nur nicht scheut, sondern sich in demselben stolz und selbstbewusst sonnt. Und ist die Gewalt der Institutionen dann nur etwas, was Einzelmenschen in die Welt bringen, um das, was sie ohnehin tun wollten, mit größerer Macht, besserer

Legitimation und insgesamt erfolgreicher zu verfolgen? Oder ist in der institutionalisierten Abscheulichkeit der Einzelne in seinen Motiven und Haltungen letztlich austauschbar? Weil es eben nicht der einzelne Buchstabe oder die Giftigkeit von Blei war, was den Albtraum der Hexenverfolgungen bewirkt hat.

2.3. Die Abscheulichkeit der Agglomeration

Es ist dies die Hypothese, die in den nachfolgenden Vorträgen dieser Tagung den Hintergrund bilden wird. Die Agglomeration, vor allem aber die Institutionalisierung der Agglomeration vermag Abscheulichkeiten zu gebären, zu der einzelne Menschen, auch in großen Gemeinschaften, nie und nimmer in der Lage wären. Dass freilich diesem allen – und am schlimmsten im uniformierten Mörderberuf des Soldaten – die stillschweigende Botschaft an den Einzelnen erst zum Erfolg verhilft: „Was sonst dir stets und strikt verboten, hier darfst du's tun und erntest, bist du nur erfolgreich, vielleicht sogar noch Orden, Ruhm und eine sichere Rente!"

Nun ist ein solcher Blick auf die von Institutionen verübten Abscheulichkeiten nie geeignet, die Hypothese als solche hinreichend zu stützen. Es finden sich zu vielen dieser Abscheulichkeiten andere Beispiele, wo dieselbe Organisation, derselbe Staat, Kirche, ja sogar Konzerne oder Heeresverbände auch ganz wunderbare, selbstlose, rettende Handlungen vollzogen haben. Das allerdings relativiert nicht den Anfangsverdacht, der dem allen zugrunde liegt, dass zur Idee der institutionalisierten, dauerhaften Agglomeration als solcher unabänderlich die Fähigkeit, mehr noch, die Neigung zur Abscheulichkeit gehört. Dass folglich die jeweilige Institution, wie auch immer sonst sie beschaffen ist, was auch immer sonst sie tut oder getan hat, die Abscheulichkeit in ihrem Besteckkasten immer bereit hält. Und man nie sicher sein kann, dass sie davon nicht eines Tags Gebrauch machen wird. Selbst wenn sie bisher als noch so friedfertig erschien.

Doch wir werden im Folgenden auch noch einem anderen Aspekt dieser unerfreulichsten Kapitel der Geschichtsbücher begegnen: Fast immer sind diese umwoben von einem dichten Gespinst aus Legenden, Mythen und schlichten Lügen. Die britische Besatzungspolitik in Irland, die litauische Verklärung der Kollaboration zwischen 1941 und 1944, aber auch unser heutiger Umgang mit Klimawandel und klimabedingten Existenzrisiken zeigen vergleichbare Tendenzen. Dass nämlich die herrschenden Kreise, dass aber immer wieder auch jeder einzelne von uns bereit ist, zu lügen oder doch jedenfalls den allfälligen Lügen zu glauben, die uns das Leben so viel angenehmer machen. Bis hin zur US-amerikanischen Geschichte, vor allem im 20. Jahrhundert, wo gezielte Mythenbildungen und mehr oder weniger plumpe Lügen anscheinend geradezu ein Hauptinstrument der Politik waren – und allem Anschein nach auch weiterhin sind.

Es wird deutlich werden, dass man diese Lügengeflechte nur los wird, wenn man versteht, dass Bequemlichkeit kein geeignetes Kriterium ist, um richtig und falsch zu unterscheiden. Das Unbequeme kann genauso falsch, genauso richtig sein wie das Bequeme. Aber wenn man bereitwillig alles glaubt, solange es nur hinreichend bequem und nützlich scheint, wird man in diesem Dickicht aus Lügen und Phrasen und Mythen irgendwann ersticken. Und es vielleicht noch nicht einmal bemerkt haben. Weil nicht mehr erstickt ist als das eigene Denken. Und unser aller Freiheit.

3.   Pieter Skrait: Einleitung dieses Teilbands

Pieter Skrait hat die schwierige Aufgabe dankenswerterweise nicht ge-scheut, den nachfolgenden Beiträgen in gewissem Maß einen roten Fa-den zu verleihen. Das ist ihm bereits mit seinem einleitenden Vortrag zu Beginn der Tagung so gut gelungen, dass wir uns entschlossen haben, seine Ausführungen ohne Abänderungen in den Tagungsband aufzu-nehmen. Seine sonstige Tätigkeit als Journalist hat ihm dabei zweifellos das Finden überzeugender Formulierungen erleichtert. Aber da er an-sonsten vor allem Artikel über Perspektiven der Informationstechnologie und ihre politischen Implikationen verfasst, hat er hier doch ein eindeu-tiges Bewusstsein für weit darüber hinausgehende Fragestellungen be-wiesen.

3.1.   Herrschaft, Gewalt und Legitimität

Herrschaft, Gewalt und Legitimität – drei verbreitete Begriffe, die ge-rade in unseren Tagen vermehrt wieder herangezogen werden, wenn wir die sich um uns herum wandelnde Welt in ein traditionelles Inter-pretationsschema zu pressen versuchen.

Was meinen wir, wenn wir von „Herrschaft" sprechen? Was meinen wir, verwenden wir den Ausdruck „Gewalt"? Und was ist gemeint, wenn man das eine oder das andere als „legitim" bezeichnet?

Herrschaft ist nichts, was man besitzt. Es ist etwas, was man mehr oder weniger kontinuierlich über wenigstens eine andere Person aus-übt, indem man ihr sagt, was sie zu tun hat, während diese Person keine oder allenfalls nur sehr wenige Möglichkeiten besitzt, sich dem zu entziehen. Wenn unter zwei gleich freien und mit gleichen Macht-mitteln ausgestatteten Menschen einer dem anderen sagt, was er tun soll, ist der so Angesprochene grundsätzlich frei in seiner Entschei-dung, ob er entsprechend handeln wird oder nicht. Herrschaft basiert also auf einer ungleichen Verteilung von Machtmitteln, die es dem einen erschwert, sich frei zu entscheiden, und es dem anderen erleichtert, den ersteren zu einem gewünschten Handeln zu veranlassen. Dabei spielt es keine Rolle, ob der Machthabende von der ungleichen Machtverteilung Gebrauch macht. Sie steht als Menetekel immer im Hintergrund, da nützt alles egalitäre Kaschierung wenig. Entsprechend herrschen Eltern über ihre Kinder, auch wenn sie versuchen, diesen auf Augenhöhe zu begegnen. Unternehmensführer herrschen über ihre Angestellten, was der Begriff „Mitarbeiter" kaum übertünchen kann. Und natürlich üben auch demokratisch gewählte Regierungen Herrschaft über das Volk aus, selbst über diejenigen, die bei der letzten Wahl an entsprechender Stelle das Kreuz gemacht hatten. Machtmittel können vielerlei Gestalt annehmen. Hierbei ist zunächst zu unterscheiden zwischen der bloßen Androhung des Einsatzes von Machtmitteln und der tatsächlicher Anwendung. Dabei ist die bloße Androhung des Einsatzes eines Machtmittels nicht davon abhängig, dass dieses Mittel tatsächlich vorhanden ist. Die diversen Religionen dieser Welt sind Beispiele für die Androhung der Verwendung von Machtmitteln, über deren bloße Existenz man bei nüchterner Betrachtung doch einigermaßen im Zweifel sein kann.

Des Weiteren ist ein Machtmittel immer eine mehr oder weniger domestizierte Form von Gewalt. Allerdings muss diese Gewalt nicht notwendig direkt, physisch und unmittelbar sein. In der jüngeren Diskussion hat insbesondere Johann Galtung darauf hingewiesen, dass direkte und strukturelle Gewalt einander nicht wesensfremd sind.

Wenn Machtmittel immer Voraussetzung von Gewalt sind und Herrschaft immer auf einer impliziten oder expliziten Anwendung von Gewalt beruht, dann beruht Herrschaft immer auf direkter oder struktureller Gewalt. Eine gewaltfreie Form von Herrschaft ist damit ein Widerspruch in sich.

Dennoch gelten manche Formen der Herrschaftsausübung in der Regel als legitim, andere hingegen nicht. Daher fragt sich, was legitime Herrschaftsausübung sein kann, nach welchen Kriterien dieses Attribut also zugewiesen wird.

Dem Wortsinne nach ist alles legitim, was kein Gesetz bricht. Dabei versteht man diesen Begriff meist nicht nur unter Bezugnahme auf Vorgaben der Legislative, also auf Gesetze im engeren Sinne, sondern zieht Verbindungen zu moralischen Setzungen und religiösen Prinzipien. Das ist der gängige Unterschied zum Begriff „legal", der lediglich die Konformität einer Handlung zu positivem Recht, also Gesetzen und ähnlichen Vorgaben konstatiert. Die Legitimitätsfrage stellt sich hingegen vor allem dort, wo eine Haltung oder eine Handlung nicht dem Erwartungskonsens der Mitmenschen entspricht, aber dennoch nicht in Kollision mit den entsprechenden Gesetzen gefunden wird. Umgekehrt, Gesetze sind per definitionem legal, wenn sie nicht mit anderen, höher bewerteten Gesetzen, also z.B. den Vorgaben der Verfassung, kollidieren. Dennoch wird man ein Gesetz als illegitim bewerten, wenn es bei aller formalen Legalität den moralischen Setzungen und gesellschaftlichen Mehrheitsmeinungen zuwider läuft. Entsprechend wird der Ausdruck „legitim" gern dort verwendet, wo eine Vorgabe zugunsten einer als höherwertig oder wichtiger eingeschätzten Vorgabe gebrochen wird. So bezeichnen die meisten Deutschen den Anschlag vom 20. Juli 1944 als völlig legitim, obgleich er natürlich geltendem Recht zuwider lief. Man sieht hier ganz offensichtlich eine Legitimität einem Prinzip entstammen, welches oberhalb des damaligen Strafgesetzes angesiedelt wird. Umso perfider übrigens, dass der mit der Verfolgung der Verschwörer beauftragte Volksgerichtshof in allen entsprechenden Verfahren selbst das ohnehin rudimentäre Prozessrecht des NS-Staats vor allem hinsichtlich der Rechte des Angeklagten oder der Beweispflicht der Staatsanwaltschaft mit Füßen trat. Die dort aktiven

Richter behaupteten zudem, im Sinne einer höheren Gerechtigkeit zu handeln, also letztlich dem Rechtsgefühl des Volks weit mehr als dem geschriebenen Recht verpflichtet zu sein. Damit behauptete man, dass die dort ergangenen Urteile vielleicht nicht durchweg lupenrein legal, aber in jedem Fall hochgradig legitim gewesen seien.

Das ist natürlich eine Haltung, die heute – hoffentlich – unverändert allenfalls eine Minderheit der Gesellschaft teilt. Stattdessen sehen wir heute Gewalt nicht als legitim an, wenn sie zwar zum Zwecke der Herrschaftsausübung angedroht oder tatsächlich angewendet wird, aber mit einer der moralischen oder rechtlichen Setzungen des jeweiligen Gemeinwesens kollidiert, ohne dass man eine Rechtfertigung aus einer übergeordneten Regel gewinnen könnte.

Nun waren auch die schlimmsten Verbrecher unter den zahlreichen Herrschern dieser Weltgeschichte selten um den Beruf auf ein höheres Prinzip, einen göttlichen Auftrag, eine Einrichtung der Vorsehung verlegen, welche es ihnen nun mal gänzlich unmöglich mache, den ansonsten natürlich hoch gehaltenen Gesetzen und Regeln der menschlichen Gesellschaft gerate in diesem Moment Folge zu leisten. Die Kreuzfahrer brüllten ihr „Deus lo vult!" ebenso bereitwillig wie die braunen Mörder ihr „Sieg Heil!" und die islamistischen Selbstmordattentäter auf der ganzen Welt ihr „Allahu Akbar!" Daher ist die Entscheidung über die Legitimität von Gewalt und damit auch die Legitimität der mit ihrer Hilfe erreichten Herrschaft über andere Menschen nur transparent, wenn sie auf einen offen gelegten Regelkanon Bezug nimmt.

Folglich kann Herrschaft nur legitim sein, wenn die ihr unabdingbar innewohnende Gewalt im Kontext der jeweiligen lokalen Regelsetzungen grundsätzlich gerechtfertigt werden kann. Dies kann von Mensch zu Mensch, von Kultur zu Kultur, von Epoche zu Epoche ganz unterschiedlich ausfallen. Für einen Minimalkonsens aller Menschen ist es daher hilfreich, sich zu fragen, ob man auf der ganzen Welt und zu allen Zeiten bestimmte Formen von Gewalt, bestimmte Formen von Herrschaft gleichermaßen als ungerechtfertigt, als illegitim bezeichnet hätte.

Beschlagnahmt ein Regent das geringe Vermögen eines seiner Untertanen nicht im Interesse des Gemeinwohls, sondern lediglich zur persönlichen Bereicherung, so wird man sicher lange suchen müssen, um jemanden zu finden, der das als legitim bezeichnet. Und dennoch werden völkerrechtlich in keiner Weise gerechtfertigte Eroberungen immer wieder legitimiert, ja glorifiziert, etwa jene, die man mit Alexander dem Großen, Julius Cäsar oder Friedrich II. verbindet. Zwar mag man anführen, dass zwischenstaatlich es keine illegitime Gewalt geben könne, da dies Kriterium nur innerhalb einer Gemeinschaft anwendbar sei. Aber abgesehen von hilflosen Apologeten ruhmgierender Potentaten glaubt das niemand ernsthaft. Ein Reh im Wald etwa gehört keinesfalls zum nationalen Gültigkeitskontext moralischer Regeln und Normen. Dennoch werden die meisten Menschen es als illegitim bezeichnen, dieses Tier mit einer Drahtgerte tot zu prügeln. Also gelten Illegitimitätskriterien offensichtlich auch dann, wenn das Opfer dieser Gewalt nicht zu jener Gemeinschaft gehört, welche diese Kriterien als Teil ihres virtuellen, weil nie offiziell geschlossenen Gesellschaftsvertrags vereinbart hat.

3.2.   Legitime Gewalt

Wenn also jede Herrschaft eine Form von Gewalt ist und Gewalt von Fall zu Fall als illegitim angesehen werden muss, dann fragt sich, welche Kriterien über den Begriff „legitime Gewalt" entscheiden. Was muss der Fall sein, damit Formen von Gewalt, Formen von Herrschaft als legitim bezeichnet werden können?

Einzelfälle legitimer Gewalt kennt fast jeder. In aller Regel liegt ihnen eine Notwehr oder Notrettung zugrunde. Jemand schützt sich oder einen anderen vor illegitimer Gewalt, indem er ihr Gewalt entgegensetzt. Also ist die Abwehr illegitimer Gewalt legitim, die hier zum Tragen kommende Gewalt somit ebenfalls legitim.

Das wirft aber zwei Probleme auf: Zum einen geht nach dieser Definition illegitime Gewalt der legitimen Gewalt immer voraus. Das macht es erforderlich, illegitime Gewalt besser als nur über ein allgemeines Unbehagen angesichts bestimmter Handlungen zu definieren. Dies umso mehr, als dieses Unbehagen Moden, emotionalen Schwankungen und dem Narrativ des Einzelfalls unterworfen zu sein scheint. Als Marianne Bachmeier 1981 am dritten Verhandlungstag im Gerichtssaal den mutmaßlichen Mörder ihrer Tochter erschoss, waren zahlreiche hierzu befragte Bürger überzeugt, im Sinne eines übergesetzlichen Gerechtigkeitsprinzips habe sie legitime Gewalt ausgeübt. Hier lag keine Gefährdungssituation vor, die Gewalt gegen ihre Tochter lag fast ein Jahr zurück, es war auch zu diesem Zeitpunkt nicht abschätzbar und insgesamt vergleichsweise unwahrscheinlich, dass der geständige Täter freigesprochen oder auch nur – schon wegen entsprechender Vorstrafen – mit irgendeiner milderen Strafe als lebenslänglich mit anschließender Sicherungsverwahrung davonkommen würde. Bachmeier handelte nach eigenem Bekunden auch nur teilweise aus Rachegedanken, vor allem wollte sie den Beschuldigten daran hindern, zum Verhalten ihrer Tochter Aussagen zu machen. Sie beschaffte sich eine Feuerwaffe, was in dieser Zeit noch alles andere als einfach war. Sie schoss das vollkommen wehrlose Opfer in den Rücken, insgesamt siebenmal. Ein achter Schuss ging fehl.

Obwohl hier alle Merkmale von Mord vorlagen, rückte unter dem allgemeinen Druck die Staatsanwaltschaft von der ursprünglich betriebenen Mordanklage ab. Letztlich verbrachte Bachmeier knapp vier

Jahre im Gefängnis wegen Totschlags. Und bis heute gilt ihr Handeln für viele als Paradebeispiel legitimer Gewalt.

Das andere Paradebeispiel verbindet sich mit dem 20. Juli 1944. Wie schon gesagt, geht auch hier eine große Mehrheit Befragter von der Legitimität der Gewalt gegen Hitler aus, obgleich auch hier eine unmittelbare Bedrohung für niemanden im Wahrnehmungsbereich der Täter gegeben war. Und natürlich wurde hier eine große Zahl damals geltender Gesetze gebrochen. Aber: Man kann sicher sein, dass ein Erfolg des Anschlags zahlreiche Leben – allein wahrscheinlich mehrere Millionen Deutsche – gerettet hätte, die erst nach dem 20. Juli in der Endphase des Krieges ihr Leben verloren.

Aber was ist mit Wilhelm Freiherr von Ketteler, Attaché an der deutschen Botschaft in Wien, der 1938 Hitler erschießen wollte? Also anders als bei dem bekannteren Georg Elser im November 1939 zu einem Zeitpunkt, als zwar einiges auf einen neuerlichen Krieg mindestens europaweiter Dimension hindeutete, eine entsprechende Gewissheit aber nicht gegeben war. Man kann zugunsten Kettelers leider nicht anführen, er habe aus Protest gegen die Unterdrückungspolitik und vor allem die antisemitischen Maßnahmen der deutschen Regierung seine Pläne gefasst. Auch eine ex-post-Legitimierung ist hier nicht sinnvoll, da moralische Entscheidungen immer nur auf Basis des zu diesem Zeitpunkt Bekannten getroffen werden können. Wäre Ketteler also legitimiert gewesen, Hitler zu erschießen?

Ketteler wurde vom SD ermordet, bevor er seine Pläne verwirklichen konnte. Aber so wünschenswert ein Erfolg seines Vorhabens aus heutiger Sicht gewesen wäre, legitime Gewalt wäre es wohl nicht gewesen. Die Beispiele zeigen, dass Gewalt nicht aus emotionalen Haltungen heraus als legitim oder illegitim bezeichnet werden kann, dass es aber auch wenig hilfreich ist, legitime Gewalt lediglich als Abwehr illegitimer Gewalt zu bezeichnen.

3.3. Ideologisierte Gewalt

Selbst legitime Gewalt, etwa zur Abwehr von Gewalt, wird von den meisten Menschen als illegitim bezeichnet, wenn sie ein diffuses Maß von Gewalt überschreitet. So würden die meisten Menschen es als legitim bezeichnen, einen Mann zu hindern, der eine ihm unbekannte Frau in der Fußgängerzone beschimpft und sich anschickt, ihr ins Gesicht zu schlagen. Aber wenn man zur Abwehr dieser Gewalt von hinten an den Mann herantritt und ihm ohne Warnung mit einer zufällig verfügbaren Axt beide Arme an den Schultern abhackt, würde man von einer überzogenen, also illegitimen Abwehr der Gewalt selbst dann sprechen, wenn der Mann dies überlebt. Das gilt zumeist sogar, wenn man keine andere Möglichkeit gehabt hätte, die Frau vor der ihr drohenden Gewalt bzw. der schon erfahrenen verbalen Gewalt zu schützen. Also muss die Anwendung von Gewalt nicht nur grundsätzlich durch eine moralische Regel gestattet, vielleicht sogar gefordert sein. Sie muss auch verhältnismäßig sein, was zusammen darauf hindeutet, dass die Legitimitätsforderung immer auch ein Versuch ist, das innergesellschaftliche Gesamtmaß von Gewalt auf möglichst niedriger Stufe zu halten.

Kann man dann als legitime Gewalt jede Gewalt bezeichnen, die ein beliebiges Übel beseitigen soll, sofern es durch keine andere Maßnahme überwunden werden kann? Offensichtlich nicht: In der Wahrnehmung vieler Menschen ist das laute Rasenmähen ihrer Nachbarn zweifellos ein Übel, vor dem sie kein Gesetz zu schützen vermag, wenn es nicht gerade nachts geschieht. Trotzdem ist es nicht legitim, Jagd auf Kleingärtner zu machen. Andererseits ist das Leben auf der Erde, der Fortbestand der Menschheit, erst rechts von Milliarden einzelner Menschen, unzähliger Tiere usw., aber auch von Errungenschaften der letzten zehntausend Jahre durch den Klimawandel akut gefährdet. Trotzdem gewinnen viele Menschen den Eindruck, dass weltweit fast nichts getan wird, um das zu stoppen, zu verlangsamen oder wenigstens in seinen Folgen weniger problematisch zu machen. Wäre es also legitim, auf Basis dieses Eindrucks Gewalt gegen Autokonzerne, Industriekomplexe, einflussreiche Strippenzieher aus Politik und Wirtschaft nicht nur zu propagieren, sondern durch gewaltsames Handeln Realität werden zu lassen?

Natürlich lassen sich leicht Beispiele finden, wo Menschen ihre Gewalt als höchst legitim ansahen, man aber dies heute zurückweisen würde. Unter den Mördergesellen der Nazi-Diktatur gab es natürlich Tausende, die sich sehr wohl bewusst waren, dass sie gegen jeden allgemeinmenschlichen Rechts- und Gerechtigkeitskonsens handelten, gegen diverse Passagen aktuell geltender Gesetze verstießen und letztlich aus den niedersten Beweggründen stahlen, versklavten, quälten, vergewaltigten und millionenfach mordeten. Aber es gab eben auch jene, die fest überzeugt waren, aus einer höheren Pflicht heraus gegenüber Gott, der Geschichte, ihrer Rasse, Nation, Vaterland usw. eine zwar vielleicht schreckliche, aber eben auch unabdingbare Aufgabe übernommen zu haben.

Die ideologischen Mörder haben durch die Jahrhunderte immer wieder Blutbäder im Namen höherer Ideen veranstaltet. Und nur weil man die Idee der Männer nicht teilt, die am 11. September 2001 ihre islamistischen Massenmordfantasien Realität werden ließen, kann man ihnen dennoch nicht absprechen, dass sie die Legitimität ihres Tuns vielleicht lang und intensiv bei sich und im Gespräch mit anderen erwogen haben.

Ideologien, Religionen, Überzeugungen basieren auf Annahmen und intellektuellen Prozessen. Sie sind damit stets in Gefahr, obsolet zu werden, sind kulturell, politisch, sozial usw. bedingt und mindestens potenziell falsch. Eine Gewissheit wohnt ihnen nicht inne. Der Tod anderer Menschen ist endgültig, unbedingt und faktisch. Dieses

Ungleichgewicht verbietet eigentliche jegliche Gewalt, die nicht der unmittelbaren Bekämpfung illegitimer Gewalt dient.

Wer meint, man müsse dem Klimawandel mit Gewalt gegen Politik und Konzerne begegnen, muss sich mithin fragen, ob diese Gewalt verhältnismäßig und ob sie alternativlos ist. Er muss prüfen, wie weit er nur einer Ideologie nachrennt. Wie weit er eine Ideologie als Deckmantel seiner Gewaltfantasien heranzieht. Und er muss sich fragen, ob seine Gewalt die Situation tatsächlich zu verbessern vermag. Symbolhafte Anschläge werden das nicht erreichen, für eine großflächige Angriffswelle gibt es aber keinerlei Infrastruktur, und die entstehenden Effekte – ökologisch, soziologisch, politisch – lassen sich kaum abschätzen. Nur dass man dann für einen Haufen Toter verantwortlich wäre, kann man getrost vorhersagen.

3.4. Gewaltmaximen

Was sind nun die Maximen, in deren Interesse Staaten oder Individuen Gewalt ausüben können, die nicht der unmittelbaren Abwehr illegitimer Gewalt dient? Vergrößerung des Staatsgebiets, Eroberung von Rohstoffvorkommen, Dezimierung verhasster Völker, Bekämpfung einer heterogenen Weltanschauung, Religion, Ideologie usw. sind hierzu nicht geeignet. Damit sind aber z.B. fast alle von Staaten seit der Antike geführten Kriege illegitim gewesen.

Als Großbritannien und Frankreich in Reaktion auf den deutschen Überfall auf Polen 1939 Deutschland den Krieg erklärten, war dies legitim, da sie einer illegitimen Gewaltanwendung mit angemessener Gewalt entgegen traten, auch wenn sie selbst nicht Opfer dieser Gewalt waren – zumindest nicht zu diesem Zeitpunkt. Aber Beispiele wie der September 1939 sind in der Weltgeschichte einigermaßen selten. Sie stellen zudem keinen Präzedenzfall für staatliches Handeln nach innen dar, weil hier der Regelungshorizont des positiven Rechts deutlich tiefer in die Freiheit der jeweiligen Willensgestaltung eingreift als der des Völkerrechts. Damit ist aber offen, wann ein Staat Gewalt gegen seine eigenen Bürger einsetzen darf, wenn dies nicht der unmittelbaren Abwehr illegitimer Gewalt dient.

Auch hier kann man zwischen legitimer direkter und legitimer indirekter Gewalt unterscheiden. Es ist das Grundprinzip jeder Demokratie, dass es keine legitime direkte Gewalt gegen die eigenen Bürger geben kann, sofern nicht zuvor – nicht nur potenziell – von diesen Bürgern illegitime Gewalt ausgegangen ist bzw. gerade ausgeht. Hierbei haben die Gewaltträger des Staates, also vor allem die Polizei, deutlich über die Rechte des Einzelnen hinausgehende Befugnisse. Einen Platzverweis zu erteilen und notfalls dessen Umsetzung auch zu erzwingen, steht einer Privatperson lediglich in den eigenen Räumlichkeiten zu, nicht im öffentlichen Raum. Dass allerdings Polizisten auf friedliche Demonstranten einschlagen, Tränengas verwenden, sie einkesseln oder mit Wasserwerfern zu vertreiben suchen, ist hierdurch nicht abgedeckt. Selbst wenn von den Demonstranten Gewalt ausgeht, hat die Reaktion der Polizei angemessen zu erfolgen. Man darf einen Demonstranten nicht erschießen, nur weil er gegen ein Einsatzfahrzeug getreten hat. Und die Legitimität oder auch nur Legalität von Vorbeugehaft oder auf Neudeutsch Unterbindungsgewahrsam ist mindestens als zweifelhaft zu bewerten, nachgerade in Bayern, wo seit 2017 zum Schutz eines „bedeutenden Rechtsguts" Menschen unbefristet, durch bloßen richterlichen Beschluss, aber eben auch ohne Verfahren in Haft genommen werden konnten. Seit 2021 ist dies zwar auf zwei Monate begrenzt, aber es bleibt unverändert, dass Menschen ohne bereits erfolgte Straftat im Gefängnis landen können wegen einer vermuteten Absicht, eine Bank zu überfallen oder eine Bahntrasse unbrauchbar zu machen.

Die Legitimität indirekter Gewalt ist schon deswegen schwieriger einzuschätzen, weil häufig erst durch dadurch ausgelöste Folgeprozesse die Legitimität der Regelung in Frage gestellt wird. Dafür ist das fehlende durchgehende Tempolimit auf deutschen Autobahnen ein gutes Beispiel. Die meisten Menschen würden dies spontan eher als Beleg einer Abwesenheit von struktureller Gewalt anzusehen. Der Staat übt hier – jedenfalls in diversen Abschnitten der deutschen Autobahnen – keinen Zwang auf seine Bürger aus, mindestens nicht, soweit die Geschwindigkeit hiervon betroffen ist. Aber durch das Fehlen einer entsprechenden Regelung erhöht sich deutlich die Umweltbelastung, steigt die Tendenz, große, übermotorisierte Fahrzeuge zu erwerben, nimmt das Unfallrisiko zu und steigt bei vielen Fahrern die allgemeine Stressbelastung durch eine Autobahnfahrt erheblich. Übrigens auch bei denen, die selber eher mit gemäßigter Geschwindigkeit fahren. Anders gesagt, die lokale Abstinenz des Staats, hier strukturelle Gewalt anzuwenden, führt zu gewaltähnlichen, jedenfalls lebensschädigenden Auswirkungen auf unzählige Menschen in Europa, aber letztlich auch weltweit, da die auf deutschen Autobahnen in unsinnig großem Umfang produzierten Treibhausgase den grenzüberschreitenden Verkehr leider schon immer praktiziert haben. Daher handelt es sich bei der liberalen deutschen Geschwindigkeitsregelung um einen Akt illegitimer Gewalt, der politisch und juristisch nicht tolerabel ist. Hingegen wäre ein durchgehendes Tempolimit zwar ebenfalls als strukturelle Gewalt interpretierbar, aber hier eben als legitime Gewalt, da dies zum einen einer ganz unmittelbaren Gefahrenabwehr oder wenigstens Risikominderung durchaus dienlich wäre, zum anderen aber auch einen Beitrag zu einer mittelfristigen Risikominderung für praktisch die gesamte Weltbevölkerung darstellen würde.

Damit ist staatliche Gewalt gegenüber der eigenen Bevölkerung, ob nun direkt oder indirekt, immer dann legitim, wenn sie unter

Beachtung allgemeiner Maximen alternativlos der Abwehr von Gewalt dient und der dadurch herbeigeführte Zustand sich nicht als negativer als der ursprüngliche Zustand erweist. Allerdings ist die Genauigkeit und die Belastbarkeit der entsprechenden Prognosen von entscheidender Bedeutung. Je vager und je risikobehafteter die jeweiligen Szenarien sind, umso schlechter lässt sich die Anwendung von Gewalt begründen. Da dies aber für fast alle Anwendungen von direkter wie indirekter Gewalt innerhalb von Staaten gilt, ist letztlich staatliche Gewalt fast immer illegitim, selbst wenn sie von einem breiten Konsens getragen wird.

3.5. Illegitime staatliche und legitime private Gewalt

Unbeschadet des zuvor Gesagten: Staatliche Gewalt ist erstaunlich oft höchstens schwach legitimiert und begründet. Aber es gibt Akte staatlicher Gewalt ebenso wie die Institutionalisierung von Gewalt durch Gesetze, die von jeder Legitimation noch deutlich weiter entfernt sind. Spätestens hier kommt daher auch das Widerstandsrecht des Einzelnen zum Tragen, das eine wesentliche Stütze jedes demokratischen Staats ist. Es ist zwar – beliebten Ansteckern der 1980er Jahre zum Trotz – nicht so, dass wo Unrecht zu Recht, Widerstand zur Pflicht wird. Der Satz stammt übrigens nicht von Goethe oder Brecht, wie gelegentlich behauptet wird, sondern wahrscheinlich von Petra Kelly. Sie bezog sich dabei allerdings auf Leo XIII., der aus einer Kollision des positiven mit dem göttlichen Recht eine Widerstandspflicht jedes Christenmenschen ableiten wollte. Aber eine Widerstandspflicht kann es nicht geben, weil man dann wieder im Sumpf übergeordneter, metaphysisch abgeleiteter Rechtsprinzipien sich befände. Es gibt in solchen Situationen daher keine Widerstandspflicht, sondern lediglich ein Widerstandsrecht, das sich allerdings, wie letztlich auch die staatlich verübte Gewalt, in angemessener Weise, also nach dem Prinzip der Verhältnismäßigkeit auszuleben hat und vor allem zunächst alle konfliktärmeren Wege begangen haben muss. Wegen einer als Unrecht empfundenen Sonderbesteuerung des eigenen Haustiers stürmt man nun einmal keine Parlamente.

Es stellt sich aber noch eine andere Frage: Was ist, wenn eine Gewaltanwendung auf den ersten Blick zwar legitim erscheint, aber ihr Erfolg mindestens zweifelhaft ist? Insbesondere dort, wo die legitime Gewaltanwendung Nebeneffekte hat, also in der verharmlosenden Militärsprache unserer Tage Kollateralschäden erzeugt, wird durch die Unwahrscheinlichkeit des Erfolgs die Gewalt doch noch illegitim, selbst wenn sie formal legal ist. Denn die Kollateralschäden – vor allem, wenn es sich um unbeteiligte dritte Personen handelt – stellen eine eigene moralische Dimension dar, die umso schwerer wiegt, je geringer die Erfolgschancen der Gewalthandlung sind. Diese Abwägung ist vor allem im Falle so gewaltiger Kollateralschäden, wie Kriege sie verursachen, von zentraler Bedeutung. Schon am ersten Tag der deutschen Invasion, am 04.04.1940, kapitulierte Dänemark angesichts der Aussichtslosigkeit eines Abwehrkampfs und der zu erwartenden Schäden an Mensch und Land, wenn Dänemark zum Schlachtfeld gemacht würde. Hingegen hat in ähnlicher Situation die Ukraine im Februar 2022 einen solch mutigen Schritt nicht vollzogen, sondern sich auf einen Abnutzungskrieg eingelassen, dessen Ausgang ungewiss, aber dessen Kollateralschäden bereits jetzt immens sind. Am Vergleich dieser beiden Handlungen wird deutlich, wie schwierig angesichts der begrenzten Vorhersagbarkeit militärischer Verläufe eine Entscheidung über die Legitimität der einen oder anderen Option ist. Wenn hingegen deutsche Offiziere noch in der Endphase des Zweiten Weltkriegs ihre Soldaten in aussichtslose Schlachten schickten, um einen längst aussichtslos gewordenen Krieg weiter zu führen, der ohnehin vom ersten Tag an hochgradig illegitim war, dann bleibt als dürftige Ausrede höchstens, dass man weder die Illegitimität dieses Krieges noch die Aussichtslosigkeit seiner Fortsetzung zu dieser Zeit auch nur als Möglichkeit erwogen hätte. Das lässt dann aber nur die Entscheidung übrig, ob diese vielen tausend Offiziere, Generäle und Politiker aller Ebenen hochgradig dumm oder hochgradig moralfrei waren.

Die meisten Menschen empfinden Respekt, ja Ehrfurcht, wenn jemand eine moralischen gebotene Option umsetzt, selbst wenn dies offensichtlich ihm selbst abträglich ist und nur eine geringe oder sogar gar keine Hoffnung auf Erfolg besteht. Aber als Regierung oder als militärische Führung einem ganzen Volk derlei Heldentum quasi anzuordnen, ist nicht ehrfurchtgebietend, sondern amoralisch und arrogant.

Nun wird man sich schwertun, für einen Krieg ausreichend Soldaten zu rekrutieren, wenn der Gegner auf Wehrpflicht baut, man selbst hingegen nur über eine Freiwilligen-Armee verfügt und beide Staaten vergleichbare viele Menschen aufweisen. Aber eine Wehrpflicht ist bereits Zwang, also Gewalt, bevor die so Rekrutieren das erste Mal auch nur einen Fuß auf Kasernenboden gesetzt haben. Damit ist Wehrpflicht per se illegitim. Wenn aber der Gegner einen illegitimen Überfall durchführt, wird dann auch Wehrpflicht legitimiert? In einer binären Welt aus Ja und Nein, richtig und falsch bliebe sie illegitim. In der realen Welt allerdings ist diese Form von Gewalt vielleicht weniger illegitim, als dem Gegner das eigene Land widerstandslos zu überlassen, die eigene Bevölkerung einem hohen Risiko von Versklavung, Vertreibung und Genozid auszusetzen.

3.6.   Ausblick

Im Verlauf dieser Tagung werden Sie mehrere Beiträge hören, die eindeutig und zweifelsfrei illegitimes, sogar illegales Handeln von Einzelpersonen, aber auch von ganzen Staaten dokumentieren. Diese im rückblickenden Studium des Historikers vielleicht offen zutage tretende Illegitimität sollte uns vor allem helfen, unsere heutigen, vielfältigen Anwendungen von Gewalt mit ähnlichem Blick zu studieren. Tut man das nicht, tritt das Recht des Stärkeren an die Stelle des um moralische Begründbarkeit ringenden Handelns. Es mag sein, dass die Forderung nach Legitimität im nationalen wie internationalen Rahmen meist ungehört verhallt. Bedeutungslos ist sie dennoch nicht. Und sie immer wieder zu erheben, ist genau das, was uns eigentlich von den Maschinen des Krieges unterscheidet.

Vielen Dank.

4. Susanne Pustner: Die Verteidigung des Völkerrechts als antifaktische Sollensbestimmung

Suanne Pustner, Spezialistin für mathematische Methoden in der Soziologie, hat mit einem kurzen, emotionalen Beitrag den vorherigen Beitrag von Pieter Skrait um eine wichtige Perspektive erweitert und viele Zuhörer geradezu aufgewühlt. In der Diskussion ihrer Rede wurde deutlich, wie groß inzwischen die Zweifel an der Wirksamkeit moralischer Normen bei vielen Menschen geworden sind. Was im Zwischenmenschlichen vielleicht noch funktioniert, scheint als Regulativ oder wenigstens Korrektiv in größeren Dimensionen so gänzlich ohne Einfluss, dass man derlei Konzepten vielleicht ganz entsagen sollte. Susanne Pustner hat dem am Beispiel des Völkerrechts eine Idee entgegengesetzt, die zwar einerseits tief in der Geistesgeschichte verwurzelt ist, aber andererseits oft genug ein Schattendasein gefristet hat.
Wir geben diesen Vortrag hier in der gehaltenen Form wieder. Die wenigen einschlägigen Verweise auf andere Autoren waren bereits Teil des mündlichen Vortrags und werden hier entsprechend wiedergegeben.

Meine sehr verehrten Damen und Herren,
mit Wattebäuschchen gewinnt man keine Kriege. Und wenn man nichts anderes hat, dann kapituliert man, ehe der erste Schuss gefallen ist.

4.1. Die Schwäche und die Notwendigkeit des Völkerrechts

Das Völkerrecht ist ein Wattebäuschchen. Und etwas anderes haben wir nicht. Nichts sonst, um es einer Ideologie von Macht-stiftet-Recht entgegenzusetzen. Nichts sonst, um ein Miteinander der Nationen zu gestalten.
Viele Menschen, auch viele Politiker sagen, das Völkerrecht sei nicht autorisiert, ihr Handeln zu bestimmen. Russland, die USA und Israel

haben sich hier in den letzten Jahren besonders deutlich positioniert, aber vielen anderen Staaten kann man Ähnliches nachweisen. Man kann diese Haltung daher nicht einfach vom Tisch wischen. Natürlich hat man es hier mit meist mäßig verbrämter Machtpolitik zu tun. Aber vor allem in den USA hört man immer wieder auch ein anderes Argument: Die USA ist ein mühselig und vor allem durch den Unabhängigkeitskrieg, den Genozid an den indigenen Stämmen und den Bürgerkrieg auch in viel Blut und Leid zusammengewachsener Staat. Was er sich und seinen Bürgern an Normen und Gesetzen verordnet, ist in einem demokratischen Diskurs entwickelt und verabschiedet worden. Der Weltgemeinschaft, welche das Völkerrecht verabredet, geht auf weite Strecken diese demokratische Legitimation ab. Ein Beispiel: Wenn die UN-Vollversammlung einen ihrer mehr oder weniger unverbindlichen Beschlüsse fasst, dann gehören zu den Abstimmberechtigten zahlreiche Vertreter von Diktaturen, Failed States, islamistischen Regierungen. Dies sind Staaten, denen die demokratische Legitimation nach US-amerikanischem Verständnis fehlt. Wie kann eine Mehrheit dieser Stimmberechtigten dann legitimiert sein, Bürgern der USA Regeln zu geben? Regeln, die nicht nur zwischen Staaten, sondern z.B. im Fall eines Bürgerkriegs auch zwischen den beiden Bürgerkriegsparteien gelten, obgleich diese der gleichen Nation angehören und beide keine separatistischen Ambitionen hegen?

In der Tat ist das Völkerrecht ein konsensuales Recht mit geringer normativer Kraft. Die an seiner Entstehung beteiligt waren, sind mindestens aus heutiger Sicht durchweg kaum demokratisch legitimiert gewesen. Zudem bindet das Völkerrecht auch zahlreiche Staaten, die zum Zeitpunkt, als dieses Recht gestaltet wurde, noch gar nicht existierten.

Die unzureichende Legitimation ist eindeutig der größte Schwachpunkt des Völkerrechts. Aber die Fokussierung darauf suggeriert, alle

Nationen wären einander grundsätzlich feindlich und können lediglich durch rigide Normen zu kurzzeitiger Kooperation gebracht werden. Diese Normen sind dann nur pragmatisch, aber so wenig moralisch legitim wie ihr gewalthaftes Gegenteil.

Viele Ideologen in der Nachfolge von Adam Smith und Nicolo Machiavelli predigen, alles sei Kampf und Konflikt. In Wahrheit ist fast alles Kooperation und Miteinander. Wer das vergisst, konzentriert sich auf einen winzigen Aspekt seiner Welt. Wer das vergisst, kümmert sich um fast nichts, das wichtig ist. Für ihn selbst. Für die Menschen, die ihm wichtig sind. Für alle.

4.2.   Moralisches Handeln

Vor fast zehn Jahren hat die damals entfallene Akademietagung ein immerhin in gedruckter Form greifbares Konvolut von Beiträgen zur Bedeutung von kontrafaktischem Trotz und norddeutscher Sturheit in der heutigen Zeit herausgearbeitet.

Aber im Krieg oder wenn ein Krieg droht, ist dann Trotz genug? Nein. Sind Wattebäuschchen genug? Ganz sicher nicht.

Wenn der Klimawandel die ganze Welt zu verschlingen droht, ist dann Trotz genug? Kaum.

Also warum an moralischen Determinanten festhalten, wenn sie nur eine sehr begrenzte Aussicht auf erfolgreiche Umsetzung haben?

Ich bin in Berlin geboren und aufgewachsen, ich habe dort auch die ersten Semester studiert. Ich hätte also als junge Frau auch ganz einfache Gelegenheit gehabt, einmal ein paar Häuser weiter zu gehen und ein, zwei Vorlesungen der philosophischen Fakultät zu goutieren. Habe ich aber nicht gemacht.

Erst als ich in den 1990er Jahren für eine Weile in Chile in einem Forschungsprojekt der UNESCO tätig sein durfte, nutzte ich die

Gelegenheit, diesen deutschen Philosophen, Ernst Tugendhat, kennenzulernen, von dem einige Kollegen mir berichtet hatten.

Tugendhats Werk umfasst mehrere Stationen, und ich bin nicht hinreichend qualifiziert, diese Ihnen darzulegen oder gar zu würdigen. Ich will Sie nur auf einen Aspekt hinweisen, nämlich auf seine Auseinandersetzung mit der Frage, warum wir eigentlich – wenn wir es denn tun – moralisch handeln.

Schon Freud hat etwas konstruiert, dass er das Über-Ich nannte, also den Ort, an dem sich die uns mitgegebenen moralischen Setzungen versammeln. Das sind Regeln, die wir von unseren Eltern, von Lehrern, aus der Religion, aus der Gesellschaft empfangen haben. Aber diese Setzungen sind nur Regeln, die nicht motivational besetzt sind.

Neben anderen hat vor allem Jonathan Hare dargelegt, dass wir immer wieder diese Regeln, die wir zunächst mehr oder weniger kritiklos übernommen haben, in Frage stellen. Manche geben wir auf oder relativieren sie wenigstens und passen sie an, eh sie uns wirklich zu eigen sind. Aber auch das beantwortet nicht die Frage, warum wir überhaupt diesen Regeln folgen. Das ist eine andere Frage als die, warum wir ihnen folgen sollen. Wir sollen ihnen folgen, weil es gut für die Gesellschaft und uns selbst als Teil dieser Gesellschaft ist, der Maximierung des Gemeinnutzens dient, das menschliche Miteinander erleichtert oder Gott wohlgefällig ist. Aber das untermauert nur eine moralische Sollensgebung durch eine andere: Handele gemäß dieser moralischen Regel, weil man gemäß moralischer Regeln handeln soll. Das ist ein Imperativ, aber keine Motivation.

Ein Beispiel: Wir wissen, dass zu stehlen gegen diese Setzungen verstößt. Aber wenn wir uns fragen, warum wir gegen dieses Verbot zu stehlen nicht verstoßen sollen, so gibt es zum einen natürlich den zweckrationalen Grund, dass wir erwischt werden könnten und die mit begrenzter Wahrscheinlichkeit eintretenden Folgen so viel negativer wären als der zu erwartende Gewinn des Stehlens, dass wir darauf verzichten. Das gilt natürlich auch dann, wenn wir die Zeche erst im Jenseits bezahlen, jedenfalls dann, wenn wir an ein Jenseits und ein mit diesem verbundenes Strafgericht glauben.

Wir könnten uns auch der kantischen Frage zuwenden, was denn wäre, wenn sich alle nach unserem Vorbild verhielten. Dass dann nämlich niemand mehr etwas schaffen würde, da in einer Welt der Diebe die Schaffenden nicht sicher sein können, auch den Nutzen ihrer Mühsal zu sehen. Anders gesagt, eine Welt der Diebe müsste verhungern.

Aber es gibt noch ein anderes Motiv, moralisch zu handeln. Was wir für uns selbst sind, ist ein Konstrukt, oder eigentlich ein bis zum Tode unabgeschlossenes Bauprojekt. Hier wird etwas angebaut, da etwas weggerissen, manchmal ein Gebäudeteil neuen Zwecken zugeführt.

Dieses Gebäude bildet nicht unbedingt die Wirklichkeit punktgenau ab. Wir sehen uns manchmal dicker, als wir mathematisch betrachtet sind. Oder dünner. Klüger. Dümmer. Gesünder. Kranker. Sehen uns als Genies, wo wir bestenfalls Mittelmaß sind. Und umgekehrt. Sehen uns als Virtuosen, wo allen anderen längst die Ohren bluten.

Aber in jedem Fall liegt dieser Baustelle, die wir sind, ein Bauplan zugrunde. Oder eigentlich diverse Fetzen von Bauplänen, von denen wir unbegründet hoffen, dass sie mehr oder weniger gut zusammen passen. Diese Baupläne beschreiben das Ist, oder was wir dafür halten, und was diese Baustelle, dieses Bauwerk sein soll. Und das ist dann eben nicht nur die Länge unserer Haare, der Umfang unserer Taille, es ist auch das Wollen, so zu sein, wie unsere moralischen Maximen uns dies nahelegen. Dies Motiv kann stärker sein oder schwächer, es steht fast immer in Konkurrenz zu anderen Motiven. Dennoch ist durch unser ganzes Leben immer auch die Frage präsent, was für ein

Mensch wir in moralischer Hinsicht sein wollen und wie weit es uns gelingt, dieser Mensch auch tatsächlich zu sein.

Wer Gelegenheit hat, einen Schritt zurückzutreten, sich selbst zu beobachten, was er, sie, was man jeden Tag oder vielleicht nur gerade in diesem einen Moment tut, kommt nicht immer, aber gewiss auch nicht selten zur Frage: Was mache ich da eigentlich? Was tue ich? Das, was ich da mache, macht das ein Mensch, der so ist wie der Mensch, der ich sein will?

Fast alle Menschen popeln beim Autofahren; ich auch. Aber nur, wenn ich allein im Auto bin. Nicht nur, weil ich vor anderen nicht als Nasenpoplerin dastehen will. Sondern auch, weil in Anwesenheit anderer ich mein eigenes Handeln deutlich stärker der Prüfung unterziehen muss, welche Art Mensch ich sein, aber auch, als welche Art Mensch ich gesehen werden will.

Wir wissen alle, dass das nicht immer funktioniert. Männer prügeln ihre Frauen halbtot, während die Kinder heulend in ihren Betten sitzen. Soldaten morden auch dort, wo es gar nicht befohlen war. Wir alle oder jedenfalls fast alle fahren Autos, fliegen mit dem Flugzeug, vergnügen uns auf Kreuzfahrtschiffen, obwohl wir um die Folgen wissen und eigentlich vor uns selbst und vor anderen nicht als jemand erscheinen wollen, dem die Zukunft unserer Kinder, der Menschheit, dieses Planeten komplett egal ist. Aber: Wir haben ein schlechtes Gewissen dabei.

Nun werden Sie sagen, ein schlechtes Gewissen ist ein billiges Opfer, wenn daraus keine Taten folgen. Wohl wahr. Aber es ist ein Anfang, aus dem etwas folgen kann. Und damit sind wir wieder beim Völkerrecht: Es ist nicht Teil unserer Erziehung, ein Mensch zu sein, der dem Völkerrecht dient. Oft genug meinen wir gar, wie schon die Zehn Gebote gelten die erlernten moralischen Setzungen nur innerhalb unseres Volks, aber nicht zwischen den Völkern.

4.3.　Verbindlichkeit und Recht

Offensichtlich müssen wir uns fragen, wie weit die moralischen Setzungen, die wir für uns selbst als mehr oder weniger gültig und zwingend ansehen, auch für alle anderen Menschen gelten sollen. Und
wenn sie gelten, gelten sie für alle gleichermaßen?

Das Völkerrecht funktioniert nur, wenn die Gleichheit aller Staaten
und eine gleichartige Bewertung ihrer staatlichen Handlungen gilt.
Mehr noch, in einem Jahrhundert, wo das traditionelle Staatenkon-
zept sich offensichtlich an vielen Stellen weiterentwickelt, müssen
diese Regeln auch dort gelten, wo staatliche Strukturen aufgebaut,
Rechte und Prärogativen beansprucht werden, obgleich ein Staat im
eigentlichen Sinne nicht, allenfalls eine Organisation, eine Bewegung,
im schlimmsten Fall eine Mafia, eine Triade vorliegt.

Dadurch bewegt das Völkerrecht sich bedauerlicherweise auf weite
Strecken in einem eher diffusen Moralbereich. Das wird noch dadurch
erschwert, dass die ihm zugrunde liegenden Setzungen im Wesentlichen im Europa des XX. Jahrhunderts entwickelt worden sind und
nicht einmal von allen Staaten, geschweige denn allen Bewegungen,
Organisationen usw. uneingeschränkt geteilt werden. Hinzu kommt
auch, dass die verwendeten Begriffen einer genauen Nachfrage meist
nicht standhalten.

Natürlich ist dies Nachfragen eine probate Strategie, um andere Leute
zum Schweigen zu bringen. Die meisten Begriffe entziehen sich, das
weiß man spätestens seit Wittgenstein, einer genauen Definition, einer
Darlegung in einem Glossar, in einem Lexikon. Sokrates musste noch
den Schierlingsbecher trinken, weil er die Leute furchtbar genervt hat
mit der Frage, was genau sie eigentlich meinen, wenn sie „Gerechtigkeit" sagen, „Mut" oder „Freiheit". Hätte er nach Wittgenstein gelebt,
wäre er vielleicht noch am Leben, weil er seine Fragen gar nicht gestellt
hätte.

Wenn ein Vertreter des Völkerrechts gefragt wird, was genau er denn unter „Frieden" verstehe, unter „Genozid", „Unverletzbarkeit der Grenzen", „Prinzip der Nicht-Einmischung", dann entspringt das der unlauteren Strategie, seine Position als in den verwendeten Begrifflichkeiten nicht hinreichend definiert zu diskreditieren. Das funktioniert grundsätzlich mit jeder Idee, aber auch jeder Theorie, und zwar um so besser, je ferner diese den exakten Wissenschaften, vor allem aber der Mathematik ist. Umgekehrt muss man fragen, wie lange wir denn auf diese involatile Definition der Begriffe des Völkerrechts in einem per definitionem volatilen Rechtsraum warten sollen, bevor wir legitimerweise die Setzungen des Völkerrechts einfordern dürfen? Hat man nicht selbst in der Mathematik über viele Jahrhunderte mit schlecht bis gar nicht definierten Begriffen operiert, ehe eine allgemeine Definition sich durchgesetzt hat? Die Null etwa wird spätestens seit dem 2. vorchristlichen Jahrhundert in Babylonien, aber anscheinend auch in Ägypten verwendet. Trotzdem gibt es eine Definition der Null als neutrales Element der Addition in einem kommutativen Monoid seit kaum hundert Jahren.

4.4.   Entrüstung und Moral

Es ist umgekehrt aber so, dass jedes Einfordern von Rechtsnormen hinsichtlich des eigenen Verhaltens, aber auch hinsichtlich des Verhaltens anderer einer konkreten Nutzenerwartung oder ansonsten einer allgemeinen emotionalen Motivation bedarf. Tugendhat nennt hier das Gefühl der Entrüstung: Ohne genau zu sagen, was wir an einer bestimmten Handlung eines Anderen kritisieren oder gegen welche präzise formulierten und allgemein anerkannten Regeln gerade verstoßen worden ist, führt die Kenntnisnahme bestimmter Handlungen bei uns zu Unmut, Empörung, Aufbegehren, kurz zu Entrüstung.

Entrüstung kann dabei abgeschlossenen Handlungen gelten. Jemand hat etwas getan, was man mit Entrüstung zur Kenntnis nimmt. Dasselbe Gefühl kann aber auch einer fortgesetzten Handlung gelten, ja man kann sogar entrüstet sein, dass jemand vorhat, in der Zukunft eine entsprechende Handlung zu vollziehen.

Die abgeschlossene Handlung kann man meist mit einiger Muße betrachten, eh man zu aus der Entrüstung geborenen Reaktionen schreitet. Anders mit aktuellen oder zukünftigen Handlungen oder Handlungsketten, die unsere Entrüstung erregen. Hier ist vielleicht deutlicher ein Eingreifen geboten, ist vielleicht auch die verfügbare Zeit viel geringer, als wenn man eine bereits abgeschlossene Handlung entrüstet zur Kenntnis nimmt.

Entrüstung ist also ein legitimes Handlungsmotiv, auch wenn bekanntermaßen häufig gerade im privaten Bereich Entrüstung der Vorwand für inakzeptable Normierungsversuche des Handelns anderer Menschen ist. Als im Wesentlichen irrationale Motivation besteht natürlich ein nennenswertes Risiko einer irrtümlichen Entrüstung und möglicherweise daraus resultierender falscher Handlungen. Daher ist es sinnvoll, sofern die Zeit dafür vorhanden ist, der spontanen Entrüstung eine Phase der Reflektion folgen zu lassen, eh man zum Handeln schreitet. Aber wo diese Zeit nicht besteht, ist ein unmittelbares Handeln aus dem Motiv der Entrüstung heraus nicht nur legitim, es wäre kritikwürdig, nicht aus ihm heraus zu handeln.

Allerdings habe ich bei der obigen Darstellung einen, oder eher zwei Schritte ausgelassen. Wenn wir eine Handlung wahrnehmen, so kann es sein, dass diese bei uns ein spontanes Gefühl der Entrüstung auslöst. Diese Entrüstung kann bei ausreichender Zeit zunächst Anlass für ein Reflektion hinsichtlich der Legitimität unserer Entrüstung sein. Darauf folgen sollte eine Phase, in der wir uns fragen, welche Reaktion an dieser Stelle angemessen, also verhältnismäßig ist.

Hierbei kann es sich um ein missbilligendes Kopfschütteln handeln, aber auch um den Einsatz von Schnellfeuerwaffen. Aber man muss sich natürlich auch die Frage stellen, welche vorstellbare Maßnahme man denn eigentlich zu realisieren vermag.

Des weiteren fragt sich, welche der möglichen Maßnahmen mit einiger Wahrscheinlichkeit ein Abstellen der Entrüstung hervorrufenden Handlungen oder Zustände zur Folge haben würde. Denn es nützt ja nichts, aus tiefster Entrüstung heraus eine Handlung zu unternehmen, die am Ende womöglich alles nur noch schlimmer macht, auf jeden Fall aber am Erreichen des eigentlichen Ziels absehbar scheitert. Natürlich sind auch solche Erwägungen des mit einiger Wahrscheinlichkeit Erreichbaren nicht frei von Fehleinschätzungen. Arroganz und Siegesgewissheit haben sich hier immer wieder als mindestens so schlechte Ratgeber erwiesen wie Verzagtheit, Selbstzweifel und Fatalismus. Dennoch kann man sich, jedenfalls wenn die nötige Zeit verfügbar ist, nicht davor drücken, nach der Erfolgswahrscheinlichkeit verschiedener potenziell möglicher Maßnahmen zu fragen.

Ich denke, es wird am dritten Tag der diesjährigen Tagung noch reichlich Gelegenheit sein, die Frage zu diskutieren, ob denn eigentlich 2022 die ukrainische Regierung sich mit der Erfolgswahrscheinlichkeit der von ihr ergriffenen Maßnahmen befasst hat. Oder die israelische Regierung 2023. Daher an dieser Stelle nur so viel: Ich bin mir nicht sicher, ob in beiden Fällen die zuvor zu stellende Frage ausreichend berücksichtigt worden ist, nämlich welche Maßnahmen angesichts legitimer Entrüstung zu erwägen sind. Ich bin nicht kompetent zu sagen, welche anderen Optionen den Regierungen in Kiew oder in Jerusalem vielleicht zur Verfügung gestanden hätten. Aber die gewählte Vorgehensweise hat jedenfalls bisher hier wie dort ihr Ziel auf ganzer Länge verfehlt, sodass doch wohl die Frage nach der

Erfolgswahrscheinlichkeit einer angedachten Maßnahme mindestens nicht hinreichend beantwortet worden ist.

Das führt uns zur letzten Überlegung in diesem kurzen Abriss zu Entrüstung und ihrer Bedeutung für unser Handeln. Nicht selten sind wir entrüstet und alles in uns schreit danach, nach vorne zu treten, Widerstand zu leisten, zu retten, was zu retten ist. Aber keine uns einfallende und verfügbare Maßnahme hat auch nur eine minimale Chance, das Problem zu lösen oder mindestens eine Linderung herbeizuführen. Was dann? Nichts tun? Eingreifen auch trotz noch so extremer Unwahrscheinlichkeit eines Erfolgs? Wohl wissend, dass dies Ressourcen verbrauchen wird, Zeit, Geld? Vielleicht Kollateraleffekte haben wird, die wir allenfalls dann in Kauf nehmen dürften, wenn der Erfolg der gewählten Maßnahme auch die etwaigen Nebeneffekte legitimiert? Vergessen wir dabei aber bitte nicht, dass auch Nichtstun nur eine von vielleicht mehreren möglichen Handlungen ist und damit nach den gleichen Kriterien bewertet werden muss.

Eine pauschale Antwort gibt es hier nicht. Aber im Völkerrecht ist diese Frage noch deutlich prekärer als im privaten oder innerstaatlichen Bereich. Denn fast alle Maßnahmen im Sinne des Völkerrechts haben ein hohes Fehlschlagrisiko, insbesondere dann, wenn mindestens einer der Handelnden deutlich mächtiger als alle anderen ist. Wenn man in solchen Fällen aber darauf verzichtet, das Völkerrecht durchzusetzen, wird das Recht des Stärkeren zum Leitprinzip internationaler Beziehungen. Das sture Festhalten am Völkerrecht ist mithin nichts weiter als das entrüstete Aufbegehren legitimen Beharrens, dass Geschichte eben nicht von den Siegern geschrieben wird und das Recht des Stärkeren Gewalt ist, aber noch lange kein Recht.

Vielleicht scheitert dieses Aufbegehren. In der Vergangenheit ist das oft genug geschehen. Aber wir lernen aus dieser Vergangenheit auch, dass es nie, nicht zur Gänze gescheitert ist. Und dass es ohne dieses

Aufbegehren wahrscheinlich nie irgendeinen Fortschritt im zwischenstaatlichen Miteinander gegeben hätte. Und das ist immerhin tröstlich.

Vielen Dank.

5.   Stephen Ereman: Achilles und das Gift

Stephen Ereman hat eine kurze Key Note gehalten, die wir hier wie vorgetragen wiedergeben. Er ist den meisten Lesern sicher eher bekannt als forensischer Psychologe, was auch in seinem Beitrag hier und da deutlich wird. Trotzdem oder gerade deswegen hat seine kritische Sicht auf die aktuelle Veränderungskultur in der Industrie, aber auch in Politik und Gesellschaft zu einer sehr angeregten und fruchtbaren Diskussion auch noch während der folgenden Vorträge entscheidend beigetragen.

Meine sehr verehrten Damen und Herren,
nehmen wir mal an, wir arbeiten gemeinsam in einer großen Firma. Nennen wir sie, um alle Assoziationen zu vermeiden, kurzerhand „Pong".

Pong muss sich weiterentwickeln. Alle Firmen müssen das, jedenfalls in einem kapitalistischen Wirtschaftssystem. In einer Planwirtschaft würde man vielleicht fragen: Benötigen wir diese Weiterentwicklung wirklich, oder kommen wir mit dem aktuellen Status gut noch ein paar Jahre oder gar Jahrzehnte aus? Im Kapitalismus stellt sich diese Frage nicht, weil man sich über Neuerungen immer gegen die Konkurrenz absetzen kann und muss. Das kann ein gänzlich neues Produkt, ein verbessertes Bestandsprodukt, eine neue Fertigungstechnik, eine Standorterweiterung oder -verlagerung oder diverses Anderes sein, dessen Sinnhaftigkeit einfach dadurch begründet ist, dass es eine Neuerung mit positivem Nutzendelta gegenüber dem Status quo darstellt.

Nun ist Veränderung keine auf Industrie-Unternehmen beschränkte Herausforderung. Psychologen insbesondere sind diejenigen, die im individuellen Bereich zu erreichen versuchen, was Unternehmen im Kollektiv verwirklichen wollen, nämlich einen Wandel zum Besseren.

Auch Politiker versuchen dies, wenn auch vielleicht nicht alle und nicht jederzeit.

Wie nun gehen Psychologen vor, um Veränderungen zu erreichen? Nun, sie könnten so vorgehen: „Müller, Sie sind ein Totalversager. Ihre Kindheitsbiografie: ein völliges Desaster! Ihre sportlichen Erfolge in der Jugend: megapeinlich! Ihre Ausbildung medioker, Ihre Ehe ein Witz, Ihr Nachwuchs perfekte Kandidaten für Adoption oder Organspende! Sie haben einen unaufgelösten Ödipuskomplex, daraus resultierende Versagensängste und völlig veraltete Verhaltensmuster, die es unwahrscheinlich erscheinen lassen, dass Sie aus Ihrer aktuellen neurotischen Phase jemals rauskommen. Daher sage ich Ihnen jetzt, wie Sie zu sein haben, nämlich: alkoholabstinent, mit überwundenem Ödipuskomplex, mit bewegungstherapeutischem Maßnahmenkompendium zu Stress- und Aggressionsabbau und natürlich ohne diese Angewohnheit, ständig in der Nase zu bohren. Oder eigentlich: Sie sollten wie Ihr Schwager/Nachbar/Onkel sein, nur nicht wie Sie selbst sind."

Zwei Beratungsstunden, Honorar, Winken zum Abschied, und eine glückliche Krankenkasse. Nur leider funktionieren Therapien so nicht. Initial muss der Klient lernen, dass nur er seine Probleme lösen kann. Der Therapeut kann helfen auf diesem Weg. Er kann dem Klienten glaubhaft versichern, dass er viele Stärken hat. Stärken, auf die er bauen kann. Die sein einziges Rüstzeug darstellen, um seine Probleme anzugehen. Um sie zu überwinden, oder um zu lernen, mit ihnen zu leben.

Man muss einer Sache einen Wert beimessen, um den Aufwand zu investieren, sie zu verbessern, zu retten, zu bewahren. Das gilt auch für die Eigenwahrnehmung des Menschen. Wer sich nur als Fehlschlag, als Versager, als Peinlichkeit empfindet, wird eher über schmerzfreie Selbsttötungsmethoden nachdenken als über Wege, das eigene Ich dort, wo es eindeutig defizitär ist, im Rahmen des Machbaren zu verbessern. Also nicht der Beste zu werden, in nichts. Sondern der Beste zu werden, der man mit räsonablem Aufwand zu werden vermag. Deswegen muss ein Therapeut dem Klienten immer wieder auch ins Gedächtnis rufen: Du bist es wert, dass du dich um deiner selbst willen schindest. Deine Sucht bekämpfst. Dich deinen Ängsten stellst.

Warum gibt es dann immer wieder Menschen, die wie der eingangs geschilderte Horrorpsychologe agieren? Die Antwort ist simpel: Weil man sich dann richtig gut fühlt. Man hat gezeigt, dass man der Starke ist. Dass man jemanden richtig platt machen kann. Sezieren, zerlegen. Wenn andere das gesehen haben, um so besser. Dann steht man auch vor diesen als der große Zampano im Raum. Der Sieger, der Triumphator, der eine, dem man besser nicht in die Quere kommt.

Ein solches Verhalten wird mit einem neueren Terminus als „toxische Männlichkeit" bezeichnet. Denn zum einen ist es toxisch: Statements wie das geschilderte wirken lange nach und entfalten ihre Wirkung oft nur schleichend, aber um so verwüstender. Und zum anderen ist dieses Verhalten sehr männlich, entspricht es doch dem männlichen Konkurrenzverhalten, welches junge Hähne, junge Rehböcke und männliche Teenager auszeichnet.

Was ist der Kern dieser toxischen Männlichkeit in derlei Gesprächen? Ich nehme dem anderen alles, was ihn stark macht: Seine Traditionen von Familie und sozialen Gruppen, seine private Biografie mit ihren Erfolgen und Triumphen, alles, worauf er bei sich selbst stolz ist, wofür er gearbeitet und sich geschunden hat. Ich mache seine Eltern, seine Frau, seine Kinder schlecht, kurz gesagt, ich mache ihn klein, schwach und isoliert.

In der Politik gab es so etwas immer wieder. Berühmt ist Tacitus, der seine Zeitgenossen in Rom aufforderte, sich an den Germanen ein

Beispiel zu nehmen. Er wusste wenig über die Germanen, aber für eine toxisch-männliche Argumentation reichte das allemal. Ähnlich hat fast zweitausend Jahre später Otto Graf Lambsdorff die Deutschen aufgefordert, wie die Japaner zu werden, sonst sähe es für die deutsche Wirtschaft schlecht aus.

Aber Änderung funktioniert nicht, wenn ich dem anderen das Bewusstsein all seiner Stärken raube und ihm immer nur seine Defizite um die Ohren haue. Es funktioniert auch nicht, die Firma Pong aufzufordern, sie solle sich gefälligst an ihrem Konkurrenten Ping ein Beispiel nehmen. Dann wird Pong bestenfalls das zweitbeste Ping werden, aber unter Preisgabe von allen Stärken, die Pong gegenüber Ping hat, die man aber nicht sehen will, weil es der Strategie toxischer Männlichkeit nicht zuträglich wäre.

Denn was macht jemand, auf den man lang genug draufhaut? Ganz einfach: Nichts. Er liegt reglos am Boden und wartet nur noch, dass es auf die eine oder andere Art – egal welche – zu Ende geht. Und es dauert sehr lang, sich danach wieder aufzurappeln und aus der Arena, nein, nicht zu gehen, aber wenigstens zu kriechen.

Hinzu kommt das Problem von Achilles und der Schildkröte. Wenn Achilles dahin rennt, wo die Schildkröte aktuell ist, wird er sie nicht einholen, weil diese in der Zwischenzeit weitergekrabbelt ist. Mehr noch, nach diesem Lauf muss Achilles sich eine Weile ausruhen, weil auch er nicht unausgesetzt rennen kann. Also kann Pong höchstens das zweitbeste Ping werden, aber das zweitbeste Ping von vor zwei, drei, vier Jahren. Denn während das Unternehmen einen aufwändigen Change-Prozess durchläuft, um wie Ping zu werden, und danach sich ein paar Jahre erholen muss, ist aus Ping längst Ping-Stern geworden. Oder auch das zweitbeste Pong, falls bei Ping ähnliche Führungskräfte aktiv sind.

Dennoch gibt es immer wieder vor allem junge, männliche Führungskräfte, die sich vor ihr Pong, ihr Unternehmen, vor ihren Bereich, ihre Abteilung stellen und Ping predigen. Dann fühlen sie sich gut, ihre Vorgesetzten applaudieren, endlich sagt mal einer, was Sache ist.

Und die Mitarbeiter? Nach so einer Volldusche mit Polarwasser? Schleichen wir geprügelte Hunde an ihre Schreibtische zurück und machen – nichts.

Niemand verändert sich in einem Moment der Schwäche. Wir verändern uns im Bewusstsein unserer Stärken und angesichts eines offensichtlich relevanten, aber bewältigbaren Handlungsbedarfs. Daher sollten Führungskräfte nicht die Botschaft senden: „Alles, was ihr macht, ist Mist! Alles, was ihr in der Vergangenheit gemacht habt, war schon Mittelmaß, bestenfalls! Jetzt ist das alles retro! Old School! Werdet wie Ping, und alles wird gut! Sonst aber sehe ich dunkelschwarz und schwärzer!"

Die Botschaft muss lauten: „Wir haben Herausforderungen, aber wir haben auch große Stärken. Wir besinnen uns auf diese Stärken. Sie werden uns helfen, diese Herausforderungen zu meistern, wie wir auch in der Vergangenheit entsprechende Herausforderungen gemeistert haben. Lasst uns nicht versuchen, das zweitbeste Ping der Welt zu werden. Lasst uns das beste Pong werden, das wir sein können."

Das ist vielleicht nicht so cool, nicht so sexy und ganz bestimmt nicht so ungeheuer maskulin. Aber es ist eben auch nicht toxisch. Es erzeugt Begeisterung, es erzeugt Mut und Optimismus. Und ohne diese drei wird keine Veränderung der Welt funktionieren. Es sei denn, man betrachtet auch den freien Fall als erfolgreichen Veränderungsprozess.

Ich danke Ihnen für Ihre Aufmerksamkeit.

6.   Kell Burns: Solipsismus und Komplexität

Kell Burns kennt man als Biochemiker und vor allem als Kritiker eines exzessiven Einsatzes von Pestiziden in der Landwirtschaft. Seit vielen Jahren argumentiert er insbesondere gegen den Einsatz von Glyphosat in Europa, hat nach wie vor sich damit aber leider, jedenfalls bis zur Drucklegung dieses Tagungsbands, nicht ausreichend Gehör verschaffen können. Dass er sich jedoch auch mit philosophischen Grundfragen befasst, zeigt sein Beitrag auf unserer Tagung, den wir nachfolgend wie gehalten wiedergeben.

6.1.   Der greise Kurator

Meine sehr verehrten Damen und Herren, liebe Kollegen, Herr Präsident!

Seit der Antike findet man immer wieder Autoren, welche die Gegebenheit der Welt um uns herum in Frage stellen. Das sind meist nur Gedankenspiele, die darauf hinweisen sollen, dass wir uns des Seins und vor allem des So Seins der Welt um uns herum nicht sicher sein können. Ich habe vor einer unerfreulich großen Reihe von Jahren, als deutlich überforderter Student bei Günther Patzig, einmal ein Bild entwickelt, das ich Ihnen zunächst noch einmal darlegen möchte.

Unser Denken kann man am ehesten vergleichen mit einem halbblinden, altersschwachen Kurator eines riesigen Museums. Er verlässt das Gebäude nie, er lebt dort, schläft, isst, trinkt, was er dort vorfindet. Das Gebäude ist so riesig, dass er genau weiß, bis zu seinem Lebensende wird er nie in alle Flure, Räume, Stockwerke vorgestoßen sein, zumal er in den letzten Jahren auch Schwierigkeiten mit den Knien hat und daher nicht einmal mehr in Etagen aufsteigen mag, die ihm eigentlich seit frühester Jugend gut vertraut sind. Zwar sieht er, dass da oben noch Licht brennt, manchmal ist ihm auch, als liefe jemand durch die oberen Stockwerke, aber das ignoriert er geflissentlich, da er ja allein im Museum lebt.

Irgendwann wird er dort sterben, dann wird das Gebäude mit ihm darin abgerissen und mit allen Gemälden, die dort hängen, in die Müllverbrennung gekarrt. Aber da er sowieso offensichtlich der einzige ist, den diese Bilder interessieren, empfindet er das vielleicht als gar nicht mal so schlimm.

Hinaussehen kann er nicht, das Gebäude hat keine Fenster, und die Wände sind so dick, dass selbst eine vorbeirollende Panzerkolonne sie nicht in Vibration versetzen würde. Er kann auch nicht hinaus, weil das Museum keine Türen hat. Die Gemälde sind daher das Einzige, was der Kurator von der Welt da draußen erfährt. Es gibt ein paar scheinbar zufällig verteilte Briefschlitze, durch die ab und an ein Gemälde hindurchgeschoben wird. Dann betrachtet er es, versucht es zu verstehen und hängt es schließlich dort auf, wo es nach seinem Verständnis am ehesten hinpasst.

Er weiß nicht, ob die Bilder wirklich die Welt da draußen zeigen, ob sie stets von derselben Hand gemalt sind, ob sie – wenigstens einige von ihnen – nichts weiter sind als die Fantasien eines Drogensüchtigen mit zu viel Freizeit. Er ist sich auch ganz im Klaren, dass er bei weitem nicht alle Möglichkeiten ausschöpft, diese Bilder zu verstehen. Er sieht sie an, meist gründlich. Manchmal riecht er an ihnen, um das Öl genauer zu bestimmen. Aber er leckt nicht an ihnen. Er zerschneidet sie nicht, macht keinerlei Experimente, wie sie auf Streichhölzer oder Urin reagieren könnten. Vielleicht, weil er sicher ist, dass diese Bilder irgendwie, wenn auch ganz und gar unverstehbar, etwas mit ihm selbst zu tun haben. Ihm jedenfalls etwas über den Menschen sagen könnten, der er ist, wenn er nur wüsste, wie er sie lesen, wie er sie verstehen soll. Oder was man eigentlich meint, wenn man „verstehen" sagt. Oder wer „man" eigentlich ist.

Die Bilder, die er im Museum seinerzeit vorgefunden hat, als er hier erwacht ist, waren alle in ehrwürdige Rahmen gefasst, rechteckig natürlich, ab und an quadratisch, manchmal auch rund oder oval. Aber was durch die Briefschlitze kommt, ist nicht nur ungerahmt, es ist auch nie rechteckig oder rund, es sind immer Fetzen, Fragmente, Schnipsel. Einige gerade mal daumennagelgroß, andere so riesig, dass er sie kaum mit einem Blick erfassen kann. Aber alle ohne Rahmen, die Aufgabe kommt ihm zu, sie entsprechend aufzuspannen. Er weiß, dass er ihnen damit oft Unrecht tut. Manche legt er beiseite, weil er vermutet, über kurz oder lang würde er weitere Fragmente vorfinden, die er mit dem ersten zusammensetzen könnte, um sich dem ursprünglichen Bild ein wenig mehr zu nähern. Und natürlich zweifelt er oft, dass er die Fragmente korrekt zusammensetzt, ja mehr noch, dass alle Fragmente gleichermaßen die Wirklichkeit da draußen abbilden und nicht vielleicht einige von einem Maler da draußen stammen, der seinerseits versucht, an vorgefundene Fragmente frei Erfundenes anzustücken, um zu einem vollständigeren Bild zu gelangen. Tut er das, um den alte Mann zu narren? Oder will er ihm helfen, wohl wissend, dass auch diese Ergänzungen völlig falsch sein können, selbst wenn der Kurator sie an der intendierten Stelle mit einem anderen Fragment verbindet?

Was den Kurator aber noch viel mehr beunruhigt ist, dass er nie ein Bild durch einen der Briefschlitze hereinkommen sieht. Ist da draußen wirklich eine Welt, ist da ein Maler? Oder ist er es selbst, der nachts, vielleicht schlafwandelnd, diese Bilder malt, um sie vor den ins Nichts führenden Briefschlitzen abzulegen? Zwar hat er in seinen vielen Räumen noch nie Pinsel oder Leinwand entdecken können. Aber heißt das wirklich, dass er die Bilder nicht selbst gemalt haben kann?

Und noch etwas: Er weiß gar nicht, wann es das erste Mal geschehen ist. Aber irgendwann war da ein Bild, mit schiefem, zerfleddertem

Rand vielleicht. Und doch hat es ihn an etwas erinnert. Also ist er durch die Räume gelaufen, und endlich wusste er, warum er so verwirrt war. Da hing ein altes Bild, eins, das er seinerzeit vorgefunden hatte, etwas angestaubt, in ehrwürdigem Goldrahmen. Doch als er die beiden jetzt nebeneinander legte, war das neue Bild unzweifelhaft ein Teil, der zu dem anderen gehörte. Also riss er trotz großem Widerwillen den Rahmen auseinander und setzte die beiden zusammen. Er wusste nicht, ob er das Richtige tat. Das weiß er bis heute nicht, auch nicht bei den anderen, bei denen er seitdem Ähnliches getan hat. Aber seit damals schaut er misstrauisch auf die von Alters her überkommenen Rahmen. Allerdings findet er sie schön, und ihre geometrischen Formen geben vielen Räumen etwas wunderbar Ordentliches. Das aber macht ihn misstrauisch, ob er nicht in vielen Fällen zugunsten dieser beruhigenden Ordnung der Bilder unbewusst darauf verzichtet hat, einen eigentlich obsolet gewordenen Rahmen wegzureißen. Weil es da schon ein Fragment gab, das mit dem ursprünglichen Bild in dem alten Rahmen hätte zusammengesetzt werden sollen, statt es zugunsten der Übersichtlichkeit seiner Welt auf den großen Stapel noch nicht zugeordneter Bilder zu legen.

So in etwa dürfen Sie sich unser Denken vorstellen. Und ähnlich haben viele Autoren durch die letzten zwei Jahrtausende und mehr unser Denken beschrieben, wenn sie die unbedingte Gewissheit in Frage stellen wollten, mit der wir üblicherweise unseren Wahrnehmungen begegnen. Das bekannteste frühe Beispiel hierfür wäre etwa Platons Höhlengleichnis. Aber auch in einigen großartigen literarischen Werken hat sich die Unentscheidbarkeit aller Aussagen über eine Welt außerhalb der eigenen niedergeschlagen, etwa in Pedro Calderons „La vida es sueño" oder im „Kongres futurologiczny" von Stanisław Lem. Gedankenspiele wie dieses verknüpfen sich mit zwei

Geisteshaltungen, die man seit der Antike üblicherweise als Skeptizismus und Solipsismus bezeichnet.

6.2. Skeptizismus und Solipsismus

Skeptizismus ist eine erkenntnistheoretische Haltung, welche nicht so sehr der Erkenntnis als vielmehr deren Gewissheit den Zweifel entgegensetzt. Im Wortsinn steht das griechische Wort „σκέψις" (sképsis) für eine genaue Untersuchung. Daraus resultierte in der Antike eine zweifelnde Haltung gegenüber allem, was sich nicht untersuchen ließ. Aussagen etwa über die Götter wurden nicht als falsch, sondern als unentscheidbar angesehen. Danach gibt es keine evidenten Wahrheiten, sondern nur Aussagen über die Welt, die sich aktuell als hilfreicher und nützlicher zur Lösung unserer Probleme erwiesen haben als andere, sodass wir von für den Moment so tun, als handele es sich dabei um zweifelsfrei erwiesene Wahrheiten im eigentlichen Sinn. Doch die aktuelle Nützlichkeit einer Aussage lässt nicht nur keine Rückschluss zu, ob sie wahr ist oder nicht. Sie ermöglicht auch keinen Optimismus, die jeweilige Aussage stelle auf jeden Fall eine größere Annäherung an die eigentliche Wahrheit dar als andere Aussagen.

Solipsismus ist in seiner radikalen Form die Ansicht, außer mir existiert nichts, alles andere ist nur Einbildung, Illusion, Fantasie. Diese gewöhnlich als metaphysischer Solipsismus bezeichnete Haltung wird aber nur sehr selten ernsthaft vertreten. Der methodologische oder epistemische Solipsismus ist deutlich häufiger. Bereits René Descartes hat gezeigt, dass es keine Gewissheit des Seins jenseits des eigenen Seins gibt, dass also die Welt um mich herum auch Illusion oder Traum sein kann. Das führt zu der Frage, ob über eine Welt, deren Existenz zweifelhaft ist, trotzdem sinnvolle Aussagen getroffen werden können. Vor allem Ludwig Wittgenstein und Hilary Putnam haben dies Problem bearbeitet, das letztlich fragt, ob die Bedeutungszuweisung an die Begriffe zur Beschreibung der Welt ausschließlich dem Innenleben des erkennenden Subjekts entspringt. Dann wäre jedes Sprechen über Erkenntnis sinnlos; wir könnten einander nie, auch nicht teilweise, verstehen. Findet aber die Bedeutungszuweisung in direkter Korrespondenz zu realen Dingen statt, so kann auf dieser Basis bei aller Unterschiedlichkeit der Wahrnehmung ein Sprechen über die individuellen Bedeutungen der verwendeten Begriffe erreicht werden, was dann wiederum auch ein Verstehen des Anderen erlaubt, dessen Wahrnehmungen man möglicherweise nicht oder mehr oder weniger anders gemacht hat.

Dieser Schritt erfordert anscheinend den Verzicht auf eine der Begriffszuweisung vorausgehende Bedeutungsrepräsentation in einer inneren Bildwelt. Man muss diesen Schritt aber nicht gehen, um den Solipsismus, den Bertrand Russel zu Recht als unwiderlegbar bezeichnet hat, in Frage zu stellen. Zwei Argumente sind recht geläufig, ich will Sie Ihnen kurz darlegen, ehe ich Ihnen ein drittes, wenig diskutiertes Argument vorstelle.

- das eudämonistische Argument: Es ist belanglos, ob jemand glaubt, die Welt um ihn her existiere. Es ist auch egal, ob er sein So Sein für eine Ausgestaltung seines offensichtlichen Seins hält oder sich für einen Roboter hält, der nur irrtümlich meint, er sei ein Mensch. Denn wenn die eingebildete Hand auf der eingebildeten Herdplatte realen Schmerz in ein reales Ich entsendet, so ist es vernünftig, derlei möglicherweise nur imaginierte Handlungen in einer nur imaginierten Welt in der Folgezeit zu vermeiden. Voraussetzung ist nur, dass man zum einen von einer Kausalbeziehung zwischen Handlungen und Freude oder Leiden ausgeht und zum anderen davon, dass die so entdeckten Kausalbeziehungen reproduzierbar sind.

- das Evolutionsargument: Diverse Autoren, vor allem aber Gerhard Vollmer, haben darauf hingewiesen, dass eine Spezies, die sich in einer imaginierten Welt bewegt, keine Chance auf dauerhafte Existenz hätte. Das Risiko eines letalen Fehlverhaltens wäre einfach viel zu groß.

Das eudämonistische Argument widerlegt den Solipsismus nicht, es macht ihn lediglich belanglos. Das Evolutionsargument hingegen ist eigentlich ein Zirkelschluss: Man muss schon sehr viel über die Welt gelernt haben, um eine Evolutionstheorie zu entwickeln. Mithin kann dies die Glaubhaftigkeit des zuvor Erlernten zwar unterstützen, aber keinesfalls zwingend nachweisen. Und wenn die imaginierte Welt in den wesentlichen Eigenschaften die reale Welt spiegelt, aber auf verwirrende Details und nicht überlebensrelevante Aspekte verzichtet, kann eine mehr oder weniger falsche Vorstellung über die Welt sogar hilfreicher für das Überleben der Spezies sein als eine genaue Rezeption. Das heißt nicht nur, dass es für unsere vormenschlichen Ahnen wahrscheinlich sinnvoll war, nicht so viele Farben zu sehen wie eine ganz profane Biene. Nehmen wir an, Sie spielen ein Autorennen auf Ihrem heimischen PC. Das Fahren ist hier leichter als auf dem Nürburgring, schon weil Sie ohne Panik in die Kurven gehen und auch keine Scherkräfte, Bodenunebenheiten usw. auf Ihren Körper einwirken. Aber was, wenn Sie, ohne es zu wissen, die Fernsteuerung über ein reales Fahrzeug übernommen haben, von dessen erfolgreicher Fahrt das Überleben der Art abhängt? Und zwar kein Auto, die gibt es in der Realwelt vielleicht gar nicht. Sondern eines Medikaments, das dringend das entsprechende Organ in jenem riesigen Kalmar erreichen muss, der Sie eigentlich sind. Dann wäre es wenig hilfreich, Ihre Mission dadurch zu gefährden, dass Sie von einem Tsunami mehr oder weniger belangloser Informationen überschwemmt werden. Unsere Wahrnehmung ist sogar in der Lage, Informationen, die aktuell nicht benötigt werden, so vollständig auszublenden, dass wir hinterher sicher sind, sie hätten uns nie erreicht. Das kennen Sie sicher aus dem bekannten Experiment, von jemand in einem Gorillakostüm über ein Basketballfeld rennt. Ein großer Teil der Probanden, beauftragt, ein Detail des Spiels sehr genau zu registrieren, hat hinterher bestritten, dass der Gorilla wirklich auf dem Spielfeld aufgetaucht sei.

6.3. Das Komplexitätsargument

Es gibt, wie vornhin bereits angekündigt, ein drittes Argument gegen den Solipsismus, das freilich sich in gewissem Umfang dem gleichen Vorwurf ausgesetzt sieht wie das Evolutionsargument. Es handelt sich um das Komplexitätsargument.

Angenommen, die Welt wäre ein geplant generiertes, also ein artefaktes System. Klassische Beispiele hierfür sind vielleicht die erwähnten Formel-1-Simulationen, aber mehr noch Computerspiele mit hohem Immersionsgrad, also z.B. 1st-Person-Rollenspiele. Nehmen wir an, diese wären erheblich weiter entwickelt, als wir dies heute von Skyrim, Fallout oder Far Cry kennen. Von Menschen oder von Computern entwickelt, täuscht ein solches Spiel mir fortgesetzt eine Welt vor, die es so gar nicht gibt, dieweil ich eigentlich in einer Nährlösung sitze und Maschinen – wozu auch immer – um meine Fortexistenz bemüht sind. Nun ist die Entwicklung von Software eine intellektuelle Leistung, die sich im Kontext begrenzter Ressourcen entwickelt. Das Entwicklerteam hat nie genug Zeit, Geld, Mitarbeiter usw., um das perfekte Spiel zu entwickeln. Manche Dinge werden in Teamrunden erdacht, analysiert und dann verworfen, weil man sagen muss: „Zu aufwändig. Zu komplex. Zu ressourcenfressend. Das kann in unserem Team keiner bewältigen. Das kann die übliche Spielerhardware nicht schaffen. Das kann überhaupt niemand auf der Welt programmieren. Das kann keine Hardware der Welt umsetzen."

Nehmen wir an, die Welt, die ich erforsche, sei letztlich die imaginierte, vorgespiegelte Welt eines Computerspiels. Wenn ich die mich umgebende Welt analysiere, erkenne und verstehe ich die Eigenschaften, die Logiken, die Determinanten dieses Spiels. Alles, was ich hier vorfinde, bilde ich in Regeln ab, von denen ich vermute, dass sie immer und überall gelten.

Wenn ich mal ein paar hundert – oder ein paar tausend – dieser Regeln zusammenbekommen habe, kann ich ihnen Komplexitätsstufen zuweisen. Da wird es ganz einfache Regeln geben, aber auch andere, die deutlich komplexer sind. Und ich werde daraus eine durchschnittliche Komplexität meiner Regeln bilden können.

Wenn das, was ich analysiere, ein Computerspiel ist, das eine große, marktorientierte Firma unter massivem Preisdruck hat entwickeln lassen, dann ist es faktisch ausgeschlossen, dass an irgendeiner Stelle das Entwicklerteam etwas eingebaut hat, was dramatisch komplexer als der Durchschnitt ist. Begrenztes intellektuelles Vermögen wie auch in jeder Hinsicht begrenzte Ressourcen verhindern solche Ausreißer in der Software-Entwicklung.

Wenn ich also in der Erforschung der mich umgebenden Welt Beispiele für solche Regeln finde, die viel komplexer, schwerer zu verstehen, aufwändiger zu implementieren sind als der Durchschnitt, dann befinde ich mich mit großer Wahrscheinlichkeit nicht in einem Computerspiel. Auch eine gigantische Vielfalt von Regeln oder Erscheinungen passt nicht zu einem generierten System mit Programmierern oder einem omnipotenten Demiurgen als Erschaffer.

Weniger relevant wäre hingegen die Entdeckung unfertiger oder obsoleter Elemente. Zum einen weisen artefakte Systeme auch heute schon unfertige oder obsolete Passagen auf. Joseph Weizenbaum hat diese als barocke Strukturen bezeichnet, weil Programme, an denen viele Entwickler über Jahre hinweg immer wieder Verbesserungen vorgenommen haben, häufig unbekannte Areale aufweisen, über deren Funktion niemand mehr Auskunft geben kann, die man aber zur Vorsicht nicht entfernt und wie bei einem Barockschloss lieber einen zweiten Erker, einen Turm, eine Treppe daneben baut. Diese Eigenschaft artefakter Systeme wird mit zunehmender Bedeutung evolutionärer und KI-basierter Entwicklung in Zukunft noch deutlich verbreiteter werden. Der Blick in die Natur zeigt uns heute in vielen Fällen offensichtliche Übergangszustände der Evolution, aber auch obsolete Relikte, die nicht notwendigerweise von selbst verschwinden werden. Jeder, dem einmal der Wurmfortsatz am Blinddarm entfernt werden musste, weiß, wovon ich rede.

Wenn wir also die uns umgebende Welt als eine Ansammlung von mehr oder weniger komplexen Funktionen betrachten, so fragt sich, ob einige davon erheblich komplexer als der Durchschnitt einzuschätzen sind. Das würde dann dafür sprechen, dass es sich bei der uns umgebenden Welt nicht um eine artefakte Welt handelt. Wir hätten es also nicht mit einem Computerspiel zu tun. Nicht mit dem Werk eines Schöpfergotts. Auch nicht mit einem Traum, den ich seit inzwischen fast sechzig Traumjahren träume – oder dem, was für sechzig Jahre zu halten ich gewohnt bin.

Nun bin ich weder intelligent noch gebildet genug, um die besonders komplexen von den nur durchschnittlich schwierigen Funktionen in der Welt zu unterscheiden. Daher will ich nur den einen oder anderen Hinweis geben, wo nach meinem zutiefst laienhaften Verständnis solche komplexen Funktionen vielleicht zu suchen sein könnten.

Nehmen wir vorerst die schlichte, allseits bekannte Welt der natürlichen Zahlen. Da gibt es die geraden, die ungeraden Zahlen. Das versteht man schnell, auch Quadratzahlen, die Fibonacci-Folge, das Pascalsche Dreieck sind rasch erklärt und unmittelbar einleuchtend. Aber auch bisher unbeantwortete Vermutungen sind mindestens einfach zu erläutern, wenn auch ihr Beweis sich als deutlich schwieriger erweisen könnte oder erwiesen hat, also etwa der Große Fermatsche Satz oder auch die Singmaster-Vermutung, da wir gerade beim Pascal'schen Dreieck waren. Doch insgesamt ist das Reich der natürlichen Zahlen offensichtlich wohlgeordnet und überschaubar in all seiner Endlosigkeit.

Und dann tobt in diese Ordnung hinein ein Rudel trunkener Vandalen, für die scheinbar keine Regeln, keine Vorhersagbarkeit gelten. Es sind dies die Primzahlen, über die es weitaus mehr treffliche Vermutungen als bewiesene Sätze gibt, wo aber die Vermutungen bereits eine Komplexität aufweisen, die sie weit aus der großen Menge mathematischer Erkenntnisse herausheben. Dazu gehört z.B. die Goldbachsche Vermutung, dass jede Zahl, die größer als 2 ist, sich als Summe zweier Primzahlen ausdrücken lässt, sofern man auch die 1 als Primzahl gelten lässt. Oder die schlichte Aufgabe, aus der Folge von Primzahlen ab 2 die nächstgrößere zu nennen, was direkt zur Korrelation der Primzahlverteilung und der Riemannschen Zeta-Funktion führt.

Andere Zweige der Wissenschaft kennen ähnlich komplexe Themen in einem insgesamt mäßig schwierigen Gelände. So gibt es heute in der Physik keine einhellige Meinung darüber, wie das Universum entstanden ist. Mehrheitlich geht man zwar von einer Singularität aus, also einer Divergenz in der Krümmung der Raumzeit. Der Übertritt dieser Zeitlosigkeit in die Zeithaftigkeit des Urknalls lässt sich mit aktuellen Theorien, Begriffen, Modellen usw. nicht abbilden, sodass die Geschichte des Universums eigentlich erst nach der Planck-Zeit von 10^{-43} Sekunden beginnt. Aber die fundamentale Frage, was in dem kurzen Moment davor passiert, ist jedenfalls aktuell unbeantwortet. Sie lässt sich auch möglicherweise aufgrund der Zeithaftigkeit unseres Denkens, unserer Theoriefähigkeit, unserer wissenschaftlichen Methoden mindestens aktuell nicht von uns beantworten. Ihre Beantwortung ist aber auf jeden Fall quantenmechanisch viel komplexer als jede andere Frage der aktuellen Physik – die ohnehin an erheblichen Herausforderungen alles andere als arm ist. Also etwa die Frage, warum es eigentlich fast ausschließlich Materie gibt, wenn alle gängigen Modelle eine ausgewogene Entstehung von Materie und Antimaterie im Urknall erwarten lassen. Materie und Antimaterie hätten sich sofort wieder gegenseitig auflösen müssen. Das ist aber offensichtlich nicht geschehen. Materie und Antimaterie sind auch nicht auseinander geschleudert worden. Es gibt anscheinend im Universum nirgendwo gigantische Mengen von Antimaterie. Diese sogenannte Barionenasymmetrie lässt sich heute zwar relativ genau messen. Beantworten kann man die Frage, wieso eigentlich irgendwas außer reiner Energie existiert, bisher jedoch nicht.

Man kann in jeder Wissenschaft ähnliche Probleme, manchmal auch Antworten finden, die in ihrer Komplexität weit jenseits derjenigen anderer Aussagen und Theorien derselben Wissenschaft liegen. Trifft dies aber zu, dann mindert das die Plausibilität, dass das Universum eine Fiktion ist, aus quasi einem Guss erdacht, erschaffen, programmiert. Vielmehr scheint es so zu sein, dass die vielleicht minimale Divergenz in der Singularität zu Beginn des Universums und Milliarden und Abermilliarden weiterer Schwankungsbreiten und Unschärfen in der scheinbaren Unausweichlichkeit des physikalischen, evolutionsbiologischen und historischen Ablaufs eine hohe Bandbreite von Komplexität in den Phänomenen der uns umgebenden Welt möglich gemacht haben. Anders gesagt, der Solipsismus ist höchstwahrscheinlich in jeder seiner Spielarten unplausibel, die Vielfalt des Universums hingegen ein Kaleidoskop, vor dem wir auch noch in tausend Jahren staunend stehen werden.

Ich danke Ihnen für Ihre Aufmerksamkeit.

7. Bertha Graanz: Die Gewalt und das Böse – das Böse und die Gewalt

Bertha Graanz – Informatikerin, Historikerin und engagierte Menschenrechtlerin – hat bereits an früheren Tagungen unserer Akademie teilnehmen können und wichtige Beiträge auch zu unseren entsprechenden Tagungsbänden geleistet. Wir freuen uns sehr, dass wir sie erneut gewinnen konnten, in die Grenzgewässer ihre aktuellen Aufgaben zu segeln und eine Frage zu diskutieren, die so altmodisch wie aktuell ist. Ich kann allerdings nicht verhehlen, dass die Gedanken, die sie aus ihrer Eingangsfrage abgeleitet hat, bei den meisten Teilnehmern ein entsetztes Raunen hervorgerufen haben. Ich möchte daher an dieser Stelle festhalten, dass ihre Überlegungen nur eine Einzelmeinung auf der Tagung der Akademie darstellen, auch wenn die anschließenden Diskussion vor allem von emotionalem Aufbegehren geprägt war und keine guten Argumente gegen ihre Forderungen hat finden können.

7.1. Das Böse und Wir

Es gibt zwei so oft gestellte Fragen, dass sie fast schon abgegriffen wirken. Erstens: Wenn es das Böse überhaupt gibt in der Welt, kann man, muss man womöglich bereit sein, es mit Gewalt zu besiegen? Zweitens: Gibt es Leid in der Welt, das Menschen verursachen, ohne dass sie deswegen – oder auch nur ihr Handeln in diesem Moment – als böse zu bezeichnen wären?

Zunächst, was ist das Böse in der Welt? Offensichtlich geht es hier nicht um ein Schreckensreich, das Satan, Morgoth oder Lord Foul in der Welt errichten, um Menschen zu knechten, zu quälen, zu morden, ja die ganze Welt in Elend und Verzweiflung zu stürzen, die Pflanzen zu vergiften, die Tiere auszurotten, die Meere in stinkende Kloaken zu verwandeln. Bekanntermaßen kriegen Menschen das ganz allein hin, ohne dass Satan eine hilfreiche Klaue reichen müsste. Also ist das Böse, um das es hier geht, Menschenwerk. Dennoch, vielleicht genau deshalb muss man ihm aber entgegentreten. Zu denken wäre hier an dreierlei:

- das individuelle Böse, z.B. Mörder, Vergewaltiger usw.,
- das korporierte Böse, also mehr oder weniger große Gemeinschaften, die Ähnliches verantworten. Hierzu gehören Verbrecher- und Terrororganisationen wie die Mafia, die Tong oder die Yakuza, aber ebenso The Lord's Resistance Army, al-Qaida, die Hamas oder die Organisation Consul,
- das staatliche Böse, wozu diverse Staaten aus Geschichte und Gegenwart mindestens phasenweise zu rechnen sind.

Das staatliche Böse involviert und nutzt recht oft Angehörige der ersten beiden genannten Gruppen. Oskar Dirlewanger etwa, der Angehöriger der SS war, die wiederum einen wichtigen Teil des NS-Terrorstaats bildete. Oder Kaing Guek Eav, Kommandant des Foltergefängnisses S-21 im Terrorappart der Roten Khmer. Beide stehen beispielhaft für eine sogar dreistufige Durchdringung der genannten Ebenen. Natürlich ist niemand und nichts in diesen drei Ebenen ausschließlich böse. Damit aber werden die Grenzen fließend. Das Verhalten etwa der britischen Regierung während des Great Famine in Irland ab 1845 oder die US-Politik gegenüber der indigenen Bevölkerung vor allem im 19. Jahrhundert kann ohne Weiteres als Genozid bezeichnet werden, ohne dass diese Staaten jenseits der jeweiligen Handlung in einem Atemzug etwa mit Hitlerdeutschland genannt werden sollten. Aber auch in diesen Fällen fragt sich, ob solchen Handlungen auch mit Gewalt entgegenzutreten ist, obgleich man den jeweiligen Staat, die Organisation oder den Einzelmensch als weniger fragwürdig bezeichnen möchte. Sollte man also den bekannten Herzchirurgen, Friedensstifter, Philosophen nicht mithilfe einer zufällig verfügbaren Schusswaffe hindern, ein Kind zu vergewaltigen, seinen ewig übellaunigen Nachbarn aber doch? Offensichtlich nicht. Und ebenso ist man verpflichtet, Organisationen oder Staaten mit Gewalt daran zu hindern, offensichtlich Böses zu tun, wenn man keine andere Möglichkeit sieht. Dabei ist es völlig egal, wie positiv man ihnen ansonsten gegenüber steht.

Freilich, nicht alles, was an schrecklichen Dingen in der Welt geschieht, ist Resultat intentionalen Handelns. Manchmal geschieht es gegen alle Erwartungen und ohne Zusammenhang mit Intentionen. Erdbeben und Vulkanausbrüche sind solche Phänomene. Und sehr viele Formen von Leid sind nicht selten ein mehr oder weniger achselzuckend in Kauf genommene Nebeneffekte von Handlungen, die ganz andere Ziele haben.

7.2.   Friedenstiftung, Obsolenz und Gewalt

Die viel spannendere Frage ist jedoch: Kann man durch eigene Gewalt das mit intentionalen Handlungen verbundene Leiden aus der Welt verbannen? Kann Gewalt einen Sieg über das Böse in der Welt bewirken? Und gibt es andere, nicht gewalthafte Wege, dasselbe zu erreichen?

In der Regel ist in der Geschichte das Böse nicht überwunden worden, es wurde irgendwann obsolet und verschwand mehr oder weniger von selbst. Stalin starb, und die Nachwehen des Stalinismus oder Ansätze zu einer Renaissance unter Vladimir Putin sind neue Phasen, nicht einfach eine Fortsetzung der bisherigen. Die Unterdrückung, Entrechtung und Ermordung der nordamerikanischen First Nations verschwand zu einem nennenswerten Teil, als das ihnen noch zur Verfügung stehende Gebiet verschwindend klein und vor allem auf wenig attraktive Territorien reduziert worden war. Und andere Formen des Bösen existieren, z.T. seit Jahrhunderten, bis in unsere Tage weitgehend ungestört fort und scheinen auch auf absehbare Zeit durch nichts und niemanden bedroht. Das gilt für die blühenden Geschäfts der Mafia, der Drogenkartelle, der Kirchen und der internationalen Rüstungsproduzenten gerade so wie für die planhafte Zerstörung der tibetischen und der uighurischen Kultur, die eigentlich illegale und dennoch vom Staat nur sporadisch verfolgte, z.T. sogar geförderte Abholzung der Regenwälder in Brasilien oder Indonesien oder die weltweite Vergewaltigungsindustrie im Rahmen von Prostitution und Big Porn Business.

Aber es ist immer wieder auch das eine oder andere aus der Weltgeschichte verschwunden, das man mit Recht als böse bezeichnen kann. Ich meine damit nicht Seuchen wie den Englischen Schweiß, der im 15. und 16. Jahrhundert in fünf Wellen England erschütterte, danach aber nie wieder auftrat. Führend durch die Royal Navy ist der transatlantische Sklavenhandel Anfang des 19. Jahrhunderts unterbunden worden. Auch das NS-Regime ist letztlich aus der Welt herausgebracht worden. Die meisten der mörderischen Diktaturen in Mittel- und Südamerika sind verschwunden, in Chile, in Argentinien, in Nicaragua, in Brasilien und Paraguay.

Es scheint dabei, dass es drei Arten dieses Verschwindens, dieser Überwindung des Bösen in der Weltgeschichte gibt:

- das wegen Erschöpfung und Obsolenz verschwindende Böse,
- das durch friedlichen Protest überwundene Böse,
- das durch Gewalt überwundene Böse.

Für ein Verschwinden aus innerer Erschöpfung heraus finden sich zahlreiche Beispiele. So wurden 39 Jahre Diktatur in Spanien weder durch Revolution noch Intervention beendet, sondern durch den Tod des Diktators Francisco Franco am 20.11.1975, auch wenn vor allem der neue König Juan Carlos I. in den Folgejahren energisch die Transición, also die Demokratisierung des Staates gegen die alten Kräfte des spanischen Faschismus vorantrieb.

Ebenso finden sich zahlreiche Beispiel für ein gewaltsam überwundenes Böses. Hier ist natürlich der durch von zahlreichen Völker gemeinsam überwundene Nazi-Staat zu nennen, aber auch das Ende der Diktaturen in Kuba 1953-1959 oder in Nicaragua 1979. Hier wie dort war ein erhebliches Maß an zeitlich befristeter Gewalt vonnöten, um die ansonsten unbefristete Gewalt der Diktatur zu überwinden. Und natürlich ist in Kuba und Nicaragua, erst recht 1945 in Ost-Europa die Diktatur nicht durch eine gänzlich gewaltfreie, offene Gesellschaft abgelöst worden. Stattdessen ist hier wie dort in den folgenden Jahrzehnten die Zwangsherrschaft mindestens in einigen ihrer Aspekte zurückgekehrt.

Wahrscheinlich ist in den meisten Fällen die Befreiung von kolonialer Herrschaft ebenfalls hierher zu rechnen, jedenfalls dann, wenn ein Volk über ein anderes herrscht. Das allerdings postuliert, dass Kolonialherrschaft immer als Unrechtsregime bezeichnet werden muss, unter dem das kolonialisierte Volk versklavt, ausgebeutet, ermordet wird. Dann wäre die Aufspaltung eines Volks in zwei Staaten wie im Zuge der Gründung der USA nicht hierher zu rechnen, ebenso wenig die Unabhängigkeit Mexikos 1821, da in beiden Fällen von nennenswerter Unterdrückung im Vorfeld des Kampfs um die Unabhängigkeit keine Rede sein kann.

Schwerer tut man sich, eindeutige Beispiele für ein friedlich überwundenes, nicht eigentlich längst obsolet gewordenes Böses zu finden. Genannt wird hier häufig etwa das Ende der britischen Kolonialherrschaft in Indien durch den von Mahatma Gandhi geführten Protest, mitunter auch die Revolution in der DDR 1989 und die Überwindung der SED-Diktatur. Aber beide Beispiele sind fragwürdig. Großbritannien gab nach und nach fast sein gesamtes Kolonialreich auf, einfach weil es nicht mehr zeitgemäß war. Das geschah sogar dort, wo die Mehrheit der Bevölkerung an der plötzlichen Unabhängigkeit gar nicht sonderlich interessiert war, wie zuletzt in Hongkong. Die Geschichte der britischen Kolonialherrschaft in Indien wäre ohne Gandhi wahrscheinlich kaum anders verlaufen. Die DDR hingegen, um das andere Beispiel etwas genauer anzuschauen, war 1989 kurz vor einem umfassenden und irreversiblen Staatsbankrott. Die Unterstützung durch die UdSSR war dahin, auch die anderen ehemaligen sozialistischen Bruderstaaten befanden sich in Umbruchsprozessen, sodass auch von dort keine Hilfe zu erwarten war. Man hätte den bürgerlichen und kirchlichen Protest durchaus niederschlagen können; Pläne dazu gab es vor allem beim Ministerium für Staatssicherheit. Aber das hätte die Existenz der DDR allenfalls unwesentlich verlängert, gerettet hätte es sie nicht.

Andererseits kann man argumentieren, dass auch die durch Gewalt beseitigten Diktaturen und Schreckensherrschaften früher oder später mehr oder weniger von selbst verschwunden wären. Das NS-Regime etwa hätte sich vielleicht ganz Osteuropa unterworfen, wäre aber an seiner dilettantischen Wirtschafts- und Sozialpolitik früher oder später zerbrochen oder durch Volksaufstände in allen Teilen des Reichs zugrunde gegangen. Allerdings hätte dieser Prozess viel länger gedauert als der Zweite Weltkrieg, und man muss wohl annehmen, dass die Zahl der Opfer wie auch das Leid der Bevölkerung, vor allem der verfolgten Minderheiten, noch einmal deutlich größer ausgefallen wären als die etwa 65 Mio. Toten des Zweiten Weltkriegs und die mehr als 10 Mio. Ermordeten des NS-Terrors. Andererseits besaß aber auch vor allem die bereits 1937 beginnende Aggression Japans gegen China eine Eigendynamik, die sich mindestens in Teilen unabhängig von der NS-Diktatur fortentwickelt und die entsprechenden Opferzahlen erzeugt hätte.

7.3.   Gewaltlosigkeit und politische Evolution

Kann man, sollte man Menschen also ermutigen, sich in gewaltlosem Protest gegen eine inakzeptable politische Situation im eigenen Land zu engagieren? Dabei muss man nicht nur über Diktaturen sprechen. Die liberalsten, freiheitlichsten Staaten, welche die Geschichte der Menschheit jemals gekannt hat, zertrümmern gerade sehenden Auges jede Zukunftsperspektive ihrer Kinder und Kindeskinder, indem sie den seit Mitte der 1960er Jahre bekannten Folgen des Verbrennens fossiler Kohlenstoff-Ablagerungen keinen nennenswerten Riegel vorzuschieben bereit sind. Ist es sinnvoll, dass Teenager den einen oder anderen Freitag statt in der Schule auf der Straße verbringen? Mit ihren Eltern zanken? Untereinander streiten, ob man wirklich mit 18 ein eigenes Auto haben muss? Oder auch nur einen Führerschein? Man muss hier vier Aspekte betrachten:

- Dient die entsprechende Handlung ihrem Ziel?
- Dient sie diesem Ziel in hinreichender Weise, kann dieses Ziel dadurch also erreicht werden?
- Hat die Handlung Nebeneffekte, welche wünschenswert sind und als hinreichende Legitimation der Handlung angesehen werden können?
- Hat sie so negative Nebeneffekte, dass diese eine Erreichung des Hauptziels fragwürdig machen?

Betrachtet man den aktuellen Jugendprotest gegen die faktisch kaum vorhandene Klimapolitik aller Industrie-Staaten weltweit, so lässt sich die erste und die dritte Frage uneingeschränkt bejahen. Die vierte Frage darf man hingegen, trotz Unterrichtsversäumnis, getrost verneinen. Aber auf die zweite Frage folgt eine ernüchternde Antwort. Natürlich dient der Protest der Fridays for Future und ähnlicher Bewegungen der Sache. Die Anti-AKW-Bewegung hat in den 1970er Jahren der gemeinsamen Sache gedient, ebenso die Friedensbewegung der

1980er Jahre. Auch die Nebeneffekte waren mehr als begrüßenswert. Dort sind z.T. lebenslange Freundschaften entstanden, sind junge Menschen in politisches Denken und eine lebendige Diskurskultur eingetreten, die ihnen Schule, Sportverein und Blockflötenunterricht wahrscheinlich nicht hätten vermitteln können. Für eine Öffnung und Liberalisierung der Gesellschaft in Deutschland waren diese Bewegungen ausgesprochen hilfreich. Aber weder die Anti-AKW-Bewegung noch die Friedensbewegung haben die entsprechende Politik der BR Deutschland auch nur marginal beeinflusst. In dieser Hinsicht waren sie so sinnlos wie offensichtlich aktuell die Proteste von Fridays for Future, Climate Rebells und Last Generation. Zudem hat die Politik es geschafft, durch das kaltlächelnde Ignorieren dieses stark von Jugendlichen bestimmten Protests mehrere nachfolgende Generationen von der Sinnlosigkeit demokratischer Partizipation zu überzeugen. Diesen in den 1980er Jahren entstandenen Generalschaden an der Demokratie in Deutschland, aber auch in anderen Staaten überwindet erst der aktuelle Klima-Protest, und es deutet alles darauf hin, dass die politischen Entscheidungsträger die seinerzeitigen Fehler Punkt für Punkt zu reproduzieren gedenken. Die Folge ist dann eine starke Entpolitisierung dieser und folgender Generationen und eine Radikalisierung Einzelner und kleiner Gruppen, was in der Tat zum vielbeschworenen Klima-Terrorismus führen könnte. Ein Begriff übrigens, der eigentlich SUV-Käufern und Inlandsfliegern vorbehalten bleiben sollte.

Ein ähnliches Bild entsteht bei genauerem Hinsehen leider auch, wenn man andere Beispiele für angeblich durch zivilen Ungehorsam, Protest und Diskurs überwundene Übel anschaut. Vietnam gelingt die Vertreibung der französischen Kolonialherren nicht auf dem Verhandlungsweg, sondern durch den Sieg der Việt Minh bei Điện Biên Phủ im Mai 1954. Und die USA ziehen sich zwanzig Jahre später nicht wegen protestierender Studenten in Washington und Woodstock aus derselben Region zurück, sondern weil sie militärisch besiegt sind. Zudem hat der Kongress den Geldhahn zugedreht und Nixon kann sich nicht entschließen, den bereits vom früheren Oberbefehlshaber, William Westmoreland, explizit geforderten Kernwaffeneinsatz freizugeben. Das Ende der britischen Herrschaft in Indien und der Untergang der DDR sind oben schon genannt worden. Und die vielgerühmte Revolution der Nelken in Portugal 1974 verlief nur deswegen annähernd friedlich, weil die faschistische Diktatur zuvor durch das blutige Debakel in Angola und Mozambique gegangen war, was den Staat entkräftet und international isoliert hatte.

Der gewaltfreie Protest Tibets – gegen die Besetzung durch die Volksrepublik China und gegen den schrittweisen kulturellen und z.T. auch physischen Genozid – verhallt hingegen seit siebzig Jahren ungehört in den Sitzungssälen von UNO, NATO und EU. Hingegen hat die PLO es fast schon geschafft, sich mit Anschlägen auf Schulbusse, Kindergärten und Olympia-Teams einen eigenen Staat herbeizubomben. Ja, es scheint aktuell viel daraufhin zu deuten, dass das von der Hamas inszenierte Blutbad im Oktober 2022 in diesem Unterfangen die gloriose Vollendung in Gang gesetzt hat, nicht zuletzt auch wegen der Fokussierung der Weltöffentlichkeit auf die israelischen Gegenmaßnahmen. Das ähnelt der Geschichte des irischen Widerstands. Dieser hat zwar über zweihundert Jahre nichts erreicht, aber schließlich die britische Regierung zu so drastischen Gegenmaßnahmen veranlasst, dass nach der brutalen Niederschlagung des Easter Uprising von 1916 der öffentliche Druck vor allem aus den USA schließlich zu einem schrittweisen Ende der Kolonialherrschaft über Irland führte.

7.4. Der Sinn friedlichen Protests

Die Liste der nur scheinbar auf friedlichem Weg, aber tatsächlich durch massive Gewalt erreichten gesellschaftlichen Umbrüche lässt sich lang fortsetzen. Entscheidend ist aber, dass diese Beobachtung Wert und Bedeutung zivilen, friedlichen Protests nicht schmälert. Die DDR bricht nicht wegen des friedlichen Protests in Leipzig, dann auch anderen Orten zusammen. Sie bricht zusammen, weil ihre Organe nach der Katastrophe von Tschernobyl die Bevölkerung wochenlang und auf Kosten vor allem der Kinder anlügen. Weil der wirtschaftliche Gesamtkomplex des Warschauer Pakts dem von Ronald Reagan massiv betriebenen Westrüsten nichts mehr entgegenzusetzen hat. Und weil mit dem Tod von Franz-Josef Strauß im Oktober 1988 der DDR ihr wichtigster Geldbeschaffer gerade in dieser kritischen Phase verloren gegangen war. Aber es war der zivile Protest, der wenigstens Ansätze einer eigenständigen politischen Kultur im Osten Deutschlands auch in den gesamtdeutschen Diskurs einbrachte. Und es ist vielleicht das schwerste Versäumnis der westdeutschen Medien, Meinungsbilder, Parteien, Kirchen, Hochschulen usw., das ungeheure Potenzial auch dieser Zivilkultur nicht aufgegriffen, nicht genutzt zu haben.

Es gibt noch ein anderes interessantes Beispiel aus jüngerer Vergangenheit für die Bedeutung, aber auch die begrenzte Wirksamkeit von friedlichem Protest. Die Apartheid in Südafrika endete in den 1990er Jahren schrittweise, weil sie historisch überholt war. Auch eine Mehrheit der weißen Bevölkerung des Landes lehnte sie inzwischen ab. Ähnlich wie im irischen Osteraufstand von 1916 hatte auch der eigentlich marginale Protest der militanten schwarzen Organisationen, vor allem des PAC, dann auch des ANC, die ohnehin faschistoide Unterdrückungsmaschinerie des Apartheidstaats weiter herausgefordert. Die zahlreichen Gewaltakte, die grausame Ermordung von z.T. weit bekannten Führern des Protests wie Steve Biko, aber auch Tausender

Unbekannter in Massakern, u.a. in Sharpeville und Soweto, und in unzähligen Einzelmorden machten am Ende das System für die Mehrheit in Südafrika unerträglich. Hinzu kam, dass der Verfall des Goldpreises seit 1983 dem Regime auch die finanzielle Basis entzog – eine Folge des verzweifelten Versuchs der UdSSR, das von Ronald Reagan initiierte Wettrüsten durch Goldverkäufe finanzieren zu können. Insofern war es auch hier nicht der friedliche Protest vor allem der schwarzen Bevölkerung oder ihrer Unterstützer in der ganzen Welt, welche das Apartheidregime letztlich überwand. Aber dieser zivile Protest legte die Basis für die insgesamt bei allen Schwierigkeiten erstaunliche Errichtung einer politisch und wirtschaftlich weitgehend stabilen Demokratie am Kap der Guten Hoffnung.

Gegen diese Ansicht, dass letztlich das Böse immer nur durch Gewalt aus der Welt vertrieben worden ist, lassen sich für das 20. Jahrhundert vor allem die von Erica Chenoweth und Maria J. Stephan vorgebrachten Überlegungen heranziehen. Ihrer Auswertung gesellschaftlicher Wandlungsprozesse zufolge lag die Erfolgsquote von zivilem, gewaltfreiem Widerstand gegen eine als falsch empfundene Situation bei ca. 52%, die von gewaltorientierten Bewegungen hingegen nur bei ca. 23%. Allerdings berücksichtigen sie nicht genug, dass nicht nur gewaltfreier Protest in gewaltsamen Widerstand umschlagen kann, sondern häufig dem gewaltfreien Protest eine gewalthafte Phase vorausgegangen ist, welche wie in Indien, in Portugal oder Nordirland wesentliche Voraussetzung des späteren Erfolgs war. Hingegen weisen sie zu Recht darauf hin, dass ein erfolgreicher gewaltsamer Umbruch oft genug schon den Keim der nächsten Gewalt in sich getragen hat. Hingegen hat gewaltfreier Widerstand häufig die Gemeinschaften, aber auch die gemeinsamen Ideen und Emotionen erst herausgebildet, die später dafür gesorgt haben, dass dem entsprechenden Wandlungs-

und Umsturzprozess sich nicht schon in kurzer Frist der nächste angeschlossen hat.

Doch trotz dieser wichtigen Rolle des zivilen, friedlichen und geduldigen Protests, Ungehorsams usw., auch ungeachtet der Bedeutung eines friedlichen Einwirkens von außen durch Diplomatie, Sanktionen usw. scheint ein rascher Umbruch, eine rasche Überwindung des Bösen in der politischen Landschaft ohne Gewalt kaum vorstellbar. Andernfalls kann man nur auf den historischen Wandlungsprozess setzen, der am Ende noch jedes Zwangsregime zerbröselt hat. Aber am Beispiel der UdSSR oder aktuell der Volksrepublik China ist auch offensichtlich, dass solche Prozesse sehr lange dauern können, mit Sicherheit viel länger, als die dort in Unterdrückung und Folter lebenden Menschen noch an Lebenszeit erwarten dürfen. Erst recht gilt das offensichtlich für den aktuell beginnenden Hyper-Albtraum des Klimawandels, der in seinem Verlauf ohne Weiteres auch die Zukunft der Menschheit insgesamt erledigen könnte.

7.5.   Widerstand und Klimawandel

Mitte der 1960er Jahre war klar, wohin das Verbrennen von fossilen Ablagerungen führen würde, nämlich zu einem katastrophalen, womöglich kataklystischen Treibhauseffekt. Zu diesem Zeitpunkt war noch hinreichend Zeit, das Ruder in sanften, demokratischen Prozessen herumzureißen. Oder nicht einmal herumzureißen, nur hier und da ein wenig zu adjustieren, das hätte damals völlig ausgereicht. Aber eine untätige Politik, zahllose auf kurzfristigen Shareholder Value fokussierte Unternehmensführungen und eine hieran mehrheitlich nicht interessierte Öffentlichkeit haben es geschafft, diese Zeit komplett zu verspielen. Die bereits angelaufene Katastrophe jetzt noch zu stoppen, wären sofortige drastische Maßnahmen notwendig. Es ist nicht erkennbar, wie diese zustande kommen sollen. Demokratische, friedfertige Prozesse dauern viel zu lange; die einst verfügbare Zeit ist verschleudert und kommt nicht zurück. Aber eine gewaltsame Überwindung oder Änderung der monströsen Boshaftigkeit aller Regierungen weltweit, aller Industriekonzerne, ein mit Waffengewalt erzwungenes Umdenken von Milliarden von Menschen ist ebenso unrealistisch. Lokale Gewalt, punktuelle Operationen mögen viele Probleme der Vergangenheit gelöst haben. Für ein globales Problem eignen sie sich nicht. Im günstigsten Fall ersetzen sie nur ein Problem durch ein anderes.

Auch der meist Pete Seeger nachgesagte Ratschlag „Think global, act local!" ist angesichts der Komplexität des Klimawandels und seiner existenziellen Dimension offensichtlich nicht mehr hinreichend, egal, ob man mit Gewalt oder auf friedlichem Wege einen fundamentalen Umbruch unserer Lebensweise erreichen will. Der Satz geht übrigens vielleicht statt auf Pete Seeger auf David Browser oder Jacques Ellul oder noch davor auf Patrick Geddes zurück. Auch René Jules Dubos ist er verschiedentlich zugeschrieben worden, der schon in den 1970er Jahren die Scheinsicherheit unserer naturwissenschaftlichen Erkenntnisse hinterfragt hat. Ihm zufolge glauben wir, durch umfassendes Verstehen der Naturgesetze, der Natur, der Erdgeschichte usw. uns aus den Zwängen der Evolution gelöst zu haben. Aber tatsächlich sei die Welt eine so ungeheuer komplexe und komplizierte Entität, dass niemand sich einbilden dürfe, sie ganz zu verstehen. Nicht glauben dürfe, auch nur in der Lage zu sein, sie ganz zu verstehen. Erst recht – womöglich basierend auf diesem illusorischen Verstehen – nicht glauben dürfe, die Erde zu beherrschen sei der eigene oder vielleicht gottgegebene Schicksalsauftrag.

Aber wenn das so ist, fragt sich, wie der Klimawandel als das größte Übel der Menschheitsgeschichte überwunden werden kann. Nun, das ist zu meinem Glück nicht Gegenstand dieses Vortrags. Ich fürchte aber, die Antwort lautet: Gar nicht. Man sollte daher eher überlegen, wie man durch diese nun unausweichliche Katastrophe noch möglichst viel rettet. Es wird immer noch nur ein Bruchteil von all dem sein, was auf absehbare Zeit in einen schrecklichen Untergang taumeln wird. Nur ein Bruchteil von all dem, woran unser Herz hängt. Und unsere Existenz schlechthin.

7.6. Böses als Unterlassungshandlung

Hier in meinem kurzen Vortrag geht es lediglich um die Frage, wie das Böse und die Gewalt in der Welt zusammenhängen. Der Klimawandel ist ja keine Form der Gewalt, eher schon eine Folge konsequenten Unterlassens des eigentlich Gebotenen. Kann also nicht zu handeln genau so böse sein wie das Errichten von Gaskammern und Hungerbunkern?

In den meisten Staaten ist man zur Hilfeleistung verpflichtet, wenn man Zeuge einer Gewalthandlung wird, mindestens insoweit man nicht fürchten muss, dann selbst Opfer von Gewalt zu werden. Aber hier gibt es Grenzen. Niedrigschwellige Formen von Gewalt verpflichten nicht zum Handeln, etwa wenn zwei Kinder einander mit Schimpfwörtern traktieren. Steht allerdings eines von beiden heulend da, das andere aber macht immer noch weiter, kann das schon etwas anderes sein, selbst wenn man fürchten muss, dann seinerseits beschimpft zu werden. Umgekehrt muss man einen Serienmörder mit einer Kettensäge nicht aufzuhalten versuchen, selbst wenn dieser gerade auf einen Passanten losgeht. Aber wenn der einzige Schaden, den man zu fürchten hat, die Abnutzung am eigenen Smartphone ist, mit dem man die Polizei zu Hilfe ruft, legitimiert dieser potenzielle Schaden am Eigenen kaum eine umfassende Untätigkeit.

Zwischen diesen Polen liegt eine individuelle Grauzone, die man nicht durch gesetzliche oder moralische Setzungen bis ins Letzte festlegen kann. Spricht man aber über die Klima-Katastrophe, kann man wohl den Verursachern bis hinauf in die Konzernspitzen von Exxon oder Daimler-Benz und Volkswagen kaum unterstellen, mit ihrem Handeln gezielt das Leid in der Welt vermehren zu wollen. Mehr noch, ihre berufliche Pflicht ist investitionsnachhaltige Optimierung des Share Holder Values ihrer Firmen. So wie die ihnen übergeordneten Regierungen nicht das Wohl der Menschheit zu verfolgen haben, sondern die Optimierung des Nutzens ihrer jeweiligen Völker. Auch dies hat freilich nachhaltig zu geschehen, sodass der erreichte Nutzen nicht in unbilliger Weise den Nutzen späterer Generationen torpediert.

So gesehen handeln Regierungen und Konzerne, letztlich aber jeder Einzelne von uns hochgradig böse, indem sie, indem wir nicht handeln. Denn wenn der Preis für ein halbwegs akzeptables Leben nachfolgender Generationen – oder überhaupt des Fortbestehens des Lebens auf Erden – lediglich das sofortige und weltweite Verbot von Autos und Kreuzfahrtschiffen, ein zehnjähriges Fortpflanzungsmoratorium und der umfassende Verzicht auf fleischbasierte Nahrungsmittel ist, dann ist der individuelle Schaden so minimal, dass man ihn als belanglos bezeichnen darf. Niemand stirbt deswegen, erleidet furchtbare Qualen oder stürzt in entsetzliche Armut. Im Gegenteil, für die allermeisten Menschen auf Erden würde schon heute das Leben besser werden, wenn man solche Maßnahmen ergriffe.

Menschen, die hier untätig bleiben, haben nur selten nicht begriffen, was eigentlich geboten wäre. Stattdessen hört man meist vier Arten von Argumentation:

- Der Zug ist längst abgefahren, das hält man nicht mehr auf.
- Wenn ich weiter Auto fahre, aber zwanzig andere überzeuge, das nicht zu tun, habe ich mehr für das große Ganze getan als jeder andere.

- Für eine angesichts der Komplexität der Welt nur vermutete mögliche Leidensminderung in der Zukunft und von Menschen, die ich nie kennenlernen werde, müsste ich mir selbst oder Menschen, die mir nahe sind, Leiden aufbürden.
- Die Menschheit muss weiter fortschreiten, wir können nicht, wir wollen nicht zurück in die Steinzeit.

Keins dieser Argumente ist so blödsinnig, wie ich es hier vielleicht formuliert habe. Niemand kann wissen, ob Maßnahmen gegen den Klimawandel noch etwas ausrichten werden, egal was wir jetzt tun. Ob man immer mit gutem Beispiel vorangehen muss, um einen Wandel zu erreichen, kann man kaum sicher sagen. Alle Aussagen über das, was der Menschheit bevorsteht, sind mit einem – allerdings immer geringer werdenden – Irrtumsrisiko behaftet. Und natürlich wird die Menschheit sich weiterentwickeln. Allerdings redet niemand von einer Rückkehr in die Steinzeit. Aber eine Welt mit höchstens zwei statt zehn Milliarden Menschen, keine Autos und Flugzeuge, Schiffe mit Segeln statt Dieselmotoren, das ist nicht die Steinzeit, das ist die Welt um 1800. Natürlich eine Zeit mit vielen Nachteilen. Aber ganz sicher keine Welt, in der Menschen nicht hätten leben können.

Nicht zu handeln kann böse sein, auch wenn es nicht im eigentlichen Sinne eine Form von Gewalt ist. Aber wenigstens ist es ein Zulassen von Gewalt und bösen Handlungen und daher moralisch nicht akzeptabel.

7.7.   Klimawandel und gewaltsamer Widerstand

Das führt uns zur Eingangsfrage zurück, ob man moralisch verpflichtet sein kann, das Böse notfalls auch mit Gewalt zu bekämpfen. Nun, da friedlicher Widerstand gegen den Klimawandel und seine Ursachen seit Jahrzehnten offensichtlich wirkungslos verpufft sind und die verbleibende Zeit zu handeln fast vorbei ist, bleibt tatsächlich Gewalt als einzige Option. Das gilt unbeschadet der Tatsache, dass ihre Erfolgsaussichten schlecht sind, die Kollateralschäden vielleicht dramatisch, die gefundenen Effekte oft nicht nachhaltig sind. Diese Option jetzt nicht zu nutzen, wäre wahrscheinlich der deutlich verwerflichere Weg.

Ich bin eigentlich recht froh, nicht sachkundig zu sein, wie eine gewaltbasierte Bekämpfung des Klimawandels aussehen kann. Genügen strenge Gesetze? Müssen Terrorzellen Autofabriken zerstören? Bösartige Mikrobiologen in geheimen Laboren Viren entwickeln, die große Teile der Menschheit unfruchtbar machen? Mächtige Staaten wie die USA, Russland oder China, also die strahlenden Speerspitzen des Kampfes gegen den Klimawandel, schwächere Staaten über ein UNO-Mandat zwingen, ihrem Beispiel zu folgen?

Man kann gegen die Einschätzung der moralischen Pflicht zum gewaltsamen Widerstand gegen die fortgesetzte Klimabeschädigung kaum zweckrational diskutieren. Nachdem konventionelle Mittel von zivilem Widerstand und Tagespolitik sich als unbrauchbar erwiesen haben, bleibt offensichtlich nur diese Option, auch wenn ihre Erfolgschancen ebenfalls nicht sonderlich groß sind.

Aber auch wenn es kein utilitaristisches Argument hiergegen gibt, lässt sich doch ein kantianisches Argument formulieren: Wenn der innergesellschaftliche Gewaltverzicht nicht kategorial ist, dann wird das Grundprinzip jeder Gemeinschaft geschädigt, demzufolge der Gewaltverzicht unbedingt gilt. Zwar wird zwischen Staaten, aber auch innerhalb von Gesellschaften diese Maxime oft verletzt. Aber schon dass wir hier ohne Zögern von Verletzung sprechen, zeigt, dass wir ein solches Handeln eigentlich als inakzeptabel betrachten. Man muss sich daher fragen, ob der abstrakte Wert allgemeinen Gewaltverzichts durch Anschläge auf Kohlekraftwerke so massiv geschädigt wird, dass sich diese Option verbietet. Folgt man aber Kant, dann muss man eigentlich sagen, man verlässt mit der Entscheidung zur Gewalt den Formulierungskontext moralischen Handelns. Dann steht die Forderung nach gewaltsamen Aktionen gegen die Ursachen des Klimawandels außerhalb des Sprachraums, in dem sich moralische Forderungen formulieren lassen. Sie mag daher vernünftig, naheliegend usw. sein. Aber moralisch ist sie dann nicht, erst recht nicht moralisch begründbar. Die Entscheidung hierzu lässt sich dann nicht mehr mit moralischen Begriffen und Argumentationen herbeiführen.

Ich bin recht froh, aus der deutschen philosophischen Tradition heraus wenigstens diese Rückweisung einer moralischen Herleitung solcher Gewaltakte begründen zu können. Der Notwendigkeit, sich mit der Frage ihrer Sinnhaftigkeit auseinanderzusetzen, entgehen wir allesamt dadurch dennoch nicht.

Ich danke Ihnen für Ihre Aufmerksamkeit.

8.　Guido Bertoldsheimer: Kazys Škirpa als Gesandter der litauischen Republik

Guido Bertoldsheimer hat mehrfach überzeugend versichert, nicht aus der gleichnamigen Gemeinde zu stammen und auch keinerlei Beziehungen zu dem im nahegelegenen Ingolstadt ansässigen Autobauer zu haben. Als Wirtschaftswissenschaftler hat er seine Schwerpunkte stattdessen im norddeutschen Aerospace-Sektor, vor allem im Großraum Bremen und Hamburg, wo er auch als Lehrbeauftragter der Hamburger Universität tätig ist. Umso spannender ist es, ihm einmal bei einer kritischen Bestandsaufnahme der litauischen Auseinandersetzung mit der dortigen Kollaboration in der Anfangsphase der deutschen Besetzung des Baltikums 1941 zu folgen.

Wir geben diese Beitrag in einer im Nachhinein um Fußnoten angereicherten und um einige Textpassagen erweiterten Form wieder. Während der Tagung hat sich der kontroverse Charakter der hier getätigten Aussagen deutlich gezeigt, sodass ihre Unterstützung durch Erläuterungen und Belege aus weltweit verstreutem Quellenmaterial durchaus sinnvoll erscheint. Dass der Beitrag dadurch deutlich länger geworden ist, als er zunächst gehalten wurde, war natürlich unvermeidlich, hat aber der Wichtigkeit der von Guido Bertoldsheimer angestellten Überlegungen in unseren Augen keinen Abbruch getan.

Meine sehr geehrten Damen und Herren, werte Kollegen,
die Akademietagungen sind stets eine interessante Möglichkeit, sich dem einen oder anderen Gegenstand zu nähern, an dem man deutlich mehr Interesse aufweist als Sachkunde. Entsprechend sind solche Gelegenheiten aber auch immer ein wenig nervenaufreibend, wagt man sich doch in unbekanntes Terrain und setzt sich mithin immer wieder nicht nur der Kritik, sondern auch dem amüsierten Lächeln oder entnervten Augenverdrehen fast durchweg sachkundigerer Hörer aus.

Seien Sie also nachsichtig mit mir, wenn auch ich mich ein weiteres Mal in so fremdes Terrain wage. Ich hoffe immerhin, Sie werden das Nachfolgende so überraschend und faszinierend finden, wie es mir selbst ergangen ist.

8.1. Die Kollaboration in Osteuropa und im Baltikum – ein offenes Kapitel

Die Geschichte der Kollaboration in Osteuropa und im Baltikum während des Zweiten Weltkriegs ist seit geraumer Zeit Gegenstand ausgesprochen kontroverser Diskussionen. Nicht anders als zuvor in Westeuropa liegt das vor allem daran, dass diese Themen bis heute von besonderer Bedeutung auch für die Gegenwartspolitik sind. So reagiert die polnische Öffentlichkeit bis heute äußerst empfindlich auf Versuche ukrainischer Nationalisten, aus Stephan Bandera eine Art Nationalheiligen zu machen. Aber auch der innerstaatliche Diskurs zu den Führern der jeweiligen Kollaborationskräfte bereitet vielen Staaten bis heute Probleme. Litauen etwa hat in den letzten Jahrzehnten eine gesellschaftliche Umdeutung diverser Kollaborateure durchlaufen, selbst dort, wo eine direkte Verwicklung dieser Menschen in die Ermordung der litauischen Juden und die Shoah insgesamt einigermaßen unstrittig ist. Das betrifft lokale Truppenführer wie Adolfas Ramanauskas ebenso wie die obersten Anführer der Kollaboration, Juozas Ambrazevičius und Kazys Škirpa oder ihre geistigen Väter wie Antanas Maceinas.

Nach den oft verzeichnenden Darstellungen der sowjetischen Geschichtsschreibung war ein solcher Rückschlag des Pendels auch in der akademischen Geschichtsforschung für einige Zeit bedingt verständlich. Mehr noch, in Polen etwa ist es inzwischen eine Straftat zu behaupten, es hätte überhaupt polnische Kollaborateure gegeben. Aber man kann das Funktionieren von Eliten in

Kollaborationsstrukturen nur verstehen, wenn man deren Wirken unvoreingenommen analysiert und darstellt. Dazu ist es hinsichtlich diverser Kollaborateure bisher nicht gekommen.

Der Begriff der Kollaboration ist ohnehin schwierig, da er immer wieder auch pejorativ und polemisch verwendet wird. Daher hat es in jüngerer Vergangenheit Versuche gegeben, ein Begriffspaar von „Kollaboration" und „Kooperation" aufzubauen, was aber nur einem schwer einzugrenzenden Terminus einen zweiten Begriff mit ähnlichen Schwierigkeiten hinzugefügt hat.[1]

8.2. Kazys Škirpa in der litauischen Öffentlichkeit heute

Die Umdeutung einer historisch bis dahin kritisch gesehenen Personen betrifft in Litauen vor allem Kazys Škirpa, den Führer der LAF, also der litauischen Autonomiebewegung seit 1940. Der LAF werden zahlreiche Morde angelastet, denen zwischen dem Abrücken der sowjetischen Besatzungstruppen und dem deutschen Einmarsch in zahlreichen Pogromen eine mindestens vierstellige Zahl jüdischer Litauer und nach Litauen geflohener Polen – darunter nicht nur Juden – zum Opfer fiel. Nach Škirpa sind heute Straßen und Plätze in Litauen benannt, Gedenktafeln hängen an fast allen wichtigen Stationen seines Lebens. Es lohnt sich also, Škirpas Bedeutung für die litauische Kollaboration mit dem Deutschen Reich etwas genauer anzusehen. Anbei stellt sich die Frage, ob es mit Beginn des Unternehmens "Barbarossa" in Litauen wirklich zu einem Volksaufstand gegen die sowjetische Besatzung kam, wie dies bis heute in Litauen allgemein geglaubt wird. Oder ob, wie insbesondere die deutsche Geschichtsforschung dies traditionell sieht, es sich hierbei im Wesentlichen um das Resultat mehr

---

[1]   Gregory: Cooperation, S. 245; Stang: Kollaboration, S. 165-167.

oder weniger verdeckter Aktivitäten vor allem der SS im Vorfeld des Überfalls auf die UdSSR gehandelt hat.

Für die aktuelle Darstellung in der litauischen Öffentlichkeit ergibt sich ein eindeutiges Bild: Die Ermordung der litauischen Juden war das Werk der deutschen Besatzer. Wer mit ihnen kollaborierte, ermordete keine Juden, sondern kämpfte als gleichberechtigter Bundesgenosse der Deutschen gegen die Rote Armee und die stalinistische Besatzungsmacht, die gerade erst aus dem Land geflohen war.

8.3. Litauen zwischen 1918 und 1938

Die baltischen Staaten waren 1939 noch nicht alt. Nach Jahrhunderten russischer Herrschaft war ihre Selbständigkeit ein Nebenprodukt des Ersten Weltkriegs. Umgeben waren sie von großen - und nach dem Ende der Krisen der frühen 1920er Jahre auch mächtigen - Nachbarn: Im Westen Deutschland, dessen ostpreußische Enklave an Litauen grenzte. Deutschland stieg trotz der Niederlage von 1918 in den 1920er Jahren zur wirtschaftlichen Großmacht auf. Spätestens ab 1933 strebte das Land aber auch offenkundig nach dem Status einer militärischen Groß- und Weltmacht. Im Osten die junge UdSSR, die sich nach der Niederlage im Weltkrieg und dem verheerenden Bürgerkrieg erstaunlich schnell konsolidiert hatte. Vor allem in der zweiten Hälfte des Jahrzehnts erstarkte die UdSSR unter Stalins Führung wirtschaftlich und militärisch rasch – trotz der vielen hunderttausend Tote, welche vor allem Entkulakisierung, dem Holodomor und der Bolschaja tschistka, der „Großen Säuberung", zum Opfer gefallen waren. Und schließlich Polen, das ebenfalls als Folge des Ersten Weltkriegs auf die europäische Bühne zurückgekehrt war und dessen Führung sich wild entschlossen zeigte, sich mit den Grenzen Polens, wie sie die Pariser Vorortverträge gezogen hatten, nicht abzufinden.

In der sicherheitspolitisch heiklen Situation in Osteuropa waren die kleinen und militärisch wie wirtschaftlich schwachen baltischen Staaten auf gute Beziehungen zu allen Nachbarn angewiesen, nachdem es ihnen, anders als Polen, nicht gelungen war, sich Frankreich als Garanten ihrer Unabhängigkeit zu sichern. Insbesondere Litauen hatte als erster baltischer Staat zu spüren bekommen, was es bedeutete, wenn man ungeschützt den Expansionsgelüsten der lokalen Mittel- und Großmächte ausgeliefert war. Am 05.01.1919 hatte die Rote Armee Vilnius besetzt, nicht um Litauen, sondern um Polen zu treffen, das Vilnius ebenfalls beanspruchte. Aber die Rote Armee fand sich rasch von allen Seiten angegriffen. Im Baltikum agierten vor allem die einheimischen Truppen, aber auch die deutsche Freiwilligenarmee, die hier mit Duldung der Siegermächte ihre Aktivitäten der Jahre vor 1918 fortsetzte. Polen attackierte die junge UdSSR, um Galizien und Teile der Ukraine zu erobern. Und im eigenen Land standen die weißen Truppen der Gegenrevolution.

Im April 1919 vertrieben polnische Truppen die Rote Armee aus Vilnius und besetzten die Stadt. Die Alliierten drängten Polen aber dazu, Vilnius an Litauen zurückzugeben. Polen musste der Curzon-Linie zustimmen, die u.a. eine entsprechende Regelung zu Vilnius beinhaltete. Auch die UdSSR akzeptierte schließlich diese Regelung; im Moskauer Friedensvertrag vom 12.07.1920 zwischen Litauen und der UdSSR wurde daher Vilnius an Litauen gegeben. Die UdSSR erkannte wie schon im Frieden von Brest-Litowsk die litauische Unabhängigkeit an. Vilnius allerdings, das ideelle Zentrum des litauischen Nationalismus, sollte nicht lange in litauischem Besitz bleiben.[2] In Polen forderte eine

---

[2]   Bestimmt man die Nationalität eines Menschen in Zeiten der Besatzungsherrschaft nach der Muttersprache, dann waren nach dem Ersten Weltkrieg nur 30% der Einwohner von Vilnius Litauer.

wachsende nationalistische Bewegung, man müsse die hier Wilno genannte Stadt zurückerobern. Litauische Maßnahmen zur Nationali-
sierung der Stadt wurden in Polen als erste Anzeichen einer antipol-
nischen Politik gewertet. Die üblichen Gräuelgeschichten, wie sie in
den frühen 1920er Jahren noch als Erinnerung an die Schrecken des
Kriegs immer wieder aufkamen und wohl auch hier nicht ganz unrealistisch waren, taten ein Übriges. Zwar unterschrieb Polen mit dem
Vertrag von Suwalki am 07.10.1920 eine Friedensregelung mit Litauen, die insbesondere eine Regelung des Grenzverlaufs beinhaltete.
Der Vertrag sollte drei Tage später in Kraft treten. Doch noch am
09.10.1920 überquerte eine polnische Streitmacht unter Gen. Lucjan
Żeligowski die vereinbarte Grenzlinie und okkupierte insbesondere
Vilnius.

Zunächst wurden Żeligowski Truppen als Freischärler ohne staatlichen Auftrag bezeichnet. Man kann aber davon ausgehen, dass die
hier vorwiegend eingesetzten Angehörigen polnischer Volksgruppen
aus Belarus und Litauen über Warschau rekrutiert, ausgerüstet und
wohl auch gesteuert wurden. Mit Duldung aus Warschau deklarierte
Żeligowski einen eigenständigen Zwergstaat Litwa Środkowa und erklärte sich selbst zum Diktator dieses Staats. Litwa Środkowa bestand
bis 1922 und schloss sich dann auf Basis eines Parlamentsentscheids
Polen an. Dies wurde dadurch erleichtert, dass der Völkerbund sich
schwer tat, auf den klaren Bruch des Völkerrechts durch Polen entsprechend zu reagieren. Stattdessen sollte ein Volksentscheid über
das weitere Schicksal von Vilnius bestimmen. Hier waren in einer
Stadt mit 40% Juden dieselben der entscheidende Faktor. Da die

---

Weitere 30% waren Polen, während die größte Gruppe, fast 40%,
Juden waren und Yiddish als Muttersprache hatten.

meisten hiervon kein Litauisch sprachen, zog eine Mehrheit es vor, in Polen zu leben.

In Litauen verstärkte dies den Nationalismus. Es kam zu Ausschreitungen gegen polnische Mitbürger, der Staat ergriff auch Maßnahmen, um den polnischen Einfluss zu reduzieren. Diese fanden ihren ersten offiziellen Niederschlag in der am 29.03.1922 verkündeten Landreform, welche die alten Großgrundbesitzer Litauens, fast alle polnischer Abkunft, ihres Besitzes weitgehend beraubte. Zugleich verdeutlichte der Erfolg der polnischen Offensive, dass in Ost- und Ostmitteleuropa die Grenzregelungen der Pariser Vorortverträge weniger fest und für die Ewigkeit gemacht waren als in West- und Südeuropa. In Litauen geriet daher das Memelgebiet in die Diskussion. Ursprünglich preußische Provinz, war dieser Landstreifen, wo die litauische und die deutsche Bevölkerungsgruppe in etwa gleich groß waren, durch den Versailler Vertrag als unabhängiges Territorium einem französischen Gouverneur unterstellt worden.[3] Die Siegermächte signalisierten Litauen aber 1920, dass man als Belohnung für ein litauisches Nachgeben in der Vilniusfrage sich einigermaßen konziliant zeigen würde, wenn Litauen eine Annexion der Stadt Memel, litauisch Klaipėda, und des zugehörigen Memelgebiets in Angriff nähme.[4] Auch Deutschland hatte sich diesbezüglich nicht grundsätzlich ablehnend geäußert, während Polen, das hier ebenfalls Ansprüche erhob, naturgemäß

---

[3]   Versailler Vertrag, Art. 99, Ursachen und Folgen, Bd. 3, S. 388-415, hier S. 398.

[4]   Geschäftsträger Kaunas, Schönberg, an Ausw. Amt, 06.04.1922, ADAP A, Bd. VI, Nr. 46, S. 87-89. Die französische Seite bestritt allerdings, dass ein entsprechendes Angebot an Litauen gemacht worden sei; Botsch.rat v.Hoesch, an Ausw. Amt, 21.07.1922, ADAP A, Bd. VI, Nr. 156, S. 322-325; vgl. auch Eidintas/Žalys/Senn: Lithuania, S. 89.

nicht konsultiert wurde. Litauen wies diesen Vorschlag aber zurück, da man Vilnius nicht preisgeben wollte. Als Ausweg hieraus favorisierten vor allem Großbritannien und Frankreich nun eine Volksabstimmung im Memelgebiet über den weiteren Status.

Am 20.11.1922 beschloss das Kabinett in Kaunas daraufhin, einen Aufstand im Memelgebiet zu inszenieren. Man wollte so einer Volksabstimmung zuvorkommen, die mit großer Wahrscheinlichkeit zum Nachteil Litauens ausgefallen wäre.

Da von den Memellitauern keine Unterstützung zu erwarten war, wollte der militärische Führer der Aufstandsvorbereitungen, Jonas Budrys, zunächst vor allem auf Armee-Angehörige zurückgreifen. Die Hauptlast aber trugen letztlich Mitglieder der Šaulių Sąjunga, der formal unabhängigen litauischen Reservistenvereinigung, unter Führung von Litauens bedeutendstem Schriftsteller dieser Jahre, Vincas Krėvė-Mickevičius. Dieser rekrutierte für den Vorstoß ins Memelgebiet anscheinend auch zahlreiche Angehörige der Nachwuchsorganisation der Šaulių Sąjunga, in der junge Litauer eine militärische Vorschulung erfuhren.[5]

Krėvė-Mickevičius traf sich im Dezember 1922 mit dem Chef der deutschen Heeresleitung, Hans von Seeckt, der ihn der deutschen Neutralität versicherte, sollte Litauen gegen die französische Verwaltung des Memelgebiets vorgehen.

Am 09.01.1923 überquerten die Verschwörer, als Memellitauer getarnt, die litauische Grenze. Die vorwiegend deutschen Polizeikräfte ergaben sich kampflos, was von französischer und polnischer Seite später als Indiz für eine weitreichende Verwicklung der

---

[5] Senn: Besetzung, S. 339. Auch zum folgenden Senn: Besetzung, v.a. S. 340-352.

Reichsregierung gewertet wurde, auch wenn Berlin dem litauischen Gesandten eine Protestnote überreichte.

Bei der Einnahme von Memel am 15.01.1923, etwas theatralisch meist als Erstürmung (Puolimas) bezeichnet, wurden zwei französische und 12 litauische Soldaten sowie ein memeldeutscher Polizist getötet. Danach einigte sich die Botschafterkonferenz in Paris darauf, die neu geschaffene Situation zu akzeptieren. Am 12.02.1923 bot die Konferenz Litauen das Memelgebiet offiziell zur Annexion an. Erst am 19.03.1923 akzeptierte Kaunas die damit verbundenen Bedingungen. Aber bereits einen Monat zuvor hatten die alliierten Truppen das Memelgebiet verlassen.[6]

Das Memelgebiet blieb formalrechtlich autonom, erlebte aber in den Jahren nach dem offiziellen Anschluss 1924 eine massive Litauisierungspolitik, die in verschiedenen Punkten offen gegen das Memelstatut verstieß, etwa, indem die offizielle Zweisprachigkeit des Gebiets von den litauischen Behörden immer stärker ignoriert wurde.[7] Dabei handelte die litauische Regierung z.T. auch gegen die Interessen der litauischen Bevölkerung des Memelgebiets, die mehrheitlich meist den volksdeutschen Parteien ihre Stimme gab.[8] Frankreich, Großbritannien, Japan und Italien gaben unter dem Eindruck dieser Politik 1925 mit der Memelkonvention eine Garantie der weitgehenden Autonomie

---

[6]   Senn: Besetzung, S. 351-352, Tauber: Beziehungen, S. 11-12.

[7]   Zeitweilig wurde sogar versucht, Litauisch als alleinige Amtssprache durchzusetzen; Ruffmann: Deutsche und Litauer, S. 7.

[8]   Ruffmann: Deutsche und Litauer, S. 5; Tauber: Beziehungen, S. 13. Allerdings übersehen Tauber wie Ruffmann, dass die geringere Wahlbeteiligung der vorwiegend litauischen Landbevölkerung gegenüber der vorwiegend deutschen Stadtbevölkerung die Wahlergebnisse zusätzlich zugunsten der volksdeutschen Parteien verschoben haben dürfte.

der in dieser Region lebenden Deutschen. Ihr Widerstand blieb aber gering, als ein Jahr später Litauen in der Region das Kriegsrecht ausrief, was die Autonomie der Memeldeutschen weitgehend aufhob. Andererseits stieß diese Politik auch auf den Widerstand der im Memelgebiet lebenden Litauer, sodass bei allen Wahlen, zuletzt 1938, Parteien mit einer Forderung nach einer Eingliederung des Memelgebiets in das Deutsche Reich stets wenigstens 70% aller Stimmen erreichten. Insgesamt waren in den 1920er Jahre Litauens Beziehungen zu allen drei Nachbarn also ausgesprochen heikel. Erst allmählich gelang eine Annäherung zunächst an die UdSSR, dann auch an Deutschland. 1926 schlossen Litauen und die UdSSR daher einen Nichtangriffspakt, der den ersten Schritt zu einem Militärbündnis darzustellen schien. Vor allem aber betrachtete man in Deutschland die litauische Annexion des Memelgebiets als das kleinstmögliche Übel. Ein französischer Gouverneur in Klaipėda wurde in Berlin als Teil französischer Einkreisungsversuche verstanden, und die sonst verbleibende Alternative, die Annexion des Gebiets durch Polen, kam erst recht nicht in Frage.[9] Das Ideal der deutschen Außenpolitik, ein Freistaat Memelgebiet unter Garantie des Völkerbunds, blieb hingegen utopisch.[10]

Die schwierige Lage Litauens in den frühen 1920er Jahren, die Annexion von Vilnius durch Polen und der litauische Erfolg im Memelgebiet fokussierten das öffentliche Interesse auf Fragen von Nation und Nationalismus. Das leistete den nationalistischen Kreisen erheblichen Vorschub. Diese sammelten sich vorwiegend im Lietuvių Tautininkų

---

[9]   Deutscher Gesandter Kaunas, Olshausen, an Ausw. Amt, 18.01.1923, ADAP A, Bd. VII, Nr. 36, S. 78-81. Leg.rat Seiler, Kaunas, an Ausw. Amt, 10.11.1922, ADAP A, Bd. VI, Nr. 239, S.498-499.

[10]   Staatssekr. v.Maltzan an Gen.konsul Memel, 06.02.1923, ADAP A, Bd. VII, Nr. 75, S.165-166.

Sajunga, einer nationalistischen und konservativen Partei, die jedoch weniger als die ebenfalls stark antidemokratischen Christdemokraten sich dem Katholizismus verpflichtet fühlte. Die Tautininkai propagierten unter ihrem Führer Antanas Smetona stattdessen eine Rückbesinnung auf die paganen Traditionen Litauens als des am spätesten christianisierten Lands in Europa.

1926 zeigten jedoch die Wahlen zum Seimas, dem litauischen Parlament, eine Abkehr von der bisherigen christlich-konservativen Ausrichtung der Bevölkerungsmehrheit. Die Tautininkai der LTS errangen lediglich drei von 85 Sitzen, soviel wie z.B. die ZDS, einer Partei, die sich als politische Vertretung der jüdischen Bevölkerungsgruppe verstand. Wahlsieger war die sozialdemokratische Bauernpartei LVLS mit 22 Sitzen, gefolgt von der an den deutschen Sozialdemokraten orientierten LSDP mit 15 und den Christdemokraten der LKDP mit 14 Sitzen. Die rechten Parteien waren insgesamt nur noch etwa halb so stark wie in der vorangegangenen Wahl von 1923, wo sie 56 von 78 Sitzen errungen hatten. Die Gründe lagen zum einen in diversen Finanzskandalen der Christdemokraten, zu anderem aber auch in ihrem Zerwürfnis mit dem Vatikan, der – mit Blick auf die deutlich größere Zahl von Katholiken in Polen – die Annexion der Region um Vilnius anerkannt hatte.

Es bildete sich ein Mitte-Links-Bündnis, dem auch die Memelländer Partei MLP, die ZDS und die LCRK als Vertretung der polnischsprachigen Litauer beitraten. Damit verfügte die neue Regierung über 50 Sitze im Seimas. Diese Mehrheit wählte die beiden erfahrensten Politiker der LVLS in die Führung des Staats, nämlich Kazys Grinius zum Staatspräsidenten, Mykolas Sleževičius zum Ministerpräsidenten.

Für diesen Fall hatten Militärführung, Christdemokraten und Tautininkai bereits seit geraumer Zeit über einen Staatsstreich verhandelt. Zu diesem kam es nun am 16. und 17.12.1926, wobei Smetona rasch zur führenden Figur wurde und Kazys Grinius als Staatspräsident ersetzte.

Smetonas Herrschaft wurde also nur durch die Unterstützung seitens der Militärführung, der Christdemokraten und in der Folge der katholischen Kirche möglich, die auch die Verhängung eines unbefristeten Kriegsrechts widerspruchslos akzeptierten. Sie basierte zudem auf seiner führenden Rolle in der Šaulių Sąjunga. Beliebt war er hingegen zu dieser Zeit in Litauen allenfalls in äußerst rechten Kreisen. Zwar war er zu Beginn der Unabhängigkeit kurzzeitig Staatspräsident gewesen, aber dies basierte noch nicht auf einer allgemeinen Wahl. Er verlor diese Rolle im April 1920, als Stulginskis zum Präsidenten gewählt wurde. Smetona hingegen errang in den Folgejahren bis zum Putsch nicht einmal einen Sitz im Seimas, obgleich er zu allen Wahlen antrat. Erst nach dem Putsch gelang es ihm nach und nach, sich als Diktator zur nationalen Integrationsfigur zu stilisieren, sodass heute in Litauen wieder Schulen und Straßen nach ihm benannt werden.

8.4.   Die Aufgabe des Memelgebiets 1938

Smetonas Diktatur war unzweifelhaft rechtskonservativ, militaristisch und verfolgte vor allem die litauischen Kommunisten mit großer Brutalität. Dennoch bestand eine innere Distanz gegenüber der NSDAP und Hitler bzw. seiner Politik, eine Haltung, die Smetona in den ersten Jahren der NS-Diktatur mit anderen Potentaten, selbst mit Mussolini, durchaus teilte. Immerhin aber gestaltete sich Litauens außen- und sicherheitspolitische Lage zunächst etwas freundlicher. Die wachsende Macht Deutschlands weckte in Litauen Hoffnungen, Deutschland und Polen würden sich langfristig die Waage halten, sodass es zu keinem Krieg in Ostmitteleuropa kommen würde. Zugleich aber gewannen im Memelgebiet zwei konkurrierende NS-Parteien in den 1930er Jahren rasch an Boden, nachdem man dort zuvor eher sozialdemokratisch orientiert war. Treibend dürfte hier die von der Reichsführung genährte Hoffnung gewesen sein, Hitler werde über kurz oder lang einen Anschluss des Memelgebiets an Deutschland erzwingen. Entsprechend erfolgte ein umfangreiche Förderung zunächst beider Parteien, koordiniert durch den erst 1934 ernannten Generalkonsul in Klaipeda, Reinhold von Saucken.[11]

Die ältere dieser beiden Parteien war die „Christlich-Soziale Arbeitsgemeinschaft" (CSA) unter Führung des Memelner Pastors Theodor von Saß. Die andere war die von der CSA abgespaltene "Sozialistische Volksgemeinschaft des Memelgebiets" (SOVOG) unter Erst Neumann. Die Abspaltung beruhte vorwiegend darauf, dass man in Berlin von Saß nicht als geeignete Führungspersönlichkeit ansah.[12] Entsprechend wurde dann auch die Förderung der CSA zugunsten der SOVOG eingestellt.

Die Smetona-Regierung versuchte, diese neuen Konkurrenten am rechten Rand zu zerschlagen. Das fügte sich aus deutscher Sicht nahtlos in die rigide antideutsche – und übrigens auch antipolnische – Politik, welche Litauen im Memelgebiet seit Beginn der Okkupation verfolgte. Zugleich war dies aber auch eine von der katholischen Kirche Litauens geförderte Haltung, da das Memelgebiet weitgehend protestantisch war und man ein Erstarken der dortigen Konkurrenz mit Blich auf das übrige Litauen auf diesem Weg verhindern wollte.

1933 wurde der bisherige litauische Gouverneur im Memelgebiet, Vytautas Jonas Gylys, durch den radikalen Nationalisten Jonas Navakas abgelöst, der versprach, binnen kurzer Frist alle Deutschen im

---

[11]   Conze/Frei/Hayes/Zimmermann: Amt, S. 201.
[12]   Hinzu kam wohl ein gewisses Misstrauen gegenüber eine im wesentlichen separatistische und protestantische Ausrichtung der CSA; Safronovas: Neumann-Sass-Prozess, S. 14.

Memelgebiet zur Auswanderung zu zwingen. Am 08.02.1934 trat das „Gesetz zum Schutz von Nation und Staat" (Tautai ir valstybei saugoti įstatymas) in Kraft, das faktisch die beiden NS-nahen Parteien kriminalisierte.[13] Im Juli 1934 begann ein Schauprozess gegen Neumann und von Saß sowie 130 weitere Angeklagte.[14] Noch während der ersten Prozesstage wurden beide NS-Parteien verboten. Der Prozess endete im März des Folgejahres mit Todesurteilen gegen vier Angeklagte, denen Mord an einem Litauer, Jonas Jesučius, vorgeworfen wurde, ansonsten zumeist mit langen bis lebenslänglichen Haftstrafen; 34 Angeklagte wurden freigesprochen.[15] Allerdings wurden alle vier Todesurteile noch in lebenslange Kerkerhaft umgewandelt und wenig später auf deutschen Druck alle Inhaftierten nach und nach freigelassen.

Smetonas Versuch, mit Gewalt das Entstehen einer NS-Bewegung in Litauen im Keim zu ersticken, war damit gescheitert.[16] Die NS-Bewegung im Memelgebiet gewann weiter an Boden, sodass bei den Wahlen 1938, zu der ohnehin nur wenige Parteien zugelassen waren, die inzwischen vereinte NS-Partei 26 von 29 Sitzen im Regionalparlament errang.

Litauen geriet nun von allen Seiten unter Druck. Polen stellte Litauen am 17.03.1938 ein Ultimatum zur Wiederaufnahme diplomatischer Beziehungen. Das kam einer Anerkennung der polnischen

---

[13] Vgl. www.vle.lt/straipsnis/tautai-ir-valstybei-saugoti-istatymas/ mit Faksimile des Originals des Gesetzes.

[14] Detailliert hierzu Jenkis: Neumann-Sass-Kriegsgerichtsprozess, v.a. S. 61-99.

[15] Eidintas: Antanas Smetona, S. 300-301. Das dem Verfahren zugrunde liegende Gesetz sah für die entsprechenden Aktivitäten – von den vier Mordanklagen abgesehen – eigentlich nur maximal vier Jahre Haft vor;

[16] Žalys: Ringen, S. 53.

Okkupation von Vilnius gleich. Polen bereitete offen einen Einmarsch in Litauen vor, wofür in den Grenzregionen umfangreiche Truppen zusammengezogen wurden.[17] Litauen sah angesichts einer neutralen Haltung Frankreichs und Großbritanniens keine andere Chance, als dem polnischen Druck nachzugeben, was die NS-orientierten und Deutschland-nahen Kräfte weiter stärkte.

Doch zunächst galt es, die Spannungen mit Deutschland wegen der harschen Litauisierung des Memelgebiets zu beseitigen. Smetona fürchtete hier einen deutschen Einmarsch, zumal am 20.03.1939 der deutsche Außenminister Joachim von Ribbentrop seinem litauischen Amtskollegen Juozas Urbšys mündlich ein Ultimatum gestellt hatte. Fünf Tage nach der deutschen Annexion der Tschechoslowakei verlangte Ribbentrop die sofortige Überstellung des Memelgebiets, das formal immer noch dem Völkerbund zugeordnet war, aus litauischer in deutsche Kontrolle. Deutschland fand sich dabei von seinen Bündnispartnern Italien und Japan unterstützt, sodass die ursprüngliche Garantie des Status des Memelgebiets anders als 1925 nur noch an Frankreich und Großbritannien hing, die sich aber zu diesem Zeitpunkt außerstande sahen, einen Krieg gegen Deutschland zu riskieren.

Smetona fürchtete zudem, dass Litauen in einem drohenden Konflikt zwischen Deutschland und Polen oder Deutschland und der UdSSR zum Schlachtfeld werden würde. Daher war er schließlich bereit, das mit so viel nationalistischem Pathos okkupierte Memelgebiet an Deutschland zurückzugeben. Auf Basis einer Vereinbarung vom 23.03.1939 wurde das Memelgebiet Teil des Deutschen Reichs, was

---

[17]   Sakwa: Polish Ultimatum, S. 219-220.

übrigens auch eine neuerliche Revision der Versailler Bestimmungen darstellte.[18]

Smetona gab dem deutschen wie ein Jahr zuvor dem polnischen Ultimatum nach, obgleich die wirtschaftlichen Konsequenzen für Litauen erheblich sein würden. Es wirkte dann fast schon wie Hohn, dass Deutschland kurz nach der Annexion des Memelgebiets einen Nichtangriffspakt zwischen Litauen und dem Deutschen Reich vorschlug, der am 07.06.1939 unterzeichnet wurde.[19] Das ändert ohnehin nichts daran, dass Litauen sich von Polen und Deutschland zunehmend bedroht fühlte.

Smetona gründete unter diesem Eindruck eine Regierung der nationalen Einheit, in die nun auch Angehörige der liberalen Partei als einziger verbliebener Opposition Eingang fanden. Doch war dies nur noch Symbolpolitik gegen das, was sich zu diesem Zeitpunkt bereits angebahnt hatte. Denn wie sehr man sich in Litauen hinsichtlich der deutschen Außenpolitik getäuscht hatte, zeigte nur ein halbes Jahr nach der Aufgabe des Memelgebiets der Angriff Deutschlands und der UdSSR auf Polen.

8.5. Die sowjetische Invasion von 1940

Der meist als Hitler-Stalin-Pakt bezeichnete Nichtangriffsvertrag vom 23.08.1939 zwischen Deutschland und der UdSSR kam für die meisten europäischen Regierungen, vor allem in Warschau, Paris, London

---

[18] Hitler selbst hatte bereits 1935 seine Bereitschaft erklärt, das Memel-Problem nötigenfalls auch gewaltsam zu lösen, hatte dabei aber den Zeitpunkt offen gelassen; Aufzeichnung des Generalkonsul Memel, Saucken, 23.10.1935, ADAP C, Bd. IV.2, Nr. 378, S. 758-760.

[19] Ahman: Nazi Policy, S. 80.

und eben auch in Kaunas, weitgehend überraschend.[20] Dabei wusste man noch nicht einmal um die geheimen Vereinbarungen, die mit diesem Vertrag ebenfalls getroffen worden waren.

Stalin war offensichtlich entschlossen, die Verluste, welche Russland bzw. die UdSSR durch den Frieden von Brest-Litowsk, die Pariser Vorortverträge und die polnische Aggression von 1919 erlitten hatte, zu revidieren, während Deutschland vor allem einen Schulterschluss zwischen der UdSSR und Großbritannien verhindern wollte.[21] Was man in Kaunas zunächst noch nicht wusste, war, dass der Nichtangriffsvertrag Litauen zum Teil einer deutschen Interessensphäre erklärt, faktisch also zur Annexion freigegeben worden war. Auch eine Übergabe der Region um Vilnius an Litauen war hier vorgesehen. Der geheime Teil des Grenz- und Freundschaftsvertrags vom 28.09.1939 und das "Vertrauliche Protokoll über die Übersiedlung" änderte dann diese Regelung zugunsten der UdSSR und vereinbarte die Aussiedlung der deutschstämmigen Litauer ins Reichsgebiet.[22] Deutschland, in das Smetona so große Erwartungen gesetzt hatte, gab damit der UdSSR grünes Licht für eine Annexion Litauens wie auch des übrigen Baltikums. Stalin erreichte, dass Deutschland die Idee einer Fortexistenz eines – deutlich verkleinerten - polnischen Staats aufgab.[23] Zugleich entzog er sich der deutschen Idee eines Pakts gegen Großbritannien und Frankreich und erreichte, dass Litauen nun der sowjetischen Interessenssphäre zugerechnet wurde. Hierfür opferte er lediglich den östlichen Teil der Woiwodschaft Warschau und die Region um Lublin. Dadurch entsprach der sowjetisch okkupierte Teil Polens der schon

---

[20]   Roberts: Alliance, S. 406-407.
[21]   Weber: Pakt, S. 44.
[22]   Text in www.zaoerv.de/09_1939_40/9_1939_1_b_912_2_940.pdf.
[23]   Fleischhauer: Pakt, S. 545-546.

im Versailler Vertrag der UdSSR zugesprochenen Region östlich der Curzon-Linie.

In einem nächsten Schritt wollte Stalin jetzt die baltischen Staaten erneut annektieren, wozu ihm die Vereinbarungen mit Deutschland freie Hand gegeben hatten. Bereits am 10.10.1939 schloss Litauen - unter massivem Druck, aber auch unter dem Eindruck des raschen Zusammenbruchs Polens - einen Beistandspakt mit der UdSSR. Dieser erlaubte der Roten Armee, in Litauen Militärstützpunkte einzurichten, auf die nach und nach insgesamt 20.000 Mann verlegt wurden - bei einer unveränderten Stärke der litauischen Armee von 6.000 Mann. Immerhin fiel jetzt aber Vilnius wieder an Litauen.[24]

Stalin wollte jedoch bei dieser Hegemonie nicht stehenbleiben. Die sowjetische Propaganda lancierte Meldungen über Angriffe auf in Litauen stationierte Soldaten der Roten Armee, man warf der Regierung geheime Kooperation mit faschistischen und anderen antisowjetischen Geheimgruppen vor, man bezichtigte sie gar der Entführung von sowjetischen Soldaten. Weitgehend aus der Luft gegriffen[25], dienten diese Vorwürfe als Anlass für ein neues Ultimatum, das Molotow dem litauischen Außenminister am 14.06.1940 überreichte. Das Ultimatum ließ Litauen nur die Wahl, weitere sowjetische Truppen ins Land zu bitten, oder bei Ablehnung diese Truppen dennoch einmarschieren zu sehen.

---

[24] Eidintas: Meeting, S. 165.

[25] Die deutsche Gesandtschaft stellte fest, dass nur ein einziger der von den Sowjets benannten Fälle einen realen Kern hatte: Der Kommissar Butajew kam unter ungeklärten Umständen ums Leben, als er zu desertieren und mit der litauischen politischen Polizei in Verbindung zu treten versuchte; Schreiben an Ausw. Amt, 15.06.1940, PA/AA, Aktenbest. d. Gesandtschaft Kaunas, Pol. 3.

Das litauische Kabinett weigerte sich, Smetonas Planungen für einen Krieg gegen die UdSSR zu unterstützen. Die Wehrmacht hatte Frankreich überrannt, Deutschland auf Frieden mit der UdSSR bedacht, Beistand für Litauen war in dieser Situation nicht in Sicht.[26] Am 15.06.1940 wurde Litauen von der Roten Armee besetzt.

Unter sowjetischer Kontrolle wurden erneut Wahlen zum Seimas abgehalten, die allerdings noch restriktiver ausfielen als die scheindemokratischen Wahlen der Jahre zuvor. Einzig zugelassen war die "Volksfront"-Liste, deren Sieg eindeutig ausfiel. Unter sowjetischer Aufsicht wurde dann auch die neue litauische Regierung gebildet. Offizielle Funktion des sowjetischen Bevollmächtigten Vladimir Gregorjevich Dekanozov war lediglich, dafür Sorge zu tragen, dass die neue Regierung die Vereinbarungen des Beistandspakts einhielt.[27] Tatsächlich aber stellte er zu diesem Zeitpunkt die eigentliche Macht in Litauen dar, und nicht der neue, kommunistische Ministerpräsident Justas Paleckis.

Am 21.07.1940 stellte Litauen auf Beschluss des Parlaments offiziell einen Antrag auf Aufnahme in die UdSSR. Am 03.08.1940 stimmte der Oberste Sowjet zu, und bereits am 15.08.1940 wurde Litauen die 13. SSR. Damit endete vorerst Litauens Existenz als eigenständiger Staat.

8.6. Kazys Škirpa als Botschafter in Deutschland

Wer waren nun die Vertreter Litauens, die für dieses außenpolitische Desaster – dessen Schwere sich erst 1940 abzeichnete – verantwortlich waren? Es war dies zunächst einmal natürlich Antanas Smetona

---

[26] Eidintas: Meeting, S. 170-171.

[27] Telegramm Botsch. Moskau, v.d.Schulenburg, 18.06.1940, ADAP D, Bd. IX, Nr. 471, S. 495-496.

selbst, der litauische Staatschef, und sein Außenminister, Juozas Urbšys. Verantwortung trug aber natürlich auch der litauische Gesandte in Berlin, dem es offensichtlich nicht gelungen war, in befriedigender Weise die Interessen seines Landes zu vertreten.

Kazys Škirpa hatte schon eine lange Karriere in Litauen hinter sich, ehe er Gesandter in Berlin wurde. Zunächst hatte er eine Militärkarriere angestrebt, nachdem er noch im Zarenreich eine entsprechende Ausbildung erfahren hatte. 1918 gehörte er zu den Organisatoren der geheimen Kooperation litauischer Soldaten in der russischen Armee und wurde nach der litauischen Unabhängigkeit der erste offizielle Freiwillige der neuen Armee. Danach nahm er an den Kämpfen gegen Russen und Polen in der Frühphase des neuen Staats teil.

1920 war er Mitglied des verfassunggebenden Seimas, wo er der den Sozialdemokraten nahestehenden Bauernpartei LVLS angehörte. Diese Nähe zu den Sozialdemokraten brachte ihm – auch wenn er nicht mehr Mitglied des Seimas war - 1926 die Ernennung zum Chef des Generalstabs in Kaunas ein, dem er bereits seit 1925 angehört hatte. Diese neue Rolle war allerdings ein ausgesprochen fragwürdiger Posten angesichts der zerstrittenen Militärführung in Litauen und der wachsenden Bedeutung paramilitärischer Verbände. In den sieben Jahren seit Beginn der litauischen Unabhängigkeit hatten vor Škirpa bereits 16 Offiziere dieses Amt inngehabt.

Auch Škirpa konnte sich nicht lange halten. Als Christdemokraten und Tautininkai im Dezember 1926 gegen die gewählte Regierung putschten, hielt Škirpa es für seine Aufgabe, eine Truppe zum Schutz der Regierung zu sammeln. Dies scheiterte aber am breiten Widerstand des litauischen Offizierskorps und führte zu seiner Entlassung.[28]

---

[28] Misiunas: Fascist Tendencies, S. 91, Anm. 17.

Anscheinend aber war es zu keinem wirklichen Bruch mit dem Militär oder auch nur zu einer eindeutigen Konfrontation mit der neuen Regierung gekommen. Denn kurz nach dem Putsch erfolgte seine Ernennung zum Leiter der Konsularabteilung, kurz darauf zum Militärattaché an der litauischen Botschaft in Berlin.

1937 schied Škirpa aus dem Militärdienst aus. Er wurde daraufhin Gesandter Litauens beim Völkerbund und versuchte vor allem Anfang 1938, Unterstützer zu finden, damit Litauen das polnische Ultimatum nicht annehmen musste. Nachdem er hiermit gescheitert war, wurde er zum Gesandten in Warschau ernannt, wo er sich um eine Änderung der anti-litauischen Haltung innerhalb der Regierung bemühte, was aber nur wenig erfolgreich war.

Seit dem 28. Februar 1939 war Škirpa dann Gesandter in Berlin. Hier war er naturgemäß kein Unbekannter mehr, doch hielt man ihn für einen mitunter unsachlichen, emotionalen und zu Fanatismus und Radikalität neigenden Menschen, durchweg nicht unbedingt Eigenschaften, die nach Einschätzung des deutschen Auswärtigen Amts einen Diplomaten auszeichneten.[29]

Es waren dies aber Eigenschaften, die einen Mann zum charismatischen Führer einer Gruppe mehr oder minder fanatischer Emigranten prädestinierten. Und unzweifelhaft war Škirpa sehr ehrgeizig. Er sah seine Tätigkeit als Gesandter nur als Übergang an zu einem Aufstieg an die Spitze der litauischen Armee, eine Rolle, die er 1926 in gewissem Maße ja bereits eingenommen hatte.

---

[29] Aufzeichnung Woermann, 16.06.1940, zu einem Weinkrampf, der Skirpa in seinem Büro befiel, ADAP D, Bd. IX, Nr. 451, S. 480-481; Aufzeichnung v. Grundherr, 23.06.1941, ADAP D, Bd. XIII.1, Nr. 3, S. 3-4.

Im September 1939 versuchte Škirpa, die deutschen Stellen einerseits, die litauische Armeeführung unter Gen. Stasys Raštikis andererseits zu einem litauischen Überfall auf Vilnius zu gewinnen. Dieser wäre in die Flanke der polnischen Armee gefallen und hätte zweifellos den polnischen Zusammenbruch noch weiter beschleunigt. Dieser trat letztlich aber ein, bevor die Verhandlungen zu einem Abschluss gekommen waren. Zudem zweifelte die deutsche Seite, ob die litauische Armee wirklich über die von Škirpa behauptete Kampfkraft verfügte, während die litauische Seite keine Entscheidung treffen wollte, bevor seitens der UdSSR keine neuerlichen Garantien der litauischen Unabhängigkeit einschließlich der dann eroberten Gebiete vorlägen.[30]

In diesem Zusammenhang wichtiger ist jedoch, dass Škirpa in Berlin keinen Zweifel ließ, nicht auf Weisung aus Kaunas zu handeln, sondern die entsprechenden Pläne selbst entwickelt zu haben und auch in Kaunas noch durchsetzen zu müssen.[31] Das war kaum ein Verhalten, wie man es in Berlin - oder auch in Kaunas - von einem Gesandten erwartete. Aber es verbesserte Škirpas Chancen, sich an die Spitze der litauischen Emigration zu setzen, nachdem diese 1941 deutlich zugenommen hatte.

8.7. Der Gelezinis Vilkas

Die Diktatur von 1926 produzierte sofort ihre Emigranten. Die Volkssozialisten wurden verboten, ebenso die Kommunisten. Während die Führer der Kommunisten meist nach Osten in die UdSSR gingen, emigrierten die Führer der Volkssozialisten nach Westeuropa, z.T. auch

---

[30] Aufzeichnung Dr. Kleist (Dienststelle Ribbentrop), 12.09.1939, ADAP D, Bd. VIII, Nr. 57, S. 42-43. Telegramm Zechlin (dt. Gesandter Kaunas) an Ausw. Amt, 13.09.1939, ebd., Nr. 58, S. 43.

[31] Aufzeichnung Dr. Kleist (Dienststelle Ribbentrop), 09.09.1939, ADAP D, Bd. VIII, Nr. 41, S. 30-31.

nach Amerika. Dort allerdings mussten sie feststellen, dass unter den Auslandslitauern der radikale Nationalismus erheblich größeren Zuspruch fand als in Litauen selbst.[32]

Aber die viel größere Emigrationswelle produzierten die Putschisten letztlich aus ihren eigenen Reihen. Ursprünglich hatte es zwei Führer des Putschs gegeben: Antanas Smetona, der dann Staatspräsident wurde, und Augustinas Voldemaras, der 1918 der erste Ministerpräsident des freien Litauen gewesen war und dies nach dem Putsch auch wieder wurde.

Politisch war Smetona nationalistisch, autoritär und streng antikommunistisch. Er entsprach damit Diktatoren, wie sie in den 1920er Jahren in vielen europäischen Staaten an die Macht kamen: Miguel Primo de Rivera in Spanien, António de Oliveira Salazar in Portugal, Józef Piłsudski in Polen, Ahmet Zogu in Albanien, um nur die wichtigsten zu nennen. Doch wie diese war auch Smetona kein Faschist. Nimmt man den italienischen Faschismus als Maßstab, dann fehlte Smetonas Ideologie die imperialistische Komponente; nimmt man den deutschen Faschismus als Maßstab, fehlte zudem das über den bloß nationalistischen Rassismus hinausgehende genozidale Potenzial.

---

[32] Es war dies in den 1920er Jahren ein vielerorts zu beobachtendes Phänomen, das freilich meist nur die eigentliche Auswanderergeneration betraf, schon nicht mehr deren Kinder. In erster Linie war das Glorifizieren des Nationalen ein Versuch, durch das Ritual zu bewahren, was unter den veränderten Lebensbedingungen bedroht, eigentlich schon verloren war. In den USA war unter den italienischen Einwanderern Anfang der 1920er Jahre der Faschismus populärer als in Italien selbst; Behnen: Die USA und Italien, Bd. 1, S. 63-71. Ähnlich Deutschtümelei und nationalistische Gesinnung bei deutschen Auswanderern in den USA und Kanada, vor allem aber in Südamerika.

Voldemaras stand den Gedanken Mussolinis, dann auch Hitlers sehr viel näher. Neben imperialistischen Ideen teilte er mit dem deutschen Faschismus vor allem die antisemitische Einstellung und die – hier vor allem katholisch begründete – Wendung gegen Freimaurer und sonstige Kreise, in denen man die Agenten einer wie auch immer gearteten "Weltverschwörung" sah.[33]

Kurz nach dem Putsch begann Voldemaras, aus seinen meist als Voldemarininkai bezeichneten Anhängern in Litauen eine faschistische Organisation aufzubauen, zunächst als Untergliederung der Tautininkai und vergleichbar den italienischen Schwarzhemden. Diese Organisation war der Gelezinis Vilkas, benannt nach einem sagenhaften eisernen Wolf, der Gediminias dem Großen den Ort zur Gründung von Vilnius gezeigt haben soll. 1927 organisiert, sollte der von Beginn an paramilitärisch verstandene Bund ursprünglich den mit dem Putsch erreichten Zustand gegen mögliche Gegenmaßnahmen demokratischer Kräfte verteidigen.[34]

Dank dieser paramilitärischen Organisation und starker Radikalisierung seiner Mitglieder wurde der Gelezinis Vilkas rasch zur kampfkräftigsten Gruppe in Litauen, von der Armee geduldet, von der Šaulių Sajunga zeitweilig sogar mit Waffen und Ausrüstung unterstützt. Zunächst als eine Art Parteigarde der Tautininkai geplant, benutzte Voldemaras die Organisation vor allem dazu, die Opposition innerhalb Litauens zu terrorisieren.

Smetona begriff, dass der ehrgeizige und charismatische Voldemaras vom Weggefährten zu seinem wichtigsten Konkurrenten geworden war. Am 19.09.1929 entließ er den Ministerpräsidenten, nachdem er sich der Unterstützung der Armee für den Fall eines Bürgerkriegs

---

[33] Gräfe: Donnerkreuz, S. 45-49.
[34] Dieckmann: Besatzungspolitik, Bd. 1, S. 90-91.

versichert hatte. Voldemaras sah ein, dass bewaffneter Widerstand gegen seine Entmachtung aussichtslos war und wollte wohl ohnehin Litauen nicht in einen Bürgerkrieg stürzen. Der Gelezinis Vilkas wurde verboten, Voldemaras lebte danach offiziell als Privatmann.

Aber faktisch verschwand seine Organisation nicht aus der litauischen Gesellschaft. Die bisherigen Ortsverbände bestanden, z.T. nur schwach getarnt und mit Duldung und z.T. auch Unterstützung seitens der lokalen Polizeikräfte und der Šauliu Sajunga in den meisten Orten weiter. 1934 gründeten die Voldemarininkai die LNP, die "Lietuviu Nacionalistu Partija", deren Existenz vorerst geheim bleiben sollte, die aber langfristig zum Kern einer faschistischen Partei für Litauen werden sollte. Vorbild für die LNP war nun schon nicht mehr Mussolinis faschistische Partei, sondern die NSDAP.[35] Von dieser trennte die LNP und den Gelezinis Vilkas im Wesentlichen nur noch der nicht nur gegen Juden und Polen, sondern auch gegen die im Land lebenden Deutschen gerichtete Nationalismus.[36] Zudem fand eine Hinwendung zum wichtigsten litauischen Epigonen der NS-Ideologie statt, dem Philosophen Antanas Maceina, der in zahlreichen Schriften das alte

---

[35] Die Hinwendung zur NSDAP spiegelte sich am deutlichsten in Voldemaras' programmatischer Schrift von 1933 (La Lithuanie et ses problèmes). Statt der bisher radikal antideutschen Ausrichtung des Gelezinis Vilkas schwor er seine Anhänger jetzt auf einen antibolschewistischen und antislawischen Kurs ein.

[36] Entsprechend aufmerksam verfolgte das Auswärtige Amt die Entwicklung des Gelezinis Vilkas nach Voldemaras' Entmachtung; Schreiben aus dem preuß. Innenmin. (Loehr) an Ausw. Amt, 21.03.1929, mit Abschrift Schreiben Oberpräs. Prov. Ostpreußen an Preuß. Min. d. Inn., 14.03.1929; in Anlage dt. Übersetzung des Programms des Gelezinis Vilkas, PA/AA, Aktenbest. d. Gesandtschaft Kaunas, Pol. 57 (Sonderakte "Eiserner Wolf").

Staatprinzip als gescheitert bezeichnete und eine Übernahme der Idee des Führerstaats forderte.[37]

Voldemaras' Rückhalt in der Armee hatte zwar Ende der 1920er Jahre nicht ausgereicht, um einen offenen Konflikt mit Smetona zu riskieren. Populär war er im Offizierskorps aber trotzdem, und im Gefolge der Weltwirtschaftskrise schwenkten immer mehr Offiziere auf diese radikalere Linie des litauischen Nationalismus. Im Frühjahr 1934 versuchten daher Teile der Armee und des Gelezinis Vilkas, bei Smetona eine Wiedereinsetzung von Voldemaras als Ministerpräsident zu erreichen. Auch der Generalstabschef Petras Kubiliūnas machte sich diese Position zu eigen und verlangte von Smetona die Entlassung des Ministerpräsidenten Juozas Tūbelis. Smetona weigerte sich, woraufhin es zu ersten Schusswechseln zwischen regierungstreuer Polizei und den aus der Garnison in Kaunas ausgerückten Truppen kam. Aber Kubiliūnas war letztlich nicht bereit, es zu einem Bürgerkrieg kommen zu lassen. Er fürchtete, ein hierdurch geschwächtes Litauen würde zur leichten Beute Deutschlands oder Polens werden. Und auch Voldemaras wollte erneut einen Bürgerkrieg unbedingt vermeiden. Er wurde vor Gericht gestellt und zu Festungshaft verurteilt. 1938 wurde er mit der Auflage entlassen, das Land zu verlassen und nie mehr zurückzukehren, wofür er im Gegenzug eine Pension erhielt.[38]

---

[37] Maceina entkam mit der deutschen Armee 1944 und wurde als führender Kopf der litauischen NS-Ideologie Professor für Philosophie, zunächst in Würzburg, später in Freiburg und schließlich in Münster. Er genießt bis heute in Litauen große Verehrung, ohne dass die faschistische Grundtendenz seines Gesamtwerks auch nur Gegenstand irgendwelcher Diskussionen geworden wäre; vgl. etwa Petraškaitė-Pabst: Antanas Maceina, S. 134-137.

[38] Aufzeichnung Doertenbach (Ausw. Amt), 19.07.1939, IMT, Bd. 31, Dok. 2952-PS, S. 385-387.

Der offiziell aufgelöste Gelezinis Vilkas verstärkte jetzt noch seine Aktivität. Die schon vorhandenen Untergrundstrukturen wurden massiv ausgebaut. Gegen Ende der 1930er Jahre bestanden im ganzen Land geheime Zellen. Zudem gab es auch in den Streitkräften immer mehr Voldemarininkai, insbesondere im Offizierskorps und in der Luftwaffe.[39]

8.8. Die litauische Emigration, Škirpa und die LAF

Die klandestinen Strukturen, die nach dem Beginn der sowjetischen Okkupation Litauens benötigt wurden, waren also, vor allem durch den Gelezinis Vilkas, bereits in den 1930er Jahren aufgebaut worden. Auf diese konnten jetzt die bisher einflussreichen Kreise und Personen zurückgreifen, um auch aus dem Ausland heraus – wie zuvor bereits Voldemaras – ihren Einfluss in Litauen wenigstens in gewissem Maße noch aufrecht zu erhalten.

Als der Staat Litauen mit der Okkupation durch die UdSSR völkerrechtlich endete, verloren nämlich auch seine diplomatischen Vertreter im Ausland ihre Funktion. Der bisherige Gesandte in Berlin, Kazys Škirpa, war jetzt formal gesehen ein Privatmann ohne Amt, mehr noch, ein Emigrant in einem Land, das zumindest im Augenblick noch beste Beziehungen zur Okkupationsmacht unterhielt.

Ganz unerwartet war diese Entwicklung nicht gekommen. Der litauische Außenminister, Juozas Urbšys, hatte alle Gesandten bereits im März 1940 angewiesen, für den Fall einer wie auch immer erfolgenden Annexion Litauens durch die UdSSR an die jeweilige Regierung eine Note zu überreichen, in der zum Beistand für Litauen und eine Nichtanerkennung der Annexion aufgefordert werden sollte.

---

[39] Misiunas: Fascist Tendencies, S. 101.

Urbšys übersandte den Botschaftern anscheinend auch einen groben Entwurf der jeweils zu überreichenden Note, welche von den Botschafter mehr oder weniger wortgetreu übertragen und von den jeweiligen Regierungen entgegengenommen wurden. Allerdings war die Situation in Berlin angesichts des Pakts zwischen Deutschland und der UdSSR sehr viel schwieriger. Das war auch Škirpa klar, als er seine Fassung der Note entwarf und damit am 22.07.1940 beim Leiter der Politischen Abteilung des Auswärtigen Amts, SS-Standartenführer Ernst Woermann, vorstellig wurde.[40] Er änderte daher den vorbereiteten Text in entscheidender Weise ab: Im Gegensatz zu allen anderen Staaten wurde das Deutsche Reich nicht aufgefordert, die Annexion Litauens nicht anzuerkennen. Hierdurch ging der Sinn der Note eigentlich verloren.[41]

Woermann nahm die Note dennoch zunächst nur privat an. Er berichtete an Ribbentrop zum Gespräch mit Škirpa, dass dieser die Überreichung der Note als Handlung in seiner alleinigen Verantwortung bezeichnet habe. Škirpa hatte auch auf Ersuchen Woermanns darauf verzichtet, das Überreichen der Note der litauischen Nachrichtenagentur Elta mitzuteilen.

Nach Rücksprache mit Ribbentrop gab Woermann Škirpa die Note dann zurück, formal mit der Begründung, Gesandte könnten nur von ihren Regierungen ausgehende Noten überreichen. Diesen Status hatte Škirpas Note nicht, so wenig wie die entsprechende Note des

---

[40] Aufzeichnung Woermann, 22.07.1940, ADAP D, Bd. X, Nr. 203, S. 217-218.
[41] Text der Note, datiert 21.07.1940, in ADAP D, Bd. X, Nr. 203, S. 218-220, in Anlage zu Nr. 203.

lettischen Gesandten Edgars Kreeviņš, welche dieser ebenfalls zurück-
erhielt.[42]

Die baltischen Gesandten waren also gescheitert mit ihrem Versuch,
das Deutsche Reich zum Fürsprecher zu gewinnen. Noch im Januar
1941 verzichtete stattdessen Berlin auf alle Gebietsansprüche in Litauen.[43]

Der litauischen Emigration, die mit der sowjetischen Okkupation massiv zunahm, fehlten zu diesem Zeitpunkt die eindeutig führenden Vertreter: Voldemaras hatte bereits 1939 versucht, nach Litauen zurückzukehren, wurde aber erneut verhaftet und 1940 nach Frankreich de-
portiert. Nach dem Einmarsch der Roten Armee reiste er wiederum
nach Litauen, wurde verhaftet und nach Moskau gebracht, wo er 1942
starb.[44] Smetona hingegen emigrierte über Deutschland und die
Schweiz in die USA.[45] Bis zu seinem Tod Anfang 1944 nahm er nur
noch wenig Einfluss auf die Vorgänge innerhalb der Emigration, erst
recht auf die weitere Entwicklung in Litauen. Juozas Urbšys, der Außenminister, war anders als Smetona nicht geflohen, als die Rote

---

[42] Aufzeichnung Woermann über Empfang der Note des lettischen
      Gesandten, 22.07.1940, ADAP D, Bd. X, Nr. 204, S. 220. Auf-
      zeichnung desselben über die Rückgabe der Noten, 24.07.1940,
      ADAP D, Bd. X, Nr. 219, S. 235. Hier berichtet Woermann auch,
      dass er die Annahme einer entsprechenden Note des estnischen
      Gesandten, Rudolf Möllerson, mit entsprechender Begründung
      von vorneherein verweigert habe.
[43] Deutsch-sowjetisches Geheimprotokoll, 10.01.1941, unterz. v.d.
      Schulenburg und Molotow, ADAP D, Bd. XI.2, Nr. 638, S. 889-
      890.
[44] Senn: Voldemaras, S. 229
[45] Aufzeichnung Woermann, 16.06.1941, ADAP D, Bd. IX, Nr. 451,
      S. 480-481.

Armee das Land besetzte, und verbrachte die nächsten dreizehn Jahren in einem sibirischen Lager. Auch zahlreiche andere im Land verbliebene Politiker aller Parteien wurden in die UdSSR verbracht, wo sie z.T. viele Jahre in Lagern verschwanden oder ermordet wurden. Das öffnete einem ehrgeizigen Emigranten wie Škirpa natürlich Perspektiven, aus bestenfalls zweiter Reihe an die Spitze zu treten, insbesondere, wenn es gelingen sollte, sich deutscher Unterstützung zu versichern.

Die Emigration aus Litauen hatte vor allem Ostpreußen zum Ziel. Auch Smetona kam zunächst hierher. Die Litauer wurden in Lagern untergebracht, wo die Lebensbedingungen meist sehr schlecht waren. Das Deutsche Reich wollte so jegliche Aktionen gegen die UdSSR unmöglich machen.[46]

Škirpa war nur einer von mehreren prominenten Litauern, die gegen diese deutsche Grundhaltung nach der Annexion versuchten, die Emigranten politisch zu organisieren. Begonnen hatten diese Bestrebungen bereits nach den ersten Stationierungen von Verbänden der Roten Armee in Litauen, als am 17.11.1939 in Berlin die LAF gegründet wurde, die „Lietuvos Aktyvistų Frontas", deutsch "Front Litauischer Aktivisten". Sie vereinigte erneut die drei Parteien, welche bereits in der "Regierung der Nationalen Einheit" versammelt gewesen waren, jener Koalition aus Tautininkai, Christdemokraten und Liberalen, welche Smetona 1938 wegen der vermeintlichen Gefahr eines Kriegs mit Polen gebildet hatte.

Organisiert wurde die LAF von Berlin aus, auch wenn Škirpa nicht offiziell zum Anführer ernannt wurde. Das lag nicht nur an der bis dahin unklaren Haltung, welche das Deutsche Reich zukünftig

---

46   Aussage Pranas Lukys, 21.02.1957, Ludwigsburg, ZSt, 5 AR-Z 14/1958 (Jäger), Bd. 13, Bl. 5895-5914.

gegenüber der UdSSR einnehmen würde. Sondern zahlreiche einflussreiche Stimmen, darunter auch Smetona selbst, hatten sich gegen einen bewaffneten Widerstand gegen die sowjetische Besatzung ausgesprochen. Das machte die offenkundigen Aufstandsvorbereitungen
der LAF fragwürdig, sodass es auch nicht gelang – trotz Rückgriff auf
die Strukturen des Gelizinis Vilkas – eine straffe Kommandostruktur
zu bilden. Škirpa und weitere Emigranten in Berlin kam eher eine ko-
ordinierende als eine kommandierende Rolle hinsichtlich der LAF-
Gruppen zu, die sich nach und nach in den meisten größeren Städten
Litauens bildeten.

Škirpas wichtigster Konkurrent um die Führung der LAF wurde Leonas Prapuolenis, der in Litauen verblieben war und dort die Vorbereitungen leitete, um im Falle eines Angriffs des Deutschen Reichs auf
die UdSSR einen litauischen Aufstand zu initiieren.[47]

Nach der Annexion Litauens entstand dann mit dem Lietuvos Tautinis
Komitetas, dem Nationalkomitee, eine Art Exilregierung, die freilich
weder vom Deutschen Reich noch von Großbritannien anerkannt
wurde. Dafür standen aber die meisten litauischen Auslandsvereine
hinter dem Komitee.[48] Immerhin fand sich hier neben Škirpa als Zwei-
tem Vorsitzenden u.a. der frühere Ministerpräsident und letzte litauische Finanzminister Ernestas Galvanauskas als Erster Vorsitzender.

---

[47]   Ereignismeldung Nr. 151, 05.01.1942, NA, RG 242/T-175/234.
       Prapuolenis war bis dahin kein führender Politiker, sondern Leiter
       eines kleinen Chemie-Unternehmens. Durch die Inhaftierung und
       Verschleppung der meisten LAF-Führungskräfte in Litauen durch
       das NKWD entstand aber für Prapuolenis eine Möglichkeit, in den
       Führungsrängen der Organisation innerhalb Litauens rasch auf-
       zusteigen.
[48]   Denkschrift Skirpa, 19.06.1941, PA/AA, Büro Staatssekretär, Li-
       tauen, Bd. 1, 289-302.

Hinzu kam der Gesandtschaftsrat an der litauischen Botschaft in Bern, Edvardas Turauskas, sowie ein weiterer Konkurrent Škirpas, der Gesandte in Rom, Statis Lozoraitis.[49] Ihn hatte der der bisherige Außenminister Juozas Urbšys am 02.06.1940 zum Leiter aller litauischen Botschafter ernannt, sodass Lozoraitis eigentlich auch Škirpas Vorgesetzter geworden war. Škirpa ließ jedoch kaum Zweifel, dass er auch weiterhin, vor allem gegenüber der deutschen Seite, eigenständig zu operieren gedachte.

8.9.　Škirpa und die deutsche Führung

Škirpa war mithin nicht der Einzige, der mit anderen Mächten über eine Unterstützung der litauischen Emigranten verhandeln wollte. Er befand sich angesichts der deutsch-sowjetischen Vereinbarungen noch nicht einmal in einer besonders guten Position. Dennoch gelang es ihm, im Laufe des Jahres 1940 Kontakte zu mehreren Stellen innerhalb der deutschen Führung aufzubauen, vor allem zur Dienststelle Ribbentrop, zur Abt. II des Amt Ausland/Abwehr im OKW, zur Gestapo und zum Außenpolitischen Amt der NSDAP. Im Auswärtigen Amt unter Führung des Staatssekretärs Ernst v. Weizsäcker führte die Politische Abteilung, vor allem ihr Leiter Woermann und der Leiter der Skandinavien-Abteilung, Werner v. Grundherr, die Verhandlungen mit Škirpa. Woermann und Grundherr hielten auf Weisung Weizsäckers diese Kontakte stets auf privater Ebene.[50] Auch Weizsäcker selbst hielt sich hieran, nachdem er ohnehin bemüht war, die Kontakte zu Škirpa so weit wie möglich zu reduzieren.

---

[49]　Aufzeichnung Grundherr, 18.06.1941, PA/AA, Büro Staatssekretär, Litauen, Bd. 1, S. 287-288.

[50]　Aufzeichnung Grundherr, 19.06.1941, PA/AA, Büro Staatssekretär, Litauen, Bd. 1, S. 287-288.

Am 19.06.1941 übergab Škirpa Grundherr eine "Denkschrift betreffend die Wiederherstellung der nationalen Unabhängigkeit Litauens".[51] Diese Denkschrift formulierte vor dem deutschen Angriff auf die UdSSR die grundlegenden Gedanken der LAF und damit der Mehrheit der litauischen Emigranten.

Die Denkschrift beginnt mit der deutlich an das rassistische Gedankengut der NS-Ideologie angelehnten Behauptung, die Litauer seien das älteste arische Volk in Europa. Škirpa charakterisiert die Litauer als Vorposten arischen Herrenmenschentums gegen aus dem Osten anbrandende Wellen von Slawen, welche von den Litauern durch die Jahrhunderte hindurch immer wieder zerschlagen worden seien. Seine Unabhängigkeit nach dem Ende des Ersten Weltkriegs habe Litauen sich gegen die bolschewistische Aggression erkämpft.

Historisch gesehen ist davon wenig wahr. Erst recht waren die Litauer in der verquasten deutschen Rassenideologie nicht die Speerspitze der arischen Herrenrasse. Aber Škirpa zeigt im Folgenden, wie sehr er sich diese Ideologie zu eigen gemacht hatte. Er leitet nämlich das Lebensrecht Litauens daraus ab, dass es sich in den 1920er Jahren als ein gesunder und lebensfähiger Staat gezeigt hatte. Dann charakterisiert er die LAF und das Nationalkomitee und behauptet, in ihnen seien alle maßgeblichen litauischen Kräfte vertreten. Was die Denkschrift dabei unterschlägt, ist, dass die seit 1926 in Litauen verbotenen Sozialdemokraten und ebenso die seit 1928 verbotenen Faschisten des Gelezinis Vilkas nicht der LAF angehörten und auch das Komitee nicht unterstützten.

Zur Organisation von Untergrundzellen in Litauen sagt Škirpa wenig, ein deutlicher Hinweis darauf, dass es nicht die später behauptete

---

[51] Denkschrift Skirpa, 19.06.1941, PA/AA, Büro Staatssekretär, Litauen, Bd. 1, 289-302.

breite illegale Organisation gab. Vielmehr gab es nur einzelne Zellen, die zudem noch in ständiger Konkurrenz zu den schon seit 1928 in der Illegalität operierenden Gruppen der litauischen Faschisten des Gelezinis Vilkas standen.

Škirpa sieht denn auch die Aufgabe des litauischen Untergrunds in erster Linie darin, aller Welt zu beweisen, dass Litauen wesentlich aus eigener Kraft sich von der sowjetischen Herrschaft befreit habe, um einem solchen Litauen einen gleichberechtigten Platz in einem unter deutscher Ägide neu gestalteten Europa zu sichern.

In der Denkschrift fährt Škirpa fort, das Nationalkomitee vertrete in ungebrochener Nachfolge zur litauischen Regierung einen fortexistierenden Staat. Von der bisherigen Politik der Smetona-Diktatur weiche das Komitee nur in einer Hinsicht ab, nämlich in der Abkehr von der Neutralitätspolitik und in einem klaren Bekenntnis zu einem Bündnis mit Deutschland, aber auch zur Ideologie des NS-Staats.

Im Folgenden entwickelt Škirpa Vorschläge zu einer Wiedererlangung der litauischen Unabhängigkeit. Diese Ausführungen machen vor allem eines deutlich: In allen Besprechungen mit dem Auswärtigen Amt, mit der Gestapo, vor allem auch mit der Abwehr hatte Škirpa nicht den leisesten Hinweis erhalten, dass ein deutscher Angriff auf die UdSSR unmittelbar bevorstand. Daher war sein unmittelbares Ziel, die deutsche Regierung dafür zu gewinnen, eine vom Nationalkomitee gebildete litauische Exilregierung anzuerkennen. Er warnt ausdrücklich davor, dass eine solche sonst im Falle eines Einmarschs deutscher Truppen spontan gebildet werden könnte. Unausgesprochen bleibt, dass Škirpa zu Recht erwartete, eine solche Regierung würde dann nicht so eindeutig auf den an Deutschland angelehnten Kurs des Nationalkomitees einschwenken, sondern mindestens auf der Linie der bisherigen Smetona-Diktatur liegen, vielleicht sogar sozialdemokratisch orientiert sein.

Da Škirpa offensichtlich so gänzlich uneingeweiht blieb in die laufenden deutschen Planungen, welchen Sinn hatte dann die Zusammenarbeit mit ihm für die deutschen Stellen? Will man diese Frage beantworten, muss man sich zunächst klarmachen, dass es eine einheitliche deutsche Außen- und Sicherheitspolitik schon längst nicht mehr gab. Das dokumentiert schon die Fülle von Stellen, mit denen Škirpa zu verhandeln versuchte.

Dennoch lassen sich drei unterschiedliche Konzepte ausmachen, nach denen in Deutschland das Verhältnis zur litauischen Emigration organisiert wurde. Führend waren dabei das Auswärtige Amt, das Reichssicherheitshauptamt (RSHA) und das Amt Ausland/Abwehr im OKW.

Die Abwehr unter Canaris entsprach in ihrem Konzept hinsichtlich der Rolle der litauischen Emigration noch am ehesten Škirpas Vorstellungen. In der Abwehr ging man davon aus, dass man im Zuge des bevorstehenden Ostfeldzugs auf die Kollaboration vor Ort nicht würde verzichten können und schon von daher darauf angewiesen sein würde, sich einer breiten Unterstützung der jeweiligen Bevölkerung zu versichern. Man nahm an, dass der Preis hierfür eine weitgehende Autonomie der jeweiligen Gebiete unter einer auf lange Sicht kaum spürbaren deutschen Oberhoheit sein würde. Dies fügte sich auch insgesamt in Canaris' Entwurf einer modernen Besatzungsherrschaft, während die feudalistischen Vorstellungen, wie sie vor allem in der SS zu dieser Zeit bereits entwickelt wurden, Canaris und seinen Vertrauten ausgesprochen zuwider waren.

Škirpa verhandelte aber nicht nur mit Vertretern der Abwehr in Berlin, sondern auch mit der entsprechenden Außenstelle in Königsberg. Dort scheint man ihm angedeutet zu haben, dass im Falle eines - für die Zukunft nie ganz auszuschließenden - Angriffs des Deutschen Reichs auf die UdSSR Litauens Selbständigkeit wiederhergestellt werden würde.[52]

Doch nicht das OKW, schon gar nicht die Abwehr oder einzelne Angehörige ihrer Außenstellen bestimmten letztlich die deutsche Außenpolitik. Das Auswärtige Amt stand für die offizielle Position gegenüber den litauischen Emigranten. Hier war man entschlossen, einem streng legalistischen Kurs zu folgen. Die Reichsregierung hatte keine litauische Exilregierung anerkannt; damit waren keine offiziellen Kontakte zu litauischen Vertretern möglich. Gleichzeitig wollte das Auswärtige Amt verhindern, dass zu den übrigen Kräften, welche in Deutschland Außenpolitik betrieben, nun noch eine einflussreiche litauische Exilregierung kam. Die Erfahrungen, welche man zu dieser Zeit in London mit der polnischen Exilregierung machte und die man in Berlin durchaus wahrnahm, trug hierzu noch bei.

Entscheidend war jedoch, dass das Auswärtige Amt der Absicht der Reichsregierung, vor allem Hitlers selbst, entsprach, in Osteuropa keinen noch so geringen Ansatz einer Staatsgründung zuzulassen. Denn Hitler wollte das Baltikum, wollte die Ukraine als den so lange versprochenen Lebensraum im Osten. Um diesen zu schaffen, mussten hier deutsche Kolonien entstehen. Und das vertrug sich schlecht mit einer großzügigen Förderung irgendwelcher Nationalregierungen.

Als dritte Kraft, welche mit der litauischen Emigration kooperierte, blieb damit das RSHA unter Reinhard Heydrich. Aber hier stand man der LAF insgesamt sehr skeptisch gegenüber. Dafür gab es zwei Gründe: Erstens hielt man die tatsächliche Kampfkraft der Zellen der LAF in Litauen für sehr gering. Diese Ansicht stützte sich vor allem auf die Tätigkeit von Spitzeln des RSHA, die von der Gestapoleitstelle

---

[52]   Aktenvermerk Dr. Paetzold, 23.06.1941, PA/AA, Büro Staatssekretär, Litauen, Bd. 1, S. 305-306.

Tilsit geführt wurden. Diese Spitzel meldeten eine nur geringfügige Bereitschaft der Anhänger der LAF, im Ernstfall tatsächlich zur Waffe zu greifen. Zweitens: Diese Spitzel waren zumeist Anhänger des Gelezinis Vilkas.[53] Und es war der Gelezinis Vilkas, auf welchen das RSHA bei den Vorbereitungen auf das Unternehmen "Barbarossa" setzte. Dies lag zum einen daran, dass die ideologische Nähe zu den antisemitischen, gewaltbereiten und durchweg faschistischen Anhängern des Gelezinis Vilkas offensichtlich größer war als das Vertrauen in die teilweise christdemokratischen Mitglieder der LAF. Zweitens aber verfügte der Gelezinis Vilkas 1940 bereits über das, was die LAF erst jetzt mühsam aufzubauen begann, nämlich eine gut organisierte Struktur im Untergrund.

Man kann mehrere Intentionen des RSHA in den Verhandlungen mit den litauischen Emigranten ausmachen. Zunächst ging es um den Aufbau eines Agentennetzes in Litauen. Aus der antikommunistischen Paranoia der deutschen Sicherheitspolitik heraus wollte man Informationen über die kommunistischen Bewegungen in den an Deutschland grenzenden Staaten zusammentragen; auch über das örtliche Judentum sollten die Spitzel berichten. Zweitens ging es darum, die inzwischen in Deutschland lebenden Emigranten unter Kontrolle zu halten, da man im RSHA fürchtete, dass unter diesen auch sowjetische Spitzel sein könnten, Juden oder sonstige sogenannte "Feinde des Reiches". Aber vor allem plante das RSHA schon frühzeitig für den sich abzeichnenden Angriff auf die UdSSR. Man wollte - auch in Konkurrenz zur Wehrmacht - sich derjenigen Kräfte in Litauen versichern, welche als Handlanger im Falle eines Einmarschs in Frage kommen konnten. Die Funktion dieser Kräfte nach einem Einmarsch sollte in erster Linie

---

[53]   Aussage Richard Waldemar Schweizer, 20./21.04.1960, Ludwigsburg ZSt, 207 AR-Z 14/1958 (Schmitz), Bd. 10, Bl. 6210-6228.

sein, die sicherheitspolizeilichen Ziele des RSHA zu unterstützen, also vor allem die Bekämpfung von Kommunisten und Juden, die in der Weltsicht des NS-Staats die Hauptgefahren für eine deutsche Herrschaft sein würden.

Es ist offensichtlich, dass das RSHA mit Škirpa keine detaillierten Besprechungen durchführte, da diese sonst in seiner Denkschrift für das Auswärtige Amt Niederschlag gefunden hätten. Diese Besprechungen gab es jedoch mit Vertretern der Voldemaras-Gruppen. Angesiedelt waren diese Verhandlungen allerdings auf einer wesentlich niedrigeren Ebene. Sie wurden daher auch nicht in Berlin geführt, sondern in Ostpreußen und im Memelgebiet, von wo die Stapoleitstelle Tilsit den Einsatz der Spitzel koordinierte und so die spätere Kollaboration präformierte. Es war diese Struktur, auf welche nach dem Angriff auf die UdSSR das RSHA zurückgriff, ohne jedoch seine Kontaktleute schon zuvor über die tatsächlich schon sehr konkreten Planungen einer Offensive zu unterrichten.

Es fragt sich nun, wieviel Škirpa von den Kontakten zwischen dem RSHA und den Voldemarininkai wusste, nachdem seine eigenen Verhandlungen mit dem RSHA so erfolglos geblieben waren wie seine Unterredungen mit dem Auswärtigen Amt. Tatsächlich muss bezweifelt werden, dass Škirpa mehr als nur ganz allgemein informiert war über diese Kontakte. Das Verhältnis der LAF zur LNP und zu den Voldemarininkai war schlecht. Es ist kaum anzunehmen, dass er von hier Informationen erhielt über Verhandlungen, von denen wohl auch innerhalb von LNP und Gelezinis Vilkas nur eine kleine Elite wusste.

Škirpas Rolle in Berlin erscheint damit fast als traurige Farce. Er versuchte zwar, mit allen einflussreichen Kreisen in Berlin zu verhandeln und hoffte gar, über die LAF sich eine einflussreiche Position in einem wieder befreiten Litauen zu sichern. Aber auf deutscher Seite war es nur die Abwehr, die ihn und seine Organisation überhaupt ernst nahm und bereit war, im Kriegsfall mit der LAF zu kooperieren. Und selbst hier traute man Škirpa nicht so weit, dass man ihm in irgendeiner Weise Hinweise auf einen geplanten Überfall auf die UdSSR gegeben hätte.

8.10. Die deutschen Vorbereitungen auf den Einmarsch in Litauen

Die Planungen von Wehrmacht und SS im Vorfeld des Überfalls waren umfangreich, auch wenn angesichts der Anforderungen des gewaltigen Areals im Nachhinein erhebliche Lücken zutage traten und vor allem die Prognosen für den Kriegsverlauf sich als viel zu optimistisch erwiesen. Was Litauen betraf, so gab es erste Überlegungen für den Aufbau einer Zivilverwaltung, für eine militärische und polizeiliche Sicherung des Gebiets und bei allen unterschiedlichen Konzepten von RSHA, Amt Abwehr und Auswärtigem Amt auch für den Umgang mit der Zivilbevölkerung. Es ist jedoch nicht anzunehmen, dass Škirpa irgendetwas von diesen Plänen kannte, zumal sie seinen eigenen Vorstellungen völlig zuwider liefen. Insbesondere wollte man nicht hinnehmen, dass Litauer oder andere Balten gemeinsam mit deutschen Truppen gegen die Rote Armee kämpften, um jeden Gedanken an ein Militärbündnis auf Augenhöhe gar nicht erst aufkommen zu lassen.

Interessanter ist aber die Frage, wie weit die deutschen Planungen hinsichtlich des Umgangs mit den in Litauen lebenden Juden gediehen waren. Schriftliches Material existiert hierzu kaum. Die Aussagen, welche Angehörige der Sicherheitspolizei nach 1945 vor deutschen Gerichten machen, lassen aber ein einigermaßen plausibles Bild entstehen. Demzufolge gab es innerhalb der Führung der Sicherheitspolizei einen mehr oder minder diffusen Konsens darüber, dass man im Falle eines Angriffs auf die UdSSR langfristig auch die so verstandene "Judenfrage" einer endgültigen Lösung zuführen würde. Welcher Art diese

Lösung sein würde, blieb dabei noch weitgehend offen; großangelegte Umsiedlungen nach Madagaskar oder Sibirien wurden ebenso diskutiert wie die physische Vernichtung der jüdischen Bevölkerung Osteuropas, ohne dass auf der Führungsebene eine endgültige Entscheidung gefallen wäre.

Die nachgeordneten Stellen der Sicherheitspolizei wurden erst unmittelbar vor dem Beginn des Überfalls in persönlichen Treffen informiert, dass ein Angriff auf die UdSSR bevorstände und welche Aufgaben der Sicherheitspolizei dabei zukommen würden. Die wichtigste solche Veranstaltung hierzu war die Aufstellung der Einsatzgruppen und ihrer Untergliederungen von Einsatz- und Sonderkommandos in Bad Schmiedeberg und in Pretzsch im Juni 1941. Vorher dürfte kaum einem Angehörigen der Sicherheitspolizei außerhalb der SS-Hauptämter klar gewesen sein, dass ein Angriff auf die UdSSR noch vor dem Ende des Kriegs im Westen beginnen würde.

Während dieser Bildung der Einsatzgruppen hielt Heydrich eine Rede über aktuelle und zukünftige Aufgaben und Perspektiven der sicherheitspolizeilichen Arbeit. Dabei hat er wohl angedeutet, dass mittel- bis langfristig nicht nur die - als unmittelbar bedrohlich angesehenen - kampffähigen jüdischen Männer in den besetzten Gebieten ermordet werden sollten, sondern es, sobald die nötigen Kräfte dafür verfügbar sein würden, zur allgemeinen Beseitigung der jüdischen Bevölkerung kommen sollte.[54] Den Zeitpunkt ließ er offen, ebenso, ob dies durch Umsiedlung oder Tötung erreicht werden sollte. Es ist aber einigermaßen wahrscheinlich, dass er sich für Tötungen als das adäquatere und mit geringerem Aufwand zu realisierende Mittel aussprach. Doch auch

---

[54] Aussage Karl Jäger, 15.06.1959, Ludwigsburg ZSt 5 AR-Z 14/1958 (Jäger), Bl. 1885-1941.

von diesem langfristig geplanten Genozid erfuhren die litauischen Kollaborateure in der Vorphase des Kriegs nichts.

Die unmittelbaren Planungen der Sicherheitspolizei sahen vor, im Moment des Angriffs mit einem Vorlauf von allenfalls wenigen Stunden die vor Ort lebenden Zellen der Kollaborateure zu aktivieren. Diese sollten nach eigenem Dafürhalten Kampfmaßnahmen gegen die Rote Armee unterstützen, aber in erster Linie die für sicherheitspolizeilich bedenklich gehaltenen Teile der litauischen Bevölkerung auf Grundlage bereits vorbereiteter schwarzer Listen festsetzen. Anscheinend sollten sie aber auch Freigabe erhalten, nach eigenem Ermessen und Machbarkeit diese Gefangenen umzubringen.

Ziel dieser ersten Welle von Verhaftungen sollten die noch im Lande befindlichen sowjetischen Vertreter sein sowie Angehörige der gerade erst wieder gegründeten Kommunistischen Partei Litauens, kommunistische Gewerkschafter, Aktivisten usw., dann auch der für kampffähig gehaltene Teil der jüdischen Bevölkerung und schließlich jeder, von dem eine Gefahr für die neue Ordnung ausgehen könnte.

Die Weisungen für die Mitglieder des Gelezinis Vilkas waren also insgesamt einigermaßen detailliert, als der deutsche Angriff am 22.06.1941 begann. Anders die Weisungen an die im Lande befindlichen Anhänger der LAF, also vor allem die Mitglieder der Šaulių Sajunga. Die Kontakte auf der Führungsebene, in erster Linie zwischen der Abwehr und Škirpa, waren nie so intensiv gewesen wie die des RSHA und seiner Agenten mit den Vertretern des Gelezinis Vilkas. Daher gab es nicht nur im Vorfeld keine Weisungen für den Fall eines Angriffs, sondern es kam auch nach dem Beginn des Überfalls zu keinen taktischen oder strategischen Anforderungen von Wehrmachtsteilen an die litauischen Kräfte. In der Planung des gesamten deutschen Angriffs spielten diese nur insoweit eine diffuse Rolle, als man annahm, dass im Laufe des Angriffs vor allem im Baltikum und in der

Ukraine nationalistische Partisanen sich formieren würden, um den deutschen Vorstoß nach Kräften zu unterstützen - wobei weitgehend offen blieb, was dieses "nach Kräften" im Einzelfall bedeuten konnte oder wie man auf deutscher Seite diese Kräfte nutzen sollte.

8.11. Der Beginn des Unternehmens "Barbarossa" und die Partisanen

Kern des deutschen Angriffs auf die UdSSR war die Hoffnung, die Rote Armee zu überraschen. Angesichts des umfangreichen Aufmarschs von immerhin etwa drei Millionen Soldaten und diverser Warnungen, welche an die UdSSR gingen, gelang dies nur mittelbar: Stalin glaubte anscheinend, Deutschland wolle lediglich Litauen okkupieren, also zum Status des Vertrags von 1939 zurückkehren.[55] Dieses Opfer zu bringen war er bereit. Daher zog sich aus Litauen die Rote Armee – anders als überall sonst – bereits am 20.06.1941, also zwei Tage vor dem deutschen Überfall, auf ganzer Linie zurück, was inzwischen durch diverse Zeitzeugen gut belegt ist.[56] Zudem verlief der Abzug aus Litauen weitgehend geordnet, ganz im Gegensatz zu den chaotischen Absetzbewegungen aus Ostpolen oder Lettland. Überrascht war man in Moskau dann aber, dass das Gros der deutschen Truppen, deren Aufmarsch man durchaus wahrgenommen hatte, keine Flankensicherung des Vorstoßes nach Litauen darstellte. Stattdessen griffen die

---

[55] Stang: Kollaboration, S. 37-38.

[56] Allerdings fehlt nach wie vor ein Beleg aus russischem Archivmaterial, da die entsprechenden Bestände in den einschlägigen russischen Archiven, insbesondere im TsAMO, dem Zentralarchiv des Verteidigungsministeriums in Podolsk (Центральный архив Министерства обороны), bis heute gesperrt sind.

aufmarschierten Verbände der Wehrmacht auf gesamter Länge die sowjetische Westgrenze an.

Den nördlichen Stoßkeil des Angriffs sollte die Heeresgruppe Nord unter Gen.feldm. v. Leeb führen, der dazu über die 18. Armee unter Gen.ob. Georg von Küchler, die 16. Armee unter Gen.ob. Ernst Busch, die 4. Panzergruppe unter Gen.ob. Erich Hoepner und die Luftflotte 1 unter Gen.ob. Alfred Keller verfügte. Aufgabe der Heeresgruppe war die Eroberung des Baltikums, dann der Angriff auf die sowjetischen Ostseehäfen, vor allem Leningrad und Kronstadt. Eine Unterstützung durch litauische oder sonstige baltische Truppen, meist als Partisanen bezeichnet, war auf deutscher Seite politisch nicht gewollt und galt auf militärischer Seite in fast allen Führungsstäben als überflüssig oder sogar hinderlich.

Dennoch gab es schon zu Beginn des deutschen Überfalls auf die UdSSR Unterstützung u.a. seitens der litauischen Partisanen. Man kann für diesen Zeitpunkt von drei Gruppen nationallitauischer Partisanen sprechen:

- die Anhänger der LAF, meist Mitglieder der Šaulių Sąjunga, die schon seit Ende 1940 – allerdings meist nur vage – Instruktionen erhalten hatten, was im Falle einer deutschen Offensive zu geschehen hatte;
- die Mitglieder des Gelezinis Vilkas, die bereits über sehr viel detailliertere Vorgaben verfügten;
- eine nicht zu unterschätzende Zahl von Freiwilligen, die keiner Widerstandsgruppe angehörten, sich aber aus nationaler Euphorie, aus Abenteuerlust, aus lokaler Solidarität mit Freunden oder Nachbarn oder auch aus der Hoffnung auf einen schnellen Beutezug bei den Partisanen einfanden.

Wenn auch insbesondere in Kaunas die Angehörigen des Gelezinis Vilkas bemüht waren, eigene Einheiten aufzustellen, war doch von der massiven Gegnerschaft zwischen den Partisanengruppen, wie sie die nächsten Wochen bestimmen sollte, in diesen Tagen noch nichts zu spüren. Wichtig für die weitere Entwicklung vor allem in Kaunas war, dass die in die Rote Armee eingegliederte litauische Armee, immerhin ca. 2.000 Mann stark, sofort nach dem deutschen Angriffsbeginn ihre Polit- und Verbindungsoffiziere ermordete und nach Kaunas abrückte, um dort ebenfalls wieder Teil einer nationallitauischen Armee zu werden. Die Geschlossenheit des Verbands konnte allerdings nicht ganz gewahrt werden, da eine Minderheit der Offiziere dem Gelezinis Vilkas angehörte und entsprechend ihre Soldaten den Partisanenverbänden der Voldemarininkai zuführte.

Der frühzeitige Abzug der Roten Armee erlaubte ein unerwartet schnelles Vordringen der deutschen Truppen in Litauen. Daher konnten Kaunas und Vilnius fast kampflos genommen werden, nachdem schon zuvor litauische Partisanengruppen hier sich zu Herren der zwei faktisch offenen Städte erklärt hatten. Doch weder hier noch im übrigen Litauen war eine Unterstützung durch die Kollaborateure von nennenswerter Bedeutung.

Dennoch, Aktivitäten der Partisanen gab es in vielen litauischen Städten, und zwar sowohl von den Anhängern der LAF wie von den Mitgliedern des Gelezinis Vilkas. Der Beginn dieser Aktivitäten ist schwer zu datieren, ist aber für die Bewertung der entsprechenden Aktivitäten von entscheidender Bedeutung. Denn es ergeben sich zwei Szenarien hinsichtlich der Autonomie sowie hinsichtlich der zeitlichen Abfolge dieser Handlungen.

- Variante 1: Die gegen die sowjetische Besatzungsmacht gerichteten Aktivitäten wurden von litauischer Seite autonom begonnen, also ohne Steuerung durch das RSHA, das Amt Abwehr oder andere deutsche Stellen.

- Variante 2: Alle wesentlichen Aktivitäten erfolgten aufgrund direkter Weisungen von deutscher Seite.

Je nach Szenario gelangt man zu einer fundamental anderen Bewertung der Aktivitäten des litauischen Widerstands. Dies wird verstärkt durch die zeitliche Reihenfolge:

- Szenario A: Die litauischen Kräfte beginnen den Kampf gegen die sowjetischen Besatzer am 20. oder 21.06.1941, also als Freiheitskampf, auch wenn bereits offenkundig ist, dass aus noch unbekannten Gründen die Besatzungskräfte sich ohnehin absetzen.
- Szenario B: Die litauischen Kräfte beginnen ihren Kampf gegen die – inzwischen weitgehend abgerückten – Besatzer erst am 22.06.1941, nachdem ihnen durch die ersten Bombardements klar geworden ist, dass das Deutsche Reich den lange erhofften Angriff auf die UdSSR nun tatsächlich begonnen hat.

In der litauischen Öffentlichkeit spricht man bis heute zumeist von einem autonomen, nicht von deutscher Seite gesteuerten Volksaufstand, der am 20.06.1941 begann und nur zufällig nach zwei Tagen mit dem deutschen Angriff zusammentraf. Diese Version zeichnet das Bild der Erhebung eines kleinen, aber mutigen Volks, das sich aus eigener Kraft und eigenem Antrieb gegen einen übermächtigen Gegner erhob. Aber hält dieses Bild einer Überprüfung anhand der Quellenlage stand?

Škirpa selbst unterstrich in einem Schreiben an Weizsäcker, die Partisanen hätten im Moment des deutschen Angriffs ihre Aktivitäten begonnen. Nun war Škirpa sehr daran interessiert, den Eindruck zu erwecken, es habe in Litauen eine autonome nationale Erhebung gegeben, welche das Recht auf einen eigenen Staat mindestens teilweise begründen könnte. Wenn er also keinen früheren Zeitpunkt nannte, so ist in der Tat davon auszugehen, dass die litauischen Partisanen nicht vor dem 22.06.1941 zu den Waffen griffen. Mehr noch, vielfach kann angenommen werden, dass sie nicht aufgrund einer Weisung aus Berlin oder Königsberg, sondern in Reaktion auf die ersten Bombardements annahmen, dass der Krieg und damit die Zeit zu handeln nun gekommen sei. Mithin dürften die ersten Partisanengruppen frühestens am Vormittag des 22.06.1941 ihre Kampfhandlungen begonnen haben.

Allerdings: Der Abzug der sowjetischen Truppen und der zivilen Okkupationskräfte kann nicht überall unbemerkt geblieben sein. Möglicherweise sind daher in einigen Städten Litauens bereits am 21.06., spätestens am Morgen des 22.06. erste Aktivitäten des Gelizinis Vilkas oder der Šaulių Sajunga durchgeführt worden. Ein Beweis für eine Erhebung gegen eine brutale, noch fest im Sattel sitzende Besatzungsmacht ist dies allerdings nicht. Offensichtlich aber hat die stalinistische Besatzungsmacht, die ihren eigenen paranoiden Feindbilder bis zuletzt pflegte, beim Räumen der Gefängnisse am 20. und 21.06.1941 etliche politische Gefangene ermordet. Bekannte, aber bisher nicht inhaftierte Vertreter einer litauischen Unabhängigkeit wurden sogar noch am 21.06.1941 verhaftet und unmittelbar auf den Transport in die UdSSR geschickt, wo einige vom stalinistischen Justizapparat ermordet wurden. Andere kamen in sibirische Gefangenenlager, wo sie viele Jahre blieben, teilweise verstarben oder ebenfalls ermordet wurden.

Wo die Aktivitäten der Partisanen am Vormittag des 22.06.1941 einsetzten, also nach den ersten deutschen Bombardements, stießen sie aufgrund des längst erfolgten Rückzugs der sowjetischen Besatzungskräfte vielerorts ins Leere. In den meisten Städten und vor allem in den Dörfern konnten die Partisanen allenfalls auf Einheiten der Roten

Armee feuern, die sich ohnehin zurückzogen und Weisung besaßen, sich nicht in Kampfhandlungen verwickeln zu lassen. Doch immerhin konnte man die eigenen Gesinnungsgenossen aus den lokalen Gefängnissen befreien, musste aber nicht selten feststellen, dass hier direkt vor dem Abzug noch diverse Mordaktionen durchgeführt worden waren.

Es entstand jetzt die paradoxe Situation, dass die Partisanengruppen, wie sie bis zum 23.06.1941 sich in den meisten Städten und Dörfern gebildet hatten, ohne wirkliches Ziel waren. Der nationalen Euphorie tat das jedoch keinen Abbruch. Jede dieser Gruppen hatte mehrere unmittelbare Aufgaben, die für jeden klar zu erkennen waren und daher nicht notwendig irgendwelcher Vorgaben einer vor Ort noch wenig präsenten Führung bedurften. Allenthalben hielt man den Zeitpunkt für gekommen, den litauischen Staat wieder erstehen zu lassen. Dazu mussten die alten Verwaltungsorgane aus den Jahren vor 1940 mit ihren trotz der vorangegangenen Deportationen und Morde oft noch vorhandenen Angehörigen wieder zu arbeiten beginnen. Und es musste jeder gefangengesetzt werden, von dem man glaubte, er könne den jetzt begonnen Prozess der Staatsneugründung gefährden. Dies betraf in erster Linie Kommunisten und alle, die nach dem Einmarsch mit den sowjetischen Behörden kollaboriert hatten, dann aber auch Juden, in denen man, ganz unabhängig von der deutschen Haltung, eine Gefahr sah.

Bereits im März war ein auf den 19.03.1941 datiertes Flugblatt aus Berlin an die verschiedenen mehr oder weniger autonomen Gruppierungen der LAF gegangen. Dies Schreiben „Brangūs vergaujantieji broliai" („Liebe versklavte Brüder") enthielt Hinweise, welche Punkte im Fall eines Krieges zwischen dem Deutschen Reich und der UdSSR unbedingt besetzt werden müssten. Zugleich wurde hier auch für diesen Fall die Gründung einer Nationalregierung aus der LAF heraus angekündigt. Aber vor allem wurde gefordert, jeden, der evtl. mit der sowjetischen Besatzungsmacht kollaboriert hatte, nur dann laufen zu lassen, wenn er nachweislich mindestens einen Juden umgebracht hatte. Auch sonst wurde hier ein entschlossenes Vorgehen gegen die jüdischen Bürger Litauens angedeutet.[57]

Die lokale Restituierung des autonomen Litauens durch Wiedereinsetzung der bisherigen Verwaltungskräfte etc. musste sinnlos bleiben, wenn nicht gleichzeitig die im März angekündigte Staatsorganisation mit Präsident, Kabinett, Parlament und in der aktuellen Situation vor allem einer eigenen Armee entstand. In Kaunas meldeten sich daher Hunderte von Freiwilligen, um Mitglied in einer solchen Armee zu werden. Sie konnten zu diesem Zeitpunkt davon ausgehen, dass der litauische Staat wenigstens formal neu gegründet war, da über Radio Kaunas eine nationallitauische Regierung ausgerufen worden war. Dies ging auf Partisanen der LAF zurück, die am 23.06.1941 den Sender in Kaunas besetzten. Hier verlas dann gegen 11:30 Leonas Prapuolenis eine Erklärung zur Einsetzung einer neuen nationallitauischen Regierung und nannte eine umfängliche Kabinettsliste. Darin blieb die Position des Präsidenten wegen der unklaren Rolle des ebenfalls emigrierten Smetona zunächst ungenannt. Das machte Škirpa zum eigentlichen Regierungschef, während Prapuolenis als Führer der LAF kein eigenes Amt bekleiden würde, aber die übermächtige Partei gegenüber der Regierung vertreten sollte.[58] Juozas Ambrazevičius,

---

[57] Es existieren zwei Fassungen des Flugblatts, sodass nicht auszuschließen ist, dass die deutlicher antisemitische Fassung für die Anhänger des Gelezinis Vilkas bestimmt war; Truska: Crisis, S. 200-201.

[58] Aufzeichnung Ges. Grundherr (Pol. Abt.), 23.06.1941, ADAP D, Bd. XII, Nr. 3, S. 3-4.

Vorsitzender der Christdemokratischen Partei, wurde daraufhin zum vorläufigen Ministerpräsidenten erklärt.[59]

Der designierte Außenminister Rapolas Skipitis wurde allerdings in Berlin festgehalten, während andere zu den von den sowjetischen Behörden verschleppten Personen gehörten. Dies betraf nicht nur vier Kandidaten, die zu den noch am Vortag Entführten gehört hatten, darunter der vorgesehene Innenminister Vladas Nasevičius.[60] Sondern hierzu gehörte auch der vorgesehene Kriegsminister, Vytautas Bulvičius, der bereits am 02.06.1941 verhaftet worden war. Er wurde daher durch Stasys Raštikis ersetzt. Dieser war 1938 bereits kurzzeitig Kriegsminister gewesen, hatte aber ein gespanntes Verhältnis zur LAF und insbesondere zu den Voldamarininkai und dem Gelezinis Vilkas, sodass man seine Ernennung durchaus als Notlösung bezeichnen kann.[61]

Tatsächlich war die Ausrufung dieser nationallitauischen Regierung angesichts der militärischen und politischen Gegebenheiten eine Farce.[62] Ihr Rückhalt in der Bevölkerung war gering, da man sie teils für Handlanger der deutschen Eroberer Litauens hielt, teils – nicht zu Unrecht – ihre tatsächlichen Möglichkeiten für gering einschätzte. Die vor Ort eingetroffenen Kräfte der Sicherheitspolizei berichteten zudem nach Berlin, dass die meisten Litauer die Angehörigen der Regierung

---

[59]   Krausnick/Wilhelm: Truppe, S. 349.

[60]   Surgailis: Lietuvos, S. 157-158.

[61]   Rastikis war vor dem sowjetischen Einmarsch Oberbefehlshaber der litauischen Armee gewesen und hatte in den Krisenjahren zunehmend Einfluss auf die Regierung gewonnen, ohne aber die Anhängerschaft der Voldemaras-Gruppen zu gewinnen. Schreiben Heydrich an Ribbentrop, 29.06.1939, mit zwei Anlagen, IMT, Dokument 2953-PS, Bd. 31, S.387-391.

[62]   Jankauskas: 1941, v.a. S. 11-19.

im wesentlichen lediglich auf den persönlichen Vorteil bedachte Hazardeure hielt. Auch die katholische Kirche, insbesondere der Erzbischof von Kaunas, Juozapas Skvireckas, und der ihm unterstellte Bischof Vincentas Brizgys setzten eher auf die deutsche Seite als auf die nationallitauischen Kräfte.[63]

Der in Berlin festsitzende Škirpa begriff spätestens jetzt, dass die deutsche Seite alles andere als gewillt war, ihn nach Litauen reisen zu lassen, um dort irgendwelche Funktionen zu übernehmen. Am 22.06. gelang es ihm nicht, mit Weizsäcker, Woermann oder Grundherr im Auswärtigen Amt in Kontakt zu treten. Immerhin aber konnte er mit Paetzold aus dem Amt Abwehr zu sprechen und ihn entsprechend in Kenntnis zu setzen. Hier führte Škirpa aus, dass, sollte Deutschland die litauische Autonomie nicht schnellstens einführen, seine Anhänger in Eigenregie eine litauische Regierung ausrufen und damit ein fait accompli schaffen würden.[64] Škirpa berief sich auf deutsche Zusagen, die aber wohl nicht über vage Andeutungen aus dem Amt Abwehr hinausgegangen waren.

Erst am Folgetag traf Škirpa gegen 13:00 Grundherr und informierte diesen über die Verlautbarung in Radio Kaunas. Grundherr machte ihm daraufhin heftige Vorhaltungen, ihn weder offiziell noch privat von entsprechenden Vorbereitungen in Kenntnis gesetzt zu haben. Dies wöge umso schwerer, als Škirpa ihm zugesagt habe, sich jeder politischen Betätigung zu enthalten.[65] Škirpa entschuldigte sich lediglich damit, er habe auch Grundherr am 22.06. nicht erreichen können,

---

63   Bericht Erich Ehrlinger, 01.07.1941, OAM, R-500/1/756/2-6.
64   Aufzeichnung Dr. Paetzold (Abwehr II), 22.06.1941, als Abschrift in Anlage Aktenvermerk Leg.rat Kramarz, 25.06.1941, PA/AA, Büro Staatssekretär, Litauen, Bd. 1, S. 3045-306.
65   Aufzeichnung v. Grundherr, 23.06.1941, ADAP D, Bd. XIII.1, Nr. 3, S. 3-4.

um ihn zu informieren. Das wiederum bedeutet, dass er gewusst haben muss, was die Aktivisten der LAF für den 23.06. planten, nämlich die Ausrufung einer litauischen Nationalregierung unter seiner Führung, wozu sie Radio Kaunas besetzen würden.[66]

Am selben Tag reichte Škirpa in Ribbentrops Büro auch ein Schreiben ein, das der Außenminister an Hitler weiterleiten sollte. Škirpa bat Hitler, ihm zu gestatten, sich nach Litauen zu begeben, um dort die Führung der litauischen Regierung zu übernehmen. Er wolle dann Litauen als Verbündeten an Deutschlands Seite führen.[67]

Dieses Schreiben war offensichtlich schon eingereicht, bevor Grundherr Škirpas Hoffnung binnen weniger Minuten zerstörte, Deutschland werde eine autonome litauische Regierung unter seiner Führung anerkennen. In einem Schreiben an Weizsäcker vom 24.06.1941 erwähnte Škirpa daher mit keinem Wort, dass Radio Kaunas ihn zum Ministerpräsidenten ausgerufen hatte, obgleich er sich auf die neue litauische Regierung explizit bezog.[68] Stattdessen versuchte er einigermaßen geschickt, das Auswärtige Amt zu einem indirekten

---

[66] Wäre Radio Kaunas wirklich so massiv verteidigt gewesen, wie litauische Nationalisten bis heute behaupten, hätte Skirpa nicht schon am 22.06. sicher sein können, dass seine Anhänger bereits am Morgen des 23.06., also nach allenfalls ein bis zwei Stunden Kampf, den Sender in ihre Gewalt bringen würden und dieser zudem auch noch intakt sein würde.

[67] Skirpa an Hitler, 23.06.1941, ADAP D, Bd. XIII.1, Nr. 6, S. 6. Ribbentrop legte das Schreiben in die tägliche "Führermappe"; es muss bezweifelt werden, dass Hitler mehr als einen kurzen Blick dafür hatte.

[68] Schreiben Skirpa an v. Weizsäcker, 24.06.1941, PA/AA, Büro Staatssekretär, Litauen, Bd. 1, S. 311-312.

Eingeständnis der erneuten litauischen Autonomie zu bewegen, indem er bat, ihn wieder als Botschafter Litauens in Berlin zu akkreditieren. Aber inzwischen hatte Hitler dem OKW eine eindeutige Weisung hinsichtlich des Verhaltens gegenüber der nationallitauischen Regierung gegeben. Am 24.06.1941 wurde daher den Heeresgruppen "Nord" und "Mitte" befohlen, eine etwaige litauische Nationalregierung nicht zur Kenntnis zu nehmen.[69] Dem ging offensichtlich eine Absprache zwischen dem Amt Abwehr und dem Auswärtigem Amt voraus, die noch in der Nacht vom 23. auf den 24.06.1941 telefonisch getroffen worden war. Der hier vereinbarte Befehlstext wurde dann als Weisung des OKW an alle Frontverbände übermittelt. Diese sollten demzufolge jegliche Anerkennung oder Unterstützung der ohne deutsche Mitwirkung ausgerufenen litauischen Regierung unterlassen. Eine politische Neuordnung Litauens solle vielmehr den nachrückenden zivilen deutschen Organen überlassen bleiben.[70]

Offensichtlich hatte sich die feudalistische Konzeption des RSHA und vor allem des Rasse- und Siedlungshauptamts der SS sowie des Amts Rosenberg gegen Canaris' Vorstellungen einer weitgehend autonomen Organisation der besetzten oder zu besetzenden Gebiete durchgesetzt. Dies lag nicht zuletzt an dem unerwartet raschen deutschen Vordringen, das eine lokale Kollaboration in Litauen jedenfalls in militärischer Hinsicht als überflüssig erscheinen ließ.

---

[69] KTB Op.Abt. Gen.Stab d. Heeres, Eintrag zum 24.06.1941, in KTB OKW, Bd. 1, S. 418.

[70] Aufzeichnung Dr. Litter (Diensthabender Pol. I M), 24.06.1941, PA/AA, Büro Staatssekretär, Litauen, Bd. 1, S.303. Litter hatte entsprechend mit Kpt.Ltn. Körber um 01:30 in der Nacht gesprochen, also wohl nur wenige Stunden nach Ausrufung der Regierung in Kaunas. Hintergrund war eine Anfrage des Heeresgruppe Nord, wie man sich dieser Regierung gegenüber verhalten solle.

Wohl mit Wissen des Auswärtigen Amts hatte das RSHA schon unmittelbar mit Beginn des Feldzugs alles getan, um die Gründung einer nationallitauischen Regierung zu verhindern. Škirpa wurde zwar nicht verhaftet, erhielt aber Weisung, sich täglich auf einem Polizeirevier in Berlin zu melden und die Stadt nicht zu verlassen. Am 25.06.1941 entschied schließlich Ribbentrop in Übereinstimmung mit Hitlers Vorgaben, dass es keine offiziellen Kontakte mit Škirpa geben werde.[71] Auch anderen führenden Köpfen der litauischen Exilbewegung, vor allem dem schon erwähnten designierten Außenminister Rapolas Skipitis, wurde die Rückreise nach Litauen verwehrt.[72]

Man könnte versucht sein, die Ausrufung der Regierung durch den Sender Kaunas am Morgen des 23.06.1941 als Reaktion auf Škirpas Unterredung mit Paetzold am Vortag zu sehen. Sehr wahrscheinlich ist dies aber nicht. Die Kommunikationswege zwischen Berlin und Kaunas waren schlecht, daher ist es sehr viel wahrscheinlicher, dass die Vertreter der LAF vor Ort beschlossen hatten, im Schnellgang ohne Absicherung voranzuschreiten. Ob dem überhaupt eine Absprache mit Škirpa, wahrscheinlich schon vor dem Abend des 22.06.1941, vorausging, lässt sich auf Grundlage des vorliegenden Materials nicht sicher sagen, ist aber wahrscheinlich. Möglicherweise gab es eine grundsätzliche Einigung, bei der ersten Gelegenheit eine nationallitauische Regierung auszurufen. Am 22.06. erfolgte hingegen allenfalls ein Telefonat, in welchem die Führung der LAF ihr Placet für die am 23.06. durchgeführte Aktion gab. Allerdings waren die meisten Telefonverbindungen nach Litauen in der zweiten Junihälfte 1941 nicht verfügbar. Ähnliches gilt für die Telegrafenverbindungen. Und schon

---

[71] Aufzeichnung des Vortr. Leg.rats Lohmann (Büro Reichsauß.min.), 25.06.1941, ADAP D, Bd. XII, Nr. 18, S.18.
[72] Jankauskas: 1941, S. 87–91.

die Tatsache, dass fünf der vorgesehenen Minister aufgrund ihrer Entführung durch die sowjetischen Besatzer gar nicht zur Verfügung standen, zeigt, wie sehr hier improvisiert wurde, um in unklaren und stellenweise chaotischen Verhältnissen vollendete Tatsachen zu schaffen.

Die politische Situation in Litauen gestaltete sich jetzt gänzlich anders, als Škirpa und die LAF gehofft hatten. Nach der Umwandlung vom Armeegebiet in ein Rückwärtiges Heeresgebiet war es mit dem weiteren Vorrücken der Wehrmacht nur noch eine Frage von wenigen Wochen, bis Litauen in zivilverwaltetes Gebiet umgewandelt werden konnte. Die Konzepte für die Zivilverwaltung aber wurden nicht mehr vom Amt Abwehr als Teil des OKW gemacht, sondern einerseits im neu geschaffenen "Reichsministerium für die besetzten Ostgebiete" unter Alfred Rosenberg, andererseits im RSHA und in den anderen Hauptämtern der SS. Rosenberg und Himmler kamen überein, in Litauen allenfalls Beratergremien aus ausgewählten lokalen Honoratioren zuzulassen, aber keine autonome Regierung. Vielmehr sollte aus Litauen ein Generalkommissariat werden als Teil des geplanten Reichskommissariats Ostland. Designierter Generalkommissar war Theodor Adrian von Renteln, Reichskommissar sollte Hinrich Lohse werden.

In der Frage, wer Aufnahme in den geplanten litauischen Generalrat finden sollte, schieden sich jedoch erneut die Geister. Rosenberg entschied sich dafür, die gerade ausgerufene litauische Nationalregierung entsprechend umzuwandeln. Ob er dafür auch mit Canaris Rücksprache nahm, lässt sich nicht entscheiden. Aber in den Wochen, in denen Litauen Teil des Rückwärtigen Heeresgebiets Nord gewesen war, hatte der Kommandeur des Gebiets, Gen. Franz v. Rocques, einigermaßen mit der nie offiziell anerkannten litauischen Regierung und den zunächst noch ganz auf diese ausgerichteten litauischen Behörden zusammengearbeitet. Es gab daher kaum einen Grund, sich nun gegen

die Ernennung der bisherigen inoffiziellen Kabinettsmitglieder zu Angehörigen des Generalrats zu wenden.

Heydrich und Rosenberg hatten ursprünglich Gen. Rastikis zum Führer der Kollaboration machen wollen.[73] Rastikis traf am 27.06.1941 in
Litauen ein, zeigte sich aber zunächst außerstande, die konkurrieren-
den Partisanengruppen von Voldemaras- und LAF-Anhängern zu einigen und die nach Autonomie strebenden Kräfte eindeutig an Deutschland zu binden. Da er Verwandte in der Sowjetunion besaß, um deren
Sicherheit er jetzt fürchtete, erklärte er Anfang Juli 1941 seinen Rücktritt, behielt aber zunächst sein Amt als Verteidigungsminister in der
inoffiziellen litauischen Regierung.[74] Es entstand daher ein Vakuum,
in welchem das Kabinett um Ambrazevičius bemüht war, die litauische Autonomie zunächst Fakt werden zu lassen, in der Hoffnung,
dass sich dann die deutsche Seite einer offiziellen Anerkennung derselben nicht mehr verweigern würde.

In Berlin diskutierte man aber stattdessen die Frage, wie in Zukunft
die besetzten Gebiete verwaltet werden sollten. Die Annäherung zwischen Rosenbergs Ministeriums und den Planungsabteilungen der SS
verlief dabei sehr viel einhelliger als seinerzeit zwischen dem Amt Abwehr und dem RSHA. Tatsächlich endeten mit der Eroberung Litauens
und der Umwandlung in zivilverwaltetes Gebiet die Zuständigkeiten
des Auswärtigen Amts und des Amts Abwehr für alle Fragen einer
möglichen litauischen Autonomie.

Am 28.07.1941 erließ Reichskommissar Lohse einen Aufruf an die Bevölkerung des "ehemaligen Freistaats Litauen". Hierin erteilte er jeder

---

[73] Müller, Abt. IV RSHA, an Einsatzgruppen, 16.07.1941, OAM, R-
      500/5/3/52.
[74] Befehl Nr. 29, Šimkus, 27.07.1941, SAL Vilnius, R-
      1444/2/1A/1/43a-44a.

Autonomie eine klare Absage. Die litauische Nationalregierung werde nicht anerkannt werden. Litauische Vertreter könnten nur von Fall zu Fall von deutscher Seite als "Vertrauensmänner" herangezogen werden.[75]

Himmler und Rosenberg waren sich aber immerhin einig, dass die Kollaboration auch in Litauen einen lokalen Führer bräuchte, ohne dass dieser jedoch der Anwalt eines autonomen Litauens werden dürfe. Nachdem man in Norwegen mit Vidkun Quisling und in den Niederlanden mit Anton Adriaan Mussert einigermaßen passable Erfahrungen gemacht hatte, suchte man nach Rastikis' Verzicht einen geeigneten Ersatzmann. Da weder Himmler und Heydrich noch Rosenberg große Lust hatten, nun doch noch Škirpas Ambitionen entgegen zu kommen, fanden sie sich zunächst bereit, auf Ambrazevičius zurückzugreifen und ihn damit zum Führer der Kollaboration zu machen.

Am 03.08.1941 erklärte Renteln die litauische Regierung offiziell für aufgelöst und richtete gleichzeitig den "Generalrat" ein; Ambrazevičius wurde zum "Ersten Generalrat" berufen. Aber der Führer der litauischen Christdemokraten trat bereits 09.08.1941 zurück, nachdem klar geworden war, wie gering der Einfluss des Generalrats sein würde. Weitere Minister folgten seinem Beispiel. Heydrichs Idee einer einseitigen Bevorzugung der Voldemarininkai als ideologisch den Deutschen am ehesten entsprechende Kraft in Litauen erhielt dadurch neuen Auftrieb. Auf sein Betreiben wurde Gen. Petras Kubiliūnas zum Ersten Generalrat eingesetzt, als am 22.08.1941 der Generalrat erstmals in Kaunas zusammentrat. Kubiliūnas schien auch deshalb der geeignetste Kandidat, weil er 1934 den Putschversuch gegen Tūbelis und in letzter Konsequenz gegen Smetona wenigstens anfänglich

---

[75] Aufruf Lohse, 28.07.1941, in: Kleist: Hitler und Stalin, S. 306-307; vgl. auch Myllyniemi: Neuordnung, S. 83.

unterstützt hatte. Er galt zudem als Anhänger von Voldemaras, auch wenn er nicht offiziell dem Gelezinis Vilkas angehörte.

Nur drei Generalräte waren Mitglieder des Kabinetts gewesen, welches die LAF ursprünglich über Radio Kaunas hatte ausrufen lassen. Es waren dies Jonas Matulionis, bisher Finanzminister, Balys Vitkus, bisher Landwirtschaftsminister, und Mecislavas Mackevicius, der bisherige Justizminister.[76]

Škirpas Konzeption der Schaffung eines autonomen Litauens unter deutscher Oberhoheit, erst recht als gleichberechtigter Partner, war damit vollkommen gescheitert, ebenso wie seine privaten Ambitionen auf eine Rolle als litauischer Präsident. Es war nur noch ein Schlussakt, als am 26.09.1941 die LAF aufgelöst, ihr Vorsitzender Prapuolenis verhaftet wurde.[77] Bereits zwei Monate zuvor hatten der nach wie vor in Berlin festsitzende Rapolas Skipitis, außerdem Ernestas Galvanauskas und Petras Karvelis Škirpa aufgefordert, die LAF aufzulösen. Da aber hatte Škirpa sich noch geweigert, die Realitäten zu akzeptieren, und stattdessen alle drei aus der LAF ausgeschlossen.[78] Jetzt musste er sich mit der bitteren Realität abfinden. Erst als die deutsche Front im Osten ins Wanken geriet und in der Normandie die Alliierten gelandet waren, wurde er beim Auswärtigen Amt wieder mit einer Denkschrift vorstellig, die vorschlug, jetzt doch noch eine litauische Nationalregierung einzusetzen. Er wurde daraufhin arretiert und verbrachte die letzten Monate des Kriegs in Gefangenschaft. Danach emigrierte er, zunächst nach Dublin, dann in die USA, wo er 1979 starb. Im Juni 1995 wurde sein Sarg von Washington nach Vilnius

---

[76] Krausnick/Wilhelm: Truppe, S. 351.
[77] Ereignismeldung Nr. 151, 05.01.1942, NA, RG 242/T-175/234; Krausnick/Wilhelm, Truppe, S. 350.
[78] Jankauskas: 1941, S. 87–91.

verbracht, wo er mit einem Staatsbegräbnis auf dem Friedhof von Petrašiūnai in Kaunas beigesetzt wurde. Die Grabreden hielten der damalige Ministerpräsident Adolfas Šleževičius und der Verteidigungsminister Linas Linkevičius, die beide den beiden sozialdemokratischen Parteien Litauens angehörten.

8.12. Begriffsbestimmung: Wann ist ein "Aufstand" ein Aufstand?

In militärischer Hinsicht waren die Partisanen wegen ihrer geringen Zahl, wegen des frühen Abzugs der Roten Armee und des raschen Vordringens der Wehrmacht unbedeutend. Entsprechend hatten sie wohl nicht mehr als 400 Gefallene und Verwundete zu verzeichnen.[79] Aber getreu Škirpas Idee, nur ein großer Volksaufstand gegen die Fremdherrschaft könne Litauen das Recht auf nationale Unabhängigkeit geben, wurde an die Zahl der Opfer kurzerhand eine Null angehängt. Zudem sprach man jetzt nur noch von Gefallenen, so dass aus 400 Verwundeten und Getöteten 4.000 Gefallene wurden.[80] Die Zahl der litauischen Kämpfer gegen die Rote Armee wurde mit 125.000 Mann angegeben; das sind für die hier einzig relevanten ersten drei Tage des deutschen Angriffs auf die UdSSR wahrscheinlich acht- bis zehnmal so viel wie tatsächlich bereits zu den Partisanen gehörten. Schließlich wurde auch noch der Beginn der Partisanentätigkeit auf Anfang Juni vordatiert. Man wollte offensichtlich suggerieren, mit dem Überfall vom 22.06.1941 wäre die Wehrmacht lediglich dem schon seit Wochen tapfer um seine Freiheit ringenden Volk in Litauen zu Hilfe gekommen.

---

[79] Der militärisch wichtigste Beitrag war, der Schnellen Abteilung Holm durch einen Fährverkehr über die Memel trotz gesprengter Brücken den Übergang zu ermöglichen; KTB Nr.1, Gen.Kdo. II. A.K., S. 11 (Eintrag zum 24.06.1941), BA-MA, RH 24-2/80.

[80] Myllyniemi: Krise, S. 149.

Die Wirklichkeit sah jedoch anders aus. Die Partisanen begannen fast überall ihre Aktivitäten erst nach dem deutschen Angriffsbeginn. Allenfalls vereinzelt gab es spontane, unkoordinierte Gewaltakte, als man den Abzug der bisherigen Besatzer ab dem 20.06.1941 bemerkte. Ziel dieser Attacken waren weniger Truppen der Roten Armee; diese stellten, wo man sie noch antraf, für die meist schlecht bewaffneten Partisanen einen unüberwindlichen Gegner dar. Die Angriffe richteten sich stattdessen vor allem gegen die zivilen Angehörigen der sowjetischen Besatzungsorgane und ihre tatsächlichen oder vermeintlichen Kollaborateure. Und sie richteten sich zu einem großen Teil gegen Juden.

Es gibt eine Fülle detailliert dokumentierter Einzelfälle von Übergriffen der Partisanen auf die jüdische Bevölkerung Litauens, bevor auch nur Frontspitzen der Wehrmacht die jeweilige Stadt erreicht hatten. Hauptziel der Angriffe waren dabei die Flüchtlinge auf Litauens Überlandstraßen. Der Hintergrund lag in einem Mythos, den man so oder ähnlich auch in Deutschland glaubte, nämlich dem Mythos der engen Verbindung zwischen Judentum und Kommunismus. Als die Wehrmacht in Litauen einfiel, ahnten viele Juden, dass ihre Zukunft, sofern sie im Land blieben, düster sein würde. Man wusste in etwa, wie die Deutschen im besetzten Polen die Juden behandelten, nicht zuletzt von Tausenden polnischer Juden, die inzwischen als Flüchtlinge in Litauen lebten. Zwar hatte sich auch die sowjetische Seite nicht eben judenfreundlich gezeigt - ein überproportional großer Anteil der 1940 und 1941 Deportierten waren Juden gewesen. Aber gemessen an dem, was eine deutsche Herrschaft über Litauen bedeuten würde, hielten viele Juden es immer noch für das kleinere Übel zu versuchen, im Kielwasser der Roten Armee nach Osten zu fliehen.

Wenn nun die Partisanen im Laufe des 22. oder 23.06.1941 sich versammelt hatten und loszogen, um für Litauens Unabhängigkeit zu kämpfen, sahen sie oft nur noch von ferne die abziehenden sowjetischen Truppen. Sie fanden die Straßen aber verstopft von Menschen, die der Roten Armee folgen wollten. Der Schluss lag nahe, dass, wer mit der Roten Armee abzieht, folglich ihr Handlanger gewesen sein muss. Und tatsächlich fand man ja in den Flüchtlingsgruppen nur Kommunisten und Juden, also, wie man meinte, die beiden wichtigsten Helfershelfer der sowjetischen Herrschaft über Litauen. Es war in diesem Wahn nur konsequent, dass man anfing, jüdische Flüchtlinge von der Straße weg zu verhaften und z.T. auch zu ermorden. Auch das erwähnte Flugblatt, das bereits seit Anfang Juni in Umlauf war, forderte wenigstens in einer seiner beiden erhaltenen Fassungen explizit zur Ermordung der jüdischen Bürger Litauens auf.

Der Mythos einer engen Verbindung zwischen Judentum und Kommunismus war in Litauen so unsinnig wie überall sonst in Europa. Natürlich hatte es in den sowjetischen Besatzungsbehörden auch Juden gegeben - sogar in führender Position. Aber der antisemitische Mythos brauchte keinen Gegenstand im Konkreten. Die meisten Juden in Litauen entsprachen in ihrer politischen Einstellung der übrigen Bevölkerung; und an den Streiks und Bauernaufständen, die es in den frühen 1930er Jahren im Gefolge der Weltwirtschaftskrise gelegentlich gegeben hatte, waren Juden ebenfalls nicht mehr als alle übrigen Bevölkerungsgruppen beteiligt gewesen.

Zu den Propagandisten der Idee einer jüdisch-kommunistischen Verschwörung gehörte in Litauen jedoch - erheblich stärker als etwa in Deutschland - die katholische Kirche. Man versuchte vor allem in den frühen 1920er Jahren, als Sozialdemokratie und Kommunismus in Litauen erheblichen Zulauf hatten, den seit Jahrhunderten genährten und geschürten Antisemitismus nun zu benutzen, um alles Sozialistische zu diskreditieren. Auch die übrigen Gegner des Sozialismus - darunter auch Smetonas Tautininkai - verwendeten eine entsprechende

Propaganda, auf die sie freilich - anders als die Kirchenführung - auch selbst hereinfielen. Entsprechend waren die antijüdischen Maßnahmen der Regierung Smetona in den 1930er Jahren nur mittelbar antisemitisch, weil sie eigentlich antikommunistisch waren - wie unsinnig dies auch immer sein mochte.

Es ist sehr schwer zu sagen, wie viele Juden dem Terror dieser ersten Stunden des Krieges zum Opfer fielen. Deutsche Stellen sprachen zunächst von ca. 3.800 Toten, welche von den Partisanen ohne deutschen Befehl getötet worden seien.[81] Später korrigierte man diese Zahl auf ca. 4.060 Opfer.[82] Hierzu sind aber wohl auch diejenigen zu rechnen, welche in Kaunas und Vilnius bei von deutscher Seite bereits initiierten Pogromen gegen die jüdische Bevölkerung ermordet wurden.

Aber nicht nur die Zahl der unmittelbar Getöteten ist interessant. Niemand weiß, wie viele zehntausend Juden durch den Terror der Partisanen gehindert wurden, sich mit der Roten Armee zurückzuziehen und damit jedenfalls den Mörderbanden der deutschen Besatzer zu entgehen. Ungezählt bleiben auch die Übergriffe, die mit diesen Angriffen auf die Flüchtlinge ebenfalls verbunden waren, von Beschimpfung und Diebstahl der wenigen mitgeführten Habe bis hin zu Vergewaltigungen und Folterungen.

In der litauischen Geschichtsschreibung wie auch in der Öffentlichkeit bezeichnet man die Ereignisse des späten Juni 1941 in ungebrochener Tradition als einen Aufstand. In der propagandistischen Lage der

---

[81] Ereignismeldung Nr. 19, 11.07.1941, NA, RG 242/T-175/233/2721470-76.

[82] Gesamtaufstellung, BdS Ostland, 10.09.1941, OAM, R-500/1/25/104-107; entsprechend "Jäger-Bericht", S. 6, 01.12.1941, als Anlage zu Schreiben Jägers an Stapo Tilsit, 10.12.1941, OAM, R-500/1/25/109-117.

Kriegsjahre war dies aus den weiter oben genannten Gründen auch unerlässlich. Aber lässt sich diese Position heute noch vertreten? Anders gefragt, was macht einen Aufstand zum Aufstand, und waren diese Merkmale im Juni 1941 in Litauen gegeben?

Der Begriff des Aufstands ist ebenso wie sein lateinisches Pendant der „insurrectio" nicht hinreichend definiert. Entsprechend sind auch die Ausdrücke "Revolte", "Erhebung" und "Rebellion" nicht wirklich festgelegt. Man kann jedoch einige Eigenschaften von Aufständen zusammentragen.

- Ein Aufstand ist ein aggressiver Prozess. Aufstände sind wenigstens potenziell gewaltsam. Sie sind destruktiv. Sie haben ein ausgewiesenes Ziel. Dieses Ziel wird durch einen Dissens identifiziert, der einen Feind beschreibt. Dabei kann der Dissens innergesellschaftlich oder extranational sein, ist aber territorial immer im Gebiet des Aufstands lokalisiert: Der Aufstand richtet sich gegen einen Feind oder gegen eine Eigenschaft des Staats innerhalb des eigenen Lebensraums. Es gibt keine Aufstände gegen etwas, das in einem anderen Land der Fall ist.

- Ein Aufstand ist ein indigener Prozess, der aus dem Staatsvolk heraus gestaltet wird. Der wesentliche Teil von Vorbereitung, Zielsetzung und Durchführung des Aufstands geht aus der Nation hervor. Unterstützung durch andere Nationen ist, wiewohl völkerrechtlich untersagt, zwar in vielen Fällen der Geschichte nachweisbar, bildet aber nicht den tragenden Kern eines Aufstands.

- Ein Aufstand ist ein gesellschaftlicher Prozess. Es muss nicht so sein, dass notwendig das gesamte Staatsvolk am Aufstand teilnimmt; aber die Aufständischen machen einen signifikanten Teil des Volks aus und können sich dessen emotionaler, ideologischer, oft auch materieller Unterstützung gewiss sein.

- Ein Aufstand ist ein unkonkret utopischer oder konkret retrograder Prozess. Die Aufständischen wissen nicht notwendig, welchen Zustand sie erzielen wollen, aber sie wissen explizit, welcher Zustand beseitigt werden soll. Häufig aber soll dieser Zustand beseitigt werden, um einen früheren Zustand wieder herzustellen. Das unterscheidet Aufstände von Revolutionen und lässt in der Rückschau viele scheinbar utopischen Aufstände oder Revolutionen wie den Deutschen Bauernkrieg von 1524/25 eher als retrograden Aufstand erscheinen. Aber der Bauernkrieg ist angesichts des teilweise utopischen Charakters der Zwölf Artikel von Memmingen auch ein gutes Beispiel, wie utopische Inhalte in einen eigentlich retrograden Aufstand einwandern können.[83]

Škirpa selbst spricht in allen Schreiben an die deutschen Behörden von einem "Aufstand", der in Litauen stattfinde bzw. stattgefunden habe, und mehrfach verwendet er sogar den Ausdruck "Volkserhebung". Letzteres verstärkt nur noch den Eindruck, es habe sich bei

---

[83] Das betrifft vor allem Art. 3, der die Abschaffung der Leibeigenschaft fordert. Während die Artikel ansonsten zumeist die Rückkehr zu einem früheren Zustand fordern und aus der Bibel heraus begründet sind, war die Leibeigenschaft ein althergebrachtes Institut, die Abschaffung von Sklaverei und Leibeigenschaft aus der Bibel heraus nicht begründbar. Daher war dies eine Forderung, die den im Wesentlichen retrograden Charakters des Aufstands um eine utopische Dimension erweiterte, was nach aktueller Einschätzung den Bauernkrieg zu ersten Revolution im Deutschen Reich macht; Blickle: Revolution, S. 195.

den Vorgängen des Juni 1941 um einen kollektiven Insurrektionsakt des litauischen Volks gehandelt.

Aber bei näherem Hinsehen erweist sich Škirpas Begriffsbildung als irreführend. Was sich in Litauen im Juni 1941 abspielte, war kein Aufstand. Die zweite und die dritte der oben genannten, notwendigen Bedingungen eines Aufstands sind nicht erfüllt. Erstens: Die Partisanen stellten nur einen Bruchteil der litauischen Bevölkerung dar. Selbst wenn man die völlig illusorische Zahl von 125.000 Partisanen annimmt, die immer noch durch die litauische wie auch die westeuropäische Literatur geistert, waren dies nur 5% der Bevölkerung.[84] Zum Vergleich: Am Aufstand der Dreizehn Kolonien gegen die britische Kolonialmacht 1776 waren nach aktuellen Schätzungen wenigstens 35% der Bevölkerung wenigstens zeitweise aktiv beteiligt. Realistisch ist für den Juni 1941 aber eine Zahl von wohl nicht mehr als allenfalls 10.000 Partisanen, nimmt man alle Verbände quer über das ganze Land zusammen. Zwar gab es mehr Männer, die Waffen trugen und vielleicht auch die weiße Armbinde der Partisanen. Aber dabei ging es in vielen Dörfern nur darum, das akute Risiko von Plünderungen zu minimieren. Das ist keine Aufstandshandlung, sondern Schadensbegrenzung. Gerechnet werden können hier mithin nur diejenigen, die aggressiv waren, sei es gegen die Rote Armee oder gegen die tatsächlichen oder vermeintlichen Kollaborateure der Sowjetherrschaft. 10.000 Partisanen entsprachen ca. 0,4% der litauischen Bevölkerung, ignoriert man die große Zahl im Land befindlicher polnischer Flüchtlinge,

---

[84] Die seinerzeit von den Partisanen behaupteten Zahlen halten sich hartnäckig in der Forschung. Immer noch wiederholen auch westliche Autoren diese auf keinerlei unparteiische Quellen gestützten Zahlen; so Myllyniemi: Neuordnung, S. 72; Chase: Story, S. 302-303; Haupt: Heeresgruppe Nord, S. 30.

die sich wohl kaum hieran beteiligten. Selbst der Anteil der tatsächlichen Kollaborateure mit den sowjetischen Besatzern war 1940 höher, ohne dass irgend jemand behaupten wollte, Litauen habe sich 1940 in einer gewaltigen Volkserhebung an die mütterliche Brust der UdSSR geworfen.

Zweitens: Man hat wohlweislich den Beginn der Ereignisse im Juni immer wieder vorzudatieren versucht. Das dokumentiert aber nur, dass man sich auch in Litauen darüber klar war und ist, dass man kaum von einem Aufstand sprechen kann, wenn die lokalen Aktivitäten nach und nicht vor dem Angriff der Wehrmacht begannen. Mehr noch, ganz offensichtlich handelten vielleicht noch die Kämpfer der LAF autonom. Aber die wesentlich offensiver operierenden und das Bild der Vorgänge sehr viel stärker bestimmenden Angehörigen des Gelezinis Vilkas waren wesentlich vom RSHA bzw. von der Stapoleitstelle Tilsit gesteuert: nicht, was einzelne Aktionen anging, wohl aber, was die Gesamtlinie der Maßnahmen betraf.

Mithin kann man die Ereignisse des Juni 1940 nicht als einen Aufstand bezeichnen. Aber etwas anderes lässt sich durchaus sagen, nämlich dass viele derjenigen, welche in diese Aktionen verwickelt waren, glaubten, an einem Aufstand teilzunehmen. Sie befanden sich diesbezüglich offensichtlich im Irrtum; dennoch hatten sie durchaus Grund zu glauben, dass am 22.06.1941 ein groß angelegter Aufstand begonnen habe. Denn der einzelne Angehörige der Šaulių Sąjunga oder des Gelezinis Vilkas konnte sich nur auf das verlassen, was ihm von seinen Anführern mitgeteilt wurde. Und diese - Škirpa allen voran - versuchten um jeden Preis, nicht nur den deutschen Stellen gegenüber, sondern auch gegenüber der eigenen Bevölkerung den Eindruck zu erwecken, es handele sich um einen Aufstand.

Letztlich muss man sagen, dass die litauischen Führer des Gelezinis Vilkas und der LAF ihre Anhänger hierin wissentlich belogen haben.

Es war dies in ihren Augen aber eine fromme Lüge, diente sie doch einerseits der Mobilisation der eigenen Anhänger, andererseits dazu, den Deutschen gegenüber einen Anspruch auf einen autonomen Staat Litauen erheben zu können. Das wiederum zeigt, wie tief die rechten Gruppierungen in Litauen 1941 bereits in die Denkmuster der NS-Ideologie eingedrungen waren. Denn eine Legitimation des eigenen Seins durch den Krieg ist keine katholische Ideologie, ist auch sonst in der litauischen Geistesgeschichte nicht zu verorten. Dieser Gedanke stammt eindeutig aus dem Sozialdarwinismus und hat über den Faschismus und den Nationalsozialismus und natürlich über die von Antanas Maceinas vertretenen Lehren Eingang in das Denken der LAF, des Gelezinis Vilkas und ihrer jeweiligen Anführer gefunden.

Welchen Ausdruck sollte man für die Ereignisse im Juni 1941 in Litauen stattdessen verwenden? Offensichtlich handelte es sich um Gewaltakte, welche den deutschen Vormarsch unterstützen und erleichtern sollte - soweit die deutsche Perspektive, auch wenn fast alle Aktionen sich in militärischer Hinsicht als weitgehend belanglos erwies. Es wurden, wo möglich, Gesinnungsgenossen befreit und tatsächliche oder vermeintliche Feinde drangsaliert und ermordet – Russen, Angehörige der Besatzungsorgane, Kollaborateure, aber vor allem Juden. Aus Sicht der Partisanen war es ein Aufstand, welcher einen autonomen litauischen Staat herstellen oder mindestens legitimieren sollte. Aus Sicht der jüdischen Bevölkerung Litauens handelte es sich um ein Pogrom.

Es ist wichtiger, sich diese unterschiedlichen Aspekte der Ereignisse vor Augen zu führen, als sich tatsächlich auf einen Terminus festzulegen. Wenn man aber tatsächlich einen solchen sucht, wäre wahrscheinlich "Terrorismus in deutschen Diensten" der richtige Ausdruck. Denn wie beim Terrorismus unserer Tage versuchten die Partisanen, ihre Ziele durch Schrecken zu erreichen, nachdem sie viel zu schwach waren, sie in direkter Feldschlacht zu erzwingen. Damals wie heute rechneten nur wenige Bürger sich zu den Terroristen oder können als Sympathisant bezeichnet werden. Und damals wie heute wären die Terroristen ohne die Unterstützung einer ausländischen Macht verloren gewesen. Dass die LAF und der Gelezinis Vilkas ihre Aktionen letztlich als Dienst an der Wehrmacht, vor allem aber der SS verrichteten, zeigte sich schon in den ersten Tagen der Besetzung Litauens durch Deutschland - ganz egal, was zu tun die Partisanen geglaubt hatten.

Was Škirpa betrifft, so erwiesen sich seine Träume und Pläne bis zum Juli 1941, aber spätestens bis zur Auflösung der LAF als völlig gescheitert, mehr noch, als weitgehend von Beginn an illusorisch. Schon vor diesem Zeitpunkt, erst recht aber in den Jahren danach erscheint Škirpa als eine lächerlich-traurige Gestalt, die verzweifelt sich an Strohhalme klammerte, sofern damit nur ein Funken Hoffnung verbunden war, damit doch noch die Karriere zu machen, auf die das eigene Leben zunächst angelegt schien. Denn natürlich war Škirpas Karriere bis 1940 glänzend gewesen: hochrangiger Armeeoffizier, Stabschef, dann Botschafter beim einflussreichsten Staat und wichtigstem potenziellen Verbündeten Litauens. Und dann, 1940, das Aus: Verlust aller Ämter, Verlust der Heimat durch die Emigration, Verlust auch aller Aussichten, auf quasi normalen Karrierebahnen das eigene Leben jemals fortsetzen zu können. Stattdessen ein fortgesetzte Va Banque mit aussichtslosen Konzepten, die eben nicht nur litauischen, sondern sehr wohl auch den eigenen Interessen dienen sollten.

Škirpas Hoffnungen hatten ihn getrogen. Er blieb Emigrant, er blieb ohne alle Ämter. Freilich, ohne Einfluss blieb er nicht. Er und die anderen rechten und faschistischen Partisanen haben nach 1945 in starker Weise die Sichtweise der litauischen Emigrantengemeinden in den USA, in Kanada und Großbritannien bestimmt. Die Folge ist, dass man dort heute - und unter deren Einfluss jetzt auch im endlich wieder unabhängig gewordenen Litauen - der Ansicht ist, die LAF oder gar der Gelezinis Vilkas hätten das litauische Volk repräsentiert. Nicht umsonst werden heute nach den führenden Köpfen der litauischen Emigration Straßen, Plätze, Universitäten usw. benannt. Als wären sie in einem gewaltigen Aufbegehren des Volks gegen das sowjetische Zwangsregime den sich erhebenden Massen vorangeschritten, die sie schon seit Beginn des Staats 1918 stolz repräsentiert hatten. Das ist jedoch für jeden Zeitpunkt ihrer Existenz Unsinn. Die überwältigende Mehrheit der litauischen Bevölkerung hatte vor 1940 immer die Sozialdemokraten und die Christdemokraten bevorzugt, solange es freie Wahlen gab. Es gibt keinen Grund anzunehmen, dass dies nach dem Putsch der rechten Parteien anders geworden sei. Im Gegenteil, die Streiks und Bauernunruhen der 1930er Jahre sprechen eher dafür, dass die politische Haltung der litauischen Bevölkerung sich zunehmend weiter nach links orientiert hatte. Zwar dürfte das Erlebnis der sowjetischen Besatzungsherrschaft eine Gegenreaktion ausgelöst haben. Aber die stand im Juni 1941 noch ganz an Anfang und war wohl kaum eine generelle Abkehr von den beiden Volksparteien hin zu den autoritären und faschistischen Splittergruppen der Smetona-Anhänger und der Voldemarininkai. Somit kann man nur hoffen, dass irgendwann der öffentliche Diskurs in Litauen diese Männer als das entlarvt, was sie waren, nämlich die Anführer brauner Mörderbanden im Sold des NS-Terrors. Es gäbe auch in Litauen genug Männer und Frauen, die in einem anderen Geist dem sowjetischen wie dem NS-Zwangsregime entgegen traten, aber mindestens bis heute von der Geschichte weitgehend vergessen sind. Vielleicht sollte man sich lieber darauf besinnen, diesen Menschen einen angemessenen Platz in der nationalen Identität Litauens zu finden. Verdient hätten sie es allemal.

8.13. Bibliografie

8.13.1. Archive

BA-MA: Bundesarchiv-Militärarchiv, Freiburg

- RH 24-2 (II. A.K.)

OAM: Osoby Archivum, Moskau (Sonderarchiv Moskau, jetzt Teil des Staatl. Russischen Militärarchivs RGVA)

- R-500 (RSHA, Berlin)

ZSt: Zentrale Stelle der Landesjustizverwaltungen, Ludwigsburg (jetzt Bundesarchiv Außenstelle Ludwigsburg)

- 5 AR-Z 14/1958 (Jäger)
- 207 AR-Z 14/1958 (Schmitz)

NA: National Archives, Washington

- RG 242/T-175/233
- RG 242/T-175/234

PA/AA: Politisches Archiv des Auswärtigen Amts, Bonn

- Aktenbestand d. Gesandtschaft Kaunas, Pol. 3, Pol. 57 (Sonderakte "Eiserner Wolf).
- Büro Staatssekretär, Litauen, Bd. 1

SAL: Staatsarchiv Litauen, Vilnius

- R-1444

8.13.2. Gedruckte Quellen

ADAP: Akten zur deutschen auswärtigen Politik

   Serie A, Bd. VI, VII, Göttingen 1984-1987

   Serie C, Bd. IV.2, Bd. IX, Göttingen 1971-1981

   Serie D, Bd. VIII, Bd. IX, Bd. X, Frankfurt/M. 1961-1963

   Bd. YI.2, Bonn 1964

   Bd. XII, Bd. XIII.1, Göttingen 1969-1970

IMT: Der Prozeß gegen die Hauptkriegsverbrecher vor dem Internationalen Militärgerichtshof (International Military

Tribunal), Nürnberg, 14. Nov. 1945-1. Okt. 1946, 42 Bde., Nürnberg 1947-1949, Bd. 31

KTB: Schramm, Percy E. (Hg.): Kriegstagebuch des Oberkommandos der Wehrmacht 1940-1941, Bd. 1, Bonn o.J.

UuF: Ursachen und Folgen: Vom deutschen Zusammenbruch 1918 und 1945 bis zur staatlichen Neuordnung Deutschlands in der Gegenwart, Bd. 3, Herbert Michaelis, Ernst Schraepler (Hrsg.), Berlin (Wendler) 1980

8.13.3. Websites

100(0) Schlüsseldokumente zur deutschen Geschichte im 20. Jahrhundert, https://www.1000dokumente.de/index.html?c=1000_dokumente_de&l=de

Zeitschrift für ausländisches öffentliches Recht und Völkerrecht, https://www.zaoerv.de/

Gedenkorte Europas: Litauen, https://www.gedenkorte-europa.eu/de_de/litauen.h tml

8.13.4. Literatur

Ahmann, Rolf: Nazi German policy towards the Baltic states on the eve of the Second World War, in: John Hiden, Thomas Lane (Hrsg.): The Baltic and the Outbreak of the Second World War, Cambridge, New York, Port Chester, Melbourne, Sydney (Cambridge UP) 1992, S. 50-73

Behnen, Michael: Die USA und Italien, Bd. 1, Münster (Lit) 1998

Blickle, Peter: Die Revolution von 1525, 4. Aufl., München (De Gruyter Oldenbourg) 2004

Chase, Thomas G.: The Story of Lithuania, New York (Stratford House) 1946

Conze, Eckart, Norbert Frei, Peter Hayes, Moshe Zimmermann: Das Amt und die Vergangenheit: Deutsche Diplomaten im Dritten Reich und in der Bundesrepublik, Karl Blessing Verlag, München (Pantheon) 2012

Dieckmann, Christoph: Deutsche Besatzungspolitik in Litauen 1941–1944. 2 Bde., Göttingen (Wallstein) 2011

Eidintas, Alfonsas: The Meeting of the Lithuanian Cabinet, 15 June 1940, in: John Hiden und Thomas Lane (Hrsg.): The Baltic and the Outbreak of the Second World War, Cambridge (Cambridge UP) 1992, S. 165-173

Eidintas, Alfonsas: Antanas Smetona and His Lithuania: From the
National Liberation Movement to an Authoritarian Regime
(1893-1940), Leiden, Boston (Brill Rodopi) 2015

Eidintas, Alfonsas, Vytautas Žalys und Alfred Erich Senn: Lithuania
in European Politics: The Years of the First Republic, 1918–
1940, New York (St. Martin's Press) 1999

Fleischhauer, Ingeborg: Der deutsch-sowjetische Grenz- und Freund-
schaftsvertrag vom 28. September 1939: Die deutschen Auf-
zeichnungen über die Verhandlungen zwischen Stalin, Molo-
tov und Ribbentrop in Moskau, in: Vierteljahreshefte für
Zeitgeschichte, Nr. 3/1991, S. 447-470

Fleischhauer, Ingeborg: Der Pakt: Hitler, Stalin und die Initiative der
deutschen Diplomatie 1938-1939, Berlin, Frankfurt (Ull-
stein) 1990

Gräfe, Karl Heinz: Vom Donnerkreuz zum Hakenkreuz: Die baltischen Staaten zwischen Diktatur und Okkupation, Berlin
(Edition Organon) 2010

Haupt, Werner: Heeresgruppe Nord, Bad Nauheim (Podzun)1967

Jankauskas, Juozas: 1941 m. Birželio sukilimas Lietuvoje: pagrindi-
niai sukilimo organizatoriai, vadovai, ryšininkai ir pasiunti-
niai, Vilnius (LGGRTC) 2010

Jenkis, Helmut: Der Neumann-Sass-Kriegsgerichtsprozess in Kaunas
1934/1935 aus deutscher Sicht, in: Annaberger Annalen,
Nr. 17 (2009), S. 53-103

Kleist, Peter: Zwischen Hitler und Stalin, 13939-1945, Bonn
(Athenaeum) 1950

Krausnick, Helmut und Hans-Heinrich Wilhelm: Die Truppe des
Weltanschauungskrieges: Die Einsatzgruppen der Sicherheitspolizei und des SD: 1938-1942. Stuttgart (DVA) 1981

Misiunas, Romuald J.: Fascist Tendencies in Lithuania, in: The Slavonic and East European Review, Nr. 110/1970, S. 88-109

Myllyniemi, Seppo: Die baltische Krise 1938-1941, Stuttgart (DVA)
1979

Myllyniemi, Seppo: Die Neuordnung der Baltischen Länder, 1941-
1944, Helsinki (Suomen historiallinen Seura) 1973

Petraškaitė-Pabst, Sandra: Antanas Maceina – Leben und Werk eines
litauischen Philosophen im Exil, in: Annaberger Annalen,
Nr. 25/2017, S. 133-155

Roberts, Geoffrey : The Alliance that Failed. Moscow and the Triple
Alliance Negotiations, 1939. In: European History Quarterly,
Nr. 16.3/996, S. 383–414

Ruffmann, Karl-Heinz: Deutsche und Litauer in der Zwischenkriegs-
zeit: Erinnerungen eines Memelländers, Überlegungen eines
Historikers, Lüneburg (Verl. Nordostdt. Kulturwerk) 1989

Sakwa, George: The Polish Ultimatum to Lithuania in March 1938,
in: Slavonic and East European Review, Vol. 55/1977, S.
204-226

Safronovas, Vasilijus: Neumann-Sass-ProzessSenn, Alfred Erich: Die
Besetzung Memels im Januar 1923, in: Forschungen zur
osteuropäischen Geschichte, Nr. 10/1965, S. 334-352

Senn, Alfred Erich: Augustinas Voldemaras in France, in: Journal of
Baltic Studies, Vol. 10.3, S. 228-240

Stang, Knut: Kollaboration und Kollaborateure - Vorschläge zur Ein-
grenzung eines Begriffs, in: ders.: Nachdenken über Gewalt,
Berlin (Rubikon) 1999, S. 165-147

Stang, Knut: Kollaboration und Massenmord, Frankfurt/M. (Lang)
1997

Surgailis, Gintautas: Lietuvos kariuomenės vadai, Vilnius (Mintis)
1992

Tauber, Joachim: Die deutsch-litauischen Beziehungen im 20. Jahrhundert, Lüneburg (Verl. Nordostdt. Kulturwerk) 1993

Truska, Liudas: The Crisis of Lithuanian and Jewish Relations (June
1940-June 1941, in: Tarptautine komisija nacių ir sovietinio
okupacinių režimų nusikaltimams Lietuvoje ivertinti (Hrsg.):
Holokaust o prielaidos: Antisemitizma s Lietuvoje, Vilnius
(Margi raštai) 2004, S. 173-208

Voldemaras, Augustinas: La Lithuanie et ses problèmes, Lille (Mer-
cure Universel) 1933

Weber, Claudia: Der Pakt: Stalin, Hitler und die Geschichte einer
mörderischen Allianz, München (C. H. Beck) 2019

Žalys, Vytautas: Ringen um Identität: Warum Litauen zwischen 1923
und 1939 im Memelgebiet keinen Erfolg hatte, Lüneburg
(Verlag Nordostdeutsches Kulturwerk) 1993

9.   Ulf Kiernan: Physik, Forensik und Geschichtswissenschaft

Die Tagungen der Akademie drehen sich wesentlich darum, dass sich Wissenschaftler einer Disziplin in ein Terrain wagen, wo sie wesentlich weniger zuhause sind. Nun ist Ulf Kiernan natürlich Historiker, mit wichtigen Beiträgen zur deutschen Kolonialgeschichte und zur Geschichte der Beziehungen zwischen Europa und Asien im 19. und frühen 20. Jahrhundert. Aber bereits der Titel seines Beitrags zeigt, dass er hier mit einem Bein in seinem Fach stehend, mit dem zweiten einen weiten Schritt in gleich mehrere schwierige Gefilde der aktuellen Wissenschaften getätigt hat.

Meine sehr verehrten Damen und Herren, geschätzte Kolleginnen und Kollegen,

ich freue mich, Ihnen heute einige Gedanken vorstellen zu dürfen, die, wenn sonst nichts, so doch jedenfalls den Beweis antreten, dass ich wahrhaft zu Recht hier bei den Dilettantenvorträgen gut aufgehoben bin. Nun ja.

9.1.   Das Handwerk des Historikers

Was machen Historiker eigentlich? Wissenschaftstheoretisch gesehen. Ist das überhaupt Wissenschaft? Oder betreibt man mit dieser Bezeichnung quasi Etikettenschwindel, weil man so tut, als gehöre die Geschichtswissenschaft zu den exakten, falsifizierbaren Wahrheitsfindungsprojekten wie Physik, Chemie oder Mathematik?

Ein paar Festlegungen vorab, um die nachfolgenden Buchstabenagglomerationen etwas nachvollziehbarer zu machen:

W = Absolutes Wissen
V = Vermutungswissen

A = aktuell

P = persönlich

K = kodierbar

C = kodiert

U = unbekannt

Fragt man einen Naturwissenschaftler, vor allem einen Physiker, wonach er eigentlich sucht, ist die übergeordnete Antwort: Nach etwas, das noch keiner weiß, aber das man wissen kann. Das beschreibt ziemlich genau den grundlegenden Auftrag der Physik: Finde etwas heraus, das noch keiner herausgefunden hat, sich aber mit den Methoden und den Instrumenten deines Fachs ergründen und mit der Sprache deines Fachs beschreiben lässt.

W und V scheinen Spielarten derselben Sache zu sein, was aber nicht zutrifft. V, also Vermutungswissen, ist Wissen, das folgendem Satzbau entspricht: „Ich nehme an, dass S der Fall, weil ich die Gründe R1, R2, ..., Rn habe, um S anzunehmen. Aber ich bin mir bewusst, dass S trotzdem falsch sein kann."

Sätze in W hingegen haben folgenden Satzbau: „Ich nehme an, dass S der Fall, weil ich die Gründe R1, R2, ..., Rn habe, um S anzunehmen. R1, R2, ..., Rn machen unabweislich, dass S wahr ist. Es ist nicht möglich, dass durch weitere Erkenntnisse S sich als falsch herausstellt, es sei denn, R1, R2, ..., Rn erwiesen ganz oder in Teilen als falsch."

Der Einfachheit halber nehme ich diese Art von mentaler Repräsentation Vermutungswissen, aber der fundamentale Unterschied zwischen W und V sollte auch im Folgenden im Bewusstsein bleiben.

Es gibt manchmal Vermutungen, auch Physiker seien wesentlich auf der Jagd nach Erkenntnissen, welche die Menschheit schon einmal gewonnen, aber im Laufe ihrer Geschichte wieder verloren habe. Meist

160

rauen dann Eingeweihte und Esoteriker von geheimnisvollen Einsichten, welche etwa mit der Bibliothek von Alexandria oder überhaupt mit Atlantis untergegangen seien. Und Platon hat im Phaidon-Dialog sogar die These aufgestellt, aller Erkenntnisgewinn sei nichts als ein endlich erfolgreiches Erinnern an Wahrheiten, derer wir unverstellt und rein in der Welt der Ideen bereits ansichtig geworden seien, nach unserem Tode, vor unserer Wiedergeburt.[1]

So richtig überzeugend ist das aber durchweg nicht, sodass man wohl doch vermuten darf, des Physikers Forschung dient dem bis dahin Unbekannten. Genauer gesagt, dem Teil des Unbekannten, der sich in einer formalen Sprache beschreiben lässt. Ziel des Physikers und der meisten anderen Naturwissenschaftler ist also formalisiert gefasstes, anders gesagt: kodiertes Wissen.

Wie groß der Anteil des kodierbaren Wissens an allem Wissen ist, das man bei unbegrenzter Zeit und unbegrenzten Möglichkeiten erkunden könnte, lässt sich nicht sagen, da ein Teil, wahrscheinlich ein sehr großer Teil dieses Wissens bisher unbekannt ist. Schaut man sich hingegen das eigentliche Wissen an, das innerhalb der Menschheit, wenn auch nicht vielleicht bei jedem Einzelnen, vorhanden ist, so sind alle Versuche, dieses Wissen vollständig zu kodieren, samt und sonders gescheitert.[2] Das liegt wenigstens teilweise daran, dass der Begriff „Wissen" selbst sich einer konsensfähigen Definition seit der Antike immer wieder entzogen hat. Im Folgenden wird der Begriff des Wissens daher – bei allen Defiziten eine solchen Definition – verstanden als mentale Entsprechung von etwas, das in der Welt der Fall ist. Das Wissen um diese mentale Entsprechung ist also auch Wissen im eigentlichen Sinn, bzw. Meta-Wissen, da es Wissen von Wissen ist. Das

---

[1]   Platon: Phaidon, 72e-77a.

[2]   Beckermann: Inkohärenz, S. 591.

führt dann natürlich in einen infiniten Regress, weil das Wissen um dieses Meta-Wissen, und wiederum das Wissen um dieses Wissen, usw., das kann man natürlich beliebig fortsetzen.

Auch jede nicht kodierte, mehr noch, auch jede nicht kodierbare Entsprechung ist als Wissen zu verstehen, sofern es tatsächlich eine Korrelation zwischen mentaler Ansicht und Außenwelt gibt. Ich kann also „wissen", dass meine Frau schön ist, auch wenn es mir jenseits der normalsprachlichen Formulierung dieser Tatsache an allen formalen Begrifflichkeiten, Messkriterien, Herleitungsmethoden für diese Eigenschaft und die hinsichtlich dieser Eigenschaft formulierte Aussage fehlt. Ja selbst dann, wenn ich einen mir plötzlich zur Verfügung stehenden Werkzeugkasten zur genauen Analyse, Klassifikation und Messbarkeit des genannten Wissens fände, den ich höchstwahrscheinlich – und hoffentlich ein Leben lang – geschlossen im Regal ließe.

9.2. Wissen und Vermuten

Wenn man festlegt, dass Wissen die Abbildung eines Sachverhalts aus der Realwelt in einer mentalen Repräsentation ist, so könnte man sich einen Gott ausdenken, der mindestens in einem endlichen und nicht fraktalen, zufallsfreien Universum alle Sachverhalte dieser Realwelt passgenau in mentale Repräsentationen in seinem Geist übersetzt hat. Die Gesamtmenge dieses Wissens kann man als W bezeichnen.

Nun ist der Begriff des Wissens in der Philosophie auch deswegen ziemlich aus der Mode gekommen, weil man mit ihm landläufig meist den Begriff der Wahrheit verbindet. Man kann etwas Falsches zwar glauben, man kann auch glauben, es zu wissen. Aber man kann nichts Falsches wissen. Das macht aber den Begriff des Wissens möglicherweise völlig unbrauchbar. Denn fast alle unsere aktuellen Ansichten werden sich in Zukunft weiterentwickeln, also sich als falsch, unvollständig, zu allgemein, zu speziell usw. erweisen. Nur in wenigen Kontexten und meist auf einem wohldefinierten Katalog von Axiomen fußend können wir bestimmte Aussagen als sicher wahr und damit als sicheres Wissen bezeichnen. Für alles andere gilt Karl Poppers bekanntes Diktum, alles Wissen sei lediglich Vermutung.[3] Die folgenden Ausführungen unterliegen mithin genau dieser Einschränkung, dass, wiewohl nachfolgend von Wissen gesprochen wird, nur das bedingte Wissen gemeint ist, zu dem Menschen allenfalls fähig sind.

Wenn also der oben erwähnte Gott über die Menge W verfügt, so verfügen Menschen nur über eine Menge V, nämlich über Vermutungen hinsichtlich W. Damit hat ein Sachverhalt der Realwelt eine Entsprechung in W, eine zweite möglicherweise in V, und einen oder vielleicht sehr viele Menschen, die hoffen, der Satz in W und der Satz in V seien kongruent.

Das, was man wissen kann, lässt sich so in mehrere Untermengen aufteilen. Wenn V die Menge aller Vermutungen umfasst, die Menschen aktuell erstellen könnten, so sei VA die Menge aller aktuell wenigstens einem Menschen verfügbaren Vermutungen innerhalb von V. VU ist dann im Gegenzug die Gesamtmenge aller unbekannten, jedenfalls noch nicht aufgestellten Vermutungen. Damit ist nicht gemeint, dass diese Vermutungen quasi im Universum kreisen, bis ein denkender Geist sich ihrer annimmt. Sondern VU umfasst potenzielle Vermutungen, also nur potenzielle Abbildungen von Sachverhalten.

VA umfasst das, was Menschen zu einem bestimmten Zeitpunkt aus vernünftigen Gründen für wahr halten. Aber wie eben schon gesagt, fast nichts davon hat auf Dauer Bestand. Die Weiterentwicklung des Wissens der Menschen führt auch dazu, dass jede in VA als wahr angenommene Aussage früher oder später erweitert, relativiert oder ganz

---

[3]   Popper: Objektive Erkenntnis, S. 30.

aufgegeben werden muss. W und V haben also allenfalls eine Schnittmenge, und die ist auch noch erschreckend klein.

Unterscheiden muss man hierbei zeitlose und zeithafte Vermutungen. Zeitloses Vermutungswissen ist Vermutungswissen, dessen Richtigkeit sich nicht durch den Fortgang der Zeit ändert. Solches Wissen ist freilich viel seltener, als man zumeist vermutet. Selbst scheinbar ewig gültiges Vermutungswissen wie 1 + 1 = 2 ist nicht nur von der Schreibweise abhängig; das wäre eher unkritisch. Sondern dieser Satz ist auch nur wahr in der Form: „Im Rahmen einer auf den Peano-Axiomen beruhenden Arithmetik ist 1 + 1 = 2". Viel interessanter noch ist aber Vermutungswissen, das zeitlos formuliert wird, weil die Zeithaftigkeit jedem Rezipienten bekannt ist. „Bayern München ist deutscher Fußballmeister." Das ist glücklicherweise keine ewige Wahrheit, sondern bezieht sich auf die Gegenwart, ohne dass man ein „aktuell" oder ähnliches hinzufügt.

Physiker versuchen, aus zeitverhaftetem Vermutungswissen, also aus Beobachtungen, Experimenten usw. zeitloses oder wenigstens weniger augenblicksverhaftetes Wissen zu gewinnen. Hingegen haben andere Wissenschaften, darunter die Geschichtswissenschaft, den Versuch weitgehend aufgegeben, aus zeitverhaftetem Wissen zeitloses Wissen zu generieren oder auf anderem Weg zeitlose Sätze in ihrer Disziplin zu formulieren. Rankes Verdikt, dass jede Epoche unmittelbar zu Gott sei, ist nichts weiter als die Negation jedes angeblich zeitlosen historischen Prinzips wie Klassenkampf, Eschatologie, Sozialdarwinismus oder Rassismus. Mehr noch: Wenn die Geschichte das fortgesetzte Werden des Seins in zielfreier Wandlung beschreibt, so stellt die Behauptung ewig gültiger Prinzipien gerade eine Absage an die Universalität des Wandels dar, ist also mindestens der Versuch, Clio in ein Korsett zu zwängen, das der armen Dame kaum noch Luft zum Atmen lässt.

Weiterhin ist VAK die Menge allen aktuellen Vermutungswissens, das sich kodieren lässt. Also ist VAK eine Untermenge von VA. VAK wiederum hat eine Untermenge VAKC. Diese umfasst alles kodierbare aktuelle Vermutungswissen, was auch tatsächlich kodiert ist. Man kann aber auch überlegen, dass es in V viel Vermutungswissen gibt, das jedenfalls bisher nicht Teil von VA geworden ist, zugleich aber auch, dass wenigstens ein Teil dieser Restmenge sich, wenn erst einmal entdeckt, über kurz oder lang auch als kodierbar erweisen wird. Ein Wachstum von VA hat also höchstwahrscheinlich auch ein – vielleicht verlangsamtes oder verlagertes – Wachstum von VAK und letztlich wohl auch von VAKC zur Folge.

Umgekehrt aber ist das Wachstum von VA wie auch von VAK und vor allem von VAKC nicht unumkehrbar. Vermutungswissen kann verloren gehen, Kodierungsmethoden können vergessen oder von späteren Generationen als der Sache nicht gerecht werdend zurückgewiesen werden.

Damit wird schon deutlich, dass zwar das Vermutungswissen beeinflusst wird durch die vermuteten Tatsachen der Welt und ihrer Abbildung im Denken wenigstens eines Menschen. Aber die Kodierung von Vermutungswissen setzt eine entsprechende Kodierungsmethode voraus. Mehr noch, diese Methode wird im günstigsten Fall nicht nur von einem Einzelnen verwendet, sondern wird von mehreren, vielleicht allen Menschen akzeptiert, sodass die interpersonelle Übertragbarkeit des Vermutungswissens sich deutlich verbessert.

Denn das ist der größte Reiz der Kodierung: die interpersonelle Übertragbarkeit von Vermutungswissen. Dies setzt voraus, dass man auf eine bereits vorhandene Methode der Kodierung zurückgreifen kann. Sonst muss man – was das Ganze deutlich erschwert – für das neue Vermutungswissen eine Kodierung erst entwickeln. Diese muss dann auch anderen Menschen so weit nahe gebracht werden, dass sie eine hiermit vollzogene Kodierung des neuen Vermutungswissens zu akzeptieren bereit sind.

Dabei bedeutet jede Kodierung auch Verlust von Vermutungswissen, weil man selten alle impliziten und expliziten Gehalte in der jeweiligen Kodierung abbilden kann. Diese verbreitete Befürchtung, dass Vermutungswissen durch Kodierung auch reduziert wird, macht es natürlich schwieriger, andere davon zu überzeugen, diese Kodierung zu übernehmen. Und die Kodierung erzeugt sozial gesehen eine Elite, welche das Wissen in entsprechender Weise zu kodieren vermag, eine Schar von Jüngern, die so kodiertes Wissen immerhin zu rezipieren weiß, und eine dritte Gruppe, denen die entsprechende Information mangels Verständnisses für die Kodierung vorenthalten bleibt. Jedenfalls soweit sie ihnen nicht von den Jüngern in angemessen erscheinenden Portiönchen zugeteilt wird.

Dennoch gibt es auch kodiertes Vermutungswissen, das sich einer interpersonellen Übertragbarkeit verweigert. Umgangssprache etwa ist ein für viele Themen allgemein akzeptiertes Kodierungsmittel. Aber wenn jemand darin seine Gefühle anderen darzulegen versucht, wird er nicht selten auf Unverständnis stoßen oder den Vorwurf, hier das falsche Kodierungsmittel anzuwenden. Oder das richtige, aber in falscher Weise.

Damit kann man die erste Menge, die des kodierbaren, interpersonell übertragbaren Vermutungswissens als VAKI bezeichnen, wogegen die Menge des zwar kodierbaren, jedoch nicht übertragbaren, also nur persönlichen Vermutungswissens als VAKP bezeichnet werden soll. Entsprechend ist das nur persönliche, aber kodierte Vermutungswissen VAKCP, während das übertragbare kodierte Vermutungswissen entsprechend VAKCI wäre.

Die Grenzen zwischen diesen Mengen sind nicht in Stein gemeißelt. Für manches Wissen hat man zwar aktuell noch keine Kodierung definieren können. Aber das heißt nicht, dass das ewig so bleiben muss. Oder Vermutungswissen ist in einer Weise kodiert, dass es nicht interpersonell mitteilbar ist. Leonardo etwa, der seine Tagebücher in Spiegelschrift verfasste, wollte genau das erreichen, auch wenn man schon tausend Jahre zuvor viel aufwändigere, aber auch verlässlichere Methoden für derlei Ziele kannte. So hat insbesondere der Kirchenstaat seit dem Frühmittelalter umfangreiche, teilweise bis heute nicht einem allgemeinen Verständnis zugängliche Kodierungen, eigentlich Verschlüsselungen, von bereits kodiertem Vermutungswissen entwickelt.

Das führt aber zu der Frage, ob VA als Menge des aktuellen Vermutungswissens tatsächlich zwei echte, nichtleere Untermengen hat, nämlich VAK als Menge des aktuellen kodierbaren Vermutungswissens und VAU, also die Menge des unscharfen, unkodierbaren Vermutungswissens. Es gibt nicht wenige Stimmen, die meinen, es könne ohne bereits vorhandene Methode der Kodierung kein Wissbares, also auch kein Vermutungswissen geben. Die Kodierung erst mache aus der Perzeption Vermutungswissen, da sie der Formulierung der Wahrnehmung in einen Verstehensraum hinein die nötigen Begriffe, Methoden und Metriken zur Verfügung stelle. Mithin sei es dann auch müßig, sich mit V oder gar W zu befassen, da Wissbarkeit erst dann festgelegt werde, wenn auf Perzeptionen, Überlegungen, Messungen usw. die Kodierung angewendet werde. Ob es also etwas gebe, das nicht Teil von VAK sei, aber Teil von V, sei damit überhaupt nicht entscheidbar, da jede Entscheidung sich nur innerhalb des Kodierungskontexts treffen ließe. Anders gesagt, man kann über das Unwissbare nichts wissen und über das Unsagbare nichts sagen. Was wir wissen, wird (Vermutungs-)Wissen erst, wenn die Perzeption in VAKC abgebildet wird. Aber beschränkt der Horizont der Kodierbarkeit wirklich die Menge des Wissbaren, sodass es außerhalb von VAK nichts gibt? Was ist mit

Lyrikern, die sich an eine Formulierung von Tatsachen herantasten, für die es bisher keine als nur eine umgangssprachliche Kodierung gibt und mehr vielleicht nie geben wird? Was ist mit meinen Gefühlen, über die ich mir fast nie hinreichend genug im Klaren bin, um sie in präzise Formulierungen zu formen? Über die ich mir aber doch nicht so weit im Unklaren bin, dass ich gar nicht von ihnen zu sprechen vermöchte? Und gelegentlich trotz aller Unklarheiten auch durchaus den Wunsch und mitunter die Notwendigkeit verspüre, davon zu sprechen.

Also scheint es die Menge VAU durchaus zu geben. Mehr noch, es gibt auch Einiges, was sich auch anderen vermitteln lässt, wiewohl wir über keine klare Kodierung verfügen. Diese Menge unscharfen, dennoch interpersonell kommunizierbaren Vermutungswissens wäre VAUI. Und wieder anderes bleibt ganz bei mir, kein anderer kann es nachempfinden, wo er oder sie aufgrund fehlender Kodierung natürlich schon gleich gar keine Chance hat, im eigentlichen Sinne zu verstehen, was man ihm oder ihr mitteilen will. Dies wäre, um obiger Terminologie zu folgen, die Menge VAUP, also des unkodierten, nur persönlich zugänglichen Vermutungswissens.

9.3. Historiker und VAKI

Im Folgenden soll es ausschließlich um VAKI gehen, also denjenigen Bereich des Vermutungswissens, der, sofern er denn zu einem Zeitpunkt t Teil von VA wird, spätestens zu t + n kodiert und interpersonell zur Verfügung gestellt werden kann. Man kann die oben skizzierte Tätigkeit des Physikers als Versuch bezeichnen, VAKI, eigentlich VAKCI, Schritt für Schritt zu erweitern, also einen möglichst großen Anteil von V nicht nur VA werden zu lassen, sondern dieses neue Wissen in kodierter Form interpersonell übertragbar zu machen.

Wie grenzt sich das von anderen intellektuellen Tätigkeiten ab? Dass der Lyriker sich eher in VAU bewegt, war oben schon gesagt. Ein Psychoanalytiker versucht wenigstens bei einigen Patienten, Vermutungswissen, das nicht selten in rigider Form kodiert ist, also VAKC angehört, von VAKCP, dem Reich des kodierten, aber nicht interpersonell vermittelbaren, nur persönlichen Vermutungswissens, nach WAKCI zu bringen. Notfalls opfert man eher das KC als das I, sodass der Patient sich dann zwar konfus und ohne eigentliche Kodierung, aber doch wenigstens in Ansätzen interpersonell nachvollziehbar verständlich machen kann. Gelingt dies, wird vielleicht wenigstens dem Patienten, vielleicht auch noch anderen Menschen wie etwa dem Therapeuten eine Einsicht zuteil, was die Seele des Patienten in zwar strenger, aber nicht ohne weiteres verstehbarer, oft symbolhafter Kodierung an meist traumatischen Erfahrungen zu formulieren versucht hat.

Historiker hingegen, ähnlich auch Archäologen, verdanken ihre Sinnstiftung wesentlich der Tatsache, dass die Grenzen zwischen den oben genannten Mengen nicht unüberwindbar sind. Physiker und andere versuchen zeitlebens, wie oben ausgeführt, V zu erweitern und das Gefundene dann nach VAKCI zu heben. Aber es gibt auch Vermutungswissen, das sich mindestens in VA befand, möglicherweise sogar in VAKCI usw., das dort aber wieder hinausgefallen ist.

Die Menge der Menschen, die auf eine bestimmte Information aus VAKCI Zugriff haben, ist nämlich nicht immer gleich groß. Sie kann auch sinken, sogar auf Null. Es geschieht immer wieder, dass etwas, das einmal sehr vielen Menschen bekannt war, nur noch einigen, nur noch wenigen, nur noch einem, niemandem mehr bekannt und vertraut ist. Das liegt zum einen an der Obsolenz von Vermutungswissen. Viel Vermutungswissen wird mit der Zeit irrelevant und entsprechend vergessen. Aber es gibt auch Vermutungswissen, das, meist von vornherein auf eine kleine Gruppe beschränkt, im Laufe der Zeit verloren geht, obgleich es nach wie vor für den einen oder anderen relevant wäre.

Historiker versuchen also, Elemente von V nach VA zu heben, die schon einmal Teil von VA waren. Dabei wären Historiker wahrscheinlich, vorsichtig gesagt, als ambitioniert zu bezeichnen, wenn sie die so wiedergewonnenen Elemente von VA auch unbedingt nach VAKCI bringen wollten. Die historiographische Sachlage ist ungleich vielfältiger und komplizierter als die der Physik. Daher ist der Versuch einer strengen Kodierung des historiographischen Wissens häufig kontraproduktiv. Historiker müssen akzeptieren, dass sich ihre Erkenntnisse oft eher in VAU formulieren lassen. Also als keiner Kodierung unterliegende, aber dennoch interpersonell mitteilbare Einsichten. Man steckt vielleicht nicht so tief in VAUI wie der Durchschnittslyriker. Aber vom VAKCI des Physikers ist man trotzdem meist weit entfernt.

Das erfordert dann natürlich auch eine deutlich höhere sprachliche Kompetenz des Historikers, welchem ja die Instrumente der Kodierung nicht oder nur eingeschränkt zur Verfügung stehen. Leider begegnet man nicht selten historiographischem Wissen, bei dessen Formulierungen es dem Autor an genau diesem letztlich literarischen Talent in gewissem, manchmal in erschreckendem Umfang gefehlt hat.

In jedem Fall aber versucht der Historiker Vermutungswissen Teil von VA werden zu lassen, das schon einmal Teil von VA war. Was hingegen tut ein Staatsanwalt, ein Ermittler, ein Forensiker?

Natürlich versuchen Ermittler, in VA abzubilden, was dort bisher nicht abgebildet ist. Oft war dieses Vermutungswissen noch nie ein Teil von VA, was bei Historikern deutlich seltener der Fall ist. Das Hauptinteresse des Ermittlers gilt aber ohnehin Vermutungswissen, das zu VA, vielleicht sogar zu VAK gehört, das aber der Ermittler selbst bisher noch nicht kennt.

Nehmen wir an, ein Mann wird tot im Park gefunden. Schnell zeigt sich, dass er verprügelt worden ist. Hier ist also erstmals etwas zum Vermutungswissen der Ermittler geworden, das bereits zu VA gehörte. Denn es war schon eine Weile Teil des Täterwissens, dass das Opfer verprügelt worden ist. Auch Zeugen und Gaffer haben bei aller sonstigen Untätigkeit bereits vor dem jeweiligen Ermittler diesbezüglich an VA partizipiert. Dann findet die Gerichtsmedizin einen Magenriss, an dem das Opfer verblutet ist. Der Magenriss resultierte zwar aus einem Schlag in die Magengrube, dieser aber hatte diese drastischen Folgen nur, weil der Tote ein voluminöses Karzinom in der Magenwand trug. Der Arzt des Opfers kann aufgetrieben werden und teilt mit, von einem Karzinom sei bisher nichts bekannt gewesen. Hier ist Vermutungswissen erschlossen worden, das bisher niemandem bekannt war, also zu VU gehörte, jetzt aber VA, genauer VAKCI angehört. Hingegen ist die wichtigste Frage, wer den letztlich tödlichen Schlag geführt hat, wieder Teil von VAK, da wenigstens dem Täter bekannt sein dürfte, was er getan hat und sein Name als hinreichende Kodierung angesehen werden kann. Aber dass der Täter weiß, was er getan hat, reicht natürlich nicht, die Ermittler wollen ebenfalls dieses Wissen erlangen, also an VAK partizipieren. Im Interesse allgemeinen Wissensfortschritts wäre es mithin sinnvoll, wenn der Täter sein Vermutungswissen weitergibt, doch kollidiert dies leider mit den sonstigen Interessen des Täters, also z.B. dem Wunsch, sein Leben in Freiheit zu verbringen. Die Forensik muss daher recht oft andere Mittel finden, sich das nötige Vermutungswissen zu erschließen, und darf auf ein Geständnis meist erst in der Endphase der Ermittlungen hoffen.

Ein Physiker würde an dieser Stelle einwenden, die Forensik sei gar keine Wissenschaft, da sie ja nur einzelne Phänomene aufzuklären suche, also lediglich eine Methode sei. Die zugehörige Wissenschaft sei eher die Kriminologie, die aus den Erkenntnissen der Forensik z.B.

allgemeinere Tendenzen der Straffälligkeit zu deduzieren versucht, mithin das Einzelfallwissen der Forensik auf übergeordnete Erkenntnisse hin abstrahiert. So wie ein Experimentalphysiker eine mehr oder weniger große Anzahl von Experimenten durchführt, um aus ihren Ergebnissen auf übergeordnete Erkenntnisse zu kommen.

Allerdings wäre nach dieser Definition auch die Geschichtswissenschaft keine Wissenschaft, wie die Physik es ist. Historiker klären das in seiner Periode verortete Einzelereignis und ordnen es in eine kausale Reihe von Zustandekommen und Auswirkung ein. Sie suchen aber, wie oben schon gesagt, nicht oder jedenfalls nicht mehr nach den ehernen Gesetzen, welche die gesamte Geschichte bestimmen.

Damit ist der Forensiker dem Historiker in seinem Erkenntnisinteresse deutlich näher als dem Physiker, auch wenn seine Methoden in hohem Maße den Naturwissenschaften entspringen. Der Unterschied zwischen beiden ist vor allem, dass der Historiker in der Regel Wissen wiederherstellen will, das in vergangenen Zeiten schon einmal jemand besaß, während der Forensiker Wissen erlangen möchte, über das zumeist jemand – nämlich wenigstens der Täter – noch verfügt.

9.4.   Physik, Geschichtswissenschaft und Forensik

Vergleicht man die drei im Vorigen genannten Disziplinen Physik, Geschichtswissenschaft und Forensik, so gibt es noch mindestens zwei weitere Unterschiede.

Zum einen sind alle Erkenntnisse der Forensik nur in sehr geringem Umfang für die Nachwelt interessant. Natürlich ist die Kriminalgeschichte ein ehrenwerter Teil der Rechts- und der Sozialgeschichte. Einzelne Kriminalfälle wie Jack the Ripper oder der große Postzugraub von 1963 bleiben vielleicht noch eine Weile im Gedächtnis, aber für die Forensik ist das unerheblich. Trotz scheinbar endlos langer Ermittlungen und oft noch längerer Verfahren ist die Forensik eine

Wissenschaft des Augenblicks. Ihre Ergebnisse haben ein unmittelbares Ziel, die Aufklärung einer Straftat, und ein allenfalls mittelfristiges Ziel, nämlich Prävention. Diese kann individuell ausfallen, indem ein bestimmter Handelnder durch die Ergebnisse der Forensik von weiteren ähnlichen Handlungen abgehalten werden soll. Die Prävention kann aber auch sozial intendiert sein, wenn eine Wirkung auf andere Handelnde erreicht werden soll, die durch die Ergebnisse der Forensik dazu gebracht werden sollen, auf ähnliche Handlungen zu verzichten bzw., soweit sie ähnliche Handlungen bereits begangen haben, von weiteren solchen Handlungen abzusehen.

Der langfristige Fokus der Physik mit ihrem Streben nach der Offenlegung von Naturgesetzen, aber auch der Geschichtswissenschaft ist der Forensik also fremd, auch wenn ihre Ergebnisse mindestens in Einzelfällen auch von der forensischen Soziologie, der Kriminalistik oder der Kriminalgeschichte aufgegriffen werden. Denn auch diese sind von der Suche nach allgemeinen Gesetzmäßigkeiten in ihren Untersuchungsgegenständen in der Regel inzwischen abgerückt.

Zugleich trennt mindestens vom Selbstanspruch her auch noch etwas anderes Forensik und Physik oder Geschichtswissenschaft. Die beiden letzteren wissen um die Zeithaftigkeit, Fehlerträchtigkeit und Angreifbarkeit ihrer Ergebnisse. Hingegen wird von Polizisten, Gerichtsmedizinern, sogar Staatsanwälten erwartet, dass ihre Darlegungen wahr seien – in einem völlig antiquierten und eigentlich vollkommen unbrauchbaren Verständnis von Wahrheit. Es wird nämlich erwartet, dass das, was zum Zeitpunkt der Urteilsverkündung als forensische Erkenntnis die Grundlage der Urteilsfindung gebildet hat, unwandelbar wahr ist. Sollte es sich in späterer Zeit wie eigentlich alle menschliche Erkenntnis als unvollständig, mit inzwischen fragwürdig gewordenen Methoden ermittelt oder schlicht als falsch erweisen, wird damit dem Urteil die Grundlage wenigstens teilweise entzogen. Dies kann eine Revision notwendig machen, bis hin zur Aufhebung eines Schuldspruchs sogar in Fällen, wo an der Schuld des Täters eigentlich kein Zweifel besteht.

Ein Gerichtsurteil ist also – was Staatsanwälte und Richter, erst recht die öffentliche Meinung gern außer Acht lassen – eine lediglich auf Basis des aktuellen, kodierten, kommunizierbaren Wissensstands getroffene, aber eine immer – wenn auch nicht notwendig in relevanter Weise – fehlerhafte Entscheidung. Ein Urteil basiert auf VAKCI, nicht auf W, nicht auf gottgegebener, ewiggültiger Wahrheit. Es kann mithin jederzeit seine scheinbar feste Grundlage einbüßen. Dies übrigens ist auch ein zwingendes Argument gegen irreversible Strafen wie die Todesstrafe, nachhaltige Körperstrafen, also Verstümmelungen, aber eben auch gegen jede Art von Gefängnishaft.[4]

Das Wissen um die Bedingtheit der eigenen Erkenntnisse und die gleichzeitige Unbedingtheit des Urteils bzw. seiner Folgen für den Verurteilten können oder sollten jedenfalls kein Hinderungsgrund für die forensische Arbeit und die juristische Verfolgung sein, können aber dazu dienen, deutlich größere Vorsicht bei der jeweiligen Tätigkeit obwalten zu lassen.

Die Tätigkeit des Historikers zielt im Wesentlichen darauf ab, zurück nach VA zu holen, was dort schon einmal war, aber mit der Zeit nach WU zurückgefallen ist, also in den Bereich des unbekannten Wissens, das erneut nach V transportiert werden muss. Aber Historiker versuchen auch, den der Geschichtswissenschaft zuzurechnenden Teil von VA zu strukturieren. Das hat nichts mit der Definition historischer Gesetzmäßigkeiten zu tun, sondern lediglich mit der Ordnung des Vermutungswissens, meist zu kausalen Beziehungen. Und selbst dieses Ordnen ist fehlbar, was man als Historiker besser nicht vergessen

---

[4]   Stang: Das andere Prinzip Trotz, S. 285-289.

sollte, insbesondere dann nicht, wenn man den historischen Ablauf mit einer gewissen Abstraktion dazulegen versucht. Sonst redet man ein weiteres Mal über die Versenkung der *Lusitania* und nicht über die Zimmermann-Depesche, wenn man den US-amerikanischen Kriegseintritt im April 1917 erläutert.

Historikern ist es geradezu zur Pflicht auferlegt, die Gewissheit der wenigstens teilweisen Inkorrektheit des eigenen Vermutungswissens im Gedächtnis zu behalten, was bei Physikern eher unpopulär, bei Forensikern mitunter sogar hinderlich sein dürfte. Aber alle drei Disziplinen werden ihr Handeln nicht hinreichend verstehen, aber vor allem ihre Ergebnisse nicht hinreichend hinterfragen, wenn sie sich der Bedingtheit und annähernd unausweichlichen Fehlerträchtigkeit ihrer in VAC formulierten Erkenntnisstands nicht fortgesetzt eingedenk sind. Das muss ja nicht gleich bedeuten, dass man an der Unmöglichkeit, von V zu W zu gelangen, still verzweifelt und sich damit ganz des Bemühens um Erkenntnisfortschritt entäußert.

Vielen Dank.

9.5.   Literatur

Beckermann, Ansgar: Zur Inkohärenz und Irrelevanz des Wissensbegriffs: Plädoyer für eine neue Agenda in der Erkenntnistheorie, in: Zeitschrift für Philosophische Forschung, Nr. 55/2001, S. 571-593

Popper, Karl Raimund: Objektive Erkenntnis: Ein evolutionärer Entwurf, Hamburg (Campe) 1993

Platon: Phaidon, in: www.perseus.tufts.edu/hopper/text?doc=Perseus%3atext%3 a1999.01.0169%3atext%3dPhaedo

Stang, Knut: Das andere Prinzip Trotz, Grassel (Bärenbücher) 2015

10. Hans-Helmut Köchler: Überlegungen zur Motivlage der Täter im NS-Terror

Hans-Helmut Köchler war einer der wesentlichen Treiber, als vor etwa zwanzig Jahren Sozialarbeit endlich auch in Deutschland als eigenständige Wissenschaft anerkannt wurde. Trotzdem hat er, der zuvor Soziologie, Politologie und Geschichte studiert hatte, eine lebenslange akademische Karriere ausgeschlagen und ist in die konkrete Arbeit vor Ort, vorwiegend in sozialen Brennpunkten seiner Heimatstadt Essen, zurückgekehrt. Hier ist er wie die meisten seines Berufsstands in den letzten Jahren auch mit einer wachsenden rechtslastigen Klientel und einer Zunahme entsprechender Narrative in diesen Kreisen und darüber hinaus konfrontiert. Vielleicht auch deshalb hat er sich eine ebenso wichtige wie schwierige Fragestellung der aktuellen NS-Forschung als Thema seines Vortrags gewählt, den wir an dieser Stelle in der gehaltenen Formen wiedergeben, also ohne Fußnoten oder Berücksichtigung der intensiven Diskussion, die sich dem Vortrag erwartungsgemäß angeschlossen hat.

Herr Bürgermeister, meine sehr verehrten Damen und Herren, nachfolgend ein paar Worte zu einer Teilerklärung der Motive von Handlungen, vor denen man – ich denke mal, als Laie wie als Fachmann – immer wieder mit Fassungslosigkeit steht und keine wirklichen Erklärungen findet.

10.1. Strafverfolgung und Täter

Die Verfolgung der NS-Verbrechen stellt nicht unbedingt ein Ruhmesblatt der bundesdeutschen Rechtsgeschichte dar. Dabei wird in der Auseinandersetzung häufig zu wenig die Rolle von CDU/CSU und vor allem der FDP berücksichtigt, als es darum ging, ob und wann die Verbrechen des NS-Terrorstaats verjähren sollten.

Bereits seit dem Kaiserreich galt für Verbrechen, die mit lebenslanger Haft geahndet werden konnten, eine Verjährungsfrist von 20 Jahren. Andere Taten verjährten nach 15 Jahren, wenn sie mit mindestens 10 Jahren Haft geahndet werden konnten. Zudem galt, dass Verjährungsfristen erst beginnen sollten, wenn eine Strafverfolgung möglich war. Da dies bis 1945 offensichtlich nicht der Fall war, einigte man sich zunächst auf eine Verjährungsfrist ab 1945.

Es bestand zudem weitgehend Konsens, dass alle Personen, gegen die nach den Nürnberger Prozessen ermittelt wurde, nur als Nebentäter einzustufen waren, also als Handelnde in einem von anderen initiierten und gesteuerten Mordapparat. Haupttäter waren danach Hitler, Himmler, meist noch Göring oder Goebbels. Diesen wurde als niederer Beweggrund Rassenhass unterstellt, während Befehlserfüllung als Hauptmotiv der Nebentäter angenommen wurde. Befehlserfüllung galt in der deutschen Rechtstradition nicht als niederer Beweggrund.

Diese Verjährungsregelung führte dazu, dass am 8. Mai 1960 alle Verbrechen von NS-Tätern mit Ausnahme von Mord verjährt waren. Initiativen der SPD-Fraktion, die Verjährungsfrist wenigstens für Mord, der sonst 1965 außer Verfolgung geriet, zu verlängern, wurden im Mai 1960 von CDU und FDP im Bundestag abgelehnt. Führend dabei war Justizminister Friedrich Hermann Schäffer (CSU). Schäffer war direkt nach dem Krieg vom US-amerikanischen Gouverneur Bayerns, George S. Patton, als Ministerpräsident von Bayern eingesetzt worden. Patton, selbst ein radikaler Antisemit und Bewunderer der SS, wurde aber rasch entmachtet, weil er keine Anstalten machte, ehemalige NSDAP-Mitglieder aus dem Staatsdienst zu entfernen. Wegen der gleichen Vorwürfe verlor auch Schäffer seine neue Aufgabe bereits im Oktober 1945. In den 1950er Jahren wurde er im Bundestag angegriffen, weil er als Finanzminister Mittel der Wiedergutmachungspolitik vor allem ehemaligen Mitgliedern der Legion Condor und führenden NS-

Vertretern hatte zukommen lassen, zugleich aber sehr restriktiv hinsichtlich der Opferversorgung vorging. Jetzt, in seiner letzten Wahlperiode, da er 1961 in den Ruhestand treten wollte, bekundete er im Bundestag, eine Verlängerung der Verjährungsfrist bedrohe den Rechtsfrieden der jungen Bundesrepublik und sei ohnehin überflüssig, da die NS-Vernichtungstaten weitgehend erforscht und bis auf wenige belanglose Vorkommnisse längst juristisch geahndet worden seien. Ohnehin verstoße die Verfolgung der NS-Verbrechen, erst recht eine Verlängerung der Verjährungsfrist, gegen das wichtigste juristische Grundprinzip, dass nur bestraft werden kann, was zum Zeitpunkt der Tat bereits als strafbar deklariert ist, also das Prinzip von „nulla poena sine lege".

Erst 1963 bewirkte der Beginn der Auschwitz-Prozesse ein Umdenken in Teilen der Bevölkerung und auch der im Bundestag vertretenen Parteien. Das Ausland, vor allem die USA, drängten ohnehin die deutsche Seite, die Verjährungsfrage erneut zu erörtern. Gegen massiven Widerstand von großen Teilen der CDU-/FDP-Koalition und unter Rücktritt des dagegen votierenden FDP-Justizministers setzte am 13.04.1965 die SPD-Fraktion zusammen mit einer Minderheit der CDU-Fraktion einen Vorschlag des Altbundeskanzlers Konrad Adenauer um, den Beginn der Verjährungsfrist erst auf den 01.01.1950 zu datieren, da die deutschen Strafverfolgungsbehörden vor Gründung der Bundesrepublik nur sehr unbefriedigend funktionierten. Das änderte jedoch in juristischer Hinsicht insofern wenig, weil die Verjährungsfrist außer für Mord trotzdem seit 1960 abgelaufen war.

Immerhin, Mord wäre damit erst Ende 1969 verjährt gewesen. Als jedoch auch dieser Zeitpunkt unmittelbar bevorstand, erhöhte der Bundestag auf Antrag der SPD-Fraktion, erneut gegen Widerstände von großen Teilen der CDU und FDP, die Verjährungsfrist für Mord auf 30 Jahre und hob sie für Völkermord ganz auf. Die SPD hatte jedoch übersehen, dass bereits ein Jahr zuvor die CDU eine Gesetzesregelung im Bundestag durchgesetzt hatte, welche den Nachweis individueller niederer Beweggründe der Mittäter einer Mordhandlung erforderlich machte. War dies nicht möglich, was für die meisten NS-Verbrechen galt, spielte die Verlängerung der Verjährungsfrist keine Rolle, da hier von keiner lebenslangen Haftstrafe auszugehen war. Damit galt weiterhin für alle diese Taten, also vor allem für „Beihilfe zum Mord" eine am 08.05.1945 beginnende Verjährungsfrist von 15 Jahren.

Diese Gesetzesänderung war von einem der einflussreichsten Strafrechtler der 1960er Jahre entworfen worden, Ernst Dreher. Im Gegensatz zu der großen Mehrheit der Abgeordneten wusste Dreher sehr genau, dass dieser scheinbar harmlose Absatz im Art. 1 des „Einführungsgesetz zum Gesetz über Ordnungswidrigkeiten" vor allem die NS-Juristen und alle als Schreibtischtäter bezeichneten Helfer der NS-Morde straffrei setzen würde. Er hat daher die entsprechende Formulierung gezielt unscheinbar formuliert und aufkommende Bedenken sofort wegdiskutiert.

Dreher war vor 1945 als Stellv. Generalstaatsanwalt in Innsbruck und Erster Staatsanwalt am dortigen Sondergericht maßgeblich an etlichen Justizmorden beteiligt. 1950 trat er nach Entnazifizierung als Mitläufer in das neu geschaffene Justizministerium ein und machte hier rasch Karriere, behielt aber weiterhin enge Kontakte zu führenden NS-Juristen, v.a. Werner Best und Ernst Achenbach. Letzterer war in der FDP der wichtigste Vertreter dort aktiver NS-Juristen, deren Kern der sogenannte Naumann-Kreis war und die über Jahrzehnte wesentlichen Einfluss auf die Entwicklung des Liberalismus in Deutschland besaßen.

Ergebnis dieses legislativen Schmierentheaters war die Einstellung einer großen Anzahl laufender Ermittlungen. Am meisten Aufmerksamkeit erlangte dabei der Verzicht, das Hauptverfahren gegen diverse

Beamte des RSHA, also der Kernbehörde des NS-Terrors, zu eröffnen, da es als kaum machbar galt, jedem Angeklagten individuell niedere Beweggründe nachzuweisen.

Relativ rasch machte der Begriff „Verjährungsskandal" die Runde, doch kam es zunächst zu keiner Revision dieser Gesetzeslage. Erst am 03.07.1979 beschloss der Bundestag, die Verjährung auch für Mord insgesamt aufzuheben, was aber weiterhin alles, was nicht dem Einzeltäter als Mord nachgewiesen werden konnte, außer Verfolgung stellte. Damit waren fast alle NS-Verbrechen mit Ende 1960 verjährt, da die strengen Kriterien für eine zu lebenslanger Freiheitsstrafe führenden Verurteilung wegen Mord kaum einmal erfüllbar waren.

Ein weiteres Hindernis für die Ermittlungen auch schon vor 1960 war der weitgehende Konsens des Schweigens und Verschleierns, der nicht nur die gesamte deutsche Gesellschaft einte. Sondern in den Justizbehörden selbst waren an vielen Stellen, auch außerhalb des Bonner Justizministeriums, Männer im Umfeld der Verfolgung der NS-Verbrechen tätig, die ihrerseits eine NS-Biografie aufwiesen oder sogar als inkriminiert anzusehen sind, wie etwa der oben erwähnte Ernst Dreher. Vor allem war die „Zentrale Stelle der Landesjustizverwaltungen zur Aufklärung nationalsozialistischer Verbrechen" in Ludwigsburg in ihrer Anfangsphase kaum willens, hier allzu dynamisch voranzuschreiten. Ihr erster Leiter, Erwin Schüle, war als Angehöriger der 215. Infanterie-Division mit großer Wahrscheinlichkeit selbst an diversen Kriegsverbrechen beteiligt. Er kämpfte von Beginn an gegen eine Änderung oder Aufhebung der Verjährungsfrist, auch wenn er als Staatsanwalt im Ulmer Einsatzgruppen-Prozess von 1958 zweifelsohne wesentlichen Anteil daran gehabt hatte, die brach liegende Verfolgung der NS-Verbrechen einer breiteren Öffentlichkeit vor Augen zu führen. Aber in der gesamten Bundesrepublik waren Staatsanwaltschaften, Gerichte und Justizbehörden durchsetzt von Juristen, die in der NS-Diktatur studiert und meist auch erste Berufsjahre erlebt hatten. Schon daher überrascht es wenig, wie häufig bundesdeutsche Staatsanwaltschaften Ermittlungsverfahren mit z.T. abenteuerlichen Begründungen eingestellt haben.

10.2. Täter und Taten

Glücklicherweise müssen Historiker, erst recht interessierte Laien wie ich sich nicht weiter um die Irrwege kümmern, auf denen die Staatsanwaltschaften in Stade, in Hagen oder Oldenburg wandelten, sofern wir nicht bundesdeutsche Rechtsgeschichte studieren wollen. Festzuhalten ist aber, dass trotz der nonchalanten Sicherheit, mit der alle deutschen Staatsanwaltschaften und Gerichte für die große Mehrheit der Täter niedere Beweggründe grundsätzlich ausschlossen, eine befriedigende Antwort aussteht, was eigentlich die Beweggründe der Täter in den Millionen Morden des NS-Staats waren.

Man mag einwenden, dass zunächst der Ausdruck "Täter" ein juristischer, kein historiographischer ist, da er eine moralische Wertung bereits impliziert. Richtig daran ist, dass das Hauptinteresse nicht den Tätern, sondern den Handelnden und ihren Motiven in historischen Kontexten gelten muss. Handelnde waren diejenigen, die man juristisch als "Täter" bezeichnet, ebenso wie die, welche man "Opfer" nennt. Aber: Das historiographische Sprechen ist ein ständiger Balanceakt zwischen dem Abgeben vorschneller moralischer Zuweisungen und der Aufgabe jeder moralischen Dimension des eigenen Urteilens. Die moralische Relevanz des Handelns der Täter im NS-Terror ist so überragend, dass das bloße Sprechen von "Handelnden" einem Verschweigen wichtiger Aspekte des Handelns gleichkommt. Daher kann und muss man von Tätern sprechen, wenn man diejenigen meint, welche die Morde im NS-Staat vollzogen.

Allgemein hat sich zunächst eine Unterscheidung zweier Arten von Tötungshandlungen durchgesetzt: Exzess-Taten und Vollzugstaten. Unter Vollzugstaten fallen die meisten Handlungen, an welche man denkt, wenn man von NS-Morden spricht, also die Mengenerschießungen, das Vergasen usw., mit all den Teilhandlungen, aus welchen diese arbeitsteilig organisierten Morde letztlich bestanden. (Kleine Anmerkung: Ich sage Mengenerschießung, weil nur Gestaltloses, nicht Abzählbares wie Wasser im Deutschen als Masse bezeichnet wird. Menschen mit identifizierbaren Einzelschicksalen bilden, nachgerade im Kontext ihrer Ermordung, eine heterogene, sehr komplexe Menge, keine Masse.)

Hingegen sind die Exzess-Taten in der gängigen Literatur zum NS-Terror und zu den Tätern und auch in unserem Bild des NS-Terrors meist weitgehend ausgespart geblieben. Grundsätzlich wird dabei die Exzess-Tat als strafbare Handlung verstanden, in der die eigentliche Tatabsicht, also das Ermorden des Opfers, mit hierzu nicht unmittelbar erforderlichen Gewaltakten einher geht. Die große Menge von Handlungen im NS-Terror, die man als – z.T. extreme – Körperverletzung bezeichnen würde, gehören also nicht hierher. Weder Folter noch Vergewaltigung noch die alltägliche Gewalt, der sich die Opfer des NS-Terrors oft über Jahre ausgesetzt sahen. Hierzu gehören auch keine Straftaten wie Freiheitsberaubung, Erpressung, Diebstahl. Eine typische Exzess-Tat liegt z.B. vor, wenn das angeordnete Erschießen der Babys einer Säuglingsstation in einem Ghetto durch Zielschuss nach vorherigem Hochwerfen, also durch das meist als Tontaubenschießen bezeichnete Vorgehen erfolgt. Wenn die Erschießung einer Frau durch eine vaginal eingeführte Waffe erfolgt. Wenn vor der Erschießung Gliedmaßen abgehackt oder Knochen gebrochen werden. Wenn entsprechend abgerichtete Hunde die Geschlechtsteile der gefesselten Opfer vor der eigentlichen Erschießung zerbeißen.

Das weitgehende Ignorieren dieser Exzess-Taten in zahlreichen Publikationen zum NS-Terror geschah nicht nur aus Rücksicht auf die Nerven und Mägen der Leserschaft; vielmehr scheint die Geschichtswissenschaft einem selten ausgesprochenen Konsens anzuhängen, dass die Vollzugstaten Sache der Historiker, die Exzess-Taten hingegen Sache der Psychiater seien. Dieser Konsens muss jedoch überwunden werden, will man Tätermotivationen im Terror des NS-Staats und darüber hinaus begreifen.

Die nachfolgenden Ausführungen sollen zeigen, dass man das bewusste Handeln in Vollzugstaten nicht grundsätzlich scheiden kann vom rauschhaften Chaos der Exzess-Taten. Dass aber umgekehrt das Erklären des NS-Terrors rein aus zweckrationalen Kalkülen heraus ein falsches Bild dieser Handlungen und ihrer Ursachen zeichnet und damit vorschnell die Gesellschaft befreit von der Notwendigkeit, sich mit den politischen und sozialen, eben nicht nur mit den psychischen Ursachen der Exzess-Taten auseinander zu setzen.

Christopher Browning hat in seinem bemerkenswerten Buch über das 101. Polizeiregiment den bisher wichtigsten Versuch unternommen, Tätermotivationen im NS-Terror zu rekonstruieren; Daniel Goldhagen hat den zweifellos bekannteren Beitrag hierzu geliefert. Goldhagen freilich dokumentiert nur die Ratlosigkeit, mit welcher viele Historiker wie auch Laien vor der Motivationsfrage stehen. Seine Versuche, diese Ratlosigkeit zu überwinden, sind bekanntermaßen in vielfacher Hinsicht völlig indiskutabel. Aber als Fragenkompendium ist "Hitler's Willing Executioners" ein durchaus wichtiges Buch.

Wie wird ein Mensch zum Vollzugstäter, das ist die erste Frage, die beantwortet werden muss, bevor die Frage nach den Exzess-Tätern gestellt werden kann. Goldhagens Antwort auf diese Frage ist einfach: Der exterminatorische Antisemitismus sei in Deutschland lange vor 1933 allgemeine Geisteshaltung geworden. Aus diesem Reservoir

184

potenzieller Mengenmörder mussten die Täter dann nur noch mehr oder minder zufällig rekrutiert werden.

Die fast einhellige Zurückweisung von Goldhagens Thesen hat jedoch insbesondere betont, dass es einen allgemeinen exterminatorischen Antisemitismus in Deutschland, gar einen deutschen Sonderweg zum Mengenmord nicht gab. Zudem entschuldigt Goldhagens Darstellung ungewollt die tatsächlichen Täter. Diese könnten sich danach immer darauf berufen, aus einem exterminatorisch orientierten Umfeld zu stammen und daher gar keine Chance gehabt zu haben, das moralisch Fragwürdige ihres Tuns zu erkennen. Viele Quellen zeigen sogar ein weitgehend indifferentes Verhältnis zahlreicher Vollzugstäter zu Juden oder zum Judentum, ja z.T. sogar zum Kommunismus oder auch zu den Zeugen Jehova. Andere adaptierten den Antisemitismus erst im Zuge der Mengenerschießungen, um das Verhältnis zum eigenen Tun spannungsfreier zu halten. Ich will also nicht sagen, dass diejenigen, welche im NS-Staat die Ausführenden der Mordpläne waren, keine Antisemiten waren. Aber Ausführende wurden sie nicht, weil sie Antisemiten waren. Antisemitismus war neben Ausplünderung einer ganzen Bevölkerungsgruppe zweifellos das wichtigste Motiv der Initiatoren der Shoah. Aber für die Vollstrecker der Mordpläne, beginnend bei den Schreibtischtätern und bis hin zu den Absperrtruppen der Massenexekutionen und den Lokführern der Todeszüge nach Auschwitz galt dies nicht oder jedenfalls nicht durchgehend.

Und vergessen wir eins nicht: Goldhagens Ansatz – und einer ganzen Generation von Epigonen – scheitert an jeder Erklärung, warum etliche, wahrscheinlich Hunderte deutscher Soldaten und Polizisten, im entscheidenden Moment eben nicht zum Vollzugs-, erst recht nicht zum Exzess-Täter wurden. Das ließe sich kaum erklären, wenn exterminatorischer Antisemitismus fester Bestandteil der deutschen Seele gewesen wäre.

10.3. Motiv und Moral

Die tatsächlichen Motive eines Täters in einem Vollzugsmord waren erheblich komplizierter. Das gilt für Haupt- und Nebentäter, für Helfer, Schreibtischtäter und applaudierende Zuschauer. Zudem kann man kein einheitliches Täterbild konstruieren. Man kann nur einen Katalog von Motivationen zusammenstellen, die in ihrer Gesamtheit die verbreitetsten Motive von Vollzugstätern umfassen.

Mir scheint ein in der bisherigen Diskussion kaum beachtetes Motiv von besonderer Bedeutung, nämlich der normale europäische Arbeitsethos. Dieser besagt unter anderem, dass im Berufsleben Weisungen an den Angestellten ergehen und dieser dieselben auszuführen hat, gleichgültig, wie angenehm oder unangenehm diese auch sein mögen. Dies ist eine Voraussetzung des Funktionierens einer arbeitsteiligen Gesellschaft, und insbesondere in Arbeitsgemeinschaften, welche unter Zeitdruck stehen, ist ein ständiges Hinterfragen und Diskutieren von Anweisungen ausgesprochen kontraproduktiv. Eine solche unter ständigem Zeitdruck handelnde Arbeitsgemeinschaft ist natürlich das Militär, ist in ähnlicher Weise auch die Polizei, wo mithin das Hinterfragen von Anweisungen der Führung besonders stark unterdrückt wird. Die meisten der deutschen Täter im NS-Terror waren - jedenfalls außerhalb der großen Lager - Polizisten, einige davon schon seit der Weimarer Republik oder noch länger, die große Mehrheit übrigens auch noch Jahrzehnte nach 1945. Weisungen oder auch nur Aufforderungen der Führung zu hinterfragen, war bei diesen Männern normalerweise strikt tabu. Dadurch wird die Frage, warum jemand einen Schießbefehl verweigerte, letztlich ebenso wichtig wie die Frage, warum eine deutliche Mehrheit genau dies nicht tat.

Der Arbeitsethos hat in West- und Südeuropa, vor allem in Frankreich, gewissermaßen Sollbruchstellen, an denen es zu allgemein akzeptierten Verweigerungen kommen kann. Solche Stellen können u.a.

sein: "Ist die Weisung moralisch inakzeptabel?", "Bedroht die Weisung meine eigenen Interessen?", "Bedroht die Weisung mein eigenes Leben?"

In Deutschland und Ostmitteleuropa, den Regionen, aus denen die Mehrzahl der Täter stammte, waren solche moralischen Sollbruchstellen fast nicht etabliert. Es gab keine Kultur der Verweigerung, was sicherlich auch mit der vielerorts schwachen Tradition der Arbeiterbewegung zusammenhängt. Wenn eine Weisung hinterfragt wurde, dann vor allem hinsichtlich der eigenen Interessen. Aber selbst das wurde natürlich Soldaten wie auch den paramilitärisch ausgebildeten Polizisten rigoros abgewöhnt. Ein Soldat, der die Ausführung eines Befehls verweigert, sobald dadurch sein Leben bedroht ist, lässt sich nun einmal kaum verwenden. Befehle zu befolgen, ohne zu fragen, war daher Schulungselement in der Ausbildung zum Soldaten wie auch zum Polizisten.

Was ebenfalls oft vergessen wird, ist der Gruppenaspekt. Konformität in der Gruppe ist schon unter normalen Verhältnissen für viele Menschen ein starkes Motiv bei vielen bewussten, mehr noch bei unbewussten Handlungsentscheidungen. Dies gilt aber umso mehr für Menschen in Ausnahmesituationen, vor allem dort, wo ihre Identität, ihre existenzielle und emotionale Sicherheit stärker als sonst von der Gruppe abhängt, der sie angehören. Erst recht, wenn der Mensch nicht mehr mehreren Gruppen – Familie, Kollegen, Sportverein, Kirche etc. – angehört, sondern nur noch einer, nämlich z.B. einer Kompanie, während alle früheren Gruppen bedeutungslos geworden sind. In der existenziell und emotional schwierigen Situation junger Männer, die als Mitglieder einer Eroberungsarmee sich im Feindesland zurechtfinden müssen, ist die Herausforderung erheblich, möglicherweise vorhandenen moralischen Bedenken nachzugeben und einen als unmoralisch oder verwerflich erkannten Befehl tatsächlich zu verweigern.

Vor allem, wenn man der erste ist, der das tut, und vielleicht der einzige bleibt.

Zudem darf man nicht vergessen, dass auf der Mannschaftsebene des NS-Terrors die Mehrzahl der deutschen, österreichischen und litauischen Täter Katholiken waren. In der bisherigen Forschung ist dies meist herangezogen worden, um eine - unbestreitbare - Linie zwischen katholischem Judenhass und Antisemitismus zu ziehen. Aber der Katholizismus ist auch, jedenfalls seit der Gegenreformation, eine antidemokratische Ethik, welche die patriarchalischen Normen der frühneuzeitlichen Gesellschaft stützte und verstärkte. Damit soll nicht der Katholizismus als besonderer Sündenfall des deutschen oder europäischen Christentums erscheinen; die protestantische Ethik erwies sich letztlich trotz Luthers Vorbild als nur wenig leistungsfähiger. Aber es soll damit übergeleitet werden zu der Einsicht, wie eng verbunden europäischer Arbeitsethos, Christentum und patriarchale Gesellschaftsform waren. Denn nicht nur die katholische Ethik, der gesamte Arbeitsethos in Europa hat einen wesentlich patriarchalischen Aspekt: Weisungen des Vorgesetzten sollen danach auch deshalb nicht hinterfragt oder kritisiert werden, weil dieser an die Stelle des Vaters getreten ist. Das eigene Tun moralisch zu bewerten, ist Prärogative des Vaters, bzw. der Mutter, wo und insoweit der Vater ihr dazu die Kompetenz zugestanden hat.

Diese externe moralische Instanz des Vaters übernimmt dem Arbeitsethos zufolge dann dem Erwachsenen gegenüber der Vorgesetzte oder der Kommandeur. Dessen Forderungen zu entsprechen, ist das einzige unmittelbare Sollen des Angestellten, Untergebenen oder Soldaten, wie den Weisungen des Vaters zu entsprechen die einzige unmittelbare Forderung an das Kind ist.

Es war diese bereitwillige Delegierung der eigenen moralischem Kompetenz an den Vorgesetzten, welche zu dem Eindruck führt, dass insgesamt der Einfluss von Moral und Sittlichkeit auf die Täter vor Ort sehr gering war. Aber die eigene moralische Prüfung wurde nicht nur in der Befehlskette Glied für Glied nach oben delegiert, bis sie wahrscheinlich irgendwann wirklich bei Himmler oder Hitler als den Haupttätern landete. Sondern die Moral der meisten Deutschen, nachgerade der Polizisten, war auch bereits einer mehrjährigen Erosion ausgesetzt gewesen, bevor die Mengenmorde in Polen, später dann in der UdSSR begannen. Es war ja nicht so, dass ein völlig unbedarfter Landwachtmeister aus Groß-Gerau oder Hameln quasi von einem Tag auf den anderen aufgefordert worden wäre, an der Ermordung von Tausenden von Menschen teilzunehmen, von knapp 25.000 Juden in Stanislau, 8.000 Kriegsgefangenen bei Minsk. Sondern der Mengenmord stellte nur den Kulminationspunkt einer langjährigen Aufweichung moralischer Normen und dienstrechtlicher Beschränkungen von Amtsgewalt dar. In den Amtsstuben von Polizei und Justiz hatte spätestens nach 1933 Gewalt, von Anfang an auch physische Gewalt, einen festen Platz erhalten. Deren Eskalation im ohnehin gewaltsamen Kontext von Krieg und Besatzungsherrschaft schien den wenigsten Deutschen vor Ort problematisch. Der NS-Staat hatte die Gesellschaft nach 1933 natürlich Schritt für Schritt militarisiert. Aber er hatte sie auch mit einem immer breiteren Auftreten direkter Gewalt verändert, wofür man vielleicht den von Adolfo Ceretti geprägten Begriff der Violentisierung verwenden könnte. Schon die Gewaltexzesse vor 1933, aber vor allem der sichtbare Terror im NS-Staat ließen die im Exzess ausgelebte Gewalt zu einem akzeptablen Element der Gesellschaftsordnung werden. Signifikant auch hierfür natürlich die schrittweise Violentisierung des Umgang mit der jüdischen Bevölkerung im Wahrnehmungsbereich junger deutscher Männer, vor allem aber von Polizisten. Das begann spätestens mit dem Boykotts jüdischer Geschäfte am 10.04.1933 und im Sommer 1935, mit den Malträtierungen von Juden beim

Einmarsch in Österreich im März 1938, der sogenannten „Polenak-tion" im Oktober und dem anschließenden Novemberpogrom. Dies al-les hatte Gewalt im Umgang mit jedem entsprechend zum Feind Er-klärten längst zur Normalität gemacht, ehe auch nur erste Überlegun-gen stattfanden zu einer kollektiven Ermordung von Hunderttausen-den von Menschen.

Europäischer Arbeitsethos, Kollektivbindung und moralische Erosion einschließlich einer allgemeinen gesellschaftlichen Militarisierung und Violentisierung vor 1939 sind die beiden wichtigsten Gründe, warum ein Soldat, Polizist oder SS-Mann vor Ort selten Probleme hatte, an einer Mengenexekution mitzuwirken. Doch es gab noch weitere Gründe hierfür, zumal in vielen Fällen niemand zur Exekution befoh-len werden musste, weil es genügend Freiwillige gab.

10.4.   Mord und Magen

Einer dieser Gründe ist sehr simpel: Die Teilnahme an einem solchen Mengenmord brachte Gratifikationen mit sich. Zwar konnte man sich dadurch selten derart empfehlen, dass man die eigenen Karrierechan-cen verbesserte; auch im Apparat von Polizei und SS wurden Ver-dienste im Fronteinsatz erheblich höher bewertet. Aber Sonderratio-nen, auch schon mal ein paar Tage Urlaub winkten denjenigen, welche sich freiwillig zur Teilnahme an einer Mengenexekution meldeten. In vielen Fällen waren aber die Annehmlichkeiten, welche mit einer Exe-kution unmittelbar verbunden waren, der eigentlich ausschlagge-bende Faktor. Diese Annehmlichkeiten sollten seitens der Polizeifüh-rung die Unannehmlichkeiten der Ermordung zahlreicher Menschen ausgleichen. Letztere rührten im wesentlichen aus der Tatsache, dass auch die Propaganda seit 1933 den jüdischen und sonstigen Opfern ihr Menschsein nicht hatte nehmen können. Der Anblick zerschosse-ner Leiber, die sich z.T. noch regten, wenn das Grab schon zugeschaufelt wurde, mehr aber noch das Schreien und Wimmern und vor allem der Gestank von Todesschweiß, Kot, Urin, Blut usw. trieben auch den erfahrensten Henkern gelegentlich das Würgen in die Kehlen. Dagegen wurde seitens der Führung vor allem eins eingesetzt, was sonst an der Front wie in der Etappe meist nicht in ausreichender Menge verfügbar war: Alkohol. Alle Zeugenaussagen belegen, dass im Zuge von Massenexekutionen die Mörder große Mengen an Spirituosen, meist Wodka, konsumierten. Das führte dazu, dass gegen Ende einer solchen Exekution die meisten Schützen mehr oder minder volltrunken waren und entsprechend schlecht schossen. Mitunter musste daher eine zweite, manchmal eine dritte Salve in die Grube gefeuert werden. Einige Exekutionen mussten sogar auf halber Strecke abgebrochen werden, weil die verfügbaren Schützen allesamt bereits zu betrunken waren.

Außer dem Alkohol gab es noch etwas anderes, was die Teilnahme an einer Mengenerschießung attraktiv machte, nämlich der freie, unbeschränkte Zugriff auf die unter den Opfern befindlichen Mädchen und Frauen. Fast alle Berichte von Exekutionen sprechen von einer mehr oder minder großen Zahl von Erpressungen zum Beischlaf oder schlichten Vergewaltigungen. Wiewohl dies im Fall von Jüdinnen offiziell als Rassenschande galt und mit der Todesstrafe zu ahnden war, hat nie ein Polizist oder SS-Mann wegen der Vergewaltigung einer Jüdin Probleme bekommen.

Der Alkoholkonsum und die Vergewaltigungen waren freilich keine individuellen Erlebnisse, sondern wurden gemeinschaftlich vollzogen. Die Wodkaflaschen gingen im Kreis, mehrere Männer vergewaltigten dieselbe Frau oder leisteten jedenfalls dabei Hilfestellung. Daher hatte das gemeinsame Trinken und auch das gemeinsame Vergewaltigen noch eine weitere, nämlich eine gruppendynamische Funktion. Es stärkte die schon erwähnte kollektive Identität der Mörder, meist ohnehin Angehörige derselben Einheit. Die Rituale, die mit den Exekutionen in aller Regel einhergingen, waren die eines Männerbunds. Dazu gehörten nicht nur die Vergewaltigungen und das Trinken, sondern auch die Erschießung selbst. Vergewaltigung und Erschießung stellten auch den vielfachen, als Gemeinschaftsmoment erlebten Bruch anerzogener Tabus dar. Solche Tabubrüche fielen in der Gemeinschaft leichter, und umgekehrt wurde auch die Lust aus dem ungeahndet Bleiben des Tabubruchs gemeinschaftlich erfahren. Gemeinsames Brechen von Tabus, gemeinsames Trinken, gemeinsame Sexualität, das gemeinsame Singen von Liedern auf dem Anmarsch zur Exekution wie auch während des Abmarschs, schließlich auch die Feste, welche am Abend nach der Exekution in aller Regel stattfanden, sind die Rituale eines Männerbundes. Solche fanden ähnlich auch in Gesangs- und Sportvereinen, vor allem aber in allen militärischen und paramilitärischen Männerbünden, in der Wehrmacht, der SS, der Polizei, der SA usw. statt, waren hier bereits eingeübt und kulminierten nun im gemeinsamen Morden. Dies durchzuhalten, sich nicht zu erbrechen, sich nicht zu verweigern, war eine Mutprobe, eine Männlichkeitsprüfung, wie sie ebenfalls in den genannten Männerbündnissen üblich waren. Auch die Fähigkeit, angesichts des allgemeinen Mordens noch eine Frau zu vergewaltigen, war eine solche Männlichkeitsprüfung. Und entsprechend wurde, wer dies nicht mitmachen konnte oder wollte, sich vielleicht sogar offen dagegen aussprach, in den meisten Fällen nicht als „Verräter", sondern als „Schlappschwanz" beschimpft.

Und noch ein anderes Moment ist hier zu berücksichtigen: Junge Männer in Litauen, in Polen, in Russland fühlten sich oft als Fremde in einem durch und durch feindlichen Umland. Aber die meisten Morde, soweit sie nicht hinter den Zäunen der großen Lager stattfanden, waren öffentliche Ereignisse. Die Opfer wurden vor aller Augen zusammengetrieben, mussten in großen Gruppen an den staunenden Passanten vorbei ihren Marsch in das nächstgelegene Waldgebiet antreten, wo sie zunächst gesammelt wurden. Hier hatten meist in der Nacht zuvor Kriegsgefangene bereits die benötigten Gruppen ausheben müssen. Das den Opfer zu übertragen, hätte die Exekution deutlich verzögert. Dann wurden die Opfer ihrer verbliebenen Habe beraubt. Kleidung, Eheringe und Schmuck wurden eingesammelt und begutachtet. Vor allem die Kleidung wurde nur bei sehr gutem Zustand und Läusefreiheit für die Weiterverwendung vorgesehen. Alles andere wurde an die Schaulustigen der örtlichen Bevölkerung verteilt, die meist bis an die Absperrkordons von Polizei- oder Wehrmachteinheiten herangetreten waren und die mit großer Freude und nicht selten mit Applaus diese Gaben empfingen. In solchen Momenten müssen viele der anwesenden Deutschen sich endlich einmal nicht wie ein Fremder in Feindesland gefühlt haben. Auch wenn dies Gefühl kaum von Dauer gewesen sein dürfte, es bescherte vielen Männern eine kurzzeitige Beruhigung, ja ein durchaus erstrebenswertes Glücksgefühl, das noch einmal zu empfinden bei der nächsten Gelegenheit sicher nicht unwillkommen war.

10.5.   Verweigerung und Widerstand

Angesichts der breitgefächerten Motive, welche ein Vollzugstäter haben konnte, ist es wenig erstaunlich, dass die Zahl der Verweigerungen insgesamt klein blieb. Die Motive einer solchen Verweigerung waren ähnlich vielschichtig. Zunächst: Fast niemand verweigerte sich, weil die oben genannten Motive bei ihm nicht vorgelegen hätten, sondern diesen Motiven zum Trotz. Die Gegenmotive, welche hierfür notwendig waren, lagen häufig im emotionalen Bereich. Manche konnten auch mit Wodka ihre rebellierenden Nerven nicht bändigen; andere ertrugen vor allem den Anblick von Kindern nicht, welche erschossen werden sollten oder die man erschlug, um Munition zu sparen. Moralische Begründungen einer Verweigerung waren erheblich seltener, sind aber durchaus belegbar. Dabei traten die Verweigerer kaum einmal aus den sprachlichen Vorgaben des NS-Regimes heraus. Wenige beriefen sich auf humanistische oder christliche Werte; stattdessen hieß es, das Erschießen von Wehrlosen sei "undeutsch", vertrage sich nicht mit dem Geist der Wehrmacht oder der deutschen Kulturtradition. Natürlich hatten derartige Begründungen ohnehin erheblich größere Aussichten, akzeptiert zu werden. Aber auch nach 1945 haben die Verweigerer sich selten von diesen Formulierungen gelöst, wenn sie über ihre seinerzeitige Tat berichteten. Wenn sie es denn überhaupt taten, denn auch nach 1945 riskierte man mit solchen Bekenntnissen Entfremdung von den sozialen Gruppen, in denen man nach wie vor lebte, was insbesondere die in ihren Berufsalltag zurückgekehrten Angehörigen der Polizei betraf. Denn neben anderem hätte ein bereitwilliges Berichten von der eigenen Verweigerung, Morde zu unterstützen, die kollektive Entschuldigung in Frage gestellt, dass, wer sich nicht mit den Mördern gemein gemacht hätte, selbst des Todes gewesen wäre.

Diese gesellschaftlich vereinbarte Entschuldigung der Teilnahme an Mordhandlungen ist bis heute ungebrochen verbreitet: Über das Schicksal der Verweigerer herrscht in Deutschland nach wie vor fast einhellig die Ansicht, dass ihnen die Todesstrafe gedroht habe. Das trifft aber allerdings allenfalls nur für sehr wenige Einzelfälle zu. Kein Polizist, SS-Mann oder Angehöriger der Wehrmacht ist jemals dienstrechtlich irgendwie belangt worden, wenn er sich einer Exekution verweigerte. Zwar haben die Verteidiger der verschiedenen Beschuldigten in NS-Verfahren immer wieder entsprechende Fälle vorgelegt; alle diese Fälle haben sich aber als Fälschungen erwiesen.

Dennoch war die Verweigerung für den Einzelnen folgenreich. Wer sich verweigerte, trat aus der Gemeinschaft der Mörder aus, und er gefährdete die integrative Funktion des gemeinsamen Mordens und des gemeinsamen Tabubruchs. Die Gemeinschaft, welcher er den Rücken gedreht hatte, reagierte mit Aggression. Die erwähnte Beschimpfung als "Schlappschwanz" als Herabsetzung der eigenen Männlichkeit, vor allem aber der Bruch mit der Gemeinschaft machten es vielen Verweigerern sehr schwer, standhaft zu bleiben, wenn sie erneut zu einer Mengenerschießung aufgefordert wurden. Sich zu verweigern, war immer eine Einzelaktion und führte damit notwendig zur Vereinsamung im Fremden; das war schwer zu ertragen. Daher haben viele Polizisten, welche sich einer Erschießung verweigerten, bei späteren Gelegenheiten dann doch noch geschossen. Wie es ein Zeuge später einmal formulierte: In einer Welt von Wölfen hätte er zuletzt doch kein Schaf sein wollen.

10.6.   Exzess und Struktur

Kommen wir nun zu der zweiten Art von Tötungshandlungen, zu den Exzess-Taten. Warum kam es im Rahmen des NS-Terrors immer wieder zu Exzess-Taten, begangen von Männern, welche in den seltensten Fällen vor 1933 oder nach 1945 als abnorm in Erscheinung getreten sind?

Erstens: Man muss zunächst fragen, ob das Exzessive eine Eigenschaft der Tat oder auch des Täters ist. Gibt es also nicht nur Vollzugs- bzw. Exzess-Taten, sondern entsprechend auch Vollzugs- und Exzess-Täter? Und ist jemand das eine oder andere mehr als nur hinsichtlich der jeweiligen Tat? Juristen, deren Interesse jeder einzelnen Tat gelten muss, sprechen in aller Regel auch von Exzess-Tätern. Aber in historiographischer Perspektive ist die Einzeltat allenfalls als Exempel interessant; vorrangig geht es um Tatenkomplexe, ihre Genese, ihre

Strukturen, ihre Interdependenzen. Es ist festzuhalten, dass, wer bereits mehr oder minder oft einen Vollzugsmord begangen hatte, von Fall zu Fall auch zum Exzess-Täter werden konnte. Umgekehrt waren diejenigen, welche in der Rückschau als Exzess-Täter erscheinen, mit sehr wenigen Ausnahmen stets auch Vollzugstäter. Mehr noch, das Exzess-Morden war in der Strategie des NS-Regimes meist fest eingeplant. Diese Instrumentalisierung noch des Exzessiven lässt cum grano salis auch einen Teil der Exzess-Taten zu gleichzeitigen Vollzugstaten werden. Der Unterteilung von Exzess- und Vollzugstätern, die Juristen leichthin machen, ist also in historiographischer Perspektive fließend. Gerade dieser Übergang kann aber verwendet werden, um die Motivation der Täter besser zu verstehen. Wo einer, der schon dutzend-, vielleicht hundertfach Vollzugsmorde begangen hatte, die Kontrolle verlor und eine Exzess-Tat beging, tritt zutage, was den Einzelnen überhaupt zum Täter machte, und was in Motivation und Ausführung die Vollzugs- von der Exzess-Tat unterschied.

Zweitens: Die Exzess-Taten einseitig den Psychiatern zuzuweisen, impliziert eine kühne Hypothese, nämlich dass eine Analyse der Strukturen, gesellschaftlichen Zustände usw., mit welchen Historiker sich befassen, keine Erklärungen für das Abnorme, das Krankhafte ermöglicht, welches wir in den Exzess-Taten vermuten. Abnormes Verhalten sei vielmehr notwendig auf eine abnorme Psyche zurückzuführen und sei zudem ein Einzelphänomen. Historiker seien nicht berufen, eine Geschichte des Abnormen zu schreiben, und sie seien schon gar nicht berufen, den abnormen, nicht verallgemeinerbaren Einzelfall des Exzess-Täters mit ihren Methoden zu untersuchen und damit irgendwelche verallgemeinernden Thesen über eine Berufsgruppe, eine Epoche, ein System zu untermauern.

Aber tatsächlich macht man es sich zu einfach, wenn man die Bedeutung des Strukturellen für die Genese der Exzess-Tat ignoriert. Wenn man nur die aktenkundig gewordenen Exzess-Taten zusammenrechnet, kommt man für die Jahre zwischen 1933 und 1945 leicht auf einige tausend, begangen von mehreren hundert Tätern. Erklärt man die Fülle von Exzess-Taten allein durch die Abnormität der jeweiligen Persönlichkeit, dann muss man beantworten, was diese Leute vor und nach der Nazidiktatur gemacht haben. Offensichtlich ist nicht einmal ein Prozent von diesen vorher oder nachher strafrechtlich in irgendeiner Weise auffällig gewesen. Man mag achselzuckend sagen, es sei eben die Aufhebung aller juristischen, ethischen Normen usw. im Krieg, vor allem aber im NS-Terror gewesen, was diesen Tätern das Ausleben ihrer abnormen Veranlagungen gestattet habe. Aber schon damit gesteht man ein, dass zur Erklärung der Tat das Charakterbild allein nicht ausreicht, sondern ein bestimmter abnormer Charakter und eine entsprechende soziale und juristische Situation zusammentreffen mussten, um eine Exzess-Tat zu ermöglichen. Mehr noch: Es lässt sich wenigstens für Einzelfälle zeigen, dass es im wesentlichen die äußeren Gegebenheiten, nicht abnorme Charakterzüge waren, welche zur Exzess-Tat führten. Das bezieht sich nicht nur auf die triviale Einsicht, dass auch der schrecklichste Sadist nicht geboren, sondern geschaffen wird, meist von Kindertagen an. Sondern viele Exzess-Täter wurden auch konkret vor Ort, während etwa der Besatzungszeit in Vilnius oder Kiew, von den Strukturen und Gegebenheiten von Krieg und Normalität des Abnormen erst in die eigene Abnormität getrieben. Und das wiederum führt zu einem weiteren Grund, warum die Beschäftigung auch mit der Exzess-Tat und den entsprechenden Tätern für Historiker so wichtig ist. Die Exzess-Tat demonstriert nämlich häufig auch die Leichtigkeit, mit welcher das Normale, in dessen Sicherheit wir uns alle wiegen, umschlagen kann in das Abnorme, gezwungen nicht durch ein inneres Scheitern, sondern ausschließlich durch die äußeren Gegebenheiten.

Drittens: Wesentliche Teile der NS-Ideologie, insbesondere im Kontext der SS, haben ihre Wurzeln in der Glorifizierung des Exzessiven, welches in der Sturmtaktik des Ersten Weltkriegs zur Ideologie definiert worden ist. Seine Wurzeln gehen bis zu Nietzsche und zum Jugendstil zurück, seine literarische Glorifizierung erfolgte nach dem Ersten Weltkrieg vor allem durch Ernst Jünger und Ernst von Salomon. Aber für sein Ausleben unter der Fahne des NS-Terrors steht keiner mehr als Oskar Dirlewanger, der, wie Ernst Jünger, seine wesentliche charakterliche Prägung in den Sturmangriffen gegen Ende des Ersten Weltkriegs erfahren haben dürfte. Damit war aber der Exzess gegen die zu Feinden des Reiches definierten Menschen keine Abnormität mehr wie in der bürgerlichen Tradition des regeltreuen und vernunftgemäß handelnden Bürgers. Sondern in ihm vollendete sich, jedenfalls für Anhänger dieser Variante der NS-Ideologie, der Wesenskern des Nationalsozialismus, sodass diese Handlungen aus historiographischer Sicht zu analysieren wesentliche Hinweise zur ideologischen Grundlage des NS-Staats zu liefern vermag.

Viertens: Das Exzessive beunruhigt Historiker, gleichgültig, in welcher Gestalt es ihnen begegnet. Die dem Kausalen und dem Normalverhalten als Erklärungsmoment verhafteten Methoden und Modelle der Geschichtswissenschaft scheinen wenig geeignet, den nicht mehr planenden, den nicht mehr prüfenden Menschen in die Erklärung einzubinden. Das ganz Irrationale des Exzesses scheint sich dem begründenden Erklären zu verweigern, der ganz dem Augenblick verhaftete ekstatische Moment den an den Fortlauf von Zeit gebundenen Theorien der Geschichtswissenschaft fremd. Daher ist die Zahl der Historiker, die sich etwa mit dem Verhalten im Rausch als historischem Phänomen befassen, sehr klein. Nur Exoten beschäftigen sich mit der Geschichte der Aggressiv-Abnormen in den europäischen Kulturen, und das Wissen um die ekstatischen Zustände, welche alemannische

Fastnachtstänzer nicht anders als ägyptische Sufis erreichen, ist nie aus der Volkskunde in die Geschichtswissenschaft eingesickert. Aber genau hier liegt ein Desiderat der gesamten Geschichtswissenschaft. Die Fähigkeit zum Exzess, zum emotionalen Kontrollverlust ist ein wesentliches menschliches Merkmal, und eines, das zu ignorieren häufig zu einer unbefriedigenden Analyse von Handlungsabläufen führt.

Natürlich kann man sagen, dass Institutionen wie SA und SS mit ihrer schon vor 1933 extremen Gewalthaftigkeit latent Abnorme angezogen haben. In diesen Institutionen und vor allem im Kontext der Shoah hatten die solcherart Versammelten durchaus Gelegenheit, ohne Scheu ihren Neigungen nachzugehen. Nach 1945 in den Zivilstand zurückgetreten, haben dann bei nicht wenigen die ursprünglichen Rücksichten auf Sitte und vor allem das Strafgesetz wieder gegriffen, sodass es zu keinen weiteren Auffälligkeiten gekommen ist. Aber dann ist – vor allem in der Nachfolge Ernst Noltes – die Ansicht vertreten worden, die Exzess-Taten der deutschen Täter hätten im Wesentlichen die vorangegangenen Schrecken der Errichtung der UdSSR oder des Stalinismus reproduziert. Besonders baltische Autoren meinen zudem, alle Exzess-Taten seien Reaktionen auf die Gräuel, welche von sowjetischer Seite verrichtet worden seien, als diese beim Einmarsch der Deutschen 1941 fluchtartig das ein Jahr zuvor okkupierte Baltikum verließen. Aber die wichtigsten zeitgenössischen Quellen - darunter der berüchtigte Jäger-Report aus Kaunas - dementieren explizit einen Zusammenhang zwischen den sowjetischen Morden der Besatzungszeit und den eigenen antikommunistischen und antijüdischen Maßnahmen.

10.7. Mann und Krieg

Befriedigend sind die verbreiteten Antworten auf die Frage nach den strukturellen Ursachen der Exzess-Taten kaum. Diffuser, aber dennoch in die richtige Richtung weisend ist die alte Redensart, der Krieg fördere das Beste und das Schlechteste im Manne zutage. In die richtige Richtung weisend einmal natürlich, weil hier explizit von Männern gesprochen wird. Den vereinzelten Frauen im NS-Terror zum Trotz waren Exzess-Taten im wesentlichen eine Domäne von Männern. Dies erklärt sich teilweise daraus, dass der NS-Terror auch insgesamt eine Domäne von Männern war. Wie weit darüber hinaus Männer eine besondere Neigung zu Exzess-Taten, insbesondere zu Exzess-Morden haben, ist hingegen eine Frage, die auch ich lieber den Psychiatern und Psychologen überlassen möchte.

Aber in die richtige Richtung weist die genannte Antwort auch, weil in der Tat ein militärisches, erst recht ein kriegerisches Umfeld schon für sich durchaus geeignet ist, auch scheinbar ganz normale Männer zu wahren Ungeheuern werden zu lassen. Schon die normale Kriegsgeschichte ist voll von Beispielen exzessiver Grausamkeit, voll von Massakern, von Folter und bestialischen Vergewaltigungen, ohne dass man die Täter samt und sonders als schon vor dem Krieg pathologisch veranlagt ansehen müsste. Aber das spezifische Umfeld, in welches sich die Vollzugstäter des NS-Terrors hineingestellt fanden, war weit mehr als das normale militärische Umfeld geeignet, um jeden Einzelnen im engsten Wortsinn zu pervertieren und zu Exzess-Taten zu veranlassen.

Was geht vor in einem Mann, der im Krieg einen Menschen tötet? Wenn er es Auge in Auge im Grabenkampf tut? Wenn er den Abzug seines Scharfschützengewehrs betätigt, und über einem Kilometer Entfernung bricht ein Mensch zusammen? Wenn er hoch über einer Stadt auf einen Bombenauslöser drückt?

Viel hier ist Spekulation, anderes fußt immerhin auf schriftlichen Zeugnissen, die jedoch fast alle mit zeitlichem Abstand verfasst worden sind und zu begründen versuchen, was sich einem solchen

Unterfangen vielleicht rundheraus verweigert. Zudem ist es wohl kaum stets ganz und gar gleich, was hier vorgeht. Trotzdem kann man einiges aus den vorhandenen Quellen herauszulesen versuchen:

- Für viele Männer ist es ein Moment exzessiven Glücks, aus einem Kampf als Lebender hervorzugehen, wenn ein paar Schritte weiter jemand getötet worden ist. War das ein Kamerad, fühlt man sich vielleicht deswegen schuldig. Aber auch wenn man einen anderen ermordet, liefert einem dies in der fortgesetzten Bedrohung durch den allgegenwärtigen Krieg für einen Moment die Gewissheit, dass man noch am Leben ist. Dass man wieder einen überlebt hat.

- Man hat Angst, man ist einsam, in der Fremde, in fortgesetzter Todesgefahr. Man hat Familie, Freunde, Heimat hinter sich gelassen, auch den eigenen Beruf, alles, wofür man bisher gelebt hat. Dafür will man einen Schuldigen, und ist der gefunden, so will man ihn bestrafen. Nicht die eigenen Offiziere, nicht die eigene Regierung. Eh solche Gedanken entstehen, muss der Soldat sehr verzweifelt sein. Bestrafen will man den Feind als den Schuldigen am eigenen Elend. Den als Feind zu betrachten den Einzelnen in die wohltuende Gemeinschaft der eigenen Einheit, ins offensichtlich moralisch und sittlich Gebotene, vielfach auch ins Gottgefällige einbindet.

- Insbesondere wer mehr als einmal getötet hat, tut dies mitunter um des anschließenden Gefühls der völligen Bedeutungslosigkeit allen Seins und So Seins im Angesicht des Todes oder in Berücksichtigung unser aller Sterblichkeit. Für einen Augenblick ist alles Sollen, alles Sehnen, alle Angst vergessen und macht einer vollkommenen Leere Platz, die man nur noch mit dem Schlaf vergleichen kann.

- Wer tötet, ignoriert nicht selten den Tötungscharakter des eigenen Handelns und konzentriert sich stattdessen auf Nebenaspekte. Man hat einen Hügel verteidigt, ein Dorf erobert, eingeschlossene Kameraden gerettet. Man hat ein anspruchsvolles technisches Gerät, etwa einen Panzer oder ein Flugzeug, unter schwierigen Bedingungen heil an seinen Bestimmungsort gebracht. Und dass man dabei auch auf Menschen geschossen hat, lässt sich so leicht an den Rand schieben, dass man den beruhigenden Verdacht entwickelt, vielleicht ist der Tod insgesamt bei weitem nicht so bedeutend und wichtig, wie man bis dahin immer vermutet, vielleicht auch gefürchtet hat.
- Man kann spekulieren, dass Macht als solche eine erhebliche Attraktivität für viele Menschen hat, ohne weitere Begründungen zurückliegender Hilflosigkeitserfahrungen, kindlicher Traumata usw. zu benötigen. Macht, andere Menschen zu schädigen und zu töten, aber implizit auch immer die Macht, andere damit zu treffen, die einen Menschen verlieren, einen Kriegsversehrten den Rest seines Lebens pflegen müssen, in den Straßen den Anblick dieser Menschen oder das Wissen um Massengräber vor der Stadt zu ertragen haben.
- Mehr noch als jede Tötungshandlung im Krieg gibt die Exzess-Tat dem Einzelnen für den Augenblick die Selbstbestimmtheit über die eigene Gewalt zurück. Er ist nicht länger nur ein funktionierendes Element in einem arbeitsteilig organisierten Mordunternehmen, das man gemeinhin als Armee bezeichnet. Das Töten wird selbstbestimmt und dem Täter eigentümlich. Man könnte geradezu sagen, dass die Entfremdung im und vom Töten, welche den Tötenden im Krieg auszeichnet, in der Exzess-Tat aufgehoben, wenn auch nicht überwunden wurde.

- Oft empfinden Täter unbewusst die Exzess-Tat als die ultimative Befreiung von allen oktroyierten Normen, allen Sitten, Verpflichtungen und Verhaltensregeln. Der Gewaltakt richtet sich damit symbolhaft auch gegen jede Art von außen vorgegebenem Zwang und gegen jene, welche diesen Zwang der Normierung dem Täter in seiner Biografie aufgezwungen haben. Dies sind oft natürlich, aber durchaus nicht immer, die normierenden Kräfte der eigenen Kindheit, vor allem die Eltern, aber auch Lehrer, Kirche, Lehrherren, Offiziere. Denn der hypothetische Gesellschaftsvertrag als Grundlage allen Handelns ist ein Vertrag auf Gegenseitigkeit: Findet das Individuum sich seines Schutzes durch diesen Vertrag aufgrund seines Seins und So Seins im Krieg beraubt, entfällt in einem an Thomas Hobbes angelehnten Verständnis dieses Vertrags auch die aus ihm erwachsende moralische Verpflichtung, nicht zu morden, nicht zu vergewaltigen, nicht zu stehlen, kurz sich an die moralischen Vorgaben allgemeiner Sittlichkeit auch dort zu halten, wo keine Justiz deren Beachtung erzwingt.

Jeder dieser Gründe kann um ein Vielfaches verstärkt als Grundlage einer Exzess-Tat zum Tragen kommen, auch wenn im Einzelfall sehr genau zu prüfen sein wird, ob nicht doch in erster Linie eine psychiatrische Erklärung der Handlung herangezogen werden muss. Soweit man aber von strukturellen Gründe sprechen kann, sind diese zu scheiden in solche, die in allen Kriegen zu einer mehr oder minder großen Zahl von Kriegsverbrechen und Exzess-Taten geführt haben, und solche, die der Situation im Kontext des NS-Terrors spezifisch waren.

Das methodische Problem hierbei ist, dass man insgesamt sehr wenig über die Exzess-Täter im NS-Terror weiß. Auch die Instrumentalisierung der Exzess-Tat im System des NS-Terrors ist kaum Gegenstand von detaillierten Untersuchungen. Zudem haben wenige Exzess-Täter sich nach dem Krieg als solche zu erkennen gegeben, und auch in den Ermittlungsverfahren und den tatsächlich durchgeführten Prozessen sind mit wenigen Ausnahmen Exzess-Taten nie Hauptgegenstand der Untersuchung gewesen. Wo dies doch der Fall war, haben die Beschuldigten sich in aller Regel auf die allgemeine Strategie des Ableugnens, des Beschönigens und des Delegierens der Verantwortung verlegt. Auch außerhalb der Verfahren gibt es kaum Selbstdarstellungen von Exzess-Tätern, während diverse Vollzugstäter durchaus umfangreich und nicht nur mit eindeutigen Rechtfertigungsabsichten über ihre Motive gesprochen haben. Allenfalls sind einige Fälle dokumentiert, wo Ermittlungsverfahren dadurch ausgelöst wurden, dass Männer – meist in angetrunkenem Zustand – sich ihrer Exzess-Taten geradezu gerühmt haben, ohne dass diese Aussagen im Nachhinein sich als juristisch belastbar erwiesen hätten.

Man kann daher nur versuchen, die strukturellen Gründe zu rekonstruieren, welche die Exzess-Taten begünstigt haben. Dabei kann man z.T. auf Studien zur Entstehen von Kriegsverbrechen insgesamt zurückgreifen; vor allem hinsichtlich des Vietnamkriegs sind hier von amerikanischer Seite einige sehr informative Arbeiten vorgelegt worden. Das Spezifische der Situation während des Zweiten Weltkriegs kann freilich auch hierdurch nicht erschlossen werden.

10.8. Ort und Augenblick

In der Aufzählung der m.E. wichtigsten strukturellen Ursachen der Exzess-Taten in der Shoah, die ich Ihnen gleich nennen werde, werden dennoch die Bedingungen in der Situation vor Ort eine wesentliche Rolle spielen. Denn nur die Untersuchung des Konkreten, also die historiographische Analyse, kann erklären, auf welche Weise und wodurch diese grundsätzliche Fähigkeit des Menschen zur Exzess-Tat eigentlich aktiviert worden ist.

- Allgemein ist Brutalisierung von Soldaten im Krieg ein vielfach nachweisbares Phänomen. Die Ausbildung zum Soldaten hat ein doppeltes Ziel: Einerseits soll das gesellschaftlich verankerte, von Kindheit an internalisierte Tötungstabu aufgehoben werden, auch um das oben erwähnte Kollektiverleben dieses höchsten Tabubruchs nicht zu gefährden. Andererseits aber soll diese Aufhebung nur für einen von der Führung bestimmten, eng umrissenen Bereich gelten. Psychologisch kann man dabei zwei Wege gehen: Entweder man versucht, das Tabu tatsächlich nur in diesem Bereich aufzuheben, sonst aber intakt zu halten. Das ist im wesentlichen die Methode der Bundeswehr heute. Oder man hebt das Tabu insgesamt auf und etabliert dann andere Mechanismen, um ein Ausufern des Tötens zu verhindern. Das war die Methode in der Wehrmacht, und ähnlich auch in der Polizei und der SS. Der wichtigste dieser Mechanismen war, dass nur auf Weisung oder in Notwehr getötet werden durfte. Es liegt auf der Hand, dass ein solcher Mechanismus, der gewissermaßen im Schnellgang einer Ausbildung statt über Jahre der Kindheit hinweg etabliert wird, schwächer und störanfälliger ist als das ursprüngliche Tabu. Im Vietnamkrieg, aber wohl auch im NS-Terror waren viele Exzess-Taten Ausdruck einer freigesetzten Gewalthaftigkeit, eines fast rauschhaften Vertierens des Einzelnen, das durch keine Tabus mehr aufgehalten wurde, wenn es sich gegen wehrlose Opfer wendete.

- Mehr oder weniger angeborene Verhaltensweisen des Menschen sollen in der Ausbildung zum Soldaten oder Polizisten mindestens abgeschwächt werden, was naturgemäß auch andere bis dahin stabile Verhaltensmuster gefährdet. Zu diesen von Kindheit an geübten Mustern gehört, dass man niemandem etwas antut, der einem selbst nichts getan hat, auch keine Freunde, Verwandte usw. bedroht. Vor allem aber gehört hierher der natürliche Reflex, mit möglichster Geschwindigkeit ein Areal zu verlassen, in dem scharfkantige Metallteilchen durch die Luft sausen. Das Beschädigen dieser und vieler anderer Grundmuster in der Ausbildung zum Soldaten kann durchaus auch andere bis dahin fest gefügte Muster des Rekruten beschädigen, was ihm den Schritt zur Vollzugs-, aber eben auch zur Exzess-Tat deutlich erleichtern dürfte.

- In Militär und Polizei des NS-Staats waren diverse weitere Tabus aufgehoben, sowohl von Kindheit an vermittelte als auch spezifische Tabus der Ausbildung, welche ein Teil der Soldaten und Polizisten bereits vor 1933 erfahren hatte. Dazu gehört das frühkindliche Verbot von Diebstahl und Raub. Den meisten Tätern im NS-Terror muss klar gewesen sein, dass die Ausplünderung ganzer Bevölkerungsgruppen auch nach damals geltendem Recht in den meiste Fällen nicht legal war. Erst recht galt das natürlich, wo – nicht selten mit mehr oder weniger stillschweigender Duldung, manchmal offener Unterstützung der Vorgesetzten – ein Teil des Geraubten zum eigenen Nutzen abgezweigt wurde. Auch das kindliche Tabu interpersoneller Gewalt, erst recht das dienstlich vermittelte Verbot von Folter und übertriebener Gewalt im Einsatz, das alles galt plötzlich nicht mehr. Das aber machte das Grundprinzip der Tabubeachtung, auf dem letztlich alle diese moralischen Vorgaben beruhten, wenigstens fragil oder führten es sogar ganz ad absurdum.

- Das oben Gesagte zum individuellen Erleben der eigenen Exzess-Taten galt in besonderer Weise für Täter im NS-Terror. Die Exzess-Tat wurde damit zur Antithese der eigenen Ohnmacht im Befehlskorsett der Polizei, der SS, der Wehrmacht, und auch zur Antithese der eigenen Bedrohtheit, der eigenen Verwundbarkeit und Sterblichkeit, welche im Alltag des Kriegs täglich vor Augen stand. Mehr noch: Im Töten, vor allem aber in der Exzess-Tat versicherte der Täter sich nicht nur der eigenen Unverwundetheit, des eigenen Fortlebens, sondern im Sterben des Opfers auch der Verwundbarkeit und Sterblichkeit des Menschen. Diese doppelte Selbstversicherung vernichtete sich aber offensichtlich gegenseitig und konnte nur durch ein Wiederholen der Exzess-Tat aufrecht erhalten werden.

- Die genannten Mechanismen, welche an die Stelle des Tötungstabus treten sollten, um ein Ausufern der Gewalt zu verhindern, waren abhängig vom Fortbestehen einer festen Befehlskette. Diese aber war nachgerade in Ost- und Ostmitteleuropa nicht so fest, wie es den Anschein hatte. Die Zahl deutscher Polizisten in den Besatzungsgebieten war dazu viel zu klein. In den großen Zentren - in Kaunas, Riga, Vilnius, Minsk, Kiew usw. - gab es natürlich genug deutsche Polizei, um das Befehlssystem intakt zu halten. Aber die Mehrzahl der Polizei saß verteilt über große Areale, insbesondere verglichen mit deutschen Polizeibezirken. Oft waren dies nicht mehr als zwei, drei Polizisten in Bezirken, die größer waren als Landkreise im Deutschen Reich. Die Selbstbestimmtheit dieser Provinzpotentaten war groß; es gab selten jemand, der sie hinderte oder von dem sie irgendwelche Sanktionen zu erwarten hatten, wenn sie sich ihrer Macht und Freiheit von allen Tabus und Beschränkungen etwa durch Exzess-Taten versicherten. Repressionen waren eher Folge unzureichender Planerfüllung, mal mit Blick auf erwartete Erträge, die aus dem Gebiet zu pressen waren, mal hinsichtlich erwarteter Exekutionszahlen. Die Exzess-Taten hatten also auch immer etwas von dem je nach Charakter teils trotzigen, teils protzigen, teils aber auch erstaunten Tenor: "Seht mal, ich kann sogar so etwas tun, ohne dass mir etwas geschieht."

- Weiter oben habe ich ausgeführt, dass auch für Vollzugstäter der mit ihrem Tun verbundene Tabubruch lustbetont war. Aber so etwas nutzt sich ab; nachgerade in den Einsatz- und Sonderkommandos wurde das Töten rasch Routine. Der Alkohol, nicht mehr das Töten an sich bildete für die meisten Täter den Kern der Mengenexekutionen. Die Exzess-Tat erst rückte die Gewalt wieder in den Mittelpunkt, und sie erlaubte dem Täter für einen Moment, die Lust des Tabubrechens noch einmal zu empfinden. Aber: Nicht allein der Lustgewinn des Tabubruchs führte zu Exzess-Taten. In der unvermittelten Gewalt entluden sich auch die Frustrationen des Lebens in den besetzten Gebieten. Diese Frustrationen hatten mehrere Quellen, die schon oben im Kontext allgemeiner Tätermotivation angeklungen sind: Die lange Trennung von zuhause, von den Familien usw. waren ein Faktor, ein anderer das Gefühl, unwillkommen in einer fremden Welt leben zu müssen. Manche Polizisten kanalisierten auch ihre Angst vor dem lokalen Widerstand in Exzess-Taten. Nach Partisanenanschlägen gab es nicht nur offiziell befohlene Strafmaßnahmen, sondern immer wieder auch individuelle Übergriffe. Im Partisanenkrieg bleibt der eigentliche Feind weitgehend unsichtbar, ein nebulöses Phantom, das aus der örtlichen Bevölkerung heraus operiert und in diese immer wieder eintauchen kann. Die daraus bei den deutschen Besatzern resultierende Wut auf die Bevölkerung insgesamt manifestierte sich ebenfalls immer wieder in Exzess-Taten. Man lastete der Bevölkerung an, nicht die Besatzer, sondern die Partisanen zu unterstützen. Viele Polizisten warfen der Bevölkerung aber auch vor, dass sie letztlich nur ihretwegen nicht in der Heimat bei ihren Familien, aber auch nicht an der Front sein konnten. Denn letztere bot wenigstens noch Aussicht auf Ruhm und Respekt in der Heimat. Hier in der Etappe fühlten sich viele Soldaten auf einem wenig respektablen Posten, der aber andererseits - so jedenfalls eine verbreitete Meinung - vor allem in Weißrussland infolge der Partisanenaktivitäten mit nicht weniger Risiko verbunden war als ein Fronteinsatz.

10.9.   Fazit und Fragen

Eine Analyse der strukturellen Gründe, warum Vollzugs- zu Exzess-Tätern im NS-Terror wurden, kann letztlich kaum befriedigen. Zu groß ist die Fremdartigkeit der hier vollzogenen Handlungen, als dass man nicht nach dem Psychiater rufen möchte. Aber die psychiatrische Analyse findet sich ihrerseits immer wieder auf strukturelle Fragen zurückgeworfen, welche nur eine historiographische Analyse beantworten kann – wenn das überhaupt möglich ist.

Man kann darlegen, warum nur hier und da vereinzelte Angehörige von Wehrmacht und Polizei sich einer Unterstützung der Vollzugstaten verweigerten und wiederum viele trotz einer ablehnenden, skeptischen oder wenigstens indifferenten Haltung hieran teilnahmen. Dann findet man sehr schnell, dass die Vollzugstäter, um mit Browning zu sprechen, ganz normale Männer waren. Mehrheitlich statt nur in Einzelfällen von diesen etwas anderes als den Vollzug der Mordpläne zu erwarten, zeugt von übergroßem Vertrauen in die normative Kraft menschlicher Moral.

Man kann sodann die strukturellen Elemente benennen, welche aus diesen ganz normalen Männern in diversen Fällen Exzess-Täter machten und anderen, die ohnehin Exzess-Täter waren, wie etwa Oskar Dirlewanger, oder die irgendwann wahrscheinlich ohnehin dazu geworden wären, ein freies Betätigungsfeld eröffneten. Dass viele dieser Elemente offensichtlich nach 1945 fortbestanden oder doch jedenfalls angelegt blieben, ist freilich ein Problem, dass an dieser Stelle nicht diskutiert werden kann, aber zu gegebener Zeit zweifellos diskutiert werden muss.

Soweit bis hier. Vielen Dank für Ihre Aufmerksamkeit, und ich freue mich sehr, wenn wir das Gesagte jetzt diskutieren werden.

11.   Doris Bregnitz: Multilaterale Strategiebildung

Nicht alle Redner auf der diesjährigen Tagung sind dem Gegenstand ihres Vortrags gleichermaßen fern. Doris Bregnitz als eine der führenden Architektinnen dieses Landes ist aber wohl ganz eindeutig weder Unternehmensberaterin noch Mitglied des Generalstabs eines der in Frage kommenden NATO-Staaten. Sie hat allerdings besonders in den letzten Jahren das Konzept des sich fortgesetzt adjustierenden, sich an verändernde Verwendungszwecke, Erwartungen, Umweltbedingungen usw. anpassenden Gebäudes entwickelt, dass aufgrund seiner hohen Modularität sogar ganze Materialgruppen durch neue Baustoffe ersetzen kann, ohne durch einen Neubau ersetzt werden zu müssen. Wir überlassen die Entscheidung dem Leser, wieweit ihre Profession sich auf die Thesen ihres Vortrags ausgewirkt hat, den wir hier in der gehaltenen Form wiedergeben.

Meine sehr geehrten Damen und Herren,
Politik und Kriegführung sind kein Selbstzweck. So viel ist trivial, auch wenn man das hin und wieder zu vergessen geneigt ist. Aber welchem Zweck dienen sie, wenn sie sich nicht selbst zum Ziel haben?

11.1.   Nützlichkeit und Nutzen

Die Geschichte kennt eine große Zahl von Personen, kennt auch Staaten und Epochen, wo Politik und Kriegführung letztlich nur der Erfüllung individueller Ambitionen galten. Gelten. Der Ruhm des Königs, des Diktators, der Nation, dessen jeweiligen Gottes erscheinen oft genug als eigentliche Zwecke der Politik oder eines Krieges. Natürlich, oft genug dienten und dienten der Dienst an Gott und Vaterland nur als Rechtfertigung für die Ambitionen eines Herrschers in Sachen Ruhm und Reichtum. So wissen Sie sicher, dass die vielleicht bekannteste Kirche Russlands, die Basilius-Kathedrale auf dem Roten Platz, ursprünglich wahrscheinlich errichtet worden ist, um an die Siege zu erinnern, die Ivan IV. über die Khasan-Tataren errang: acht Kuppeln für acht große Siege, und in der Mitte eine neunte, um die Zusammengehörigkeit dieser Siege zu verdeutlichen und zugleich der Kathedrale das Gesamtbild eines Scheiterhaufens zu geben, in dem, so eine populäre Interpretation, die Turbane der Tatarenherrscher, also die Zwiebelkuppeln, in Flammen aufgehen.

Andere politische oder militärische Handlungen dienen hingegen ganz offensichtlich und ohne Rechtfertigungslegenden einem materiellen Zugewinn. Das kann Landbesitz sein, die Eroberung von Rohstoffen, das Freikämpfen von Absatzmärkten.

Dann gibt es Kriege, die zur Abwehr einer vermeintlichen Bedrohung geführt werden. Nicht selten ist dies nur ein vorgeschobenes Propaganda-Argument, etwa beim deutschen Überfall auf die UdSSR 1941 oder dem russischen Angriff auf die Ukraine in unseren Tagen. Dennoch lassen sich Kriege finden, die in ernsthaftem Bemühen unternommen wurden, einer entsprechenden Aggression einer anderen Nation zuvorzukommen, auch wenn die entsprechenden Befürchtungen nicht selten auf einer grundlegenden Fehleinschätzung der anderen Seite beruhten.

Aber die genannten wie auch weitere Triebkräfte von Politik, zudem auch von innerstaatlicher und internationaler Gewaltentfaltung – nichts anderes ist Krieg ja – stellen keinen Endzweck menschlichen Handelns dar. Selbst das Handeln im Dienste eines transzendenten Prinzips, einer historischen Pflicht, einer vermeintlichen göttlichen Vorgabe dient letztlich individueller oder kollektiver Nutzenmaximierung. Kriege werden in der Erwartung geführt, dass es dem Herrscher, einer Gruppe oder auch dem ganzen Volk danach besser geht – und wenn nicht im Diesseits, dann auf jeden Fall nach dem Tod. Denn auch Gott dient man durch Kriegführung – wo dies mehr ist als

Lippenbekenntnis zur Ummantelung ganz anderer Motive – letztlich zum einzigen Zweck, ein gottgefälliges Leben zu führen und somit die Chancen auf ein erfreuliches Leben nach dem Tod zu verbessern.

Damit ist Hedonismus, also das Streben nach Glück und Vermeidung von Unglück, die wesentliche Triebfeder jeder Politik und jedes Krieges. Dabei sind aber die wesentlichen Voraussetzungen von Glück bekanntermaßen von Mensch zu Mensch unterschiedlich, sieht man einmal von Basiskonditionen wie nicht hungern, nicht frieren, ausreichend schlafen usw. ab. In ähnlicher Weise unterscheiden sich aber die Interessen von Staaten von Epoche zu Epoche. So haben in der Spätantike die germanischen Stämme anscheinend zahlreiche Kriege um Weidegründe, Siedlungsgebiete oder die schlichte Nähe zur Grenze des Römischen Reichs geführt. Aber Kriege um Rohstoffe trugen sie anscheinend keine aus.

Das Streben nach Freude, Glück, inneren Frieden, eine ruhige Seele usw. ist seit der Antike das wesentliche Leitprinzip menschlichen Handels, auch im Mittelalter, das scheinbar ganz dem Jenseits zugewendet war. Der wesentliche Unterschied war hier, dass weite Teile der Bevölkerung von einem Leben nach dem Tode fest überzeugt waren. Ein Leben, das ewig währen sollte und sich, jedenfalls bei allen, die nicht der Höllenstrafe anheim fielen, mit größtem Glück verbinden würde. Und an dieser Stelle ist das Rechenexempel simpel: Angenommen, jemand erreicht zu Lebzeiten auf vielleicht siebzig Jahre alljährlich größtmögliches Glück, also z.B. 100 auf einer Skala von 0 bis 100. Im Jenseits wird ihm das mit gelindem Leid entgolten, also z.B. 0,1 auf einer Skala des Leids von ebenfalls 0 bis 100. Dann ergibt sich durch einfache Multiplikation für das Glück eine Gesamtbilanz von 7.000. Aber das Leid, das hierfür zu ertragen ist, wird durch die Ewigkeit der Verdammnis selbst bei sehr kleinem Leiden pro Jahr in der Summe immer unendlich groß. Das lohnt sich einfach nicht.

Umgekehrt wird jeder Kluge willig auch größtes Leid auf diese kurzen siebzig Jahre hinnehmen, wenn ihm dafür im Jenseits eine vielleicht kleine, aber eben ewige Freude zuteil werden wird.

Überall dort freilich, wo man nicht an ein Leben nach dem Tod glaubt oder diesem nicht eine Art himmlisches Strafgericht vorgeschaltet sieht, wird diese Kalkulation belanglos. Dann sind die Leitprinzipien deutlich diesseitiger und zeitlicher, da sie sich nicht gegen eine spekulative Jenseitskalkulation behaupten müssen. Die hier angestrebte Eudämonie, also das zufriedene Glück im Diesseits, ist dadurch das wesentliche Prinzip sowohl in der Antike wie in der Neuzeit, in der Gegenwart und wohl auch weit über diese hinaus. Die aufgeklärte, freiheitliche Gesellschaft gibt dabei jedem Menschen die gleichen Rechte, dieses Glück zu verfolgen. Dies, den „pursuit of happiness", bezeichnete die US-amerikanische Unabhängigkeitserklärung von 1776 als gottgegebenes, damit unveräußerliches, nicht entziehbares Grundrecht des Menschen, analog zu Leben und Freiheit.

Freilich ändert sich im Laufe der Geschichte in wichtigen Bereichen, was Gegenstand dieses Pursuit of Happiness sein soll. Denn insbesondere die US-amerikanische Geschichte ist nach der Revolution und noch für geraume Zeit vom Streben nach materiellem Besitz geprägt, also vor allem Land, aber auch Rohstoffvorkommen, insbesondere natürlich Gold und Silber. Sie fällt damit hinter das im britischen Mutterland eigentlich bereits Erreichte zurück, nämlich die wachsende Bedeutung nicht materiell repräsentierten Reichtums.

Diese Bedeutung des materiellen Besitzes war das tragende Element des gesamten Mittelalters, wenigstens in ökonomischer Hinsicht. Die gesellschaftliche Hierarchie bildete sich für lange Zeit vor allem über den Grundbesitz ab, der einer Person, einer Familie, aber auch einer Nation zur Verfügung stand. Allerdings waren zwei weitere Elemente mindestens im Mittelalter zeitweise von erheblicher Bedeutung:

Erstens das immaterielle Prinzip der Dynastie einschließlich ihrer spirituellen Entsprechung in Königsheil und Gottesgnadentum. Zweitens spirituell überhöhte materielle Gegenstände wie Heiligtümer, Gräber, Reliquien, die in Europa aufgrund ihrer spirituellen, nicht ihrer materiellen Wertigkeit zum Teil wie große Schätze gehandhabt, ja um deren Besitz Fehden, sogar Kriege vom Zaun gebrochen wurden. Die dann aber auch – und auch das war natürlich einer der Gründe für diese Kriege – eine materielle Wertigkeit nach sich zogen, weil viele Menschen im Interesse der Spiritualität viel an materiellem Besitz dranzugeben bereit waren, beispielsweise um zu diesen Heiligtümern zu pilgern. Daselbst konnte man dann auch noch eine entsprechende Reliquie erwerben, meist eine Berührungsreliquie, also einen Alltagsgegenstand, der aber für einen Moment die eigentliche Reliquie berührt hatte.

Die Renaissance brachte neben vielen anderen grundlegenden Veränderungen auch eine wachsende Bedeutung der Geldwirtschaft. Zunächst vor allem in Italien, aber rasch dann auch in England und den Niederlanden, schließlich mindestens im gesamten westeuropäischen Kontext.

Ein zweites dieser Elemente war schon in der Antike in begrenztem Umfang das Geld. Geld war kein eigentlicher materieller Wert, vor allem, nachdem man dann von der werthaltigen Edelmetallmünze bzw. der Edelmetallbestände repräsentierenden Währung abgerückt war. Ursprünglich ein reiner Vermittlungswert, wurde Geld zum Selbstwert. Geld hat diesen Wert bis heute, weil jeweils alle beteiligten Parteien um über das Prinzip, die Funktion und den aktuellen Wert des Geldes informiert sind und darin übereinstimmen. Es ist also ein Wert, der auf Konsens beruht, sogar dann, wenn dem im Rahmen elektronischer Währung nicht einmal mehr eine materielle Repräsentation in Gestalt von Banknoten und Münzen entspricht. Konsens bildet also offensichtlich das tragende Element jeder modernen Volkswirtschaft, nicht Konkurrenz und Konflikt, wie der Liberalismus und der Kapitalismus beteuern, was alle entsprechenden Theorien seit Adam Smith ad absurdum führt.

So wie man allenthalben nach Land strebte, um Land zu besitzen, und sich um darauf aufbauende Begründungen und Legitimationen nicht kümmern musste, so wurde auch Geld nach und nach ein solcher Eigenwert.

Mit der wachsenden Urbanisierung im Hochmittelalter und der Ausweitung des geldbasierten Handels in Europa und darüber hinaus trat das Geld als eigenständiges Element dann endgültig neben materiellen Besitz, insbesondere Landbesitz. Diese Entwicklung erstreckte sich über mehrere Jahrhunderte. Wichtige Stationen waren z.B. die Einführung von Aktiengesellschaften und des Handels mit Krediten, das Verschwinden von Naturalleistungen zur Entlohnung von Arbeitern zunächst im urbanen Bereich, dann auch im Agrarsektor, die Definition von grenzüberschreitenden Wechselkursen oder das allmähliche Abrücken von durch Edelmetall gegengesicherten Währungen.

Aktuell kann man von einer Dominanz monetärer über materielle Werte sprechen. Das lässt sich daran festmachen, dass z.B. ein Autobauer, in diesem Falle Tesla, über lange Zeit hinweg nach Börsenwert deutlich mehr Wert repräsentierte als andere Autobauer, obgleich diese viel mehr Absatz verzeichneten, deutliche höhere Gewinne machten, bessere Margen hatten und weltweit über große materielle Werte verfügten – Industrieanlagen, Verkaufshäuser, Liegenschaften, bis hin zu Bahnhöfen und Häfen. Ende 2022 war Tesla nach Aktienvolumen gesamt etwa 360 Mrd. Euro wert und damit fast mehr als fünfmal so viel wie der gesamte Volkswagen-Konzern, obgleich dieser mit allen Marken 2022 279 Mrd. Euro Umsatz gemacht hatte, gegenüber 68 Mrd. Euro Umsatz bei Tesla, und einem Gewinn vor Steuern von knapp 16 Mrd. Euro bei Volkswagen gegenüber 12 Mrd. Euro bei Tesla, wobei hier der Gewinn zu wesentlichen Teilen aus dem Verkauf von CO_2-Derivaten resultierte.

Nimmt man andere Unternehmen zum Vergleich, etwa den Apple-Konzern, so wird die Entkopplung monetärer von materiellen Werten noch signifikanter. Apple lag nach Börsenwert 2022 bei etwa 2 Billionen Euro, bei einem Umsatz von 333,5 Mrd. Euro und einem Gewinn von knapp 100,6 Mrd. Euro. Doch sind diese beiden Beispiele – die Liste ließe sich noch sehr lang fortsetzen – kein Hinweis darauf, dass die Börsianer weltweit komplett den Verstand verloren haben. Es ist dies auch kein Hinweis, dass es zu einer Neuauflage der – ohnehin eher einen historischen Mythos darstellenden – Tulpenhysterie kommen könnte. Sondern es zeigt sich hier, dass es keine sinnhafte Korrelation zwischen materiellen und monetären Werten mehr gibt. Stattdessen korrelieren monetäre mit monetären Werten in der Bewertung der Aktie, also insbesondere der prozentuale EBIT, also die Relation zwischen Umsatz und Gewinn. Der beträgt bei Volkswagen trotz lukrativer Marken wie Porsche oder Audi lediglich 5.6%, bei Tesla hingegen 15,5% und bei Apple sogar 30,1%.

Aber der Börsenwert von Apple, Google und diversen anderen zeigt noch etwas anderes: Längst ist neben monetäre Werte und materielle Werte ein dritter Wert getreten: Information. In der Vergangenheit wurde der Wert von Information als mittelbar angesehen, also aufgrund der Tatsache, dass bestimmte Informationen Reichtum, Macht usw. zu mehren geeignet waren. Heute hingegen ist das Ansammeln von Informationen auch jenseits der NSA längst zum Selbstzweck geworden. Wer viele Informationen angesammelt hat, wird ebenso als reich angesehen wie jemand, der viel Geld oder viel Land sein eigen nennt.

Damit gibt es heute eine nur bedingt ineinander umwandelbare Dreiheit dieser Art von Werten, die zu erlangen Ziel einer Strategie sein kann: materielle, monetäre und informationelle Werte.

Aber dieser Gruppe von Werten, die sich letztlich alle auch mit dem Ausdruck „Besitz" belegen lassen, steht eine andere Gruppe gegenüber, für die sich der Ausdruck „Besitz" weniger eignet. Es ist dies alles, was man an immateriellen Werten erlangen kann und was – wenn auch hier und da nur für kurze Augenblicke – ebenso der Mehrung des individuellen Glücks dienen kann wie das Aufhäufen von materiellen oder monetären Reichtümern.

Noch bis in unsere Tage grassiert ein als Neoliberalismus bezeichneter Aberglaube, der predigt, alles, was Wert habe, ließe sich in Geld ausdrücken. Wer aber meint, das Lächeln eines geliebten Menschen, ein Spaziergang durch einen Wald im Frühling oder der Besuch eines Konzerts – Pink für die einen, Bach für die anderen – ließen sich auf einen Geldwert eindampfen, sollte das so gewonnene Barvermögen dringend zum nächstbesten Psychiater tragen.

Es gibt offensichtlich Werte jenseits von Geld, Grund oder Information. Und so wie schon Kriege begonnen worden sind, um Land und Rohstoffe zu erobern, so sind auch schon Kriege für nichts weiter geführt worden als für einen Platz in der Geschichte, für Ruhm und Ehre, aber auch, um einer fortgesetzten Gewaltherrschaft einer anderen Nation ein Ende zu setzen.

Als Großbritannien und Frankreich am 03.09.1939 dem Deutschen Reich den Krieg erklärten, hatten sie monetär wenig zu gewinnen. Man wollte im Interesse von Sicherheit und Stabilität in Europa Hitlers Eroberungspolitik ein Ende setzen. Aber es waren auch schlicht humanitäre Gründe, die in vielen Menschen beider Länder die Ansicht reifen ließ, dass dieser Krieg unausweichlich geworden war, auch wenn 1939, anders als etwa 1914, die entsprechende Euphorie sich nicht recht einstellen wollte. Übrigens in keinem der beteiligten Staaten, auch in Deutschland nicht.

Damit steht jede Strategie stets im Spannungsfeld zahlreicher, teils materieller, teils ideeller Werte: Land, Rohstoffe, Geld, Absatzmärkte, Informationen, Ruhm, Ehre, Tradition, Humanismus, Rassismus. An Motiven auch für die blutigsten Kriege herrschte also offensichtlich nie nennenswerter Mangel.

Die Wirtschaftsgeschichte wie auch die Militärgeschichte kennen jedoch auch viele Fälle, wo ein einzelnes Motiv bei der Genese einer Strategie deutlich dominierte. In der Regel waren Niederlagen die Folge einer solchen Haltung. Firmen ignorieren im Streben nach Gewinnsteigerung, ob sich die Mitarbeiter im Unternehmen noch wohl fühlen – und haben nach ein paar Jahren vielleicht momentan den Gewinn maximiert, aber gleichzeitig die halbe Belegschaft an die Konkurrenz verloren. Napoleon versuchte Ende März 1814, die Alliierten zu einer Schlacht an der Marne zu zwingen, weil er zu stark auf nüchterne Zahlen, zu wenig auf Symbole und Mythen schaute. So gelang es den Alliierten, ihn zu umgehen und am 30. März Paris einzunehmen, was, von der kurzen Eskapade 1815 abgesehen, das Ende seiner Herrschaft bedeutete.

Besonders kritisch wird die Einschränkung der Nutzenmaximierung auf nur ein Ziel, wenn dieses Ziel Geld ist. Denn Geld stellt keinen absoluten Wert dar. In einer Kaskade der Unmittelbarkeit ist Glück das primäre Ziel, gestillter Hunger ein möglicher Beitrag zu diesem Ziel, Nahrung ein Mittel hierzu, und Geld nur das Hilfsmittel, um Nahrung zu erwerben – wofür es aber meist auch zahlreiche Alternativen gibt.

Der Wert des Geldes richtet sich also nach seiner Verwendung zur Beschaffung eines dem Glück eines Menschen dienlichen Mittels. Wenn es in einer Welt nichts als Nahrungsmittel zu kaufen gibt und man mit 50€ am Tag gut auskommen kann, welchen Wert hat dann ein tägliches Salär von 10.000€? Keinen anderen als ein entsprechendes Einkommen von 100€. Nicht 50€, das wäre zu wenig, weil für die meisten Menschen eine gewisse Sparrücklage durchaus etwas Beruhigendes hat und damit zu ihrem Glück beiträgt. Wird die Rücklage aber zu groß, entsteht wiederum Unzufriedenheit, weil man sich fragt, was man mit dem Geld tun soll, ob die Inflation es nicht auffrisst, ob die Sicherungsmechanismen es wirklich hinreichend vor den bösen Buben dieser Welt zu schützen vermögen.

Und wenn man in diesem Land für Geld alles Mögliche kaufen kann, nur keine Nahrung? Welchen Wert haben dann 100€, 1.000€, 10.000€ für einen, der nichts braucht außer Nahrung? Gar keinen. Auch dann nicht, wenn er noch viele andere Wünsche haben könnte. Denn selbst wenn jemand eigentlich viele Wünsche hat, im Angesicht von Hunger – oder von schwerer Krankheit – dampft das alles sehr schnell auf nur noch einen Wunsch ein.

Aber natürlich hat Geld auch einen entsprechenden Eigenwert. Wer friert, kann mit Scheinen heizen, wer einen verschlammten Gartenweg sein Eigen nennt, ihn mit Münzen pflastern. Doch dafür ist Geld nicht erfunden worden.

Wenn kluge Strategien aber mehrere Nutzenaspekte verfolgen, kann man dann hoffen, hier mit einer entsprechend zielgerichteten Strategie erfolgreich zu sein?

Es gibt viele Ziele, die nur sehr begrenzt erreicht werden können, wenn man sie direkt verfolgt. Wer einem Hasen hinterher rennt, wird ihn wahrscheinlich nicht erreichen. Wenn er aber abschätzt, dass der fliehende Hase höchstwahrscheinlich dort über jenen Steg muss, wird er ihn vielleicht fangen können. Aristoteles etwa verweist darauf, dass Zufriedenheit und Glück sich nicht einstellen, wenn man sie gezielt anstrebt. Der Mensch muss seinen wesenhaften Eigenschaften gerecht werden, dann wird dies quasi durch die Hintertür ihn auch glücklich machen. Bekannt ist auch das diversen Autoren zugeschriebene, aber wahrscheinlich zuerst von Karl Marx geprägte Diktum, Kapital sei ein scheues Reh. Rehe haben bekanntermaßen die Angewohnheit wegzurennen, wenn man ihnen nachrennt. Aber Rehe sind auch neugierig. Wer sich still in seine Ecke setzt und etwas beginnt, was ihn fasziniert oder ihm Freude macht, erregt meist die Neugier des Rehs, sodass es sich leise anpirscht und dann oft genug genau hier heimisch wird.

Man muss also bei jeder Geschäftsstrategie begreifen, dass Kapital, erst recht Geld nichts ist, was sich direkt anstreben lässt. Auch stellt es keinen Zielwert in der Kaskade menschlichen Wollens dar. Es ist immer nur Mittel zum Zweck, oft genug Mittel zum Mittel zum Zweck, wobei letzterer stets mit Glück oder wenigstens mit vermiedenem Unglück identifiziert werden kann. Aber dem vorgeschaltet ist eben nur in recht merkwürdigen Gemütern Geld an sich. Im Allgemeinen sind dies stattdessen, soweit es sich überhaupt um materielle Dinge handelt, das schnellere Auto, der grünere Garten, das bessere Essen, das schönere Haus. Und Firmen vermehren ihren Ertrag nicht, wenn sie versuchen, ihren Ertrag zu vermehren. Erst recht nicht, wenn man nur auf den Jahresertrag schielt, sonst sollte man am besten die Produkte eines Jahres im Vorjahr auf Halde produzieren, Anfang Januar alle außerdem Vertriebskräften entlassen und am Jahresende auch diesen kündigen und die Firma abwickeln. Dann wäre der Jahresertrag mit Sicherheit großartig. Aber wem nützt das?

Erfolgreiche Firmen entwickeln keine monetären Strategien, sondern zielen auf bessere, attraktivere Produkte oder Dienstleistungen, besseres Marketing, höhere Mitarbeiterzufriedenheit und viele andere Dinge, die oft nur indirekt und häufig nur auf sehr lange Sicht auch den monetären Ertrag des Unternehmens steigern.

Das oben genannte hedonistische oder eudämonistische Vorgehen, der „pursuit of happiness", gerät ohnehin durch zwei wesentliche Fragen in Erklärungsnotstand. Zum einen hatte Adam Smith gesagt, der Nutzen aller steige, wenn nur jeder stur seinen Privatnutzen verfolge. Dieses Grundprinzip des wirtschaftlichen Liberalismus ist falsch, wie sich schon bald nach Smith gezeigt hat, aber dann vor allem von John Forbes Nash nachgewiesen wurde. Dann sind nämlich utilitaristische Ansätze viel erfolgversprechender, die den Einzelnutzen im Zuge des Gesamtnutzens zu optimieren versuchen. In der Wirtschaft wäre es somit Aufgabe des Staates, die Rahmenbedingungen so vorzugeben, dass Kooperation lohnender ist als Konkurrenz und Konfrontation. Aber es gibt eine zweite Frage, die alle individuellen Nutzenmaximierungskalküle betrifft: Gibt es individuelles Glück?

11.2.   Nutzen und Glück

Die antike Philosophie hat mit ihrer Konzentration auf die Eudämonie des Einzelnen stillschweigend vorausgesetzt, dass es solches individuelles Glück gibt, oder mehr noch, dass Glück ausschließlich individuell ist. So entgeht man natürlich dem Einwurf des Solipsismus, dass es alle anderen Menschen vielleicht gar nicht gibt, man jedenfalls von ihrer Existenz nicht sicher ausgehen kann.

Man kann das aber auch umdrehen. Wenn es Glück gibt und Unglück, die nicht nur dem eigenen Wesen entspringen, dann ist das ein hinreichender Nachweis für eine Welt außerhalb des Ich und für die in jenem Dort heimischen Wesen.

Es lassen sich zwei Haltungen formulieren:

- Es gibt aufgrund der Eigennatur von Glück kein individuelles Glück. Glück ist nur im Miteinander möglich.

- Seine Eigennatur versperrt dem Menschen den Zugang zu allen Arten von Glück, die nicht immer auch das Glück anderer beinhalten.

Für viele Arten von Glück ist das trivial. Freude am Glück der eigenen Kinder setzt das Glück dieser Kinder voraus. Bekannt ist die paradoxe Forderung aus dem Zen, mit nur einer Hand zu klatschen. Paradox deswegen, weil es der Wesenhaftigkeit des Klatschens zugehört, dass hier zwei Hände zueinander bewegt werden. Individuelles Glück ist vielleicht wie einhändiges Klatschen, also nicht mit der Grundnatur von Glück vereinbar.

Ist dies korrekt, dann ist eine individuelle Nutzenmaximierung keine sinnvolle Grundeigenschaft von Strategie. Und individuell meint hier nicht nur Individuen. Keine Firma, kein Sportverein, kein Staat sollte das eigene Glück auf Kosten aller anderen zu maximieren suchen, ohne zugleich auch deren Glück einen gewissen Stellenwert einzuräumen. Also ist „America First" vielleicht noch ein legitimer Slogan. Aber „America Only" wäre es nicht. Es muss stattdessen darum gehen, den Gemeinschaftsnutzen zu maximieren, was – quasi als Offspin – auch den individuellen Nutzen maximieren könnte. Dass das für militärische Strategien gilt, ist offensichtlich, auch wenn auch heute noch gelegentlich Potentaten glauben, siegreiche Schlachten und gewonnene Kriege dienten dazu, ihnen einen Platz in den Geschichtsbüchern zu sichern oder allgemein ihrem Ego zu schmeicheln. Aber wenn der Gemeinschaftsnutzen einen wesentlichen Teil – wenn auch vielleicht nicht die Gesamtheit – von erreichbarem Nutzen darstellt, dann ist es auch für Strategien im außermilitärischen Bereich sinnvoll, eine Maximierung des Gemeinschaftsnutzen anzustreben.

Wie gesagt, der Inhalt des Begriffs der Gemeinschaft ist dabei nicht von vornherein festgelegt. Es geht also nicht darum, den Nutzen einer Familie, eines Unternehmens oder auch eines Staates zu maximieren.

Sondern bestimmte Arten von Nutzen lassen sich nur gemeinschaftlich realisieren, weil sie keine individuelle Komponente besitzen. Dieses unabdingbare Miteinander definiert für den jeweiligen strategischen Ansatz die Gemeinschaft, welche die Strategie fokussiert. Wer sich am Glück der eigenen Kinder erfreuen will, bildet mit diesen eine solche Nutzengemeinschaft. Aber man kann auch Freude empfinden, wenn die lokale Vogelschar in insektenarmen Zeiten Nahrung in einem Vogelhäuschen findet, das man im Garten errichtet hat. Dann bildet sich hier für diesen Zusammenhang und diesen Zeitpunkt eine unabdingbare Nutzengemeinschaft, ohne dass man die Vögel gleich zu Familienmitgliedern erklären müsste.

Zielt eine Strategie auf Maximierung des Unternehmensgewinns, so entsteht eine solche Nutzengemeinschaft z.B. mit den Zulieferern eines Unternehmens – auch wenn Vertriebsverantwortliche ebenso wie Einkäufer und Beschaffungsvorstände diesem Gedanken meist abhold sind. Aber eine nachhaltige Zuliefererstruktur lässt sich nicht aufbauen, wenn die entsprechenden Partner bei erstbester Gelegenheit zu einem besser zahlenden Konkurrenten wechseln oder womöglich bei einer nie ganz auszuschließenden Krise sofort das Geschäft einstellen.

Des Weiteren weisen fast alle Zielerreichungsstrategien Umsetzungskaskaden auf. Diese können wenige Stufen haben, wenn man etwa Glück anstrebt, indem man seinen Hunger stillen will und zu diesem Zweck einen Apfel vom Baum pflückt. Aber es ist eine typische Eigenschaft komplexerer Wirtschafts- und Gesellschaftssysteme, dass diese Kaskaden zu einer viel größeren Anzahl von Stufen tendieren. Wer etwa sein Glück verbessern will, indem er nicht mehr in einem zugigen Wohnwagen nächtigt, sondern in einem schmucken Einfamilienhaus, der wird die Erreichung dieses Glücks nur durch viele Stufen erreichen können. Jede dieser Stufen involviert in der Regel andere

Menschen, und deren Glück hat nur selten etwas mit dem Gesamtresultat zu tun, sondern eher etwas mit ihrer lokalen Stufe. So interessieren sich die Männer und Frauen, die den Dachstuhl gezimmert haben, meist nur wenig für das entstehende Haus. Aber sie ziehen Stolz und damit Freude aus ihrer Arbeit, wenn sie gut geraten ist, sie freuen sich, weil sie in Gemeinschaft mit anderen gearbeitet haben, sie freuen sich über das Geld, das sie dafür erhalten, in Vorfreude auf die eigentlich freudenbringenden Dinge, für die sie das Geld ausgeben werden. Nimmt man jetzt die Prozessschritte, aber auch die Personen, die notwendig sind, ein Auto, ein Flugzeug, erst recht ein Schiff in die Welt zu bringen, so findet man eine Komplexität, die es fast unmöglich macht, den Prozess als Ganzes zu erfassen. Und das ist immer noch trivial verglichen mit sozialen und politischen Prozessen, erst recht auf internationaler Ebene. Strategien versuchen eine Nutzenmaximierung zu realisieren in einer zunehmend komplexeren Welt, eingedenk der sehr begrenzten Verstehbarkeit eben dieser Welt und der in ihr wirkenden Prozesse. Daher steigt mit zunehmender Komplexität die Wahrscheinlichkeit, dass eine Strategie nicht erfolgreich ist. Das macht strategisches Handeln nicht zu einem veralteten Paradigma; aber es zwingt stärker noch als in der Vergangenheit dazu, die jeweilige Strategie kontinuierlich zu überprüfen und gegebenenfalls – unter Vermeidung von hektischem Strategie-Gehopse – zu adjustieren.

Wesentliche Elemente der Überlegungen zur Erarbeitung einer Strategie sind damit die von ihr Betroffenen, vor allem diejenigen, die von ihr profitieren wollen, die von ihr profitieren sollen und vor allem jene, die von ihr profitieren müssen, um eine nennenswerte Erfolgswahrscheinlichkeit der Strategie zu erzielen. Zudem zielen Strategien im militärischen wie im wirtschaftlichen Bereich immer auf eine ganzheitliche Nutzenoptimierung. Daher muss zunächst ein Katalog der relevanten Nutzenaspekte erarbeitet werden, was alles andere als trivial ist und sich von Fall zu Fall unterschiedlich gestalten kann. Erst hierauf kann man eine Strategie aufbauen, welche nicht die Maximierung eines einzelnen Nutzenfaktors anstrebt, sondern die Gesamtmaximierung der Summe aller Nutzenfaktoren. Allerdings ist dabei zu berücksichtigen, dass es Nutzenfaktoren gibt, die mit anderen zusammenhängen. Und hierbei gibt es noch einen Sonderfall: Einige Nutzenfaktoren dürfen nicht unter einen Mindestwert fallen, weil sie sonst andere wenigstens auf mittlere Sicht ebenfalls minimieren. So verspricht vielleicht fortgesetztes Schwänzen der Schule dem Schüler adhoc einen hohen Gesamtnutzen, auch wenn der Nutzen aus dem Erfolg, ein guter Schüler zu sein, hier nicht zur Gesamtsumme beitragen dürfte. Aber auf mittlere Sicht wird dadurch auch der Nutzen in anderen Nutzenfeldern – Anerkennung im Freundeskreis, Wohlstand usw. – mindestens stark gefährdet. Ebenso ist es extrem unwahrscheinlich, eine insgesamt beeindruckende Nutzenbilanz zu erzielen, wenn der Nutzen komplett wegfallen ist, der aus dem Gefühl resultiert, hinreichend gegessen zu haben. Erst recht, wenn er nicht durch das Gefühl kompensiert werden kann, dass dieser Nutzenverzicht auf freiwilliger Entscheidung beruht.

Im Unternehmensbereich ist eine Nutzenmaximierung vergleichsweise leicht, mindestens auf einem sehr geringen Detaillierungslevel: Nutzenmaximierung fokussiert heutzutage immer die Dreiheit von güterwirtschaftlicher, finanzwirtschaftlicher und informationswirtschaftlicher Optimierung. Spannend wird es aber, wenn diese Werte in Konkurrenz zueinander stehen. Wo dies nicht durch eine andere Strategie gelöst werden kann, ist heutzutage wahrscheinlich – anders als noch vor hundert Jahren – ein Primat der informationswirtschaftlichen Optimierung in der Regel angeraten. Aber diese Daumenregel enthebt die Strategiebildung keineswegs der Pflicht zu einer dem Einzelfall gerecht werdenden Analyse, welcher Nutzenwert im jeweiligen Kontext zu optimieren ist.

Im militärischen und vor allem im politischen Bereich sind solche Nutzenkataloge hingegen deutlich schwieriger zu erarbeiten, die den einzelnen Faktoren zugewiesenen aktuellen Nutzenwerte deutlich stärker umstritten, selbst wenn man sich grundsätzlich auf den entsprechenden Katalog geeinigt hat. Dies liegt zum einen an der Vielfalt innerhalb jeder Gesellschaft. So empfinden die meisten Menschen Freude daran, die eigenen Kinder sorgenfrei und mit guter Perspektive aufwachsen zu sehen. Indes wird eine repräsentative Gruppe etwa in den USA eine hohe Streuung der ermittelten Werte aufweisen. Man vergleiche z.B. eine schwarze Supermarktgehilfin und Mutter aus Alabama mit einem weißen Hochschuldozenten und Vater aus Stanford. Aber auch der Gesamtwert ist Gegenstand der Interpretation und damit häufig von hitzigen Debatten. Angehörige islamistischer Splittergruppen im Köln zum Beispiel kämen in der Gesamtbilanz für Deutschland mit Sicherheit zu ganz anderen Resultaten als der nur ein paar Straßen weiter wohnende Erzbischof.

Ich will mich nicht allzu weit in das eine oder andere Gebiet wagen, aber Sie wissen natürlich, dass sowohl die politische wie die militärwissenschaftliche Diskussion nicht zuletzt immer wieder um die Frage kreisen, was eigentlich die heranzuziehenden Nutzenkataloge sind. Natürlich kann ein General sagen, dass es um nichts anders als den Sieg geht. Aber welche Werte anzustreben sind, um diesen zu erringen, ist umstritten. Clausewitz hat den Angriff auf das feindliche Gravitätszentrum ins Zentrum gestellt, was aber die Bereitschaft voraussetzt, alle Kräfte hier zu konzentrieren und entsprechend das eigene Hinterland weitgehend schutzlos zu lassen. Zudem ist es immer auch eine Anforderung an eine militärische Planung, den Krieg nicht so zu führen, dass man nach Kriegsende nicht zu einem friedlichen

Miteinander mit dem – hoffentlich besiegten, aber vielleicht auch siegreichen – Gegner zurückkehren kann. Und wenn man diese allgemeinen Ziele weiter auflöst, soll man dann das Erobern befestigter Plätze des Feindes, die Zerstörung seiner Wirtschaftszentren, das Blockieren seiner Nachschublinien fokussieren, wenn die eigenen Kräfte nicht ausreichen, alles gleichzeitig zu erreichen? Oder soll man primär von diesen möglichen Gravitätszentren in Clausewitz' Verständnis immer das angreifen, dem der Feind die geringste Angriffswahrscheinlichkeit zuweist? Immer vorausgesetzt, man kann das überhaupt rauskriegen. Einer militärischen Strategiebildung sollte, in Business Denglisch gesprochen, eine Stakeholder-Analyse der militärischen Ausgangslage und eine Crucial-Value-Analyse vorausgehen. Diese können klären, wem die Strategie nützen soll und durch die Verwirklichung welches Gesamtziels. Sie sagen auch, welche Werte zu priorisieren sind, um dieses Ziel zu erreichen. Und natürlich sollte man, nicht anders als in Geschäftsstrategien, die Erfolgswahrscheinlichkeiten jeder Strategie bei allen prognostischen Unwägbarkeiten kritisch hinterfragen. Die imposantesten Strategien sind nämlich kontraproduktiv, wenn sie mit großer Wahrscheinlichkeit über die eigenen Füße stolpern werden.

11.3.   Multilaterale Zielfindung in Zeiten unären Nutzenzwangs

Je mehr Ziele autonom nebeneinander und womöglich in Konkurrenz zueinander stehen, umso schwieriger wird es natürlich, eine Strategie zu entwickeln, welche diesen Zielen insgesamt gerecht wird, wenn über alle Ziele hinweg der Gesamtnutzen maximiert wird. Im Geschäftsleben konkurrieren vielleicht Reduzierung der Fertigungsaufwände und Zufriedenheit der Mitarbeiter durch Arbeitsplatzsicherheit miteinander. Allerdings tun sie dies oft nur auf kurze Sicht. Denn wenn viele Arbeiter durch ungeschütztes Arbeiten oder deutlich verkürzte Taktzeiten erkranken, verlassen sie vielleicht das

Unternehmen, werden frei werdende Plätze unattraktiv für neue Mitarbeiter, müssen zusätzliche Investitionen getätigt, vielleicht auch Schadenersatzforderungen befriedigt werden. Daher muss man auch die Frage beantworten, welchen Zeithorizont man der Prognose zugrunde legt. Muss also in der Berechnung ein schädlicher Effekt berücksichtigt werden, der voraussichtlich erst in zwanzig, in vierzig Jahren eintreten wird? Oder für den das Unternehmen nicht wird aufkommen müssen?

Es waren solche Überlegungen, die seit den 1960er Jahren Konzerne wie Exxon, Koch Industries oder Mercedes gegen alle Lehrmeinungen zum Klimawandel haben kämpfen lassen. Sie wussten natürlich um die Korrektheit der entsprechenden Studien und die gigantischen Folgeschäden ihrer aktuellen Geschäftstätigkeit. Aber ein so weit in der Zukunft stattfindender Effekt ist aus Sicht der meisten Unternehmen zu vernachlässigen. In den meisten entsprechenden Berechnungen werden zukünftige Effekte – positive und negative – umso geringer kalkuliert, je weiter sie in der Zukunft liegen. Das hat ein bisschen was vom Spatz in der Hand und der Taube auf dem Dach. Wenn also ein Effekt von einer Million Euro – positiv oder negativ – für jedes Jahr, das er in der Zukunft liegt, mit nur 10% abgezinst wird, dann geht zwar erst mit einem Horizont von 197 Jahren sein Wert unter 1 Cent. Aber schon zehn Jahre reduzieren den bewertbaren Ertrag auf etwa ein Drittel des Eingangswerts. Und viele Unternehmen zinsen Prognosen mit 25% ab. Das führt dann dazu, dass man alles unberücksichtigt lassen kann, was mehr als fünf Jahre in der Zukunft liegt.

Natürlich gibt es Unternehmen, die anders planen. Das verbindet sich meist mit dem Begriff der nachhaltigen Unternehmenspolitik. Aber selbst Waldbauern verfallen immer wieder dem Lockruf des schnellen Geldes. Man kann zwar einen Wald nicht in fünf Jahren pflanzen, hochziehen und zu Geld machen. Aber die Jahrzehnte prägende

Monokultur mit Fichten und anderen schnellwachsenden Bäumen hatte zum Ziel, den Planungszeitraum und den Ertragshorizont auf etwa zwanzig Jahre einzudampfen. Dann werden nämlich auch die für den Planungszeitraum zu berücksichtigenden Risiken deutlich kleiner.

Auch heute hat sich nachhaltiges Wirtschaften nicht einmal bei den Konzernen der Industrienationen durchgesetzt, erst recht nicht bei den kapitalhungrigen Einsteigern in das Konzert weltweit operierender Unternehmen. Das liegt nicht nur am viel gescholtenen Schielen nach dem Shareholder Value, also nach der Attraktivität der Firma für den stets volatilen Aktienmarkt. Sondern es ist das Grundprinzip kapitalistischen Wirtschaftens, nicht weit in die Zukunft zu schauen. Wie Joseph Keynes formuliert hat: „In the long run, we're all dead." Sicherlich eine korrekte, dennoch eine nur mäßig hilfreiche Bemerkung angesichts der teilweise sehr langen Wirkungszeiträume unseres Handelns, die sich nun einmal nicht auf ein Menschenleben eindampfen lassen. Zwar war das Zitat ursprünglich ganz anders gemeint, wird heute aber in kapitalistischen Kreisen oft wie eine moderne Form von „Carpe diem!" verwendet. Wer den Tag zu fangen versucht, darf sich nun einmal nicht um Jahrzehnte scheren.

Man wirft Wirtschaftsunternehmen oft vor, dass diese Art der Kalkulation zu einer kurzfristigen und häufig auf lange Sicht dem Unternehmen schadenden Vorgehensweise führt. Aber viele Politiker fokussieren – auch wenn sie das meist bestreiten – noch kürzere Zeiträume, nämlich die aktuelle Legislaturperiode von zumeist vier Jahren – oder auch schon mal zwei Jahren, wenn die nächste Wahl näher rückt. Und während wirtschaftliche Ziele dazu neigen, auf längere Zeiträume gesehen zu konvergieren, also nicht mehr in Konkurrenz zu stehen, ist dies in der Politik meist nicht der Fall. Der Wunsch, in Frieden und Wohlstand zu leben, ist auch auf sehr lange Sicht mit dem Wunsch, die bedeutendste Militärmacht zu werden und die halbe Welt zu erobern, nicht mal dann zu vereinbaren, wenn aus der halben Welt irgendwann die ganze Welt geworden ist. Denn wer sich den Weg nach oben freigebombt hat, muss damit rechnen, diese Rolle immer wieder mit ähnlichen Mitteln verteidigen zu müssen.

Ebenso verdeutlicht aber vor allem die Militärstrategie auch, dass man nicht alles dem Primat eines langfristigen Ziels unterordnen darf. Denn dann geht man buchstäblich über Leichen. Hier wie in Unternehmensstrategien und vor allem in der Politik kann man aber rasch einen Punkt erreichen, wo die vermeintlichen Kollateralschäden den eigentlich angestrebten Zielnutzen der Strategie überwiegen und ad absurdum führen. Stellen Sie sich das wie eine Brücke in die Zukunft vor: Natürlich wollen Sie zum gegenüberliegenden Ufer. Natürlich ruht das Mittelstück der Brücke auf einem wuchtigen Pfeiler. Aber links und rechts davon liegen weniger spektakuläre Abschnitte. Auch hier gibt es Pfeiler, die vielleicht nicht so faszinierend sind. Aber wenn nach ein paar Schritten einer dieser Pfeiler wegknickt und mit diesem unspektakulären Straßenabschnitt und Ihnen darauf in die Tiefe stürzt, dann fragt sich nicht mehr, wie es wohl um diesen großartigen Mittelpfeiler und um das Stück der Straße bestellt ist, das auf ihm aufruht. Gerade in unseren Tagen sehen wir, nachgerade im Gaza-Streifen, wie ein Primärziel, ein solch großer Pfeiler, gar nicht mehr beachtet wird. Geiselbefreiung? Entwaffnung der Hamas? Juristische Verfolgung der Mörder und Vergewaltiger vom 07.10.2023? Wann haben Sie zuletzt jemanden über diese Ziele diskutieren hören? Stattdessen diskutieren wir – und völlig zu Recht – die Sinnhaftigkeit der israelischen Strategie und Taktik. Die Legitimität eines Angriffs auf Rafah. Und ob nicht die erstaunliche Gleichgültigkeit von Teilen der israelischen Streitkräfte gegenüber zivilen Opfern nach und nach – nicht intentional vielleicht, aber faktisch – die Dimension eines Genozids erreicht.

Schwieriger noch ist aber die Benennung eines solchen Brückenpfeilers für eine langfristige politische Agenda. Denn wie oben ausgeführt stehen in der Politik verschiedene Nutzenaspekte und damit wenigstens potenzielle Ziele dauerhaft in Konkurrenz. Politik ist die Kunst, diese Ziele so weit wie möglich zu versöhnen, sodass alle in gewissem Umfang, wenn auch vielleicht keines vollumfänglich verwirklicht werden kann. Aber was, wenn der Politik Ziele aufgegeben sind, von denen eines wenig kurzfristigen Nutzen aufweist, aber langfristig, wenn es nicht sofort verfolgt wird, alle anderen Ziele unerreichbar machen wird? Wenn zugleich aber es heute zu verfolgen nur möglich ist, wenn man alle anderen Ziele, Kollateralschäden usw. umfassend und für sehr lange Zeit aus der Kalkulation nimmt? Wenn also aus einem multiplen Nutzenkatalog diverser, teils durchaus konkurrierender Nutzenaspekte eigentlich eine unäre Fokussierung geworden ist?

Man muss den Klimawandel begrenzen, das ist unstrittig. Man muss seine jetzt schon erkennbaren Folgen beherrschbar machen und die zu erwartenden Schäden eindämmen. Auch das diskutieren heute nur noch sehr wenige. Aber das wird nicht funktionieren, wenn man gleichzeitig einen wachsenden Wohlstand der westlichen Welt, Freude an Fleischkonsum, an Kreuzfahrten, an motorisiertem Individualverkehr uneingeschränkt weiter verfolgen will. Wenn Menschen weiter uneingeschränkt die größte Freude von allen verfügbar sein soll, nämlich ein Kind zur Welt zu bringen und großzuziehen. Wenn man ihnen nicht die Heimat nehmen will, um dort Deiche zu bauen, sondern das lieber der Nordsee überlässt, die sich dann irgendwann das Gebiet nehmen wird, ohne groß Fragen zu stellen. Wenn man nicht bereit ist, die militärischen Aufwände aller Staaten auf annähernd Null zu reduzieren, weil das Geld, vor allem aber die Ressourcen dringend für Themen der Klima-Resilienz benötigt werden.

Kommt man nicht unter diesen Vorzeichen doch wieder zu einer unilateralen Strategie? Nein. Die multilaterale Strategiebildung adressiert die Heterogenität von Nutzenaspekten, also vor allem der drei Nutzenfelder Information, Geld und Realwert. Und sie berücksichtigt ebenso nicht-monetarisierbare Nutzenaspekte, also Werte wie individuelles Glück, Zufriedenheit, kulturelle Bindung und Angstfreiheit. Wenn man zeigen kann, dass in der Summe dieser Themen Rinderzucht einen höheren Gesamtnutzen erbringt als Deichbau, sollte man unbedingt hier den Schwerpunkt seiner Aktivitäten bilden. Eine nüchterne Analyse zeigt aber, dass auf alle nur irgend vorstellbaren Nutzenaspekte Klimamaßnahmen einen positiveren Effekt haben als jede andere Handlungsoption. Nur eben nicht im Zeitraum von ein paar Jahren. Und: Es sind sogenannte vermiedene Kosten. Man investiert Geld und Ressourcen, um zukünftig keinen Verlust zu machen, keinen Schaden zu erleiden. Das lässt die Grundstruktur des Kapitalismus gar nicht zu.

Wenn ein Unternehmen über 10 Mio. € operatives Kapital verfügt und davon 9 Mio. € aufwenden müsste, um einen drohenden Schaden von 100 Mio. € abzuwenden, dann sollte man das Unternehmen sofort schließen. Denn selbst wenn die Abwendung des Schadens gelingt, dürfte infolge von sonstigen Verpflichtungen wie Gehältern und Gebäudekosten das Unternehmen zum Jahresende illiquide werden oder wenigstens wichtige Investitionen in Produktinnovation, Marketing, Kundenpflege, Erschließung neuer Märkte usw. unter diesen Vorgaben vernachlässigt haben. Schließt man also sofort das Unternehmen, rettet man wenigstens die 10 Mio. €, sofern man nicht einen kapitalkräftigen Investor findet, der die 100 Mio. € Risikoabwehraufwände und zusätzlich die normalen Geschäftsaufwände zu übernehmen bereit ist, weil er sich trotz dieser hohen Investition eine lukrative Zukunft mit diesem Unternehmen ausrechnet.

Nun kann man einen Staat, der die entsprechenden Risikomaßnahmen nicht finanzieren kann, nicht einfach schließen und das verbliebene Restvermögen unter den Eignern des Staats, also den Bürgern, möglichst gerecht aufteilen. Das Szenario mit dem kapitalkräftigen Investor lässt wahrscheinlich nur sehr kleine Staaten aufhorchen. Kiribati etwa, das von chinesischen Unternehmen umfangreiche Baggerarbeiten durchführen lässt, um den drohenden Untergang der Insel zum Ende des Jahrhunderts zu verhindern, damit allerdings China den Aufbau eines Stützpunkts dicht an Neuseeland ermöglicht. China selbst würde hingegen wohl vergebens nach einem entsprechend starken Partner suchen, der das Land vor den katastrophalen Effekten schützt, die in allen Szenarien dort in den nächsten Jahrzehnten das Leben von Hunderten von Millionen Menschen bedrohen werden.

Damit sind Staaten zur Durchführung der entsprechenden Klimamaßnahmen unabweislich gezwungen. Und es ist kein sinnvolles Szenario, dass der Privatwirtschaft zu überlassen. Im Gegenteil kann der Kampf gegen den Klimawandel bzw. seine Folgen nur gelingen, wenn die Macht der Privatwirtschaft, von Konzernen und Superreichen umfassend vom Staat übernommen wird. Sonst sind die gigantischen Aufwände nicht zu bewältigen, die hier notwendig sind, und die hier zu treffenden Entscheidungen werden nie und nimmer getroffen werden, weil sie den Interessen einer überwältigenden Mehrheit der genannten Konzerne und Superreiche zuwider laufen.

Aber viele Staaten werden diese Aufwände nicht einmal dann bewältigen können, wenn sie das gesamte Vermögen ihrer Bevölkerung verstaatlichen. Auch dann nicht, wenn die jetzt schon oft atemberaubenden Staatsschulden via Haircut kurzerhand gestrichen werden. In diesen Fällen ist die Staatengemeinschaft vor die Frage gestellt, ob man diese Staaten dem Untergang oder jedenfalls einem langdauernden

Albtraum überantwortet. Oder ob man die Rolle des kapitalkräftigen Investors übernimmt.

Die Antwort auf diese Frage hängt von drei Aspekten ab:

- Reichen die weltweiten Ressourcen bei entsprechender Umverteilung aus, um die Folgen des Klimawandels global zu bewältigen?
- Ist eine solche Umverteilung in den wohlhabenderen Staaten politisch durchsetzbar?
- Welche Auswirkungen hätten die ungedämmten Folgen des Klimawandels in einem Staat für andere Staaten der Region oder auch weltweit?

Ich kann Ihnen die Antwort auf die erste Frage nicht geben. Aber wenn die Ressourcen sowieso nicht für alle reichen, sind die beiden anderen Fragen belanglos. Es ist lediglich das Prinzip Hoffnung, dass die Mittel insgesamt noch zur Verfügung stehen, für alle Betroffenen heute und in Zukunft eine Lösung zu finden. Vorausgesetzt, dass wir hier in den wohlhabenden Ländern die entsprechenden Opfer zu bringen bereit sind. Womit wir dann bei der zweiten Frage der politischen Durchsetzbarkeit wären. Auf das geliebte Wurstbrötchen zu verzichten, damit in sechzig Jahren Nauru oder Tonga oder Kiribati nicht im Meer versinken, ist schwer zu argumentieren. Der heutige Wurstbrotesser darf hoffen, nicht einmal via Medienberichte Zeuge dieser Ereignisse zu werden. Zudem werden die Überlebenden dieser Katastrophen wahrscheinlich eher in Neuseeland oder Australien als in Cuxhaven aus ihren Booten klettern würden. Sie sind also dem niederbayerischen Wurstbrotesser zeitlich und räumlich einfach zu weit entfernt, um für seine kulinarische Ausrichtung eine nennenswerte Rolle zu spielen.

Oder sind die Folgen des Klimawandels doch auch für uns hier in Mitteleuropa so drastisch, dass die entsprechenden Maßnahmen zu finanzieren schlichtem Eigeninteresse zugerechnet werden kann? Was droht uns denn? Nur bedrückende Bilder in der Tagesschau? Nur längere, trockenere Sommer, schneefreie Winter und dazwischen mehr Regen als sonst in Frühling und Herbst?

Was machen wir denn, wenn zig Millionen Menschen über die Pyrenäen, die Alpen zu uns kommen, weil ihre Heimat unbewohnbar geworden ist? Abweisen und ihnen beim Sterben zusehen? Unsere Grenzen mit Waffengewalt verteidigen? Auch noch, wenn die Verzweifelten, die Verhungernden, die Flüchtlinge klimabedingter Bürgerkriege nicht mehr aus Gabun und Eritrea stammen, sondern Saragossa? Pescara? Sarajevo? Oder irgendwann aus Emden? Aus Warstein? Aus Darmstadt? Weil die Nordsee Ostfriesland verschlungen hat. Die Sauerlandhänge talwärts gerutscht sind. Es in jenem Tal, wo einst der Rhein floss, seit Jahren nicht mehr geregnet hat.

Das sind, nun ja, es sind schon Horrorszenarien. Aber außerhalb aller Wahrscheinlichkeit sind sie durchaus nicht. Ist es daher zum einen legitim, über diesem einen, diesem unären Nutzenaspekt alle anderen zu ignorieren, aber zweitens auch dann konsequent alle Mittel hierauf zu verwenden, wenn doch eigentlich der drohende Schaden so wenig wie der durch die Umwidmung der Mittel erhoffte Nutzen in der Lebenszeit irgendeines der Beteiligten zum Tragen kommen wird?

Man muss hier begreifen, dass die Rettung der Welt, der Menschheit, unserer Kultur usw. kein Selbstzweck ist. Die bisherigen Nutzenaspekte ändern sich nicht wesentlich. Aber um sie auch nur auf minimalem Niveau fortzuschreiben, sind heute ganz andere Maßnahmen als noch vor hundert Jahren angebracht. Wir erhöhen die Deiche nicht, weil dadurch in hundert Jahren Ostfriesland noch sicher ist. Auch nicht, weil wir allesamt Aktien von Hoch-Tief gekauft hätten. Wir bekämpfen den Klimawandel und setzen seinen Folgen unsere bescheidenen Kräfte entgegen, weil bei nüchterner Betrachtung alle bisherigen Szenarien uns blankes Entsetzen in Herz und Sinne jagen.

Damit kann man nicht glücklich werden. Also ist es purer Selbstschutz, was wir hier tun wollen. Tun müssen.

Und vergessen wir nicht, dass der Klimawandel an jedem einzelnen Tag unsagbares Leid über die Welt, jedes Land, jeden von uns bringen wird. Hunger, Dürren, Überschwemmungen, unbekannte Krankheiten, Krieg, Plünderungen, Bürgerkrieg. Und er wird uns den fortgesetzte Anblick all jener bescheren, die weniger Glück hatten als wir. Zugegeben, vor den Bildern kann man die Augen vielleicht verschließen. Was man nicht verschließen kann sind unsere Geisteskräfte, die sich vorstellen, drastisch vorstellen, was zu schauen wir uns vielleicht dann lang schon nicht mehr trauen werden.

Ich danke Ihnen für Ihre Aufmerksamkeit.

12. Torben Remeck: Die gezähmte Revolution: Die Reformation in Bremen und der Aufstand der 104 Männer

Torben Remeck ist Bremer durch und durch. Das hört man seinen Songtexten an, das ist auch fernab der Bühne Teil seiner publizistischen Arbeit, insbesondere dort, wo es um die Renaturierung großer Areale entlang der Weser und den weiteren Ausbau des Fahrradwegenetzes in seiner Stadt und hinaus ins Bremer Umland geht. Wir haben uns sehr gefreut, dass seine Gruppe, die Blockdiek Blues Band, die Abendveranstaltung der Akademie-Tagung gestaltet hat. Eine zusätzliche Freude war es uns aber, als Torben Remeck am Folgetag gezeigt hat, dass ihm auch die Geschichte seiner Heimat nicht gleichgültig ist, indem er auf einen der weniger bekannten Schauplätze der Reformation in Deutschland einen durchaus neuen und erhellenden Blick geworfen hat. Wir geben hier die leicht bearbeitete und vor allem mit den entsprechenden Belegstellen versehene Fassung seines Beitrags wieder.

12.1. Bremen im Kontext der Reformationsgeschichte

Die lokalpatriotische Geschichtsschreibung in Bremen hat vor allem gegen Ende des 19. Jahrhunderts den Eindruck zu erwecken versucht, die bremische Religionsgeschichte im 16. und auch noch im 17. Jahrhundert sei stringent verlaufen. In jedem Konflikt sei die "richtigere" Position durchgesetzt worden. Plausibel ist dies nicht. Die Geschichte der bremischen Reformation ist nicht die Geschichte einer geradlinigen Entwicklung, in der sich das "Richtige" unbeschadet der Attacken des "Falschen" entwickelte, sondern es lassen sich mehrere reformatorische Stränge ausmachen. Die Reformation war immer wieder ein Kompromiss zwischen diesen Strängen, und mindestens einmal erwies sich dann doch noch als mindestens partiell erfolgreich, was man eigentlich schon eine Generation zuvor überwunden zu haben glaubte.

Wenn man ein Anfangsdatum der Bremer Reformation sucht, wäre dies der 9. November 1522. An diesem Tag wurde erstmals in Bremen eine evangelische Predigt gehalten.[1] Diese Vorgänge sind also noch zur frühen Phase der Reformation in Deutschland zu rechnen. 1521 war Luther durch das Wormser Edikt in die Acht getan worden, der Kaiser hatte erstmals unmissverständlich Stellung bezogen. Allerdings verzichtete er darauf, das auch aus formalen Gründen fragwürdige Edikt reichsweit durchzusetzen. Dieser unklare Zustand dauerte bis 1526, als auf dem Reichstag zu Speyer Ferdinand I. verkündete, dass Edikt sei nur so weit umzusetzen, wie die Reichsfürsten dies in ihrem jeweiligen Territorium vor Gott und dem Kaiser verantworten könnten. Damit verzichtete das Reich auf eine konfessionelle Einigkeit und beschränkte diese auf den Herrschaftsbereich des jeweiligen Landesfürsten.

Die genannte erste Predigt in Bremen hielt ein zugereister Kleriker, Heinrich, nach seiner Geburtsstadt Heinrich von Zütphen genannt. Die protestantische Tradition in Bremen und die von ihr geprägten Lokal- und Kirchenhistoriker haben nie einen Zweifel gelassen, dass dieser erste evangelische Prädikant, Heinrich von Zütphen, der Vater der Reformation in Bremen genannt werden kann. Und sie haben auch alles getan, um aus Heinrich einen ungebrochenen Träger der reinen lutherischen Lehre zu machen. Aber er war wohl weder ganz das eine noch ganz das andere. Denn die Reformation hatten schon ihre ersten Sprecher unter den Laien in Bremen gefunden, bevor Heinrich dorthin kam, ja er kam überhaupt nur, weil es diese Vorreiter der Reformation hier bereits gab. Und so lutherisch, wie noch Bippen oder Veeck in

---

[1]   Zweite Bremer Chronik, StA Bremen, P.1.2.s.2.a.

ihren Schriften zur Bremer Geschichte glauben machen wollen, war Heinrich durchaus nicht.[2]

Heinrichs Heimatstadt im Gelderland gehörte ähnlich Bremen der Hanse an. Heinrich war Augustiner-Eremit, also Angehöriger jenes Ordens, der in Deutschland seit dem Ende des 15. Jahrhunderts der wichtigste Träger der Ockham'schen Lehren und der innerkirchlichen Reformationsforderungen war. Diesem Orden, vor allem seiner sächsisch-thüringischen Kongregation, entstammten auch andere wichtige Vertreter der ersten Generation der Reformation. Zuvorderst natürlich Luther selbst, aber auch Karlstadt oder der zweite Reformator in Bremen, Jakob Probst oder Prawest. Andere Augustiner dieser Kongregation scheinen wenigstens deutliche Sympathien für Luther und seine Lehren gehegt zu haben. Dies gilt auch für den Generalvikar Johann von Staupitz, der Leiter der Kongregation geworden war, nachdem der Gründer Alexander Proles 1503 verstorben war.[3]

Heinrich von Zütphens Biografie ähnelt der vieler Anhänger der Reformation: Wohl noch vor dem Eintritt in den Orden hatte er Verbindungen zur Bruderschaft vom Gemeinsamen Leben, die Ende des 14. Jahrhunderts in Deventer gegründet worden war.[4] Der Einfluss dieser Laienverbindung auf die Reformation ist bekannt; auch Luther hatte in Magdeburg zeitweilig eine ihrer Schulen besucht. 1508 wurde Heinrich vom Orden zu Studien nach Wittenberg geschickt. Luther befand sich zu dieser Zeit in Wittenberg, aber weder Luthers Hinterlassenschaft noch die wenigen biographischen Informationen zu Heinrich deuten auf eine engere Bekanntschaft in dieser Zeit hin. 1511 wurde

---

[2]   Veeck: Reformation in Bremen, v.a. S- 31-37; Bippen: Bremens Krieg, S. 34.

[3]   Zumkeller: Augustinerkloster, S. 327-329.

[4]   Veeck: Reformation, S. 12.

Heinrich Magister Liberum Artium und ging 1514 als Subprior eines Augustinerklosters von Wittenberg nach Köln; 1515 wurde er Prior in Dordrecht. Als Anhänger der Reformkongregation stieß er hier auf erheblichen Widerstand, sodass er das Amt niederlegen musste und ab 1520 wieder in Wittenberg während Luthers Dekanat Theologie studierte.[5] Unter Petrus Lupinus wurde er 1521 Baccalaureus der Theologie; auch mit Melanchthon wurde er in dieser Zeit bekannt. 1522 ging er wieder in die Niederlande, wo es bereits zu ersten Verfolgungen von Lutheranern gekommen war. In Antwerpen wurde Heinrich verhaftet, aber von einer aufgebrachten Menge befreit, noch bevor er nach Brüssel zum Prozess verbracht werden konnte.[6]

Die Bremer Lokalhistoriker haben es nur am Rand und mit skeptischem Amüsement vermerkt, dass nach allen Berichten diese aufgebrachte Menge im Wesentlichen aus Frauen bestand.[7] Tatsächlich aber liefert dies einen wichtigen Hinweis darauf, dass die Reformation in ihrer Anfangsphase durchaus nicht nur die Angelegenheit religiös besorgter, antiklerikaler oder antikirchlicher Männer war, sondern wesentlich von Frauen getragen wurde, deren Einfluss auch auf die theologischen Auseinandersetzungen in der traditionellen Forschung

---

[5] Luther erwähnt ihn in einem Schreiben an Johann Langen als einen Prior in Dordrecht; Rotermund: Vom Anfange, S. 6.

[6] Heinrichs eigener Bericht über seine Gefangennahme in Schreiben an Jacob Probst und Pater Reiner, 29.11.1522, in: Bremisches Jahrbuch, 2. Ser., Bd. 1/1885, S. 241-245.

[7] Heinrich schrieb: "Vespere, dum sol occubuisset, irruperunt in monasterium, quo detinebar, aliquot mulierum milia, concurrentibus simul viris, et ruptis foribus eductum me restituerunt fratribus meis, cum quibus egi triduo."; Heinrich an Probst und Reiner, 29.11.1522, in: Bremisches Jahrbuch, 2. Ser., Bd. 1/1885, S. 241-245, hier S. 242.

kaum hinreichend gewürdigt worden ist - selbst wenn es sich um so zentrale Figuren wie Katharina von Bora handelt.

Heinrich versteckte sich noch einige Tage im Augustinerkloster von Antwerpen, das wenig später von Margarethe von Österreich, Karls V. Tante und Statthalterin der Niederlande, als Brennpunkt der Ketzerei aufgehoben und zerstört wurde. Da war Heinrich aber bereits geflohen und befand sich auf dem Weg zurück nach Wittenberg. Bei der Flucht hatten ihn anscheinend Bremer Freunde unterstützt. Es ist daher nicht ausgeschlossen, dass schon zu diesem Zeitpunkt Verabredungen bestanden, dass Heinrich in Bremen mindestens Station machen sollte, um das Evangelium zu predigen, und die Reise nach Wittenberg somit nur vorgeschoben war.

12.2. Die Bremer Kirchenorganisation

Anfang des 16. Jahrhunderts war in Bremen unübersehbar, dass die Kirche einer Reformation dringend bedurfte. Als Sitz des Erzbischofs war Bremen in vier Kirchspiele aufgeteilt. Es gab zwischen 150 und 200 Geistliche in Bremen, darunter das Domkapitel mit 24 Chorherren und 41 Vikaren, welche für die oft abwesenden Chorherren den Kirchendienst zu leisten und stiftungsgemäß an den zahlreichen Kirchenaltären die Messe zu halten hatten.

Zwei der vier Kirchspiele unterstanden dem Domkapitel, während die beiden anderen, die durch umfangreiche Spenden sehr wohlhabenden Kollegiat- und Stiftskirchen St. Ansgari und St. Stephani, eigene Kapitele unterhielten. Hierzu gehörten jeweils 9 bis 12 Stiftsherrenstellen und 12 bis 25 Vikare. Es gab zwei Klöster in der Stadt, nämlich St. Katharinen, ein Dominikanerkloster, und St. Johannis, ein Franziskanerkloster. Zudem gab es zwei Beghinenhäuser, wo Jungfrauen und Witwen ein zurückgezogenes Leben führen konnten. Und schließlich bestand noch die Komturei des Deutschritterordens. Hier lebten ursprünglich bis zu fünfzehn Ordensleute, zuletzt aber nur noch ein Komtur.

12.3. Volksfrömmigkeit und Reformbestrebungen in Bremen

Bernd Möller hat in seiner Darstellung der Reformation in Bremen die Ansicht vertreten, die Volksfrömmigkeit sei in Bremen weniger ausgeprägt als in anderen Hansestädten gewesen und als Beleg angeführt, dass es in Bremen nur 29 Bruderschaften gab.[8] Unabhängig von der Frage, wie groß die Volksfrömmigkeit tatsächlich war, blieb aber auch Bremen nicht verschont von der Suche nach religiösem Halt in bedrängter Zeit, einer Zeit, die, was das Jahr 1522 anging, schon deswegen schwierig war, weil im Frühling und Sommer des Jahres ein erneutes Aufflammen der Pest eine ungewöhnlich große Zahl von Opfern gefordert hatte.[9] Aber sowieso beschränkte existenzielles Suchen sich wohl auch in dieser Zeit nicht auf diejenigen, die ohnehin religiös waren; im Gegenteil sind diese wahrscheinlich zu allen Zeiten am wenigsten anfällig hierfür gewesen.[10]

Die Zunahme allgemeiner Religiosität dokumentiert für diese Jahre also eher ein Suchen nach religiösem Halt, aber nicht mehr eine Gewissheit im Glauben. Sie verschaffte dem Rat die nötige Unterstützung in der Fortsetzung der bereits im 15. Jahrhundert begonnenen Emanzipationspolitik der Stadt gegenüber dem Erzbischof, welche schließlich im 17. Jahrhundert in der Verleihung der Reichsfreiheit durch das Linzer Diplom Ferdinands III. kulminierte.

1433 hatte nach erheblichen Unruhen die Stadt eine neue Verfassung erhalten, die „Eintracht", welche eine geringe Zahl begüterter Familien

---

[8]   Möller: Reformation, S. 58.
[9]   Zweite Bremer Chronik, StA Bremen, P.1.2.s.2.a.
[10] Heyne: Reformation, S. 7.

244

mit der fast uneingeschränkten Herrschaft über die Stadt betraute. Denn für ein Ratsamt war es Voraussetzung, männlicher, ehelich geborener Bürger zu sein und einer Familie anzugehören, die in Bremen über Grundbesitz im Gegenwert von wenigstens 100 Mark verfügte. Alle Korporationen der Stadt, insbesondere die Zünfte, in Bremen „Ämter" genannt, und die Kaufmannsgilde, „Kaufmann" genannt, hatten lediglich beratende Funktion. Auch der Einfluss des Erzbischofs war in Herrschaftsfragen reduziert auf das Münzregal und die Blutgerichtsbarkeit; in beidem hatte die Stadt aber ein Mitspracherecht. Macht übte der Erzbischof jedoch durch seine religiösen Funktionen aus, wobei der Dompropst der wichtigste Mittler war. Jeder Versuch des Rats, den Einfluss des Erzbischofs weiter zu beschneiden, erforderte also einen Angriff auf seine religiösen Befugnisse. Möglich wurde dies erst durch die religiöse Krise der beginnenden Reformation.

Freilich war diese Krise, vor allem die spirituelle Not der Jahre vor der Reformation, in Bremen geringer als in anderen Städten im Deutschen Reich, was wohl vor allem an der erwähnten insgesamt geringeren Volksfrömmigkeit lag. Dennoch war die religiöse Krise des beginnenden 16. Jahrhunderts als Teil der allgemeinen sozialen Krise unübersehbar. Der daraus resultierende antikirchliche Protest hatte freilich einen sowohl modernistischen als auch einen antimodernistischen Gehalt. Und er verband sich mit modernistischen und antimodernistischen Motiven der sozialen Protestbewegungen, auch in Bremen.

Der religiöse Protest wandte sich einerseits gegen traditionelle Erscheinungen der Kirche und war in diesen Modernisierungsforderungen häufig nicht sonderlich originell, sondern stand in einer wenigstens bis Cluny zurückreichenden Tradition. So kritisierte man Simonie und Nepotismus in ihren verschiedenen Erscheinungsformen und dass die theologische Ausbildung der meisten Kleriker gerade zum Messesingen ausreichte, aber nicht zu Interpretation und Vermittlung der Bibel. Man kritisierte die Verehrung von Heiligen und insbesondere die Marienverehrung, und natürlich ging es immer wieder auch um den vermeintlichen oder tatsächlichen Reichtum von Klerikern. Zu dieser letztlich Modernisierungsforderungen implizierenden Kritik kamen Vorwürfe gegen die von Italien nach Deutschland kommende Modernisierung der Kirche im Sinne der Renaissance, die ja - jedenfalls für Deutschland - eben keine eigentliche Renaissance war, sondern eine radikale Neuerung. Die katholische Geistlichkeit hatte einen Punkt erreicht, wo der Glaube an Gott und die religiöse Pflicht ihm gegenüber bloße Lippenbekenntnisse geworden waren. Im Interesse eines Erhalts und Ausbaus von Macht verteidigte, ja dogmatisierte der Klerus Lehren, deren metaphysische Grundlegung nach seiner eigenen Einschätzung höchst zweifelhaft war. Während die religiös interessierte Allgemeinheit von religiösem Sendungsbewusstsein überzeugte Prediger und Geistliche verlangte, wurden die hierfür eigentlich Prädestinierten immer mehr zu bloßen Handwerkern des Transzendenten, die ohne Begeisterung ihren Pflichten nachkamen, aber - je nach Couleur - ihre eigentliche Aufgabe in der Verwaltung und Mehrung von Reichtum und Macht, aber auch in der Linderung höchst diesseitiger Nöte der Allgemeinheit erkannten. Die Forderung, die Geistlichkeit sollte wieder eine echte Priesterschaft werden, war also antimodernistisch und entsprang einem archaischen Bedürfnis nach einer sendungsbewussten, gläubigen Priesterschaft und entsprechender Kirche. Dies Bedürfnis speiste sich aus den Zukunftsängsten des späten 15. und frühen 16. Jahrhunderts, aber es traf auf eine Priesterschaft, die ihre Religiosität ebenso nach und nach ablegte wie die traditionellen Formen und sozialen Mechanismen der mittelalterlichen Kirche. Daher war die Reformation in ihren Ursprüngen eben auch antimodernistisch. Erst die Auflösung ihres mittelalterlichen oder noch älteren Verständnisses von Priesterschaft durch Luther und den weiteren Fortlauf der Reformation führte dann zu einer eigenen, neu angesetzten Modernisierung der Rolle des Pastors in der Gemeinde.

Aber vor der Reformation war der gläubige Laie, also die große Mehrheit der Gesellschaft auch in Bremen, in der existentiellen Not des Zeitenwandels allein gelassen, eine Vereinsamung im Individuellen, welche das Bedürfnis nach echter Priesterschaft nur noch verstärkte. Daher war eine Ablehnung der Kirche zunächst schwierig: Man brauchte die Kirche, brauchte sie dringender denn je, und fand in ihr doch nicht, was man von ihr erhoffte. Aber wenn nicht in ihr, wo dann? Denn die Vorstellung eines Unbedingten des transzendenten Prinzips Kirche, dessen Legitimität und Leitfunktion unabhängig sind von Qualitäten und Lastern der real existierenden Kirche, hatte in der Volksfrömmigkeit der Jahrzehnte vor der Reformation noch keinen Stellenwert: Die Kirche war, was ihre Vertreter waren. Wo diese dem Anspruch des Transzendenten nicht genügten, drohten sie, das Transzendente, drohten sie jedenfalls die Anbindung der Laienschaft an das Transzendente zu negieren.

Doch noch aus anderem Grund war diese Anbindung in Gefahr: Von je hatte die Ausweitung des Priestertums auf weltliche Funktionen dort zu Konflikten geführt, wo auch andere Mächte diese Funktionen zu erfüllen trachteten. Vor allem in den Städten wurden daraus im ausgehenden Mittelalter Konflikte, welche nicht mehr nur Kaiser und Papst und den Hochadel berührten und den Rest der Bevölkerung allenfalls interessierten, wenn der Papst ab und an das Anathem über den Kaiser verhängte. In den Städten entstanden jetzt immer mehr Konflikte zwischen der Geistlichkeit und der Bürgerschaft insgesamt, vor allem dort, wo die Geistlichkeit Herrschaft ausübte, nachgerade in den Bischofsstädten. Die Entfremdung zwischen Priester und Gemeinde speiste sich also nicht nur aus der Kritik an zunehmend geringerer Religiosität der Priesterschaft, sondern auch aus der

Unübersehbarkeit der Konflikte im Diesseitigen. Den Bürgern wurde zunehmend schwerer einzusehen, dass sie einerseits mit dem Bischof oder irgendwelchen Geistlichen langjährig um Weiderechte, Steuern, Zölle usw. streiten konnten, andererseits aber jedenfalls in Glaubensfragen treue und vor allem gehorsame Kinder der Kirche sein sollten. Dies galt umso mehr, als die religiöse Führerschaft der Priester immer wieder auch zur Begründung politischer Führerschaft missbraucht und damit diskreditiert wurde. Der Spagat zwischen privater Religiosität und politischem Kampf gegen eine sich nur noch als Obrigkeit gebärdende Kirche und insbesondere ihre jeweiligen erzbischöflichen Vertreter in Bremen wurde zu Beginn des 16. Jahrhunderts zunehmend schwierig. Das ermöglichte dem Rat, sich einer breiten Unterstützung in seinem Kampf gegen den Erzbischof zu versichern, nachdem die ersten evangelischen Predigten in Bremen gehalten worden waren.

12.4.   Religiöser und sozialer Protest in Bremen

Der reformatorische Prozess war in Bremen von Beginn an und zunächst scheinbar untrennbar verwoben mit sozialem Protest. Dieser richtete sich seit dem Ende des 15. Jahrhunderts vorwiegend gegen die Privilegien der Geistlichkeit. Dieser Protest war also beides: Erstens aus religiösem Unbehagen ob des Zustands der Kirche allgemein und der Bremer Kirche im Besonderen formulierter Protest, der die mehr oder weniger unbilligen Privilegien zum Ausgangspunkt der Kritik nahm. Zweitens sozialer Protest gegen Privilegien, welcher entsprechend auch gegen jeden anderen Träger entsprechender Vorrechte gerichtet worden wäre und wurde. Dabei mischte sich im Protest der Widerstand gegen traditionelle Rechte der Geistlichkeit - also reformatorischer Protest - mit Antimodernisierungsbestrebungen gegen Entwicklungen innerhalb der Kirche und einem Widerwillen hinsichtlich ihrer Stellung in der Stadt und in der Gesellschaft. Wollte der Rat verhindern, dass das soziale Konfliktpotential die Stadt in umfassende Konflikte stürzte, musste er alle unterschwellige Aggression auf die Kirche zu richten versuchen. Auch hier, im sozialen Protest, verband sich Modernisierendes mit Antimodernistischem, wenn die Bürgerschaft z.T. eine Aufhebung traditioneller Rechte des Klerus, z.T. aber auch die Wiederherstellung eigener traditioneller Rechte verlangte. Modernisierend war z.B. die Forderung, die Geistlichkeit an den Diensten für die Bremer Stadtverteidigung zu beteiligen, nachdem sie ja auch im Schutz der Stadtmauern lebte. Diese Forderungen gewannen dadurch besonderes Gewicht, dass seit dem Ende des 15. Jahrhunderts die Anlagen der Stadt mehrfach verstärkt worden waren und dadurch die finanzielle Belastung und der Zeitaufwand für die zu nächtlichen Turmwachen verpflichteten Bürger erheblich gewachsen waren. Zudem war der Klerus in Bremen traditionell von der Vermögenssteuer, dem Schoß, und von der Einfuhrsteuer, der Akzise, befreit, was nicht mehr zeitgemäß erschien. Hingegen war die wichtigste antimodernistische Forderung in Bremen – wie vielerorts in Deutschland – die schleichende Erosion der Allmende rückgängig zu machen. Dabei handelte es sich vor allem um die schrittweise Beschneidung der Bürgerweide als der wesentlichen Allmende in Bremen. Dies war ein ungewöhnlich großes gemeinsam nutzbares Weideland außerhalb der Stadtmauer. Zurückgehend mindestens auf die Zusprechung durch den sogenannten Weidebrief des Bischofs Hartwig I. an die Bremer Bürgerschaft 1159, waren die Grenzen dieses Areals nie ganz klar.[11] Das erlaubte es, vor allem die Randflächen zu beschneiden,

---

[11] Bippen: Bremen, Bd. 2, S. 57. Der Brief schuf ohnehin wahrscheinlich keine neuen, sondern bestätigte lediglich ältere,

zumal dort, wo sie nicht durch Gewässer begrenzt waren. Aber Flächenkorrekturen zugunsten von Anrainern durch Begradigen von kurzen Gewässerabschnitten scheinen auch in dieser Zeit bereits vorgekommen zu sein.[12]

Der Protest gegen die Reduzierungen der Bürgerweide umfassten Stimmen aus allen Schichten der Bevölkerung, waren aber vor allem wohl ein Anliegen der Unterschichten, was sie für die Oberschicht zum Problem werden ließ. Denn hier zeigte sich die Zweischneidigkeit des sozialen Protests und die Dringlichkeit, mit welcher der Rat diesen zu kanalisieren hatte, zumal die Einzäunungen bzw. Umgrabungen der Bürgerweide nicht nur der Geistlichkeit, sondern auch Patrizierfamilien vorgeworfen wurden.

Vorboten neuerlicher sozialer Konflikte im Umfeld der Reformation gab es daher auch schon vor dem Eintreffen Heinrichs in Bremen. Zu Wortführern dieses sozialen Protests wurden zunächst die Brauer als die einflussreichste der ansonsten vergleichsweise schwachen, weil in der Handelsstadt Bremen wirtschaftlich unbedeutenden Zünfte. Geistliche importierten immer wieder Bier, vorwiegend aus Hamburg, und schenkten es zu Preisen aus, die unter denen der Bremer Brauer lagen. Daher verlangten diese, dass auch Geistliche Akzise beim Import von Bier zahlen sollten. Auf ihr Begehren hin legte die

---

ungeschriebene Weiderechte der Bremer Gemeinheit; Schwarzwälder: Bürgerweide, S. 146.

[12] Rechtlich schwierig waren diese Umgrabungen, weil sie nicht grundsätzlich illegal waren. Das Stadtrecht von 1303/1308 bezeichnete das Grabenziehen als rechtmäßig, wenn es zur Verbesserung der stellenweise sehr feuchten Weide diente; Schwarzwälder: Bürgerweide, S. 163. Daher musste man vor dem Zuschütten eines Grabens nachweisen, dass dieser nicht allein zur Abtrennung von Weideland zugunsten eines Anliegers der Weide diente.

Bürgerschaft zweimal, im Sommer 1521 und im März 1522, dem Rat einen entsprechenden Antrag vor; die Geistlichen sollten wieder "*tzisen, schaten, borgerwerck don, wente se vortides bi levendigen lude dechtenisse, gelick borgeren geziset hebben.*"[13] Damit war die Gesamtmenge der Forderungen aufgeführt, und sie waren als traditionalistisch ausgewiesen, sollte doch ein älterer Zustand wiederhergestellt werden, soweit man noch ein paar alte Leute fand, die einen solchen früheren Zustand noch bezeugen konnten.

Der Rat verhielt sich zunächst vorsichtig abwartend. Als aber wieder ein Kapitelherr, diesmal von der St. Stephani-Kirche, Bier einführte, drang eine wütende Menge, übrigens auch hier wieder in der Hauptsache Frauen, in das Kapitelhaus ein und entführte das einzige, halbvolle Fass, dessen sie noch habhaft werden konnten.[14] Dasselbe wurde dann unter der Laube des Rathauses, in Sichtweite Dom und Liebfrauenkirche, frei ausgeschenkt.

Die aufgebrachte Menge durchsuchte auch die Häuser weiterer Kanoniker, wenn auch ohne Erfolg, nach Hamburger Bier, was das Problem zwar von dem eigentlich attackierten Kapitelherrn löste, es aber im klerikalen Raum beließ.

Der Rat war auch hier offiziell neutral; es scheint aber, dass Daniel von Büren der Ältere, einer der vier Bürgermeister, zu denen gehörte, die vor dem Sturm auf das Kapitelhaus unter den Arkaden des Rathauses zur Menge gesprochen hatte und dies auch der Grund war,

---

[13]   Denkelbuch, fol. 113, in: Bremisches Jahrbuch, 2. Ser., Bd. 1/1885, S. 172-190, hier S. 127. Das Zitat bei Veeck (Reformation, S. 17) ist inkorrekt.

[14]   Denkelbuch, fol. 121, col.2, in: Bremisches Jahrbuch, 2. Ser., Bd. 1/1885, S. 172-190, hier S. 187-188.

warum diese dann dorthin zurückkehrte, um das geraubte Bier zu trinken.

Büren und Meimer von Borcken, ebenfalls Bürgermeister, setzten sich aber nicht an die Spitze des Protests, sondern versuchten sich eher in einer Vermittlerrolle. Entsprechend teilten sie in anschließenden Versammlungen mit den drei Bremer Kapiteln den Kanonikern mit, dass die Bürgerschaft entschieden gegen den weiteren zollfreien Import, erst recht den Weiterverkauf von Hamburger Bier sei.

Der soziale Protest und der reformatorische Protest gegen die Geistlichkeit wurden jedoch zunächst von zwei unterschiedlichen Gruppen getragen. Es waren die Ämter, die Zünfte, vor allem die Brauer, die den sozialen Protest trugen, der sich nur vorerst, aber jedenfalls auf mittlere Sicht nicht ausschließlich gegen die Geistlichkeit richtete. Hingegen waren es zunächst vor allem jüngere Bremer, die als Studenten in Wittenberg Luther und Karlstadt gehört hatten, welche wohl schon in den ersten Jahren nach 1517 in Bremen die Nachrichten von der neuen Theologie verbreiteten.[15] Insbesondere die vorwiegend mit Karlstadt verbundene Idee einer Sinnlosigkeit von Opfergaben, da Erlösung einzig von Gottes Gnade abhing, fiel im gesamten norddeutschen Raum, in einer Zeit zunehmend schwieriger werdender wirtschaftlicher Verhältnisse, auf fruchtbaren Boden.[16]

---

[15] Schmidtmayer: Bremische Studenten, S. 136. Veeck (Die Reformation, S. 9) meint allerdings, vor 1522 habe es keinerlei Rezeption lutherischen Gedankenguts in Bremen gegeben. Richtig daran ist aber wohl nur, dass die Gerüchte hinsichtlich Luthers und des Wormser Reichtags nicht öffentlich diskutiert wurden.

[16] Karlstadt, eigentlich Andreas Rudolff Bodenstein, hatte diese Meinung wie Luther von Augustinus übernommen und insbesondere in der von ihm initiierten Leipziger Disputation 1519 gegen den orthodoxen Johannes Eck vertreten, auch wenn das Augenmerk

Ebenso wurde relativ rasch bekannt, dass bereits 1521 im Land Hadeln am linken Elbufer ein Anhänger Luthers namens Gerhard, später dann vor allem Andreas Carding das Evangelium predigten. Und natürlich studierte man in Bremen sorgfältig die Berichte vom Wormser Reichstag. An diesem nahm die Stadt schon aus politischen Gründen reges Interesse, auch wenn sie dort, da noch nicht reichsfrei geworden, keinen Sitz hatte.

12.5. Heinrich von Zütphen in Bremen

Heinrich von Zütphen war aus Karlstadts oder Lupinus' Vorlesungen mit einigen Bremern bekannt. Mit Sicherheit dürften zu diesen zwei Brüder, Heinrich und Arnold Esich, gehört haben. Heinrich Esich, nach Abschluss seiner Studien 1520 Ratsherr und zugleich Bauherr der Ansgarikirche, einer von vier Bremer Pfarrkirchen, war es wohl auch, der Daniel von Büren für die neue Sache gewann.[17] Als Heinrich von Zütphen auf der Reise nach Wittenberg durch Bremen kam, drängte ihn Heinrich Esich mit seinen Gesinnungsgenossen, in Bremen zu bleiben und das Evangelium zu predigen. Neben vielen anderen schlossen sich vor allem von Büren und von Borcken dieser Forderung an, ohne dass sich freilich der Rat damit schon offen auf die Seite der Reformation gestellt hätte.[18] Aber die beiden Bürgermeister

---

eindeutig auf Luther gerichtet war; Brecht: Martin Luther, S. 285–287.

[17] Beweisen lässt sich das nicht, aber aus dem Gesamtverlauf scheint das plausibel; Kamp: Vorabend, S. 19.

[18] Heinrich informierte seinen Ordensvikar Wenzeslaus Linck von Ansinnen der Bremer und verlangte einen entsprechenden Oboedienzbrief, den er sogleich von Luther im Namen des Vikars und mit dem Siegel des Priors zu Wittenberg erhielt; Luther: Schreiben

sahen in der Reformation ein Mittel zur weiteren Emanzipation der Stadt, was sich zeigte, als der Erzbischof in den folgenden Monaten versuchte, Heinrich wegen Ketzerei vor Gericht zu stellen.

Erzbischof war zu dieser Zeit Christoph von Braunschweig-Wolfenbüttel, Nachfolger Johann III., der vor allem durch die Abwehr der Okkupationsbestrebungen Sachsen-Lauenburgs im Gedächtnis blieb. Christoph hingegen wurde schon von seinen Zeitgenossen meist sehr kritisch beurteilt, vor allem wegen seiner Prunksucht und seiner ständigen Geldnot, die ihn zu diversen Raub- und Plünderungszügen vor allem gegen die Bauern in Hadeln und in Wursten veranlasste. Trotzdem ließ er das Bistum Verden annähernd bankrott zurück, als er 1558 starb. Das trug ihm den Beinamen „der Verschwenderische" ein. Selbst die kaiserliche Seite betrieb mehrfach erfolglos seine Entmachtung, nicht zuletzt, weil er 1545 die Türkensteuer zu eigenen Gunsten unterschlagen hatte.[19] Hinzu kam, dass er gegen Ende seines Lebens versuchte, trotz seines Rufs als entschiedener Anhänger des Papsttums seinen unehelichen Sohn Karsten Hillen Teile des Kirchengutes zu übereignen.[20]

Die Reformation breitete sich in Bremen rasch aus. Esich ermöglichte Heinrich, in der Ansgarikirche eine erste Predigt zu halten, wohl an einem der Nebenaltäre, welche von den Bruderschaften unterhalten

---

an Wenzeslaus Link, 19.12.1522, in: Briefwechsel, Bd. 2, Nr. 557, S. 632-633.

[19] Krause: Christoph, S. 237-238.

[20] Die daraus resultierenden Kämpfe führten zur Verwüstung großer Teile von Bremen und Verden durch den Söldnerführer Georg von Holle, wofür man in beiden Städten ebenfalls die Schuld bei Christoph dem Verschwenderischen sah; Rautenberg: Holle, S. 540.

wurden.[21] Der erhebliche Zulauf, welchen diese Predigt und erst recht die sich daran anschließenden hatten, spricht zwar einerseits für Heinrichs Qualitäten als charismatischer Rhetor, dokumentiert andererseits aber auch, wie sehr der Boden auch in Bremen für die Reformation bereits bereitet war.

Heinrichs Predigten verstießen nun in der Tat auf breiter Front gegen die bis dahin mehr oder minder allgemeingültige katholische Lehre. Hinsichtlich der Auseinandersetzungen zwischen der Stadt und dem Erzbischof war zweifellos seine Forderung am wichtigsten, nach Maßgabe der Bibel seien Geistliche und Laien vor dem Gesetz gleich, ein Sonderstatus des Klerus somit unbegründet. Die oberste Autorität müsse der Rat sein, und Geistliche müssten den gleichen Auflagen gehorchen wie weltliche Personen. In theologischer Hinsicht erheblich problematischer waren aber seine sonstigen Ansichten. Heinrich lehnte alle Opfer an die Kirche, begonnen mit dem Stiften von Weihekerzen, als sinnlos ab; Messeopfer hätten ihren Ursprung allein in der Habgier der Priester. Auch das Fasten sei unnütz. Heinrich verneinte die Existenz von Hölle und Fegefeuer; Christus habe allen die Seligkeit versprochen. Nicht gute Werke und Sakralspenden, allein der Glaube sei der Schlüssel zur Seligkeit. Außer Abendmahl und Buße gebe es keine weiteren Sakramente; ersteres sei in beiderlei Gestalt auch den Laien auszugeben. Die Ohrenbeichte sei unnötig; jeder solle sich in

---

[21] Die Kirchspielleute von St. Ansgari beriefen sich auf ein altes Recht, einen fremden Prediger ein-, höchstens zweimal ohne Befragen des Kapitels predigen zu hören. Zuvor hatten u.a. die Dominikaner ohne Befragung des Kapitels in der zur Kirche gehörenden Georgskapelle gepredigt. Die Ansgarikirche hatte jetzt 12 Kapitelherren und mehr als 20 Vikare; ohne Zustimmung des Kapitels hätte Heinrich in der Kirche eigentlich nicht predigen können; Veeck: Reformation, S. 11.

seinem Gewissen prüfen, ob er der Absolution würdig sei, die Heinrich dann durch Handauflegen erteilte.

Die unmittelbar heftigsten Folgen zeitigten Heinrichs, von Karlstadt und Lupinus übernommenen Angriffe auf die Heiligenverehrung. Nur Maria sei heilig, aber nicht allerheiligst (beatissima); die übrigen Heiligen seien nicht zu verehren, sondern ihre Bildnisse dem Feuer zu übergeben. Nach einiger seiner Predigten wurden daher mehrere in St. Ansgari aufgestellte Bildnisse zerstört, ihre Überreste in die Weser geworfen.

Die Bedeutung dieser vor allem von Heinrichs Predigten initiierten frühen Ausschreitungen gegen die Kirche wurde schon von den Zeitgenossen, erst recht aber in späterer Bewertung, unterschiedlich gesehen. Unter den frühen Reformatoren ist Heinrich ohnehin nicht leicht einzuordnen. Keinesfalls war er jedoch der rein lutherische Prediger, zu dem ihn die Bremer Tradition hat machen wollen. Er lehnte die Kindstaufe anscheinend ab oder bestritt jedenfalls ihren Charakter als Sakrament.[22] Vor allem aber seine scharfen Angriffe auf die Bilderverehrung sprechen dafür, dass er mindestens in einigen Themen den Bilderstürmern um Karlstadt, vielleicht auch den Wiedertäufern näher stand als Luthers Ansichten.

Der Erzbischof sandte frühzeitig Angehörige des Domkapitels zu Heinrichs Predigten. Deren Berichte fanden Anfang 1524 Eingang in einen Bericht des Generaloffizials, der wohl auch selbst mehrfach unter den Zuhörern war.[23] Dieser Bericht dokumentiert, dass Heinrichs Predigten durchaus nicht nur lutherische Lehren enthielten, sondern auch die radikaleren Gedanken vor allem Karlstadts verbreiteten.

---

[22] Veeck: Reformation, S. 35.
[23] Gedruckt in: Bremisches Jahrbuch, Bd. 8, S. 109-113; Hospitium Ecclesiae, Bd. 15/1987, S. 71-76.

Entsprechend dann auch der Tenor einer Ladung Heinrichs auf einen Landtag, welchen der Erzbischof für den 10.03.1524 nach Buxtehude einberief und wo Heinrich sich vor einem Kreis von Theologen rechtfertigen und zur Einsicht in das Häretische seiner Predigten durchdringen sollte.[24] Heinrich verweigerte sich dieser Disputation trotz Zusicherung freien Geleits jedoch und sandte stattdessen seine seinerzeit in Wittenberg zur Erlangung des Baccalaureus vorgelegten Thesen.[25] Einem ersten Auslieferungsansinnen des Erzbischofs antworteten von Büren und von Borcken, der Rat habe Heinrich Geleit zugesagt und könne ihn daher nicht ausliefern. In Bremen sei die Predigt von je frei von Kontrollen durch den Rat gewesen; dies sei ausschließlich Sache des Erzbischofs.[26] Als die Gesandten des Erzbischofs vor dem Kaufmann und vor den Ämtern ihr Ansinnen wiederholten, wurde ihnen mit Nachdruck gesagt, Heinrich predige nichts als das Evangelium. Solange er nicht des Gegenteils überführt sei, werde man ihn nicht

---

[24] Das Ladungsschreiben vom 24.02.1523 in: Bremisches Jahrbuch, 2. Ser., Bd. 1/1885, S. 3-5.

[25] Der Geleitbrief für Heinrich vom 25.02.1523 in Bremisches Jahrbuch, 2. Ser., Bd. 1/1885, S. 5-6.

[26] Ähnlich führte der Rat wenig später aus: "Dewile nu van langen ungetalden jaren her vaken gebort, wanner fromede prediger hir torstede kemen, dat worth gades von one to horende, woll geleden unde dartegen nene besperinge vorgenomen, deme nach hebbn unse gementhe den monnick na older frigheit predigen laten. Dat nu wi, de raeth, datsullfte weddersprekenunde affholden scholden, will uns nicht geboren, hebbent ok in unser macht nicht, so j. e. bi juw sulves affnemen konen."; Entwurf eines Schreibens des Rats an Stade und Buxtehude, welche ihn wegen des Heinrich gewährten Geleits beim Erzbischof entschuldigen sollen, Ende August oder Anfang September 1523, Bremisches Jahrbuch, 2. Ser., Bd. 1/1885, S. 6-8.

ausliefern.[27] Damit nahmen die Korporationen anders als der Rat das Recht in Anspruch, über die Korrektheit einer theologischen Lehre und damit über die Notwendigkeit, ein Ketzerverfahren einzuleiten, zu entscheiden. Sie okkupierten also ein traditionelles Recht des Erzbischofs, ganz im Sinne von Luthers "Von der Freiheit eines Christenmenschen". Daraufhin berief der Erzbischof einen Landtag nach Basdahl.[28] Einen guten Tagesritt nördlich von Bremen konnte er sich damit vor jeder spontanen Zusammenrottung der Stadtbevölkerung sicher wähnen. Am 11. Dezember nannte er hier mit Beruf auf das Wormser Edikt Heinrich einen Gefolgsmann des mit seinen Anhängern geächteten Martin Luthers. Der Rat, welcher Heinrich Geleit gewährt habe, sei damit seinerseits in der Acht und dem Bischof als Landesherrn zur Buße verfallen. Die Bürgermeister von Büren und von Borcken als Gesandte des Rats widersprachen: Der Erzbischof habe versäumt, das Wormser Edikt in Bremen bekannt zu machen, wozu er als Landesherr verpflichtet gewesen sei.[29] Dem Rat sei daher kein Vorwurf zu machen. Sollte Heinrich der Ketzerei für schuldig

---

[27] So auch Heinrichs eigener Bericht; Schreiben an Probst und Reiner, 29.11.1522, in: Bremisches Jahrbuch, 2. Ser., Bd. 1/1885, S. 241-245.

[28] Ladungsschreiben an den Bremer Rat durch Buxtehude und Stade, 14.10.1523, Bremisches Jahrbuch, 2. Ser., Bd. 1/1885, S. 5-6.

[29] Denkelbuch, fol. 115, col. 2, in: Bremisches Jahrbuch, 2. Ser., Bd. 1/1885, S. 172-190, hier S. 176. Die Gründe, warum der Erzbischof das Edikt nicht verbreiten ließ, sind nicht bekannt. Bippen (Bremen, Bd. 2, S. 22) meint, jener habe das Wormser Edikt nicht für wichtig gehalten. Wahrscheinlicher ist aber, dass er fürchtete, die lutherische Ketzerei, welche bis dahin in Bremen noch nicht wirklich Fuß gefasst hatte, durch Verbreitung des Edikts eher zu befördern als zurückzudrängen.

befunden werde, so werde man ihn selbstverständlich ausliefern, nachdem man ihm auf Bitten der Bürger Geleit nur wider ungerechtfertigten Überfall und Entführung zugesagt habe. Die Untersuchung auf Ketzerei sollte aber die Geistlichen der Stadt durchführen.[30] Die Auslieferung sollte also erst erfolgen, wenn in ordentlichem Verfahren Heinrich die Ketzerei nachgewiesen worden sei. Zugunsten weiterer Autonomie der Stadt wurden damit die üblichen Rechte des Erzbischofs weiter beschnitten. Gleichzeitig aber entfremdete Bremen sich damit weiter von den anderen Ständen des Erzbistums, die mehrheitlich den Erzbischof unterstützten. Die Stände schlugen eine vierzehntägige Bedenkzeit vor; anscheinend hoffte man, dass Heinrich inzwischen die Stadt verlassen würde. Dieser aber wusste den Rat und die Bürgerschaft hinter sich und wurde auch in einem Schreiben Luthers bestärkt, seine Tätigkeit in Bremen fortzusetzen. Am 20.12.1522 verhandelten die Stände erneut mit Büren und Borcken bei Basdahl. Diese aber lehnten jede Vermittlung ab; theologische Angelegenheiten gingen nicht die Stände oder den Rat, sondern nur die Geistlichkeit an, die mithin aufgefordert sei, ihren Disput zu einem Ende zu bringen. Da sie vorher die Bremer Stadtgeistlichen für Heinrichs Fall zuständig erklärt hatten, konnten sie so wenigstens offiziell jeden Vorwurf, als Rat Rechte der Kirche zu okkupieren, zurückweisen.

Der Erzbischof lenkte jetzt ein und berief ein Provinzialkonzil für den 10.03.1523 nach Buxtehude. Heinrich wurde durch öffentliches Ausschreiben geladen, "um seine gefährlichen Irrtümer und falschen Lehren prüfen zu lassen und sie zu widerrufen und abzuschwören." Heinrich lehnte ab, da er das Urteil schon im Ausschreiben für gefällt erkannte. Nur in Bremen, wo er gelehrt habe, wolle er sich auch einem

---

[30] Denkelbuch, fol. 115, col. 2, in: Bremisches Jahrbuch, 2. Ser., Bd. 1/1885, S. 172-190, hier S. 175.

Disput stellen. Immerhin ließ er dem Konzil aber einige Thesen durch den Rat zuleiten, wonach man prüfen solle, ob er anderes als das Evangelium gelehrt habe.

Einziges Ergebnis des Konzils war der Anschlag des Wormser Edikts an die Tür des Bremer Doms am 21.03.1523, wonach der Rat nicht mehr umhin konnte, die Bremer Bürgerschaft von dessen Konsequenzen in Kenntnis zu setzen. Die Vertreter der Bürgerschaft, die Sorten, stellten sich jedoch auf Heinrichs Seite, da dieser bisher nicht durch theologischen Disput widerlegt sei. Der Rat solle im Interesse des Friedens in der Stadt allen Geistlichen das Kanzelschimpfen zu verbieten, womit die wechselseitige Hetze gegen andere Geistliche gemeint war. Nach einigen Widerständen des Rats wurde tatsächlich Ende 1523 ein Zehnerausschuss gewählt, der genau dies bei den Geistlichen der Stadt durchsetzen sollte.[31] Dieser Ausschuss machte sich zum Sprachrohr der reformatorischen Intentionen der Bürgerschaft, indem er vom Domprobst Franz Grambke verlangte, er möge den Gemeinden neue Prediger geben, die bereit seien, die Kindstaufe in Deutsch zu vollziehen und jedem, der das wolle, das Abendmahl in beiderlei Gestalt zu verabreichen. Als Grambke dies ablehnte, berief der Ausschuss - offiziell am Rat vorbei, faktisch aber wohl mit dessen Billigung - Jacob Probst als Prediger an die Liebfrauenkirche. Probst war wie Heinrich von Zütphen Augustiner und hatte als Prior in Antwerpen Luthers Lehren zu verbreiten begonnen. Daraufhin gefangengesetzt, hatte er abgeschworen, sich aber nach seiner Freilassung erneut zur Reformation bekannt und war nach Wittenberg geflohen, wo er eine enge Freundschaft mit Luther geknüpft hatte.[32] Nachdem er in

---

[31] Chronica Bremensis, in: Bremisches Jahrbuch, 2. Ser., Bd. 1/1885, S. 224-225.

[32] Veeck: Reformation, S. 14.

Wittenberg geheiratet hatte, führte er die erste Pfarrfrau in Bremen ein, als er 1524 Prädikant an der Liebfrauenkirche wurde. Sein Gehalt erhielt er aus Spenden der Kirchspielleute, nicht aus dem Kirchengut. Im folgenden Jahr wurde Johann Timann aus Amsterdam nach St. Martini berufen, der in den Niederlanden ebenfalls verfolgt worden war und sich in Wittenberg aufhielt. Timann verfasste dann zehn Jahre später die Bremer Kirchenordnung von 1534.

Der Rat erhielt schon seit Anfang 1523 Warnungen, Erzbischof Christoph, dessen Leidenschaft für Kriegszüge bekannt war, plane nun, mit Gewalt seine Herrschaft in Bremen durchzusetzen.[33] Die Befestigungen der Stadt wurden daher weiter ausgebaut. Wie scharf die antiklerikale Stimmung inzwischen war, zeigt die Einreißung des vor der Stadt gelegenen Paulsklosters, einer Benediktinerabtei. Eigentlich war man mit dem Abt Hinrich übereingekommen, dies aufzulösen und den Mönchen ein neues Quartier innerhalb der Stadtmauern zu geben, da man fürchtete, ein Angreifer auf Bremen könne sich in dem Kloster festsetzen und von da die Stadt beschießen.[34] Der Abt hatte schon alle Wertsachen des Klosters sowie Türen und Fenster in die Stadt bringen lassen. Dann aber erfuhr er, dass der Rat kein neues Kloster errichten, sondern die Benediktiner auf dem Gelände der Dominikaner Wohnsitz nehmen lassen wollte. Rechtsgrundlage war ein zweihundert Jahre alter Ratsbeschluss, neben dem Dominikaner- und dem

---

[33] Vor allem Nikolaus van der Deken, Bürgermeister von Stade, sandte entsprechende Warnung an von Büren; Denkelbuch, fol. 118, col. 2, in: Bremisches Jahrbuch, 2. Ser., Bd. 1/1885, S. 172-190, hier S. 180-181.

[34] Konkreter Anlass war die Furcht vor einem Vorstoß Christians von Dänemark gegen Bremen; Denkelbuch, fol. 121, col. 2, in: Bremisches Jahrbuch, 2. Ser., Bd. 1/1885, S. 172-190, hier S. 187.

Franziskanerkloster kein weiteres Kloster in den Mauern der Stadt zuzulassen. Als daraufhin der Abt den Auszug aus dem Kloster verweigerte, sprach von Büren erneut unter den Kolonnaden des Rathauses zu den auf dem Marktplatz Anwesenden. Es brauchte anscheinend nur wenige Sätze, bis sich eine Menge zusammenfand, die vor das Tor zog und das Kloster abzureißen begann. Der Abt zog daraufhin zum Erzbischof, bestritt jede Einwilligung in einen Umzug seiner Mönche und verlangte die Wiedererrichtung des Klosters und Bestrafung der Frevler. Seine Proteste verbanden sich mit denen des Priors der Dominikaner: Der Zehnerausschuss, beauftragt, das Kanzelschimpfen zu unterbinden, hatte beim Rat gegen die ständigen Attacken der Dominikaner auf die evangelischen Prediger protestiert. 1523 wurde allen Dominikanern ein Predigtverbot erteilt. Als das nichts nützte, verwies man Anfang 1524 den Prior, den Lesemeister und zwei weitere Mönche der Stadt. 1528 wurden schließlich beide Klöster geschlossen, ihre Räumlichkeiten im Wesentlichen der im Rahmen der lutherischen Schulerrichtungen geschaffenen Bremer Hohen Schule bzw. einem Spital überlassen.[35]

Die Stände versuchten im Sommer 1523 erneut, zwischen dem Erzbischof und der Stadt zu vermitteln. Doch jetzt berief der Rat sich erstmals wie schon zuvor die Ämter auf die Freiheit der christlichen Lehre,

---

[35] Mit den Franziskanern kam es zu einer gütlichen Einigung; Übereinkunft zwischen Rat und Orden, 13.12.1531, in: Bremisches Jahrbuch, 2. Ser., Bd. 1/1885, S. 112-114. Die noch in Bremen lebenden Mönche durften in ihren Zellen weiter leben, während das eigentliche Kloster aufgelöst war. Daher traten in den folgenden Auseinandersetzungen auf den verschiedenen Reichstagen nur die Dominikaner, nicht aber die Franziskaner wiederholt zur Unterstützung des Bremer Erzbischofs auf; außerdem natürlich die aus dem Paulskloster vertrieben Benediktiner.

die nicht durch Menschengesetz beschränkt werden könne. Das war der offene Übertritt zur Reformation. Es kam zu ersten Scharmützeln mit Truppen des Erzbischofs, bei welchen die Stadt einige Verluste hatte.[36] Der Rat suchte daher erneut den Ausgleich mit dem Erzbischof, um zunächst die eigenen Befestigungen weiter zu verstärken und nach möglichen Verbündeten Ausschau zu halten.

Am 28.11.1524 verließ Heinrich von Zütphen Bremen, um in Dithmarschen das Evangelium zu predigen. Aus Sicherheitsgründen hielt man seinen Abzug zunächst geheim.[37] In Meldorf, wohin man

---

[36] Zur Abwehr der Truppen des Erzbischofs hatten die Bauern von Arsten den Warturm zwischen Bremen und Delmenhorst besetzt. Die Landsknechte legten Feuer an den Turm und erschlugen zehn der aus den Flammen fliehenden Bauern. Als Fußvolk, Reiter und Geschütze aus Bremen anrückten, erlitten sie eine Schlappe. Ein Ratsherr und mehrere Bürger wurden getötet, vier Geschütze gingen verloren; Erste Bremer Chronik, StA Bremen, P.1.s.2.cBrem. b. 601, gedruckt in: Bremisches Jahrbuch, 2. Ser., Bd. 1/1885, S. 227; Veeck: Reformation, S. 29. Der Erzbischof meldete Clemens VII. einen triumphalen Sieg über die Lutheraner, die er in naher Zukunft in seiner Diözese gänzlich vernichten würde. Der Papst gestattete dem Erzbischof daraufhin, in seinen Diözesen zwölf kirchliche Benefizien an Adlige und Gelehrte zu vergeben und forderte auch die Herzöge Friedrich und Christian von Schleswig und Holstein auf, sich an die Seite des Erzbischofs zu stellen; Clemens VII. an Erzbischof Christoph, 25.11.1525, Bremisches Jahrbuch, 2. Ser., Bd. 1/1885, S. 55-57; Clemens VII. an Friedrich und Christian von Schleswig und Holstein, 09.12.1525, auszugsweise in: Bremisches Jahrbuch, 2. Ser., Bd. 1/1885, S. 58-59.

[37] Ein Pfarrer Nicolaus Boye aus Meldorf in Holstein, der selbst in Wittenberg studiert hatte, bat Heinrich, daselbst das Evangelium zu verkünden. Heinrich ging trotz Warnungen seiner Freunde. In

Heinrich gerufen hatte, wurde er dennoch auf Betreiben des dortigen Dominikanerklosters und des Bremer Erzbischofs im Pfarrhaus von aufgestachelten Bauern gefangengenommen, erheblich gefoltert und schließlich in Heide am 10.12.1524 ermordet, indem man ihn ohne Gerichtsverfahren auf den Scheiterhaufen stellte.[38]

Probst, der jetzt in Bremen die Reformation führte, schrieb an Luther und drückte seiner und der ganzen Gemeinde Entsetzen ob dieser Bluttat aus. Luther antwortete rasch und interpretierte Heinrich zum Märtyrer. Dieser und alle, die für die neue Lehre stürben, würden mit ihrem Blut das Papsttum und seinen Gott, den Teufel, ertränken. Mit seiner lateinisch und niederdeutsch verbreiteten Schrift "Geschichte von dem Bruder Henrico in Diedmar verbrand" schuf Luther eine erste Heiligenlegende der Reformation. Auch Melanchthon schrieb ein Trauergedicht auf seinen Freund, das in Bremen rasch Verbreitung fand.[39]

Bremen den Lehren der Papisten zu widerstreiten, genügten, so soll er gesagt haben, forthin Frauen und Kinder. Er wolle zunächst ein bis zwei Monate in Dithmarschen bleiben, dann nach Bremen zurückkehren. Er verließ Bremen am 28.11.1524 in weltlicher Tracht, um unerkannt zu bleiben. Er erreichte Meldorf am 30.11., dessen Pfarrei ebenfalls dem Bremer Erzbischof unterstand; Veeck: Reformation, S. 31.

[38] Christoph versuchte, weitere führende Prediger der Reformation ermorden zu lassen, was jedoch meist scheiterte. Immerhin aber gelang es ihm, Anfang Dezember 1525 Johann Bornemacher, Prediger in St. Remberti, bei der Rückreise aus Wittenberg zunächst in Verden gefangen zu setzen und nach massiver Folter im Januar 1526 auf dem Scheiterhaufen hinrichten zu lassen; Krause: Christoph, S. 238.

[39] Gedruckt in: Bremisches Jahrbuch, 2. Ser., Bd. 1/1885, S. 302-304.

Ob der Erzbischof wirklich von dem Schlag gegen Heinrich wusste, vielleicht sogar der eigentliche Auftraggeber war, ist unklar. Wichtig ist jedoch, dass man dies in Bremen von ihm glaubte. Daher sah man in Heinrichs Hinrichtung als Ketzer ohne ordentliches Verfahren, vor allem aber ohne die eigentlich vorgesehene Disputation einen direkten Angriff auf die Stadt.

Die Wut auf den Erzbischof schlug sich in einer ersten Gewalttat in der Stadt nieder: Als die Gemeindeversammlung von St. Ansgari zusammengekommen war, um über einen Nachfolger für Heinrich von Zütphen zu entscheiden, plädierte laut Chronik nur ein Barbier für einen katholischen Prediger. Er kam zu einer Schlägerei, in deren Verlauf der Barbier blutig geschlagen wurde. Deshalb bannte der Erzbischof den neu ernannten Geistlichen von St. Ansgari, ohne dass dies auf die Praxis des Gottesdienstes erkennbaren Einfluss gehabt hätte.[40]

---

[40] Erste Bremer Chronik, StA Bremen, P.1.s.2.c, gedruckt in: Bremisches Jahrbuch, 2. Ser., Bd. 1/1885, S. 229; Veeck: Reformation, S. 28. Es ist etwas unklar, ob das die erste Bluttat in St. Ansgari war. Nach Roller (Versuch einer Geschichte, Bd. 2, S. 120; anscheinend darauf fußend Rotermund: Vom Anfange, S. 8) hatte es schon Anfang 1522 eine gewaltsame Auseinandersetzung in der Kirche gegeben, weshalb der Erzbischof sie gebannt hatte. Nur deshalb habe Heinrich hier predigen können. Sehr wahrscheinlich ist diese Erklärung jedoch nicht. Heinrich predigte nicht vom Hauptaltar, sondern von einem Nebenaltar in einer der Kapellen von St. Ansgari. Und das Kapitel von St. Ansgari gebärdete sich in den Diskussionen ab 1522 nicht wie das einer gebannten Kirche. St. Stephani wurde im folgenden Jahr gebannt, als dort der erste in Bremen gestorbene evangelische Prädikant begraben wurde; Erste Bremer Chronik, StA Bremen, P.1.s.2.c, gedruckt in: Bremisches Jahrbuch, 2. Ser., Bd. 1/1885, S. 229.

12.6. Die Führungsrolle der Kaufleute nach Heinrichs Ermordung

In den nächsten Monaten erhielten alle Bremer Kirchen außer den beiden Klosterkirchen und dem Dom evangelische Prediger. Die bisherigen Geistlichen traten z.T. zur neuen Lehre über, wie überhaupt die klerikale Front gegen die Reformation in Bremen nicht so fest war, wie der Erzbischof es gerne gesehen hätte. Denn vor allem aus dem Domkapitel waren bereits einige Kanoniker mehr oder minder offen zu der neuen Theologie übergetreten.

Weitere Verhandlungen mit dem Erzbischof scheiterten; der Rat berief sich immer wieder auf die Glaubensfreiheit eines Christenmenschen, in die einzugreifen er nicht berechtigt sei. Der Erzbischof geriet in die Defensive, zumal inzwischen auch die anderen Städte des Stiftsgebiets fast geschlossen zur Reformation übergetreten waren. Der Erzbischof wendete sich daher jetzt an das Reichsregiment und klagte gegen die Absetzung der bisherigen Pfarrherren von St. Martini und der Liebfrauenkirche; der Rat antwortete mit einer Gegenklage, da Truppen des Erzbischofs das Vieland bei Bremen verwüstet hatten. Ein Mandat des Regiments vom 23.03.1526 an den Erzbischof belehrte diesen hinsichtlich der reformwilligen Stimmung im Reich und untersagte ihm weitere Gewalttaten, während ein Mandat vom 09.04.1526 an die Stadt keine Weisungen hinsichtlich einer Wiedereinsetzung der Geistlichen enthielt.[41] Als im August desselben Jahres Karl V. unter dem Eindruck des Kriegs mit dem Papst den Speyrer Reichstagskompromiss akzeptierte, der bis zu einem allgemeinen Konzil für Deutschland den Ständen Freiheit in Konfessionsfragen gab, bezog dies der Rat

---

[41] Mandat des Kaisers an den Erzbischof, 23.01.1526, in: Bremisches Jahrbuch, 2. Ser., Bd. 1/1885, S. 60-62; Mandat an die Stadt Bremen, 09.04.1526, ebd., S. 62-63.

auch auf Bremen, obgleich die Stadt nicht reichsfrei war. Im März 1529 änderte sich jedoch die Lage erneut, als der Speyrer Reichstag wieder zusammentrat und der Friede zwischen Kaiser und Papst erreichbar schien, so dass König Ferdinand am 19.04.1529 erreichte, dass künftig in den protestantisch gewordenen Gebieten keine weiteren Änderungen der Kirchenverfassung vorgenommen noch irgendeinem verwehrt werden dürfe, die Messe zu halten. Auch sollten keinem geistlichen Stand Besitz und Einkünfte geschmälert werden.

Der Rat befand sich damit in einer schwierigen Lage. Einerseits war die reichsrechtliche Lage eindeutig, und von den Mitgliedern der Speyerer Protestation war zunächst keine Hilfe zu erwarten, sollte der Erzbischof mit Unterstützung des Reichs die Ketzerei in Bremen zu zerschlagen versuchen. Andererseits klang die antiklerikale Stimmung in Bremen nicht etwa ab, im Gegenteil: Es mehrten sich Forderungen, man solle nicht auf halbem Wege stehenbleiben, sondern alle katholischen Geistlichen der Stadt verweisen. Vor allem die öffentlichen Messen im Dom erregten die Gemüter. Da der Rat aber nicht direkt gegen diese vorgehen konnte, belegte er kurzerhand alle Bremer, die nicht in der Kirche ihres Kirchspiels den Gottesdienst besuchten, mit einer Buße von fünf Bremer Mark pro Kirchgang.[42]

Wieder wuchs die Furcht vor einem Angriff des Erzbischofs auf die Stadt. Der Rat verkündete, dass Bremen sich der Speyrer Protestation anschlösse, was eigentlich, da die Stadt nicht reichsfrei war, nicht möglich war. Doch stand dieser Schritt auch in Zusammenhang mit den jetzt erneuerten Bemühungen des Rats, endlich Reichsfreiheit für Bremen zu erhalten, ein Bemühen, das freilich noch etliche

---

[42] Erste Bremer Chronik, StA Bremen, P.1.s.2.c

Jahrzehnte aussichtslos bleiben sollte.[43] Auch Bremens Teilnahme an den Beratungen der evangelischen Stände in Schmalkalden Ende 1531 sollte Bremen nicht nur Verbündete für den Fall eines Angriffs sichern, sondern auch die reichsrechtliche Autonomie der Stadt weiter ausbauen.

Der außenpolitische Verlauf der Spannungen mit dem Erzbischof und dessen Bruder, Herzog Heinrich II. von Braunschweig-Wolfenbüttel, wurde auch von der Bremer Stadtbevölkerung wahrgenommen, erst recht die von beiden Brüdern fortwährend verübten Gewaltakte gegen Bremer Kaufleute und Reisende.[44] Doch wichtiger war die Wirkung der permanenten Kriegsangst auf die Bewohner der Stadt. Die ohnehin antiklerikale Stimmung wurde weiter aufgeheizt, wenn sie auch nicht die Schärfe der gleichzeitigen Vorgänge in einigen süddeutschen Städten erreichte. Der Rat jedoch geriet in der Stadt immer mehr unter Druck. Er bemühte sich um einen legalen Anstrich seiner antibischöflichen Autonomiepolitik, um den Gegnern der Reformation keinen Vorwand einer Exekution gegen Bremen zu liefern. Die Bürgerschaft verlangte hingegen ein rasches Fortschreiten der Reformation. Auch von Büren konnte den wachsenden Unmut nicht mehr ausreichend steuern. Ohnehin war das Verhältnis zwischen Rat und Bürgerschaft zunehmend gespannt. Bereits 1526 war es wieder zu Protesten wegen

---

[43] Supplikation an das Reichsregiment, Anfang 1530, in: Bremisches Jahrbuch, 2. Ser., Bd. 1/1885, S. 87-89. Erst am 01.06.1646 stellte Ferdinand III. eine Urkunde aus (das Linzer Diplom), wonach die Stadt Bremen von jeher reichsfrei gewesen sei. Im Gegenzug erhielt der Kaiser 100.000 Gulden von der Stadt.

[44] Heinrich II., der letzte katholische Reichsfürst im niedersächsischen Reichskreis, kämpfte zeitgleich mit vergleichbaren Unabhängigkeits- und Reformationsbestrebungen in Braunschweig; Täubrich: Herzog Heinrich, S. 149-150.

unrechtmäßiger Abtrennungen von Weideland von der Bürgerweide gekommen. Doch zu diesem Zeitpunkt führten noch die Elterleute, die Sprecher der Kaufmannschaft, den Protest.[45] Man warf dem Rat vor, gemeinsame Sache mit der Geistlichkeit zu machen, da sowohl die reichen Bremer Familien als auch die Geistlichkeit große Teile der Bürgerweide okkupiert habe.

Diese erste Phase des Protests verband Gruppen mit unterschiedlichen Hauptmotiven. Zwar war man sich einig in der antiklerikalen Stimmung. Aber für einige der religiösen Eiferer, geführt jetzt von Jacob Probst, lag hier das wichtigste Motiv. Hingegen war die Kaufmannschaft das wichtigste Opfer der Sanktionspolitik, welche der Erzbischof von Verden aus betrieb. Als Bischof von Verden verhängte er gegen die bisherige Praxis auf Bremer Waren einen Zoll und beschlagnahmte vereinzelt auch Ladungen. Vor allem der Binnenhandel über Langwedel, den vorwiegend weniger wohlhabende Bremer Kaufleuten betrieben, wurde dadurch verlustreich und schwierig. Die Kaufmannschaft wollte, dass der Rat die alten Bremer Handelsrechte entschlossener gegen Erzbischof Christoph schützte, als der Rat sich angesichts der schwierigen Situation im Reich leisten konnte. Zudem ging es den Elterleuten der Kaufmannschaft darum, ihren politischen Einfluss zu erhöhen und vielleicht über diesen Protest sich Eintritt in den Rat zu verschaffen.

Mindestens dieses letztere Vorhaben schien aufzugehen, als der Wortführer der Elterleute, Hinrich von Sulingen, 1526 zum Ratsherrn ernannt wurde.[46] Danach glaubten auch die weniger wohlhabenden

---

[45]   Renner: Chronica, Bd. 2, S. 136-137.

[46]   Seven (Aufstand, S. 22] datiert von Sulingens Ernennung auf 1527; aber Hermann von Posts Ratsherrenverzeichnis (Fasti Consulares et Senatorii inclutae rei publicae Bremensis ab anno

Kaufmannsfamilien sich im Rat vertreten und beendeten ihre Unterstützung des Protests zunächst. Dieser flachte danach scheinbar ab, aber faktisch kam es eher zu einer verdeckten Radikalisierung. Durch Verbindung mit täuferischen Ideen gewann er nun eine über den gerade erst hergestellten konfessionellen Status quo weit hinausgehende Dimension.

Wie in vielen anderen deutschen Städten war also zunächst die Kaufmannschaft die führende Gruppe der Reformationsbewegung. Doch war ihre Rolle in Bremen von Beginn weniger unstrittig als z.B. in Münster oder Straßburg.

Es ist bekannt, dass in vielen Hansestädten vor allem aufstrebende Kaufmanns- und Handwerkerfamilien die Umbruchssituation der Reformationszeit zu nutzen versuchten, um Einlass in den Rat zu finden. Dies gelang überall da, wo der Rat sich nicht frühzeitig der Reformation anschloss, so dass der soziale Protest und die Ambitionen einzelner Familien auf breiter Front vom antiklerikalen und reformatorischen Eifer der Bevölkerungsmehrheit getragen wurde. In Bremen war dies jedoch nicht der Fall. Der Rat hatte sich von Anfang an, wenn auch gelegentlich nur heimlich, auf die Seite der Reformation gestellt, vor allem, um mit ihr größere Unabhängigkeit vom Erzbischof zu erlangen. Er konnte daher hoffen, durch das reformatorische Band auch die nächste soziale Krise zu überwinden, die begann, als 1529 die Frage der Bürgerweide wieder offen diskutiert wurde. Offensichtlich hatte man durch die Ernennung von Sulingens zum Ratsherrn nicht das Mindeste erreicht. 1529 war weit mehr als 1526 die Frage der Bürgerweide nur Sammelpunkt des Protests, dem es darum ging, die Macht des Rats, wo nicht zu brechen, so doch zu schmälern, um der

---

MCCCCXXXIII, Bremen 1726) nennt 1526 als Ernennungsjahr von Sulingens.

Bürgerschaft einen angemessenen Platz in der bisherigen Oligarchie in Bremen zu sichern. Denn bisher hatten vor allem der Rat und die ihm angehörenden Familien davon profitiert, dass man die Macht des Erzbischofs zurückgedrängt hatte.

Zugleich wurde der Protest zur Avantgarde der religiösen Erneuerung in Bremen. Prediger der Täuferbewegung traten nun auch in Bremen auf und ermahnten die Bürgerschaft, bei dem Erreichten nicht stehenzubleiben, nicht müde zu werden, solange noch katholische Messen in der Stadt gesungen, die katholische Geistlichkeit in ihrem Besitz völlig unberührt sei, vor allem aber lutherische Pastoren, noch ganz verhaftet in den Irrlehren der Tradition, sich in Bremen einrichteten und jeder weiteren Entwicklung zu begegnen entschlossen waren.[47]

Im Sommer 1530 kam es in einer Volksversammlung in der Ansgarikirche, wo die Wiedertäufer und Vertreter der Handwerker wieder zu Protesten wegen der Beschneidung der Bürgerweide aufriefen. Unter Trommelschlag forderte man die Bremer Bevölkerung auf, am nächsten Tag die Zuwerfung der Gräben auf der Bürgerweide zu erzwingen. Zwar konnte der Rat dies noch verhindern, indem von Büren und der Syndikus der Stadt, Johann von der Wyck, mit den Ämtern am nächsten Morgen verhandelten. Aber wohl schon während dieser Verhandlungen, jedenfalls aber in den nächsten Tagen musste der Rat der Einrichtung des Sechzehner-Ausschusses zustimmen. Dieser rekrutierte sich aus dem Rat, dem Kaufmann, der Gemeinheit und den Ämtern. Durch ihn sollte die Weidesache durch ein Rechtsverfahren beendet werden. Der Syndikus Johann van der Wyck sollte die Gemeinheit, Ratssekretär Magister Martin Michaelis die Besitzer der strittigen

---

47 Schreiben Bugenhagens an den Rat, 11.09.1528, Bremisches Jahrbuch, 2. Ser., Bd. 1/1885, S. 262-268.

Weiden vertreten. Wyck aber war durch andere Geschäfte so lange verhindert, dass die Bürgerschaft dem Rat vorwarf, er wolle die Abwicklung der Sache weiter verzögern. Hinrich Swancke, ebenfalls Eltermann der Kaufleute, machte sich zum Sprecher des Protests. Swancke verlangte jetzt aber weit mehr als eine Klärung der strittigen Weidelage. Er verlangte eine Verfassungsreform in Bremen, wie sie zuvor u.a. bereits in Lübeck, Hamburg und Braunschweig durchgeführt worden war. Insbesondere wollte er die Verwaltung des Gemeinguts dem alleinigen Zugriff des Rats entziehen. Die Bürgerschaft, die bisher nur bei der jährlichen Rechnungslage durch Deputierte aus den Sorten, den Elterleuten und den Ämtern mit der Verwaltung des Gemeinguts befasst war, sollte jetzt einen permanenten Einfluss hierauf erhalten. Daher verlangte Swancke, die Sorten, einen aus sechzehn Vertretern der Kirchspiele gebildeten Ausschuss, der kaum Ansehen und keinen Einfluss besaß, zu ersetzen durch eine aus 75 Personen bestehende Vertretung der Bürgerschaft, von denen zwölf die Verwaltung des Gemeinguts zusammen mit dem Rat vornehmen sollten. Statt einer autonomen Finanzverwaltung der einzelnen Ressorts sollten alle Finanzgeschäfte der Stadt über eine allgemeine Stadtkasse abgewickelt werden. Auch in Bausachen und bei der Anstellung besoldeter Beamter sollte der Rat den geplanten Zwölferausschuss zuziehen müssen. Weiterhin verlangte Swancke, dass nun auch Kleriker alle Bürgerlasten zu tragen hätten. Niemand sollte mehr als 60 Last Korn pro Jahr verschiffen dürfen, was sich natürlich gegen die faktischen Kornmonopole der Großkaufleute richtete. Alle vom Rat zu entscheidenden Rechtsfragen sollten binnen sechs Wochen, längstens aber vor dem halbjährlichen Wandel entschieden werden. Nur Anhänger der neuen, evangelischen Lehre sollten im Rat und in den Ämtern der Stadt sitzen.

Nur die letzte Forderung hatte eine religiöse Dimension, alle übrigen Forderungen liefen auf eine Verfassungsreform hinaus, die in Rang und Umfang der von 1433 entsprochen hätte, auch wenn Selbstergänzung des Rats und lebenslange Mitgliedschaft unangetastet blieben.

Der Rat verwarf Swanckes Entwurf und bezichtigte ihn des Hochverrats und der Aufrührerei. Es erwies sich als taktischer Fehler, dass Swancke ebenso wie Johann Dove den Vorschlag an den Rat bereits zuvor öffentlich an verschiedenen Stellen vorgetragen hatten. Kunde davon war natürlich auch nach Bederkesa gekommen, sodass der Rat seine Haltung sorgfältig abstimmen konnte.

Am 17.12.1530 wurde Swancke mit Hausarrest belegt, am 22.12.1530 zum Tode verurteilt, aber sofort zu lebenslanger Verbannung begnadigt und noch am selben Tag der Stadt verwiesen.

Eine Abflauen der Proteststimmung in der Stadt wurde dadurch nicht gerade befördert. Aber die Kaufmannschaft verlor jetzt die Führung des Protests. Sie war wohl auch dadurch diskreditiert, dass ihr erster Sprecher seinen Protest für einen Ratssitz verkauft hatte, der zweite ohne Unterstützung seiner Gildegenossen in die Verbannung hatte gehen müssen. Die Ursache hierfür war Swanckes - hinsichtlich der Lebenssituation der Stadtarmen sinnvolle - Forderung nach Begrenzung der Handelsmonopole, wodurch sich die Kaufleute angegriffen gefühlt hatten. Ohne ihre Unterstützung war Swanckes Position nicht zu halten, da die Geschlossenheit und die Macht der Unterschichten noch nicht ausreichend war. Doch jetzt übernahm Johann Dove die Führung des Protests. Damit wurden die Ämter zu Anführern in den folgenden Auseinandersetzungen mit dem Rat. Dove lehnte alle Vermittlungsversuche in der Weidefrage ab; der Weidebrief genüge zur Regelung aller strittigen Fragen.

12.7.   Die Entmachtung der Kaufmannschaft

Noch war der Protest nicht radikal genug, um sich direkt gegen den Rat zu stellen; auch ein Angriff auf das Domkapitel schien noch ausgeschlossen. Stattdessen suchte der Protest sich ein Ventil im Komtur des Deutschritterordens, Rudolf von Bardewisch. Einige der strittigen Weiden am Rand der Bürgerweide gehörten dem Orden, weswegen Dove von diesem die Herausgabe aller Urkunden verlangte. Anscheinend stellte Bardewisch in Aussicht, der Orden verfüge über Urkunden, welche eine genauere Beschreibung des Terrains der Bürgerweide und der jeweiligen Ansprüche hieran enthielten, als dies aus dem Weidebrief hervorginge. Wahrscheinlich hatte er sich diesbezüglich nur geirrt, aber die Bürgerschaft unterstellte ihm, Dokumente zu unterschlagen, als er wenig später einräumen musste, dass die versprochenen Urkunden nicht aufzufinden seien. Dove und einige andere Sprecher der Bürgerschaft zogen aufs Rathaus und verlangten, die Komturei zu durchsuchen und die Urkunden beizuschaffen. Als der Rat dies verweigerte, entstand auf dem Marktplatz ein Tumult, da jetzt Dove und seine Begleiter offen von einer Verschwörung des Rats mit dem Komtur sprachen. Am nächsten Tag, dem 10.05.1531, als er zum Gottesdienst in der Liebfrauenkirche war, wurde Bardewisch, vielleicht sogar durch Jacob Probst selbst, gewarnt, er solle besser die Stadt verlassen, da eine Zusammenrottung gegen ihn nicht mehr lange auf sich warten lassen werde. Bardewisch entkam durch das Herdentor, kehrte aber durch das Ostertor zurück, weil er noch Mutter und Schwester zu Besuch hatte. Er ließ sein Haus versperren und befahl seinen Dienern, ihre Waffen anzulegen. Als dies bekannt wurde, protestierte eine Menge auf dem Rathausplatz, dass der Komtur den von den Anhängern des Erzbischofs lange geplanten Krieg in die Stadt tragen wolle.

Der Rat fand sich in dieser Situation weitgehend machtlos, wollte er eine weitere Eskalation so weit wie möglich vermeiden. Daher wurden lediglich zwei Kämmerer entsandt, um mit Bardewisch zu verhandeln, fanden aber die Komturei verriegelt. Etliche Bürger bewaffneten sich und belagerten die Komturei. Bardewisch, der sich in die Komtureikirche geflüchtet hatte, bat um Gnade, wurde aber beschossen. Jetzt zog der Rat auf die Domsheide, konnte die Menge aber nicht beruhigen. Stattdessen wurde ein Ratsbüchsenmeister gezwungen, mit zwei eilig herbeigeschafften Feldschlangen die Komtureikirche unter Feuer zu nehmen. Dann wurden Leitern angesetzt, und die Aufrührer drangen durch das zerschossene Dach in die Kirche ein. Der Komtur wurde getötet, obgleich er sich nicht wehrte; ebenso vier seiner Diener; die Leichen wurden vom Turm geworfen. Dann wurden die Türen geöffnet und die Komturei geplündert.

Der Rat hatte die Gewaltbereitschaft und die in der Stadt inzwischen gestaute Aggression offensichtlich unterschätzt. Jetzt nützte es auch nichts mehr, dass das Domkapitel und einige Ratsherren bereit waren, bis zu einem Gerichtsentscheid alles herauszugeben, was sie an strittigen Weiden besaßen. Unter Doves Führung beschlossen die Amtsmeister und die Gemeinheit, den zur Klärung der Weidefrage eingesetzten Ausschuss auf vierzig Mann, zehn aus jedem Kirchspiel, zu vergrößern, um nachdrücklicher die eigenen Position dem Rat gegenüber vertreten zu können und so eine außergerichtliche Regelung zu erzwingen.

Diese Vierzig waren in der großen Mehrheit Handwerker. Ihre soziale Schichtung unterschied sich nach den Kirchspielen. St. Stephani, wo besonders viele Arme lebten, entsandte fast keine Kaufleute in den Ausschuss; anders etwa St. Martini, wo aber immerhin auch Dove in den Ausschuss gewählt wurde.

Anfang November zwangen die Vierzig die Domherren, eine Kapitelver-sammlung anzusetzen, und forderten hier die unentgeltliche und dau-ernde Herausgabe aller strittigen Weiden. Das Kapitel weigerte sich, in Abwesenheit des Dechanten zu entscheiden, woraufhin es bedroht wurde. Es könne leicht zu einer neuen "Komturreise" kommen und der Dom geplündert werden. Daraufhin flüchtete am 06.11.1531 das Kapitel mit Ausnahme des Domprobstes Franz Grambke aus der Stadt.[48] Die Messen sangen jetzt ausschließlich die Vikare des Doms, wobei deren Rolle allerdings anders als heute keine reine Stellvertre-terrolle war, sondern noch dem mittelalterlichen Verständnis des „vi-carius" entsprach.[49]

Im Dezember verlangten die Vierzig auf einer Volksversammlung in der Liebfrauenkirche, man müsse Hinrich Swancke die Rückkehr in die Stadt ermöglichen. Ein Teil der Versammlung trat daher vor den Rat und erzwang von diesem die Aufhebung des Verbannungsbe-schlusses. Swancke war inzwischen schon in Bremen und wurde von der Liebfrauenkirche aus im Triumphzug nach Hause geleitet. Am 02.01.1532 kam es dann zu einer Volksversammlung auf der

---

[48]   Bippen (Bremen, Bd. 2, S. 75) gibt fälschlich Johann als Grambkes Vornamen.

[49]   In diesem Verständnis war der Vicarius ein Vollpriester, der die Pfarraufgaben übernahm, wo der eigentlich Pfarreiherr hierzu nicht ermächtigt war. Das war vor allem dort der Fall, wo infolge von Übertragungen Klöster Eigner einer Pfarrei geworden waren. Ebenso übernahmen Vikare die niederen und die geistlichen Ge-richtsrechte, welche an einem Bischof zugekommen waren, die er aber aufgrund seiner Amts nicht selbst wahrnehmen konnte. Da-her war häufig der Domdekan gleichzeitig häufig auch „officialis et vicarius generalis in spiritualibus."; Schwab: Geistliche Ge-richtsbarkeit, passim.

Domsheide. Dove schlug vor, aus jedem Kirchspiel weitere 16 Vertreter zu wählen. Diese 64 sollten zusammen mit den 40 schon gewählten Vertretern an die Stelle der Sorten treten und anders als diese wirkliche Verhandlungs- und Beschlussgewalt gegenüber dem Rat besitzen. Doves Plan war zwar auf Swanckes älteren Vorschlag zurückzuführen. Aber während Swancke den von ihm geplanten Ausschuss durch die traditionellen Korporationen hatte rekrutieren lassen wollen, verlangte Dove jetzt eine demokratische Wahl in den Kirchspielen. Noch vor Verhandlungen mit der Stadt über Doves Plan wurde diese Wahl anhand einer von Dove und seinen Anhängern erstellten Liste durchgeführt.

Als erste Maßnahme beschlossen die 104, die jetzt als die Gekorenen bezeichnet wurden, die Abschaffung der Elterleute der Kaufmannschaft, da man in diesem ältesten Institut gemeindlicher Mitbestimmung den wichtigsten Vertreter konservativer Positionen außerhalb des Rats sah.

Der Rat war wenig bereit, einer Verfassungsänderung zuzustimmen, die weit über das hinausging, was nur anderthalb Jahre zuvor zum Todesurteil gegen Swancke geführt hatte. Er argumentierte, dass auch die Ämter in ihren Rechten nicht mehr sicher sein könnten, wenn man erst einmal durch die Abschaffung der Eltermänner die traditionellen, 1433 verbrieften Rechte einer Korporation, nämlich der Kaufmannsgilde, angreife. Der Rat argumentierte also hier für die Wahrung der Tradition, aber er verwendete ein vergleichsweise modernes Argument, nämlich das der Rechtssicherheit als Gegenkonzept zur Willkürherrschaft, die letztlich jeden gleichermaßen gefährdet. Doch gegen die entschiedene Haltung der Gekorenen, die zu diesem Zeitpunkt insbesondere von den Stadtarmen und den Ämtern der Knochenhauer, der Schmiede und der Schwertfeger unterstützt wurden, konnte der Rat nichts ausrichten. Am 03.01.1532 musste er die Vertretung der Gemeinheit durch die Gekorenen bestätigen. Drei Tage später legten die

Gekorenen dem Rat den Entwurf einer Urkunde vor, welche den Ausschuss zu einer dauernden Institution machen sollte. Der Urkunde zufolge waren die Gekorenen beauftragt, die Weideangelegenheiten zu klären. Zudem sollten sie anstelle der Sorten zu allen Beratungen in städtischen Angelegenheiten und zur Teilnahme an der Verwaltung des Gemeindeguts gehört werden. Weiterhin sollte jedes Kirchspiel einen gewählten Vorsteher bekommen, eine Rolle, die Dove für St. Martini bereits übernommen hatte.

Der Rat lehnte die Beurkundung ab. Dove drohte, dann würden die Gekorenen zurücktreten, und es würden andere, radikalere gewählt werden, welche mit Gewalt die Forderungen durchsetzen würden. Dove drohte dem Rat also kaum verhohlen mit Bardewischs Schicksal. Auf einer Bürgerversammlung am 15.01.1532 musste der Rat schließlich seine Hinhaltetaktik aufgeben und die Urkunde siegeln.

Doves Drohung, sollten die Gekorenen scheitern, würden radikalere Kreise in der Stadtbevölkerung zu Gewalt gegen den Rat schreiten, war nicht völlig gegenstandslos. Wiedertäufer, verarmte Handwerker und infolge der Handelssanktionen des Erzbischofs seit Monaten arbeitslose Wagenführer bildeten den radikalen Flügel innerhalb des sozialen Protests. Die Macht der Gekorenen beruhte zwar vorwiegend auf diesen Radikalen, aber sie mussten gleichzeitig auch immer wieder zu verhindern suchen, von deren Dynamik fortgerissen zu werden. Diverse der einschneidendsten Maßnahmen der Gekorenen lassen sich verstehen als Versuch, dem Druck der Radikalsten gerade so weit nachzukommen, dass sie deren Gefolgschaft nicht verloren. Hieraus erklärt sich die Wendung der Gekorenen gegen die Bremer Kaufmannschaft. Was sich schon abgezeichnet hatte in der Forderung nach Abschaffung der Eltermänner, verschärfte sich zu einem Generalangriff auf die korporierte Kaufmannschaft, den Kaufmann. Dabei waren die von den Gekorenen gegebenen Begründungen durchaus modern: Sie wollten die Verwaltung der Stadt, vor allem aber die Einnahmenverwaltung zentralisieren. Bis dahin gab es keine allgemeine Stadtkasse; zudem flossen wichtige Einnahmen nicht in den Stadtsäckel, sondern kamen einzelnen Korporationen zugute. Die wichtigste dieser Einnahmen war das Tonnengeld, welches der Kaufmann erhielt, da im Gegenzug die Eltermänner das Ausbringen der Tonnen auf der Weser beaufsichtigten. Die Gekorenen verlangten, dass das Tonnengeld in die Stadtkasse fließen sollte. Daraufhin beschloss eine Versammlung des Kaufmanns am 30.01.1532, eine Delegation aus Eltermännern sowie fünf weiterer Kaufleuten und fünf Vertretern der Schiffer auf das Rathaus zu entsenden, wo sie erklären sollten, dass ein Eingehen des Tonnengelds in die Stadtkasse hingenommen werden könne, nicht jedoch eine Beschneidung der Rechte des Kaufmanns. Als die Delegation vor dem Rat erschien, kam es zu einem heftigen Tumult mit den Gekorenen und ihren Anhängern. Die Elterleute entkamen mit knapper Not. Dove erklärte jetzt dem Rat, das sei ein deutliches Beispiel dafür, dass nur der Einfluss der Gekorenen die Radikaleren unter den Stadtarmen von massiven Gewalthandlungen abhalten könne. Die Elterleute sollten noch einmal geladen werden, ohne aber wieder Begleitschutz mitzubringen. Als daraufhin die Elterleute wieder vor den Rat traten, lehnten die Gekorenen jede Verhandlung ab. Die Elterleute seien abgeschafft, damit auch ihre Funktion hinfällig. Rat und Elterleute mussten akzeptieren, dass künftig ein Ratsmitglied und vier der Gekorenen für die Beaufsichtigung der Tonnen und Baken verantwortlich sein sollten.

Anfang Februar verlangen die Gekorenen erneut das Erscheinen der Elterleute sowie auch der zehn Begleiter ihres ersten Auftretens. Der Rat erwiderte, dass ohne sicheres Geleit die Elterleute kaum auftreten würden; auch der Rat würde sein Amt aufgeben, wenn er ständig damit rechnen müsse, dass mit Trommeln und Glockenklang die

Gekorenen vor ihm auftauchen und ihn beschimpfen und bedrohen würden. Die Gekorenen sagten daraufhin den Elterleuten freies Geleit zu. Als diese erschienen, waren sie heftigen Vorwürfen ausgesetzt, sich dem Willen der Gemeinheit zu widersetzen. Sie erklärten daraufhin, alles annehmen zu wollen, was Rat und Gemeinheit gemeinsam beschlossen. Aber als sie dann abziehen wollten, fanden sie die Rathaustreppe von einer Menschenmenge besetzt. Dove verlangte jetzt, dass die Elterleute der Gemeinheit alles übergeben, was sie im Namen des Kaufmanns an Geld und Gut besäßen, was aber eigentlich der Gemeinheit gehöre. Die Elterleute protestierten: Das Erbebuch des Rats, was man entsprechend konsultierte, belege, dass der Besitz, den sie benutzten, Eigentum des Kaufmanns, nicht der Gemeinheit sei. Aber die Gekorenen setzten sich durch. Vom Schütting, dem Haus des Kaufmanns, wurden zwei Laden mit Briefen und Silberzeug zum Rathaus gebracht, obgleich der Rat gegen diese Beraubung und den Bruch des Geleitversprechen protestierte. Wenige Tage später trat der Schütting unter die Verwaltung von Rat und Gekorenen, das Kollegium der Elterleute hatte aufgehört zu existieren.

Aber dabei blieb es nicht. Die Gekorenen machten sich weiter zu Sprechern der Interessen vor allem der Stadtarmen und der einkommensschwachen Handwerker. Ihre Politik führte allerdings dazu, dass die reichen Kaufmannsfamilien und die große Zahl kleinerer Kaufleute, die nur im Überlandhandel tätig waren, sich zusammenschlossen. Da nützte es wenig, dass die Gekorenen die Monopole zu brechen bereit waren. Sie begannen mit einem Angriff auf die Kornmonopole: Niemand solle mehr als zehn Last Korn pro Jahr verschiffen dürfen, durch den Ärmelkanal und nach Lissabon aber nur die Hälfte dieser Menge. Die Gekorenen erreichten durch massiven

Druck auf den Rat die Verkündung auch dieses Mandats, welches zwar nicht lange Bestand hatte, dennoch aber die Bremer Staatseinkünfte deutlich schmälerte.

12.8.   Die Gekorenen und die Geistlichkeit

Der wichtigste Widerstand wurde den Gekorenen jedoch weder vom Rat noch von der Kaufmannschaft entgegengesetzt. Probst als Führer der evangelischen Geistlichen hatte sie schon mehrfach der Wiedertäuferei bezichtigt. Hinsichtlich der Gekorenen war dies falsch; auch unter ihren Anhängern befand sich allenfalls eine kleine Zahl von Wiedertäufern. Insgesamt war das religiöse Interesse der Gekorenen und ihrer Gefolgschaft nicht größer als das ihrer Gegner, und keinesfalls kann man in ihnen religiöse Fanatiker sehen. Der Widerstand der Geistlichen gegen die Gekorenen galt nicht zuerst deren theologischen Festlegungen, sondern hatte zwei andere Ursachen. Erstens fürchtete vor allem Probst, dass die Gekorenen der katholischen Reaktion einen willkommenen Vorwand liefern könnten, in Bremen mit Waffengewalt den konfessionellen Status quo ante wiederherzustellen. Zweitens handelte Probst ganz im Sinne seines Freundes Luther, wenn er die Wendung der Gekorenen gegen die obrigkeitliche Ordnung verurteilte. Das aufrührerische, sozialrevolutionäre Element der Reformation, welches diese nachgerade in ihren Anfangsjahren getragen, ja vielerorts überhaupt erst ermöglicht hatte, erschien Luther bekanntermaßen schon während der Bauernkriege als Bedrohung der protestantischen Sache. Sein Bund mit den Fürsten bis hin zum moralischen Debakel der Bigamie-Rechtfertigung in Falle des hessischen Landgrafen entsprach dieser Linie, durch den Bund mit der Obrigkeit die theologische Revolution der Reformation auf Kosten der sozialen Revolution zu sichern.

Für die Gekorenen in Bremen bedeutete das, dass sie nach und nach mit allen Bremer Eliten in Konflikt gerieten: Zunächst mit dem Rat, dann mit der Kaufmannschaft, nun auch mit den Geistlichen. Ihre Anhängerschaft unter den Armen und den kleinen Handwerkern war ihnen zwar noch sicher. Aber nachdem Probst, Timann und die meisten anderen Geistlichen gegen die Gekorenen zu predigen begonnen hatten, mussten sie fürchten, auch diese Basis zu verlieren.

Dove versuchte, einerseits durch Druck, andererseits durch Entgegenkommen die Geistlichen zu versöhnen. Am 20.02.1532 kam es zu Verhandlungen in der Martinikirche, wohin die evangelischen Prädikanten und dreißig Gekorene unter Doves Führung erschienen. Probst warf den Gekorenen vor, ein aus Aufruhr geschaffenes, mit dem Blut des Komturs besudeltes und wider Gott gerichtetes Regiment errichtet zu haben, das Bremen nur zum Schaden gereichen könne. Den Reichen ihre Habe mit Gewalt zu nehmen, um den Armen zu helfen, sei nicht gottgewollt. Es kam zu Tumulten, aber Dove konnte seine Gefolgsleute von Ausschreitungen abhalten. Probst wies jedes Ansinnen, die Kanzelkritik an den Gekorenen einzustellen, zurück. Die Gekorenen sahen daraufhin keine Möglichkeit, ihren Willen durchzusetzen, da sie sich nicht gegen die evangelischen Prediger stellen wollten. Stattdessen beschlossen sie, sowohl den Prädikanten als auch der Bevölkerung zu beweisen, dass sie so fest wie alle in der lutherischen Reformation standen. Daher verlangten sie Ende März 1532 vom Rat, nun auch den Dom als letzte Kirche der evangelischen Predigt zu öffnen. Der Rat wendete ein, dass gerade der Regensburger Reichstag über einen Kompromiss zwischen den Konfessionen verhandele und man die Stadt der Gefahr der Acht aussetze.

Am Ende setzten die Gekorenen dennoch ihren Willen durch. Am 14.03.1532, Palmsonntag, versammelten sich die Gekorenen um 07:00 Uhr in der Martinikirche und zogen von dort zu Jacob Probst, um ihn auf die Domkanzel zu führen.[50] Die bereits begonnene Messe wurde unter Gewaltandrohung abgebrochen. Probst hielt eine Predigt, eine zweite am Nachmittag.[51] Am nächsten Tag predigte Johann Timann, und dann der Reihe nach durch die Osterwoche alle übrigen Prädikanten. Der Domprobst als letzter Vertreter des Kapitels in der Stadt verließ jetzt ebenfalls Bremen und ging nach Lünsen bei Thedinghausen, wo sich bereits das übrige Kapitel aufhielt.

Dies war der Beginn eines Exodus der Eliten aus der Stadt. Nach erneuten heftigen Auseinandersetzungen in der Sache der Bürgerweide beichtete am 07.04.1532 einer der Gekorenen einem Prädikanten, dass für den Montagmorgen ein gewaltsamer Angriff auf den Rat und die Bürgermeister geplant sei. Ob dies tatsächlich vorgesehen war, lässt sich nicht mehr sagen; jedenfalls flohen daraufhin die Bürgermeister. Freilich gab es auch schon zuvor in der Bremer Geschichte bereits mehrere solche Vorfälle. Daher kann man annehmen, dass erst im Nachhinein die Flucht vor drohender Gewalt als Motiv des Auszugs der Bürgermeister genannt wurde, während sie eigentlich im Wesentlichen ihre Handlungs- und Entschlussfreiheit zurückgewinnen wollten. Alle vier Bürgermeister – neben von Büren und von Borcken auch Martin von Heyenburg und Dietrich Hoyer - sowie drei Ratsherren und der Ratssekretär Jacob Louwe hatten die Stadt verlassen und begaben sich nach Bederkesa, dessen Burg dem Bremer Rat unterstand.

---

[50] Erste Bremer Chronik, StA Bremen, P.1.s.2.c.

[51] Probst predigte nach Matth. 21 vom Palmeinzug in Jerusalem und der Vertreibung der Wechsler aus dem Tempel, womit er unverhohlen die katholischen Geistlichen und die Wechsler gleichsetzte; Veeck: Reformation, S. 47.

12.9. Die Herrschaft der Gekorenen

Der Auszug der Bürgermeister und ihrer engsten Gefolgsleute, jetzt als die „Ausgewichenen" bezeichnet, führte einen von der Bremer Verfassung nicht vorgesehenen Ausnahmezustand herbei, Denn damit verloren auch die Rechte der Gekorenen ihre Grundlage. Vor allem aber war der Rat, waren die Bürgermeister und nicht die Gekorenen Kern der Identität der Bremer Bevölkerung. Der Auszug beraubte die Bürgerschaft also einer wichtigen integrativen Klammer, womit die Konflikte innerhalb der Stadt offen auszubrechen drohten.

Die Gekorenen versuchten, wie schon in der Auseinandersetzung mit den Geistlichen, den Anschein zu wahren, sie seien die wahren Hüter der Bremer Verfassung und der lutherischen Konfession. Schon am Montag nach dem Auszug schlugen sie den verbliebenen Ratsherren ein Mandat vor, wonach künftig jede Versammlung gegen den Rat verboten werden sollte. Dies eröffnete aber auch die Möglichkeit, mit einem nach dem Wunsch der Gekorenen zusammengesetzten Rumpfrat zu regieren, ohne dass die Bürgerschaft, vor allem die Kaufleute und die Schiffer, sich gegen diesen hätten organisieren können. Dove ritt dann an der Spitze einer Delegation von Rat und Gekorenen nach Bederkesa und gelobte den Bürgermeistern feierlich, künftig nichts mehr gegen ihren Willen zu unternehmen. Faktisch bot er dem Rat neue Verhandlungen an, an deren Ende nach seinen Vorstellungen eine maßvolle Verfassungsreform stehen sollte.

Damit wurden die Gekorenen zu Vermittlern zwischen dem Rat und dem sozialen Protest. Für diese Mittlerrolle fehlte ihnen die Unabhängigkeit, so dass ihre Politik in den nächsten Monaten unentschlossen und schwankend wirkte.

Insgesamt fünf Monate verhandelten die Ausgewichenen mit den Gekorenen, deren Position unterdessen weiter geschwächt wurde, weil die Geistlichen ihre Agitation noch verstärkten.

Die wohlhabenderen Familien wendeten sich jetzt offen gegen die Gekorenen. Anfang Mai kam es zu Verhandlungen in den Kirchspielen über Schreiben der Ausgewichenen. In St. Martini, in dessen Kirchspiel die meisten wohlhabenden Familien wohnten, wo aber auch Dove lebte, erlitten die Gekorenen eine völlige Niederlage. Acht der 26 Gekorenen des Kirchspiels sagten sich sogar offiziell von diesen los. Ähnliches geschah in der Liebfrauenkirche, wo Wulbern Rulves die Gekorenen führte. Noch am Vortag hatten die Pastoren beider Kirchen, Probst und Timann, die Stadt verlassen und sich so mit den Ausgewichenen solidarisiert.[52] Anhänger hatten die Gekorenen jetzt fast nur noch bei den kleinen Handwerkern und Armen, weswegen die Entscheidung in St. Ansgari unentschieden blieb und nur noch in St. Stephani eine große Mehrheit sich hinter die Gekorenen stellte.

Dove und der Rat einigten sich schließlich auf eine Vermittlung Buxtehudes und Stades in der Weidesache. Die traditionelle Bremer Verfassung sollte geprüft werden, ob davon etwas gegen Gottes Wort oder gegen allgemeines Recht verstieß. Im Gegenzug sollten die Gekorenen aufgelöst werden. Aber auch diese Einigung scheiterte am Widerstand der Radikalen in Bremen, aber auch der Gekorenen selbst, da die Bürgermeister nicht bereit waren, den Gekorenen eine Amnestie zuzusagen.

In der Stadt waren inzwischen mehrfach bewaffnete Auseinandersetzungen zwischen Anhängern und Gegnern der Gekorenen nur knapp verhindert worden. In St. Martini hatte man Anfang Juni die Gekorenen des Kirchspiels, darunter Dove selbst, sogar unter Hausarrest gestellt, ohne dass die übrigen Gekorenen noch in der Lage gewesen

---

[52] Sie waren allerdings nur bis zum Dorf Brinkum vor den Toren der Stadt gegangen, während die Bürgermeister ca. 70km nach Norden in Bederkesa saßen.

wären, seine Freilassung zu erzwingen. Erst Mitte Juli kam es zu einer gewaltsamen Befreiung Doves und der anderen Gekorenen von St. Martini.

Die Gekorenen nahmen jetzt ihre Zuflucht zu einer verzweifelten Maßnahme: Wollten sie wenigstens einen Rest Einfluss behalten, mussten sie ein Gegengewicht zu den konservativen Kreisen um den Rat und die lutherischen Prädikanten herstellen. Ihr eigener Anhang war inzwischen schwach geworden, und er bröckelte weiter. Wenn jedoch eine dritte Kraft ein Gleichgewicht zum Rat herstellte, dann konnten die Vertreter des sozialen Protests sich als das Zünglein an der Waage erweisen und durch Bündnisse mit der einen oder anderen Seite wenigstens einen Teil der errungenen Macht wahren, vielleicht sogar ihre wichtigsten Forderungen durchsetzen.

Nach Lage der Dinge konnte ein solches Gegengewicht zum Rat nur der Erzbischof darstellen. Daher verhandelten Dove und Rulves Anfang August nicht mehr nur mit dem Rat, sondern auch mit Christoph. Sie hatten jedoch die Stärke des Bündnisses von lutherischer Rechtgläubigkeit und politischem Konservativismus unterschätzt, abgesehen von Christophs notorischer Geldnot und für so schwierige Verhandlungen unzureichende Verlässlichkeit.

Als Nachrichten von den Verhandlungen mit dem Erzbischof in Bremen durchsickerten, sammelte sich unter Führung der in der Stadt verbliebenen Prädikanten eine wütende Menge und vertrieb die Gesandten der Erzbischofs mit Gewalt aus der Stadt. Auch aus St. Stephani waren etliche Bewaffnete hieran beteiligt; den Gekorenen war es nicht gelungen, ihren treuesten Anhängern den Sinn von Verhandlungen mit dem Erzbischof begreiflich zu machen. Daher begann jetzt auch dieser letzte, verlässlichste Rückhalt in der Bremer Bevölkerung allmählich wegzubrechen.

Die Tage der Gekorenen waren gezählt. Durch Rücktritte und durch Todesfälle, vor allem durch die in Bremen gerade wieder grassierende Pest war ihre Zahl auf etwas über fünfzig statt ursprünglich 104 geschrumpft. Der in Bremen verbliebene Rat stellte Truppen auf, offiziell wegen eines drohenden Einfalls Friedrichs von Dänemark. Die Gekorenen stimmten dem zu, nicht ahnend, dass der Kommandeur der Truppen, Andreas von Lubbecke, und wohl auch der Rumpfrat selbst mit den aus der Stadt Geflohenen, den Ausgewichenen, bereits die Details eines Schlags gegen die Gekorenen verabredet hatte. Bauern aus Lehe und Knechte verschiedener Ritter des Stiftsgebiets, welche Sold von den Ausgewichenen genommen hatten, sickerten über mehrere Tage in die Stadt ein.

Am 29.08.1532 sammelte sich die Bürgerschaft auf dem Domshof, um ein weiteres Schreiben der Ausgewichenen verlesen zu bekommen. Außen um den Ring der Bürgerschaft stellten sich die Schiffer, ihre Beile unter dem Wams, und hinter diesen die angeworbenen Bauern und Söldner und die Knechte der Ausgewichenen.

Heine Woldeken, der Kommandeur der Ratstruppen, trat nun vor die Gekorenen, die immer noch von Dove geführt wurden, und warnte diesen und die ganze Bürgerschaft vor einer Reichsexekution gegen Bremen, die dann nicht nur das Ende der Gekorenen, sondern auch den Verlust aller Bremer Freiheiten bedeuten würde. Aber er sei willens und mit seinen Truppen auch in der Lage, dem Regiment der Gekorenen ein sofortiges, nötigenfalls auch gewaltsames Ende zu bereiten. Sollten die Gekorenen aber gutwillig ihre Macht ablegen, sei ihnen allen Amnestie garantiert.

Die militärische Übermacht der Ratsanhänger war unübersehbar. Zudem waren die Gekorenen frustriert, erschöpft und hilflos, nachdem alle ihre Bemühungen so völlig fehlgeschlagen waren. Sie kapitulierten daher ohne Widerstand; Dove selbst zerschnitt die Urkunde, auf der ihre Rechte besiegelt worden waren. Eine Woche später kehrten die ausgewichenen Bürgermeister im Triumphzug zurück; auch Probst und Timann kamen wieder nach Bremen. Am folgenden Tag wurden trotz des Amnestie-Versprechens Dove sowie Johann Schröder und Johann Hilgermissen gefangen genommen und in den Turm gelegt. Mehrere andere der Gekorenen flüchteten daraufhin aus der Stadt.

Wenige Tage darauf versammelte die Bürgerschaft sich wieder auf dem Domshof. Daniel von Büren fragte die Anwesenden, ob sie die alte Bremer Verfassung wieder einsetzen und ob sie das Amnestieversprechen vom 29. August beibehalten wollten. Der Rat sprach sich gegen eine allgemeine Amnestie aus. Die Versammlung bejahte das Verbleiben bei Tafel und Buch, bestätigte also die alte Verfassung. Die Klärung der Rechtsfragen wurde in Hoffnung auf milde Urteile dem Rat anheim gestellt, auch hinsichtlich derjenigen, die aus Bremen geflohen waren. Dann wurde eine Urkunde zur Verhinderung neuer Unruhen der Gemeinheit vorgelegt, die später als die "Neue Eintracht" bezeichnet wurde. Sie bestätigt die Gültigkeit der alten Verfassung und die Befugnisse des Rats, dessen Rechte bei Gefahr des Verlusts der Stadtwohnung sich niemand anmaßen solle. Die zwei wichtigsten Neuerungen der "Neuen Eintracht" waren erstens, dass fortan jede Kritik am Rat angezeigt werden musste und dass zukünftig in den Versammlungen der Korporationen keine Angelegenheiten des Rats besprochen werden durften. Versammlungen der Ämter oder der Kirchspiele ohne Genehmigung und Aufsicht durch den Rat waren jetzt generell verboten. Zweitens wurde der Prinzipat des Theologischen anerkannt: Was immer in der Verfassung als der christlichen Lehre widersprechend gefunden würde, sollte revidiert werden. So explizit hatten die bisherigen Verfassungstexte, vor allem die "Eintracht" von 1433, dies nicht formuliert.

In den folgenden Monaten wurden 22, fast die Hälfte der noch verbliebenen Gekorenen, vor Gericht gestellt; etliche weitere flohen und wurden in Abwesenheit auf Lebzeit verbannt. Mehrere der Angeklagten,
darunter auch Dove, und eine Anzahl Personen, denen man die Ermordung des Komturs vorwarf, wurden hingerichtet, fast alle übrigen
verbannt - trotz des Versprechens einer allgemeinen Amnestie.[53]

Die Neue Eintracht wurde erst 1534 offiziell die neue Bremer Verfassung, da der Rat zunächst die Sieglung der Urkunde durch etliche
Stiftsstände, Reichsfürsten und auch durch den Erzbischof erreichen
wollte. Auf diese Weise verband sich das Inkrafttreten mit der Verkündung einer neuen Kirchenordnung für Bremen.[54] Beide zusammen,
Neue Eintracht und Kirchenordnung, vollendeten den Kompromiss
der lutherischen Reformation, den sozialen Status quo weitgehend zu
zementieren, um den theologischen Status quo zu reformieren, ja zu
revolutionieren. Dabei war die neue Kirchenordnung nur scheinbar
modern. Sie setzte zwar den Rat an die Spitze der Bremer Kirche, da
dieser jetzt einen Superintendenten für die Kirche zu ernennen hatte,
welcher dem Rat verantwortlich sein sollte. Aber hinsichtlich Bremens

---

[53] Einige von diesen gingen angeblich nach Friesland, wo sie sich
den Seeräubern anschlossen; Veeck: Reformation, S. 49. Hierbei
dürfte es sich aber wohl um Propaganda handeln, die noch im
Nachhinein die Gekorenen in Zusammenhang mit den schlimmsten Feinden Bremens setzen wollte.

[54] Im Wesentlichen von Timann und Probst verfasst, lehnte die neue
Kirchenordnung sich zu großen Teilen an Vorgaben Bugenhagens
an, insbesondere an dessen Kirchenordnungen für Lübeck und
Hamburg. Bugenhagen schrieb auch ein Geleitwort für die Kirchenordnung, welche vor ihrem Inkrafttreten Luther und Bugenhagen zur Prüfung vorgelegt worden war; Bippen: Bremen, Bd. 2,
S. 97; Veeck: Reformation, S. 67.

war damit nur ein lange vor der Reformation beschrittener Weg weitergegangen worden, nämlich die Verdrängung des Erzbischofs in allen seinen Funktionen durch den Rat. Die eigentlich moderne Forderung der Zeit, eine vom Einfluss der Obrigkeit freie Kirche, blieb hingegen unerfüllt.

Probst wurde der erste Superintendent und blieb dies bis 1560. Nachdem Probst bereits 1524 die erste Pfarrfrau in Bremen eingeführt hatte, machte der Rat jetzt allen Prädikanten eine eheliche Bindung zur Pflicht; anscheinend dauerte es nicht einmal sechs Monate, bis alle dieser Aufforderung nachgekommen waren.

Der Versuch der Gekorenen, in Bremen eine größere politische Partizipation der Bürgerschaft zu erreichen und zugleich die schlimmsten Bedrängnisse der Unterschicht zu lindern, war auf ganzer Linie gescheitert. Dies hatte mehrere Gründe. Zum einen verzettelten sie ihre Kräfte, weil sie es allen ihren Anhängern recht machen wollten und daher gleichzeitig in der Sache der Bürgerweide, in der Frage der Kornmonopole, im Streit um den katholischen Gottesdienst im Dom, im Plan einer Reform der städtischen Finanzverwaltung und natürlich im Kampf gegen den Rat um die Macht in Bremen aktiv wurden - um nur die wichtigsten Themen zu nennen. Zweitens gelang es ihnen nie, die gesamte Bürgerschaft hinter sich zu bringen und so geschlossen gegen den Rat aufzutreten. Im Gegenteil: Durch ihr Vorgehen gegen den Kaufmann verärgerten sie noch Teile ihrer eigenen Anhängerschaft - auch wenn man annehmen kann, dass sie dies anderen Gruppen ihrer Anhänger zu Gefallen taten. Drittens gelang es ihnen nicht, außerhalb Bremens Unterstützung zu finden; auch die Verhandlungen mit dem Erzbischof waren letztlich kaum aussichtsreich. So drohte ständig eine Exekution der katholischen Fürsten gegen Bremen; Oldenburg etwa wartete nur auf eine solche Gelegenheit.

12.10.   Die Herrschaft der Gekorenen aus heutiger Sicht

Gemessen an den erheblichen sozialen Verwerfungen und Verschiebungen, welche die Reformation in anderen deutschen Städten mit sich brachte, nimmt sich der Verlauf der Reformation in Bremen eher unspektakulär aus. Dies lag vor allem daran, dass der Rat der Stadt frühzeitig die antiklerikalen Protestpotentiale für seine viel weiter zurückreichenden Auseinandersetzungen mit dem Bremer Erzbischof Christoph von Braunschweig-Wolfenbüttel instrumentalisieren und ihnen die damit zunächst eng verbundene sozialrevolutionäre Dynamik nehmen konnte. Das ist der tiefere Grund, warum der Aufstand der 104 Männer von 1532 scheitern musste.

In der Bremer Tradition spricht man meist vom "Aufstand der 104 Männer", wenn man die Monate meint, in denen die Gekorenen in Bremen herrschten. Aber ein Aufstand und erst recht eine Revolution, wie einige linke Autoren im 19. Jahrhundert meinten, war dies ohnehin nicht. Es fehlte an einer Utopie, an einem Gegenentwurf zur aktuellen Situation in Bremen. Viel eher handelte es sich hier um ein Streben nach einer aus der Vergangenheit bereits vertrauten Situation einer weitgehenden Autonomie der Stadt gegenüber dem Bischof, während der Konfessionsstreit viel stärker als wenig später in Straßburg oder Münster auf das eigentlich kirchliche Themenfeld beschränkt blieb und kaum eine allgemeinpolitische Innovationskraft entwickelte.

Wahrscheinlich war es genau das, was die Herrschaft der Gekorenen anders als etwa das Täuferreich zu Münster zu einer kaum beachteten Episode der Stadtgeschichte gemacht hat, welche selbst gebildeten Bremern allenfalls dem Namen nach bekannt ist. Immerhin aber darf man seitens der Stadt sich zugutehalten, dass auf diese Weise die im ganzen Reich aufflammenden Konfessionsstreitigkeiten in Bremen vergleichsweise glimpflich abgewickelt worden sind und auch in den folgenden Jahrzehnten bis zum Ende des Dreißigjährigen Kriegs

Bremen den Konflikt vor allem als eine Auseinandersetzung mit äußeren Feinden, nicht so sehr als Zerbrechen der inneren Gemeinschaft innerhalb der Stadt erleben musste.

Zugleich verhinderte der Dissens in der bürgerlichen Kräfte in der Stadt aber eine geschlossene, deutlich aggressivere Vorgehensweise gegen die Macht des Erzbischofs insgesamt, vor allem aber des für seine Aufgabe offensichtlich vollkommen untauglichen Christoph von Braunschweig-Wolfenbüttel. Es hätte dies auch über die Stadtgrenzen hinaus ein deutliches Zeichen für eine Dominanz der weltlichen über die geistlichen Mächte sein können, vor allem dann, wenn es gelungen wäre, den Erzbischof auch aus Verden zu vertreiben oder ihn wenigstens in seinen Aufgaben auf die ursprüngliche Rolle eines Erzbischofs zurückzudrängen. Das wurde durch die inneren Konflikte in Bremen verhindert. Dadurch wurde einerseits die eigentlich überholte Herrschaft der wenigen Patrizierfamilien der Stadt noch einmal fortgeschrieben. Zugleich aber wurde es dadurch möglich, dass der Erzbischof noch zahlreiche Raubzüge und Fehden vom Zaun brechen konnte, da jetzt das entscheidende Gegengewicht nicht mehr vorhanden war. Die Radikalität, mit der die Gekorenen alles gleichzeitig angehen wollten, was sie für inakzeptabel hielten, entsprach allerdings vielerorts dem Zeitgeist und sollte sich deutlich katastrophaler auf das Täuferreich zu Münster auswirken. Und die Kräfte, die den Reformwillen auf Luthers theologisches Anliegen beschränken wollte, erhielten hier noch einmal eine Bestätigung, dass eine theologisch begründete Umgestaltung der politischen und sozialen Landschaft nicht durchsetzbar war. Weil sie quer durch alle Schichten von der Mehrheit der Bevölkerung letztlich nicht gewollt oder jedenfalls nicht hinreichend unterstützt wurde.

12.11. Bibliografie

12.11.1. Staatsarchiv Bremen

Bestand 2 E: Staatsverfassung Bremens, deren Ausbildung und Veränderung, auch hauptsächlich darauf Einfluss habende Staatsereignisse

2 ad. E. 6.b.3: Kleine Geschichte des Aufruhrs der 104 Männer im Jahre 1530 bis 1533, Abschrift eines wahrscheinlich noch im 16. Jahrhundert gemachten Berichts, Abschrift aus der Tiemann'schen Sammlung

2-R.3.G.3.b.4: Schoßregister des St. Martini-Kirchspiels von 1526

2-R.3.G.3.b.4: Schoßregister des St. Ansgari-Kirchspiels von 1526

Bestand E 6: Die Errichtung der Neuen Eintracht 1532 und sogenannter Bürgermeister-Auszug oder Herrschaft der 104.

12.11.2. Quellen, gedruckt

Erste Bremer Chronik, StA Bremen, P.1.s.2.c (gedruckt in: Bremisches Jahrbuch, 2. Ser., Bd. 1/1885, S. 237)

Luther, Martin: Briefwechsel, Bd. 2, hrsg. durch Otto Clemen, Weimar (Hermann Böhlaus Nachfolger) 1931

Zweite Bremer Chronik, P.1.2.s.2.a (gedruckt in: Bremisches Jahrbuch, 2. Ser., Bd. 1/1885, S. 223)

Cassel, Johann Philipp (Hrsg.): Sammlung ungedruckter Urkunden, welche die Geschichte der freien Reichstadt Bremen in vorigen Zeiten aufklären, Bremen 1768

Quellen zur Bremischen Reformationsgeschichte, hrsg. von der Historischen Gesellschaft des Künstlervereins Bremen, Bremen 1885 (Bremisches Jahrbuch, 2. Serie, Bd. 1/1885)

Rudloff, Ortwin (Bearb.): Häretische Sätze aus den Bremer Predigten Heinrichs von Zütphen, Januar und Februar 1523, in: Hospitium Ecclesiae, Bd. 15/1987, S. 71-116

Bericht Daniels van Büren über das Religionsgespräch zu Worms. 1540 und 1541, in: Bremisches Jahrbuch, Bd. 26/1916, S. 26-73

Rudloff, Ortwin: Der Briefwechsel des Rates der Stadt Soest mit dem Bremer Rat und den Bremer Predigern Jakob Probst und Johannes Zelst: April bis Juni 1532, in: Hospitium Ecclesiae, Bd. 18/1991, S. 109-116

12.11.3. Literatur

Achelis, Johann: Ein Beitrag zu den Hardenbergischen Streitigkeiten, in: Bremisches Jahrbuch, Bd. 39/1940, S. 254-266

Baumgartner, Mira: Die Täufer und Zwingli: Eine Dokumentation, Zürich (Theologischer Verlag) 1993

Behrwald, Ralf: Die Reformation in Bremen und der Aufstand der 104 Männer, Dußlingen 1988 (Typoscript)

Berentelg, Hugo: Der Schmalkaldische Krieg in Nordwestdeutschland, Rostock (C. Hinstorffs Buchdruckerei) 1908 (Phil. Diss., Münster 1908)

Bippen, Wilhelm von: Bericht des Bürgermeisters Dietrich Vasmer an den Rat aus Frankfurt, 24 December 1545, in: Bremisches Jahrbuch, Bd. 17/1895, S. 166-181

Bippen, Wilhelm von: Bremens Krieg und Junker Baltasar von Esens 1537-1540, in: Bremisches Jahrbuch, Bd. 15/1889, S. 30-76

Bippen, Wilhelm von: Geschichte der Stadt Bremen, Bd. 2, Bremen (Müller) 1898

Bippen, Wilhelm von: Luthers Brief an Jacob Probst vom 10. Juli 1529, in: Bremisches Jahrbuch, Bd. 17/1895, S. 162-166

Bode, Julius: Heinrich von Zütphen und die Zütphenkapelle, Bremen (Guthe) 1917

Brecht, Martin: Martin Luther: Band 1: Sein Weg zur Reformation 1483–1521, 2. Aufl. Stuttgart (Calwer Verlag) 1983

Dietsch, Walter: Der Dom St. Petri zu Bremen: Geschichte und Kunst, Bremen (Heinrich Döll) 1978

Engelhardt, Hannes: Der Irrlehreprozeß gegen Albert Hardenberg 1547-1561, Frankfurt/M. 1961 (Jur. Diss.)

Engelhardt, Hannes: Der Irrlehrestreit zwischen Albert Hardenberg und dem Bremer Rat, 1547-1561, in: Hospitium Ecclesiae, Bd. 4/1964, S. 29-52

Fast, Reinhold (Hrsg.): Der linke Flügel der Reformation: Glaubenszeugnisse der Täufer, Spiritualisten, Schwärmer und Antitrinitarier, Bremen (Schünemann) 1962

Gerdes, Daniel: Historia motuum ecclesiasticorum in civitate Bremensi sub medium seculi 16. ab A. 1547-1561 tempore Alberti Hardenbergii suscitatorum..., Groningen und Bremen (Haj. Spandaw & G. W. Rump) 1756

Haas, Alois M.: Der Kampf um den Heiligen Geist - Luther und die Schwärmer, Freiburg/Schweiz (De Gruyter) 1997

Heyne, Bodo: Die Reformation in Bremen 1522-1524: Am Vorabend - der Beginn - die Bahnbrecher, in: Hospitium Ecclesiae, Bd. 8/1973, S. 7-54

Hoops, Heinrich: Wie Bremen evangelisch ward: Eine Festschrift zur 400-Jahrfeier der Reformation im Weltkriegsjahr 1917, o.O., o.J., ca. 1917

Iken, Johann Friedrich (Bearb.): Die Bremische Kirchenordnung von 1534, Bremen (Müller) 1891 (Bremisches Jahrbuch, 2 Ser., Bd. 2)

Iken, Johann Friedrich: Bremen und die Synode zu Dordrecht, in: Bremisches Jahrbuch, Bd. 10/1878, S. 11-105

Iken, Johann Friedrich: Die Einführung der Reformation in Bremen, in: ders.: Kleine historische Schriften, 1873-1898, Nr. 7

Iken, Johann Friedrich: Die erste Epoche der Bremer Reformation 1522-1529, in: Bremisches Jahrbuch, Bd. 8/1876, S. 40-113

Iken, Johann Friedrich: Die niederdeutsche Sprache als Kirchensprache zu Bremen im 16. Jahrhundert, in: Bremisches Jahrbuch, Bd. 17/1895, S. 47-76

Iken, Johann Friedrich: Die sittlichen und geistigen Zustände Bremens an der Schwelle der Reformation, Hs., 1879, in: ders.: Kleine historische Schriften, 1873-1898, Nr. 5

Iken, Johann Friedrich: Heinrich von Zütphen, Halle (Max Niemeyer) 1886

Iken, Johann Friedrich: Nachtrag zur Bremischen Reformationsgeschichte von 1522-1529, in: Bremisches Jahrbuch, Bd. 9/1877, S. 55-59

Iken, Johann Friedrich: Zustände und Verhältnisse Bremens an der Schwelle der Reformation, Hs., 1879, in: ders.: Kleine historische Schriften, 1873-1898, Nr. 3

Kamp, Jan van de: Vorabend und Auftakt der Reformation in Bremen, in: Tilman Hannemann (Hrsg.): Studien zur Reformation in Bremen, Bremen (Univ. Bremen) 2016, S. 1-25

Kohlmann, Johann Melchior: Kriegesmuth und Siegesfreude der Protestantischen Stadt Bremen im Jahre 1547; oder: Andenken an die Belagerung Bremens, und die Schlacht bei Drackenburg, Bremen (Heyse) 1847

Krause, Karl Ernst Hermann: Christoph, in: Allgemeine Deutsche Biographie, Bd. 4, Leipzig (Duncker & Humblot) 1876, S. 235-239

Kühtmann, Alfred: Die Bremische Kirchenordnung von 1534, in: Bremisches Jahrbuch, Bd. 8/1876, S. 114-143

Lehe, Erich von: Bremen und Land Wursten im 16. Jahrhundert: Ein Beitrag zur Geschichte der bremischen Territorialpolitik an der Niederweser, in: Bremisches Jahrbuch, Bd. 49/1964, S. 105-133

Meier, Gerhard: Spicilegium post messem de Henrico Zutphanio, primo, ante hos ducentos annos, Reip Bremensis evangelista, dein martyre Dithmarsico, Bremen (Hermann Brauer) 1722

Meinhold, Peter: Heinrich von Zütphen und die Anfänge der Reformation in Dithmarschen, in: Schriften des Vereins für schleswig-holsteinische Kirchengeschichte, R. 2, Bd. 30/31 (1974/75), S. 36-55

Moeller, Bernd: Die Reformation in Bremen, in: Jahrbuch der Wittheit zu Bremen, Bd. 17/1973, S. 51-73

Moeller, Bernd: Reichsstadt und Reformation, Tübingen (Mohr Siebeck) 1963

Moltmann, Jürgen: Christoph Pezel (1539-1604) und der Calvinismus in Bremen, Bremen (Einkehr) 1958 (Hospitium Ecclesia, Bd. 2)

Müller-Benedict, Otto: De Kercke Sunte Michaelis tho Walle - Anmerkungen zur Bremer Kirchengeschichte im 16. Jahrhundert, in: Bremisches Jahrbuch, Bd. 60/61 (1982/83), S. 117-148

Ordemann, Nikolaus Arnold: Geschichte der bremischen Revolution, Bremen (Buschmann) 1846

Postel, Rainer: Die Reformation in Hamburg: 1517-1528, Gütersloh (Gütersloher Verlagshaus Gerd Mohn) 1986

Prueser, Friedrich: Hat Heinrich von Zütphen seine Reformationspredigt in St. Anschari gehalten, in: Hospitium Ecclesiae, Bd. 3/1961, S. 93-94

Rautenberg, Wilhelm: "Holle, Georg von" in: Neue Deutsche Biographie, Bd. 9, Berlin (Duncker & Humblot) 1972, S. 540-541

Reineke, Karl: Das bremische Bürgerrecht, in: Bremisches Jahrbuch, Bd. 32/1929, S. 195-232

Richter, Max: Bremen im Schmalkaldischen Bund 1537-1540: Ein Beitrag zur Geschichte des Schmalkaldischen Bundes, Marburg 1914 (Diss. phil. 1913)

Rotermund, Heinrich Wilhelm: Vom Anfange der Reformation im Erzstifte Bremen und Stifte Verden in den Zeiten der Erzbischöfe Christoph und Georg aus dem Braunschweig-Lüneburgschen Hause, Neues Vaterländisches Archiv 1825, Heft 3/Sonderdruck, Lüneburg (Herold und Wahlstab) 1825

Rottlaender, Karl: Der Bürgermeister Daniel von Büren und die Hardenbergischen Religionshändel in Bremen (1555-1562): Ein Beitrag zur Bremischen Geschichte, Göttingen 1892 (Diss. phil.)

Rudloff, Ortwin (bearb.): Johann Timann: Van christlyker fryheydt unde mynschen gebaden. Ein Sermon tho Bremen geprediget 1533, in: Hospitium Ecclesiae, Bd. 18/1991, S. 125-141

Rudloff, Ortwin: Bonae litterae et Lutherus: Texte und Untersuchungen zu den Anfängen der Theologie des Bremer Reformators Jakob Probst, Bremen (Hauschild) 1985 (Diss. theol., Hamburg 1984, Hospitium Ecclesiae, Bd. 14)

Rudloff, Ortwin: Die Väterverweise in der niederdeutschen Bremer Kirchenordnung von 1534, in: Hospitium Ecclesiae, Bd. 17/1989, S. 53-76

Rudloff, Ortwin: Johann Timanns Sermon "Von christlicher Freiheit und Menschengeboten" (1533) und der "Unterricht der Visitatoren" (1528), in: Hospitium Ecclesiae, Bd. 18/1991, S. 117-123

Rudloff, Ortwin: Niederländische Einflüsse auf die 1. und die 2. Reformation in Bremen, in: Jahrbuch der Wittheit, Bd. 34 (1995/96), S. 62-68

Rudloff, Ortwin: Quod dictus assertus frater Henricus de Ambone publice praedicabat: Zu Heinrich von Zütphens Bremer Predigten im Januar und Februar 1523, in: Hospitium Ecclesiae, Bd. 15/1987, S. 77-116

Sander, Ferdinand: Bremens Vertretung bei den deutschen Religionsgesprächen von 1540 und 1541, Anhang 1: Bericht Daniels von Büren über das Religionsgespräch zu Worms, 1540-1541, Anhang 2: Vier Briefe Johannes Timanns, betreffend die Religionsgespräche zu Worms und Regensburg 1540 und 1541, in: Bremisches Jahrbuch, Bd. 26/1916, S. 1-90

Schmidt, Wilhelm: Die Bremer Evangelische Messe 1525, in: Hospitium Ecclesiae, Bd. 4/1954, S. 52-85

Schmidtmayer, Alfred: Bremische Studenten im Jahrhundert der Reformation, in: Bremisches Jahrbuch, Bd. 36/1936, S. 116-181

Schmidtmayer, Alfred: Zur Geschichte der bremischen Akzise, in: Bremisches Jahrbuch, Bd. 37/1937, S. 64-79

Scholz, Hermann: Was wir der Reformation zu verdanken haben: Zur 400-Jahrfeier der Reformation, Berlin (Verlag des Evangelischen Bundes) 1917

Schroeder, Richard: Erinnerung an den Bremer Abendmahlstreit um Albert Hardenberg, in: Hospitium Ecclesiae, Bd. 11/1978, S. 13-34

Schwab, Christian: Geistliche Gerichtsbarkeit, www.historisches-lexikon-bayerns.de/Lexikon/Geistliche_Gerichtsbarkeit

Schwarz-Lausten, Martin: Johann Bugenhagen und das Leipziger Interim: Ein bisher unbekannter Brief des Reformators anm Nicolaus Buscoduensis in Bremen (1549), in: Bremisches Jahrbuch, Bd. 67/1989, S. 141-147

Schwarz-Lausten, Martin: Religion og Politik. Studier i. Christian III. s forhold til det tyske rige itiden 1544-1559, Kopenhagen 1977 (Diss. theol., 1975; mit dt. Zusammenfassung)

Schwarzwälder, Herbert: Die Bischöfe und Erzbischöfe von Bremen: Ihre Herkunft und Amtszeit - ihr Tod und ihre Gräber, Die Blätter der Maus, Nr. 16/1996, S. 3-48

Schwarzwälder, Herbert: Geschichte der Bremer Bürgerweide, in: Bremisches Jahrbuch, Bd. 48/1962, S. 139-202

Schwarzwälder, Herbert: Geschichte der Freien Hansestadt Bremen, Bd. 1: Von den Anfängen bis zur Franzosenzeit (1810), Bremen (Roever) 1975

Schwebel, Karl H.: Bremens kirchliche Versorgung im Spiegel der konfessionellen und theologischen Richtungskämpfe 1522-1922, in: Hospitium Ecclesiae, Bd. 3/1961, S. 9-40

Sehling, Emil (Hrsg.): Die evangelischen Kirchenordnungen des XVI. Jahrhunderts, Leipzig (Reisland) 1902. Ab Bd. 5 fortgeführt vom Institut für Evangelisches Kirchenrecht der Evangelischen Kirche in Deutschland zu Göttingen. Bd. 7: Niedersachsen: die ausserwelfischen Lande, Halbband 1: Erzstift Bremen, Stadt Stade, Stadt Buxtehude, Stift Verden, Stift Osnabrück, Grafschaft Ostfriesland und Harlingerland, Repr. Aalen (Scientia) 1963

Seven, Friedrich: Der Aufstand der 104 Männer und die Bremer Kirchenordnung von 1534, in: Bremisches Jahrbuch, Bd. 64/1986, S. 15-31

Stupperich, Robert: Dr. Johann von der Wyck: Ein münsterscher Staatsmann der Reformationszeit, in: Westfälische Zeitschrift, Bd. 123/1973, S. 10-50

Stupperich, Rolf: Dr. Johann von der Wyck und sseine Wirksamkeit in Bremen, in: Hospitium Ecclesiae; Bd. 17/1989, S. 43-52

Veeck, Otto: Daniel von Büren der Jüngere, in: Bremisches Jahrbuch, Bd. 25/1914, S. 184-189

Täubrich, Rainer: Herzog Heinrich der Jüngere von Braunschweig-Wolfenbüttel: Leben und Politik bis zum Primogeniturvertrag von 1535, Braunschweig (Braunschweigischer Geschichtsverein/Selbstverlag) 1991

Veeck, Otto: Die Reformation in Bremen, Berlin (Hutten) 1917

Veeck, Otto: Geschichte der Reformierten Kirche Bremens, Bremen (Winter) 1909

Weidemann, Heinz: Die erste evangelische Predigt im Bremer Dom, 24. März 1532, in: Der Bremer Schlüssel, 1932, S. 40-47

Wenig, Otto: Rationalismus und Erweckungsbewegung in Bremen, Bonn (Bouvier) 1966

Wilkens, C. A.: Zur Bremischen Kirchengeschichte des sechszehnten [sic!] Jahrhunderts, in: Bremisches Jahrbuch, Bd. 3/1868, S. 42-68

Zumkeller, Adolar: Geschichte des Erfurter Augustinerklosters vom Ausgang des Mittelalters bis zur Säkularisation im Jahre 1828, in: Augustiniana, Bd. 55/2005, S. 321-355

13. Harald Gudmunsson: Fragmentierung und Autonomie

Bereits vor einigen Jahren hat Harald Gudmunsson auf der Akademie-Tagung einen interessanten Vortrag zu einer Theorie von Ich-Identität und Vielheit gehalten. Wir haben uns sehr gefreut, dass er diese Gedanken auf der diesjährigen Tagung aufgegriffen und aus einem anderen Winkel noch einmal diskutiert hat. Wir geben diesen Beitrag in der vor allem hinsichtlich der Belegstellen erweiterten Form wieder.

Insbesondere auch die anschließende Diskussion im Rahmen der Tagung zwischen den „Brights", also der neo-atheistischen Bewegung, und den Traditionalisten hat einen Bogen von Themen der Moral- und Ethikdiskussion bis hinein in die Grenzbereiche von Rechtsphilosophie und Praktischer Ethik geschlagen. Dies hat uns die Aktualität der Frage nach dem Sein und So Sein des Ichs erneut vor Augen geführt. Dabei haben sicher auch die Erfahrungen Harald Gudmunssons als Meeresbiologe – und damit Tag für Tag mit einer desaströsen Entwicklung konfrontiert – seinen Fragen nach der menschlichen Identität als Grundlage eines verantwortungsbestimmten Handelns eine neue Dimension verliehen.

13.1. Der Begriff des Autonomen: Platon, Jesus, Kant – und die Anarchisten

Kant formulierte 1788 in dem, was er den „Beschluss" seiner „Kritik der praktischen Vernunft" nennt: *„Der bestirnte Himmel über mir, und das moralische Gesetz in mir."*[1] Es ist damit nichts Transzendentes oder Ungeheuerliches gemeint, sondern, wie Kant weiter ausführt, ein jedem Menschen unmittelbar Erlebbares, nämlich die Erfahrung der physischen Welt um uns herum wie der Welt der Gedanken. In beiden

---

[1]   Kant: Kritik der praktischen Vernunft, S. 215.

findet der Mensch sich in Zusammenhänge gestellt, die er vielleicht bereitwillig hinnimmt und als unveränderbare Determinanten seines Seins betrachtet. Aber tatsächlich ist die eine wie die andere Welt veränderbar, wenn auch, insbesondere die physische Welt, in so geringem Umfang, dass in Kants Darstellung die Wahrnehmung der physischen Welt um uns herum die Gewissheit der eigenen Wichtigkeit schon dadurch beseitigt, dass unsere materielle Existenz für kurz der sonstigen Welt entliehen ist und zweifellos dieser zurückgegeben werden muss.

Kant hat in diesen wenigen Zeilen eingefangen, was Konsens der Moralphilosophen – aber durchaus nicht nur dieser – mindestens in der europäischen Tradition seit wenigstens zwei Jahrtausenden und mehr gewesen ist. Es ist dies die allgemein akzeptierte Ansicht, es gäbe ein materielles und es gäbe ein ideelles Ich. Das eine grenzt sich von der sonstigen materiellen Welt ab, das andere von der geistigen Welt.

Zwischen dem geistigen Ich und der Welt der Gedanken, zwischen dem physischen Ich und der materiellen Welt, damit unabdingbar aber auch zwischen beiden bestehen also Grenzen, die erst diesen Akt des Gegenübertretens, des Bezugnehmens möglich machen. Zugleich aber sind physisches und ideelles Ich in sich geschlossen und widerspruchsfrei, was diese Grenzziehungen auf jeden Fall erleichtert.

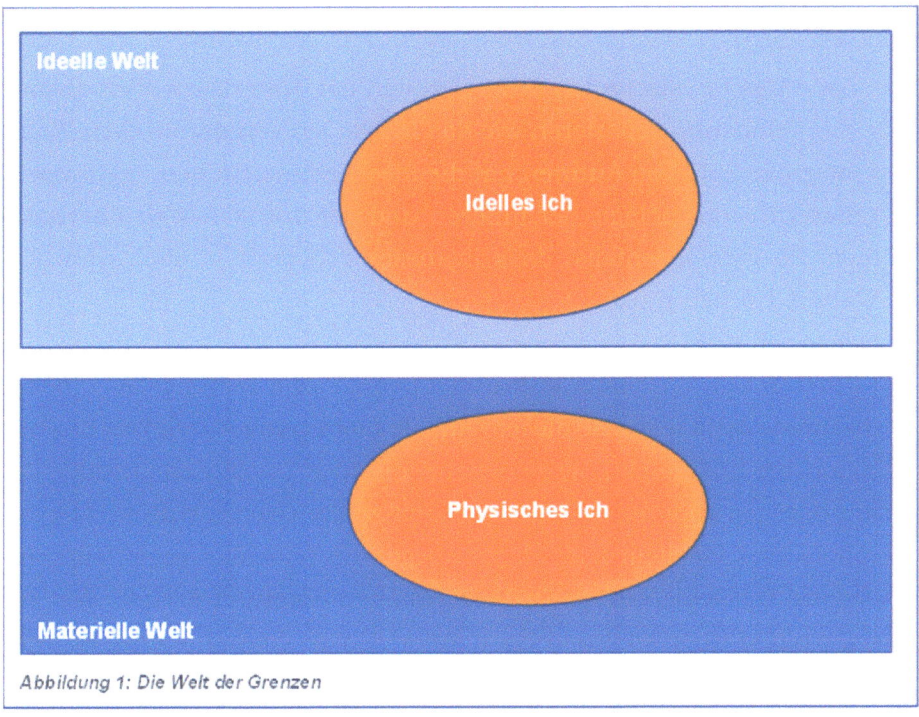

Abbildung 1: Die Welt der Grenzen

Um die Grundprinzipien dieser Idee noch einmal aufzulisten:

- Physisches Ich und Ideelles Ich sind separierte Entitäten.
- Ihr Sein und So Sein ist in beiden Fällen durch das menschliche Denken erfahrbar und ergründbar, kann also beschrieben und in seinen Kausalitäten verstanden werden.
- Wiewohl beide Entitäten einige Attribute teilen mögen, gibt es doch eine große Anzahl von Eigenschaften, die sinnvoll nur auf jeweils eine der beiden Entitäten angewendet werden können.

303

- Der Bezugsrahmen des Physischen Ich ist ausschließlich die Materielle Welt, die des Ideellen Ichs ausschließlich die Ideelle Welt.
- Das Physische Ich lässt sich von der Materiellen Welt ebenso eindeutig separieren wie das Ideelle Ich von der Ideellen Welt.

Eine große Zahl von Autoren hat die Idee einer statischen, mehr noch, genau dieser Topologie der inneren und der äußeren Welt übernommen. So viele jedenfalls, dass in dieser Topologie ja doch wohl viel Wahres stecken muss.

Oder doch nicht?

Es lassen sich durchaus Kulturen – heutige und vergangene – finden, die mindestens teilweise diesem Ansatz nicht gefolgt sind. Das beginnt schon bei uns selbst. Was ist denn die Idee Psychosomatischer Erkrankungen anderes als das Niederreißen der Grenze zwischen Physischem und Ideellem Ich? Ein Aufbegehren nebenbei gegen entsprechende Topologien in den frühen Arbeiten Sigmund Freuds, der mit Es, Ich und Über-Ich sogar noch innerhalb der Seele Areale abzugrenzen versuchte.[2]

Warum glauben wir an die Kraft des Geistes, den Körper zu heilen, ja vermuten, man könne durch den Placebo-Effekt diese Geisteskräfte quasi mit einem Trick aktivieren? Warum gestehen wir Vollmondnächten Einfluss auf unsere Fantasie zu, oder schätzen Rotwein und gutes Essen als Schlüssel zu unserem Wohlbehagen, ja sogar als Brücke, über die Menschen zueinander finden können? Und warum glauben wir, dass ein Mangel an Vitamin B12 nicht nur Anämie und Myelose

---

[2] Als „zweite Topik" erstmals 1923 formuliert und als Karte der Seele gezeichnet (Freud: Ich, S. 293), im folgenden Jahrzehnt aber weiter präzisiert (Freud: Neue Folge, S. 515).

fördern kann, sondern auch Depressionen und psychotische Erkrankungen?

Das alles zeigt, dass schon in unseren Tagen und in unserem Kulturkreis die Grenzen zwischen Ideellem und Physischen Ich sowie zwischen diesen und den ihnen jeweils zugewiesenen Welten deutlich weniger fest gefügt scheinen, als man angesichts von Kants Ausführungen zu glauben neigt.

Richten wir den Blick in andere Epochen und andere Weltgegenden, so werden die meisten von Ihnen wissen, dass zahlreiche Völker auf der Welt die Sitte kennen, kräftig auszuspucken, wenn man will, dass es regnet. Buddhisten predigen die Überwindung der Schranken zwischen Geist und Welt, indem man durch die Meditation eins mit allem Sein werden solle. Und zahlreiche pantheistische Kulturen wähnen alles, die belebte wie die unbelebte Welt, untrennbar und unentwirrbar durchdrungen von Geist, Seele oder Göttlichkeit. Schamanen diverser Völker glauben sogar, ihre Seele mit der eines anderen Menschen verschmelzen zu können. Das soll dann erlauben, dem Menschen auf einer Geistwanderung beizustehen und ihm so aus seelischer Not oder Erkrankungen der Seele zu helfen, ja ihn eigentlich aus dem scheinbaren Labyrinth der Geister- und Dämonenwelt wieder herauszuführen zu können.

In der Vergangenheit findet sich ebenfalls bei diversen Kulturen und Völkern eine weniger scharfe Trennung der beiden Aspekte des Ich und der übrigen Welt. Schon die in der abendländischen Denkweise scheinbar fest verankerte Idee eines geschlossenen Ideellen Ichs, das der umgebenden Welt gegenübertritt, ist von verschiedenen Völkern nicht getragen worden. So kannte z.B. die altägyptische Religion zwar durchaus die Vorstellung einer Seele, und auch die Idee einer Unsterblichkeit dieser Seele war hier sehr verbreitet – einschließlich Totengericht und Unterwelt. Aber was man über dem damit verbundenen

Jenseitskult meist ignoriert, ist die Parallelität von Ba und Ka. So wie man dem absterbenden Körper insbesondere durch die Mumifizierung ein Stück Unvergänglichkeit sichern wollte, so war im Gegenzug die Seele dreigeteilt in Ba, Ka und Ach. Dabei galt der Ka als die Geisteskraft des Verstorbenen, die auch nach seinem Tod nahe beim Leichnam verblieb und über diesen wachte, während der Ach die erst im Jenseits dem Menschen zuwachsenden Aspekte seiner Seele umfasste. Daher konnten einem Menschen nach seinem Tod auch mehrere Ach zuteil werden, was man insbesondere von den Pharaonen behauptete. Der Ba hingegen, welcher erst ab dem Mittleren Reich an Bedeutung gewann, verwandelte sich nach dem Tod des Menschen in ein Tier, meist einen Vogel, und verließ den Leichnam, auch wenn er diesem meist verbunden blieb und zu diesem gelegentlich zurückkehren konnte.[3]

Die Dichotomie von Leib und Seele ist also keine dem Menschen quasi genetisch verordnete Denkweise, sondern sie ist Station eines ideengeschichtlichen Entwicklungsprozesses. Den Kern dieser Entwicklung bilden folgende Fragen:

- Gibt es ein Ich?
- Ist dieses Ich monolithisch, oder ist es geteilt?
- Wenn es geteilt ist, aus wie vielen Teilen besteht es?
- Ist es statisch, oder ständigen Veränderungen unterworfen?
- Und wenn es sich ständig verändert, gibt es einen unwandelbaren Anteil?
- Wenn es diesen unwandelbaren Anteil gibt, bildet er den Kern des Ichs, eine Art festen Anker, oder ist er nur eine belanglose Randerscheinung wie die Unwandelbarkeit von Fingerabdruck und Augenfarbe?

---

[3] Assmann: Tod, S. 116–120.

- Gibt es eine Welt, die nicht Ich ist?
- Wenn es eine Welt gibt, die nicht Ich ist, ist es dann nur eine Welt?
- Kann man über diese äußere Welt etwas aussagen?
- Kann man über die innere Welt etwas aussagen?
- Wenn sich eine Topologie von Ich und Nicht-Ich ergibt, wie fest gezogen sind dann die Grenzen zwischen den Elementen dieser Topologie?

13.2. Das Sein und das So Sein

Die erste Frage nach der Existenz des Ich wurde schon in frühester Menschheitsgeschichte eindeutig bejaht. Sie fand ihre – wie viele bis heute finden, abschließende – Antwort in Descartes' berühmtem Dictum „Cogito ergo sum."[4] Da etwas denkt und mindestens innerhalb der Grenzen dieses Denkens auch auf Neues kommen kann, so muss mindestens dieses Denkende in irgendeiner Form existieren. Das macht freilich keine Aussage darüber, was da eigentlich existiert, außer dass es ein Denkendes ist. Descartes begründet also nur das jeweils eigene Sein – das Sein des Anderen aber schon nicht mehr.

Rudolf Carnap hat Descartes' Dictum einer sprachphilosophischen Kritik unterzogen.[5] Die Verwendung des Begriffs „ego" und seine implizite Verwendung in „cogito" und „sum" trägt bereits Implikationen in die Formulierung, die in dieser Form nicht ableitbar sind. Befreit man den Satz von allen impliziten, aber unbeweisbaren Gehalten, bleibt ein blasses: „Es existiert die Perzeption von Gedanken, also kann gesagt werden, dass etwas existiert." Denn eigentlich sind ja

---

[4] Descartes formulierte zunächst im Discours de la Methode 1637 auf Französisch: „Je pense, donc je suis."; Descartes: Philosophische Schriften, S. 55.

[5] Carnap: Überwindung, S. 233-234.

noch nicht einmal die gedanklichen Prozesse unzweifelhaft existent, die dem „cogito" innewohnen. Man kann nur von einer – vielleicht falschen, unvollständigen oder illusorischen – Wahrnehmung solcher gedanklichen Prozesse ausgehen. Aber es ist nicht gesagt, was hier perzipiert. Nicht, was perzipiert wird. Erst recht nicht, ob nicht schon dieses „was" bereits zu viel impliziert.

Eine gänzlich unbeschreibbare Entität perzipiert, dass sie perzipiert. Irgendwas. Dann baut sie sich aus diesen – vielleicht wirklichkeitsfernen – Perzeptionen, Illusionen, Halluzinationen ein Bild von sich selbst und von der Welt ringsum. Dieses Bild kann halbwegs korrekt oder völliger Unsinn sein. Entscheiden lässt sich höchstens in Einzelfällen, nämlich dann, wenn das Bild in sich widersprüchlich ist – immer vorausgesetzt natürlich, dass die Gesetze der Logik auch in dieser Wirklichkeit gelten und somit Widersprüche in der Realität nicht vorkommen können.

Descartes hat versucht, auf dem Satz „cogito ergo sum" eine neue Gewissheit aller Erkenntnis aufzubauen, ist hieran aber gescheitert. Damit bleibt nur eine bedingte Gewissheit aller anderen Erkenntnis: Diese ist verlässlich nur, soweit wir unseren Sinnesorganen, Gefühlen, Messinstrumenten, Visionen, Horoskopen, Sagen, Legenden und Märchen zu glauben bereit sind. Während also das Sein einen vergleichsweise verlässlichen Umstand darstellt, ist schon das jeweils eigene So Sein, also die Ansicht, ob ich ein Ich bin, und wenn ja, wer ich, wie ich und was ich bin, in erheblichem Umfang von dem getragen, was man epistemischen Optimismus nennen könnte.

Die evolutionäre Erkenntnistheorie hat zu zeigen versucht, dass dieser Optimismus, also die Annahme, unserer Wahrnehmungen stünden in einem relativ engen Zusammenhang mit der uns umgebenden Welt, durchaus berechtigt ist. Die strengen Gesetze der Evolution, so der

Ansatz, hätten uns längst ausgesondert, wenn unsere Sinnesorgane uns lauter Blödsinn übermitteln würden.

Hilary Putnam hat in seiner Auseinandersetzung mit der Idee des „brain in a vat" zu zeigen versucht, dass eine rein intrinsische Erkenntnis nicht möglich ist, was in gewisser Weise zu einem epistemischen Optimismus berechtigt.[6] Denn die ursprüngliche Fassung dieses letztlich auf Descartes zurückgehenden Bilds sollte zeigen, dass das alles auch ganz anders sein kann.[7] Dass wir keine Möglichkeit haben, zweifelsfrei die Grenze unseres Ichs zu überschreiten, um Gewissheit über das Nicht-Ich zu erlangen. Sie merken, ich habe gut zugehört, als Kell Burns heute morgen dazu gesprochen hat. Vielleicht ist alles um uns herum nur Illusion, gespeist von einem rätselhaften Lügenapparat wie in Matrix oder, viel früher, in Daniel Galouyes „Welt am Draht" und eben im Gleichnis vom Gehirn im Tank. Und lang noch davor in der berühmten chinesischen Geschichte vom Philosophen Zhuang Zhou, der träumte, er sei ein Schmetterling, und nach dem Erwachen nicht sicher sein kann, ob er nicht vielleicht tatsächlich ein Schmetterling ist, der gerade träumt, er sei ein Mensch.[8]

Die Interpretation dieser Passage aus Zhuang Zhous Hauptwerk, dem Zhuangzi, ist nicht eindeutig, aber wahrscheinlich ging es ihm weniger um die unzureichende Möglichkeit sicherer Aussagen über die uns

---

[6] Putnam: Reason, S. 1–21.

[7] Descartes (Meditationes, S. 43-45) spricht davon, dass vielleicht ein Dämon dem Menschen alle seine Sinneserfahrungen nur vorspielt. Darauf aufbauend hat zuerst Harman (Thought, S. 5) das Gedankenexperiment vom „brain in a vat" formuliert.

[8] Galouyes: Simulacron-3, v.a. S. 47-53. Zhuang Zhou: Zhuangzi, II.12. Auch Descartes hatte bereits (Meditationes, S. 33-35) die Möglichkeit erörtert, ob nicht vielleicht alle Wahrnehmung nur traumgeborene Illusion sei.

umgebende Welt als vielmehr darum, dass diese Welt wie auch das eigene Ich ein Ort kaleidoskopischer Veränderung, Neugestaltung und fortgesetzter Werdung sei, sodass ein Verstehen nicht möglich ist, wenn man das Denken fixiert, statt die unterschiedlichen Erkenntnisoptionen von Mensch und Schmetterling parallel und gemeinsam zu verwenden.

Damit aber beantwortet Zhuang Zhou auch die zweite oben genannte Frage. Das Ich existiert zwar, aber es ist weder monolithisch noch ist es unwandelbar. Es hat zwar den von Descartes genannten unwandelbaren Kern des Seins eines Denkenden, doch für das Denken dieses Denkenden ist das selbstig Denkende von geringer Bedeutung, da man darüber ohnehin nicht mehr aussagen kann, als dass es denkt. Oder eigentlich nur, dass es zu perzipieren glaubt, dass es perzipiert. Folgt man Zhuang Zhou, so ist die zweite Frage weitgehend sinnlos. Aber hierfür muss man sich gar nicht so weit einlassen. Man kann nämlich den Begriff des Monolithischen schwächer fassen. Ein Stein ist per definitionem monolithisch, obgleich wir wissen, dass er chemisch gesehen eine Mischung aus SiO_2 und diversen weiteren Verbindungen darstellt. Was monolithisch ist, kann trotzdem zusammengesetzt sein, solange es nur überhaupt nicht oder allenfalls mit großem Aufwand teilbar ist. Also kann man fragen, ob das ideelle Ich oder das materielle Ich oder vielleicht beide eine solche monolithische, also im Regelzustand unzerteilte und schwer zerteilbare Einheit bilden. Aber hierzu später. Wir waren ja noch bei der Geschichte dieser Idee eines monolithischen Ichs.

Einer der renommiertesten Verfechter der Idee einer monolithischen Seele als Ort des monolithischen Ichs war in der Antike vor allem Platon, dessen Lehren sich später mit jüdisch-christlichen Ideen verbinden ließen und so prägend für die Seele-Vorstellungen fast der gesamten westlichen Welt bis in unsere Tage wurden.

Platons Annahme war, dass es eine Persistenz des Individuums in Form der Seele in einer Welt nach dem Tod gebe. Anders als etwa die ägyptische Vorstellung des Zerfallens der Seele beim Tod des Menschen in mehrere Bestandteile ging Platon entsprechend der griechischen Religion von nur einer Seele aus. Die ägyptische Vorstellung warf nämlich neben anderen Schwierigkeiten auch ein juristisches Problem auf. Die ägyptische Vorstellung eines Totengerichts stellt vor die Totenrichter ein Wesen, das es zum Zeitpunkt der Missetaten gar nicht gab, nämlich den Ba, der sich vom Leib des Menschen gelöst hat und als Vogel in die Unterwelt reist. Dort vor dem Totengericht erhält er, sofern das Urteil günstig ausfällt, das Recht zur Wiedervereinigung mit dem Körper des Menschen im Jenseits, der aber genau deshalb im Diesseits möglichst gut erhalten werden muss. Doch der Ach und der Ka sind von dieser Entscheidung in gleicher Weise betroffen, haben aber mit der Lebensführung des Menschen und etwaigen Verstößen gegen die Gebote der Götter zuvor eigentlich nichts zu tun gehabt.

Daher verweigerte die griechische Seelenlehre sich der ägyptischen Vorstellung und sprach von einer monolithischen Seele des Menschen, die nach seinem Tode vor die drei Totenrichter gelangt. Zugleich ist diese Lehre auch deutlich einfacher, was man schon an der Zahl der Totenrichter sieht: drei in Griechenland, vierzig mehr in Ägypten, wenn man Osiris dazu rechnet.

Platon fußte auf dieser griechischen Geistestradition, ohne als eindeutiger Verfechter der klassischen griechischen Religion gewertet werden zu können. Aber er übernahm aus der griechischen Religion die Idee eines Lebens nach dem Tode, welches der Seele, nicht jedoch dem Körper zuteil werden wird. Er folgte der Tradition auch, wenn er eine Wiedergeburt der Seele in neuem Körper und eine benennbare Biografie der Seele im Nicht-Leben beschrieb. Davon unterschieden sich in der hellenistischen Folgezeit vor allem die Philosophen der Stoa, welche die Seele lediglich als vorübergehend gekapselten Teil der unpersönlichen Weltseele betrachteten, zu dem sie nach dem Tod des Menschen zurückkehren, in dem sie schließlich aufgehen werde.

In der griechischen Religion dieser Tage war die Übergangszeit zwischen Tod und Wiedergeburt eine unerfreuliche Episode, in welcher die Seele auf dürrem Land, wo nur der giftige Affodil wächst, sich von Wermutwurzeln ernähren muss, bis sie aus dem Wasser der Lethe trinken darf. Dies führt dann dazu, dass die Seele ihr gesamtes voriges Leben vergisst und anschließend neu geboren wird.

Für Platon hingegen war das Jenseits der Ort, wo die Seele, befreit vom Ballast des Körpers, das Reich der Ideen betritt, den auf das Unbedingte reduzierten Kern aller Eigenschaften und Dinge.[9] Also etwa der Farbe Weiß selbst und nicht der Farbe Weiß als Eigenschaft von Schnee, Eiern oder Baumwollunterwäsche, und dem Kreis an sich, nicht dem Kreis in Gestalt von Wagenrädern oder Sonnenumläufen. Die Seele tritt aber nun nicht mehr in den Hades ein, um dort den drei Totenrichtern zu begegnen, sondern wird im Reich der Ideen der Wesensbestandteile aller weltlichen Dinge ansichtig. Sie hat daher den Bedeutungskern der ihr später, nach ihrer Wiedergeburt begegnenden Ausdrücke bereits verstanden, auch wenn ihr dieses Wissen im Zuge der Geburt zunächst wieder entfallen ist und in einem lebenslangen Prozess des Lernens, also eigentlich des Erinnern, wiedergefunden werden muss..

Die monolithische Seele war für Platon ein praktisch unverzichtbarer Baustein seiner Ideenlehre. Ein unbedingter Dualismus von Körper und Seele sollte wie der Engel mit dem Flammenschwert Physik, Chemie usw. das Reich der Seele versperren.

---

[9]   Platon: Phaidon, 109a-111c.

Aber noch waren durch Platon die Grenzen der oben skizzierten Topologie zwar sehr eindeutig und unaufhebbar gezogen. Doch war diese Topologie nur eine von mehreren Optionen. Fast zeitgleich formulierten z.B. Epikur und seine Nachfolger eine spekulative Physik, welche alles in der Welt – also auch die Seele – als Agglomerat kleinster, nicht weiter teilbarer Dinge ansah, den Atomen, also wörtlich „den Unzerteilten", aber eigentlich „den Unzerteilbaren".[10] Hier existierte die Grenze zwischen Ideellem und Physischem Ich natürlich auch, aber nur insoweit, als man in der Selbst- und Fremdbeobachtung körperliche und seelische Ereignisse zu differenzieren vermag. Eine grundsätzlich andere Natur haben Ideelles und Physisches Ich nicht, daher können sie einander auch in einer materialistischen Sicht durchaus beeinflussen, können ineinander übergehen und verwechselt werden. Nur für sich allein existieren, das können sie nicht.

Die andere Grenze, also die unabdingbare Scheidung zwischen Binnen- und Außenwelt akzeptierten insbesondere die Stoiker in Nachfolge Zenons nicht. Für sie war die Seele eine vorübergehende Verselbständigung einer Bruchteils der übergeordneten Weltseele, dem Logos, in den die Seele mit dem Tode wieder eingehen wird. Da der Logos die Weltvernunft ist, verleiht an ihm zu partizipieren dem Menschen die Fähigkeit zur Vernunft, auch wenn die wesentliche Aufgabe der individuellen Vernunft ist, die Setzungen eines ohnehin vorbestimmten Schicksals hinzunehmen.

Wenn man fragt, warum Platons Idee deutlich erfolgreicher war als die genannten postsokratischen Schulen, so muss man berücksichtigen, dass lediglich Platon – in Tradition der griechischen Religion – den Menschen ein individuelles Fortexistieren nach dem Tode offerierte. Die Geburt ist in seinem Verständnis das große Vergessen, das die

---

[10]   Epikur: Briefe, 41, S. 8.

Seele überkommt, wenn sie den Körper betritt, denn sie vergisst die Ideen, welche sie im körperlosen Zustand erfahren hat. Doch ist dieses Vergessen nur eine Art Schleier, sodass Lernen und Begreifen ein fortgesetztes Zerreißen dieses Schleiers darstellen, um zur Erinnerung an die Ideen zurückzukommen. Anders gesagt, Platon zufolge ist Lernen nicht weiter als Erinnern an etwas, das die Seele vor ihrem Eintritt in ihren neuen Körper bereits gewusst oder jedenfalls gesehen hat.

Zudem waren die mit Totengericht, Limbo, Hölle usw. verbundenen Auslegungen des Dualismus brillante Werkzeuge einer normativen Herrschaftssicherung, obgleich eine Herleitung dieser Topologie aus Psychologie, Medizin, Theologie usw. immer ein weitgehend aussichtsloses Unterfangen war. Der Dualismus setzte sich also durch, weil er weitaus nützlicher war als jedes materialistische Menschenbild.

Wie weit Platon Jesus beeinflusst hat, lässt sich kaum sagen, weil von letzterem keinerlei schriftliche Zeugnisse hinterlassen worden sind. Dennoch kann man einige Spekulationen über Jesus und seine Lehren anstellen. Hierzu sollte man aber zunächst die orthodoxen Lehren des Judentums dieser Zeit betrachten, mit denen sich Jesus auseinandersetzte, die er teils übernahm, teils zu reformieren, in einigen Fällen aber auch zu überwinden suchte.

Das Judentum kennt getreu den Schriften der Bibel keine vom Körper unabhängige Seele. Als Gott Adam Leben einhaucht, ist es genau dies, nämlich Atem. Es ist der Atem, Nefesch genannt, der Lebendes von Totem oder Unbelebtem unterscheidet, und dies gilt in der jüdischen Lehre dieser Zeit für Menschen wie für Tiere. Stirbt der Mensch, endet dieser Lebensatem. Ein Weiterleben der Seele nach dem Tod gibt es im traditionellen Judentum nicht. Die Verbindung zwischen dem Atem und dem Menschen ist so untrennbar und eindeutig, dass auch der ganze Mensch als Nefesch bezeichnet werden konnte. Damit sind folglich die materielle Welt des Körpers und die ideelle Welt der Seele untrennbar verbunden, ja bilden Aspekte derselben physischen Welt, ähnlich dem Blut, welches daher oft als Träger des Nefesch verstanden wurde.

Es gibt eine Stelle im Alten Testament, die einer solchen Theorie zu widersprechen scheint. Saul, erster König Israels, geht zu einer Totenbeschwörerin, die meist als „Hexe von Endor" bezeichnet wird, aber eher als Nekromantin erscheint. Sie beschwört auf Bitten des Königs den Geist des Propheten Samuel, der Saul seinen baldigen Tod im Kampf gegen die Philister prophezeit.

Einige Kirchenväter haben den ganzen Vorgang als Schwindel, die angebliche Totenbeschwörerin als Bauchrednerin bezeichnet. Religionsgeschichtlich kann man dies aber wohl als Hinweis werten, dass die Bibel kein in sich geschlossenes Gesamtwerk ist, sondern eine von vielen widersprüchlichen Aussagen durchzogene Textsammlung darstellt. Und dass der Autor des Buchs Samuel eine andere Sicht auf die postmortale Existenz der menschlichen Seele hatte als die anderen Autoren der Bibel, ist wenig bemerkenswert, wohl aber ein Hinweis darauf, dass man bei der Zusammenstellung diverser Bücher zur Bibel letztlich auch nicht allzu sehr um Konsistenz bemüht war.

Auch Jesus war natürlich von Beeinflussungen so wenig frei wie jener unbekannte Verfasser, der die Geschichte um die Totenbeschwörerin von Endor niederschrieb. Aber Jesus war nicht nur von den diversen oralen und schriftlichen Traditionen im Judentum beeinflusst. Denn die Region, in der er aufwuchs, war längst in den hellenistischen Religionsdiskurs eingetreten, der insbesondere die zwei Jahrhunderte prägte, in deren Mitte die Zeitenwende lag. Der Einfluss hellenistischer Philosophen auf die theologischen und philosophischen Diskurse in Israel lässt sich bereits in den Jahrzehnten vor Jesu Geburt finden. Auch eine konservative Priesterschaft hatte Israel nicht abschotten können gegen die im gesamten östlichen Mittelmeer in dieser Zeit diskutierten neuen Richtungen der Philosophie, aber auch gegen die aus anderen Regionen des Römischen Reichs sich ausbreitenden Religionen. Vielmehr kann man mutmaßen, dass es diverse Stimmen innerhalb des Judentums gab, die sich nicht von der traditionellen Religion abwenden, sondern dieselbe um einige der neuen Ideen quasi bereichern wollten. Damit setzten sie sich in Gegensatz zu den Bewahrern der orthodoxen Tradition, vor allem den Sadduzäern, und bildeten über kurz oder lang wahrscheinlich eine größere Zahl von mehr oder weniger innovativen Zirkeln innerhalb der jüdischen Gemeinde. Verschiedene Gruppen, vor allem die Essener, diskutierten z.B. die epikureische Idee einer atomaren, also materiellen Natur der Seele. Andere Gruppen vertraten die Idee einer nicht materiellen, jedoch in ihrer personalen Existenz unsterblichen Seele und übernahmen, so vor allem die Pharisäer, auch Ansätze der ägyptischen und griechischen Religion von einer Art postmortalem Strafgericht, wo sich die Seele zu verantworten habe.

Nehmen wir an, Jesus sei ein jüdischer Schreiner gewesen, mit einem über das Normalmaß hinausgehenden Interesse und Talent für eine Auseinandersetzung mit den traditionellen Schriften der jüdischen Religion, aber auch mit den zeitgenössischen Diskursen innerhalb des Judentums und zudem der diversen Strömungen der hellenistischen Philosophie – und sei es als ihr Gegner, also als Verfechter einer Abschottung der jüdischen Religion gegen diese neuen Gedanken.

Jesus war dabei anscheinend deutlich populärer und erfolgreicher als andere Prediger, was sicherlich zur raschen Verbreitung seiner Lehre im ersten Jahrhundert beigetragen hat. Dabei sind einige Elemente seiner Lehre mit großer Wahrscheinlichkeit auf ihn selbst zurückzuführen, während bei anderen die Vermutung statthaft ist, dass sie erst nach seinem Tod ergänzt worden sind. So ist z.B. nicht klar, wie nah Jesus der jüdischen Unabhängigkeitsbewegung stand, die eine

Lösung Palästinas von Rom und die Neugründung des jüdischen Königreichs propagierte. Dieses war infolge der Teilung nach Salomos Tod in seinem Nordteil 722, im Südteil 587 vor Jesu Geburt untergegangen, existierte also bereits seit mehr als sechs Jahrhunderten nicht mehr, sieht man von einer etwa hundert Jahre dauernden Renaissance infolge des Aufstands der Makkabäer ab. Aber seit 63 v. Chr. herrschte Rom über Palästina, und hiergegen richtete sich wohl die Bewegung der Zeloten. Von diesen distanziert sich Jesus in den Testamenten deutlich, doch ist dies möglicherweise dem wesentlich von Paulus getriebenen Bemühen geschuldet, nicht länger den Weg der Konfrontation mit dem Kaiserreich zu gehen, sondern quasi den „Marsch durch die Instanzen" anzutreten, um so Freiheit für den eigenen Glauben zu erlangen.

Jesus verdankte zu Lebzeiten seinen Erfolg mehreren Elementen seiner Lehre, die wohl auf ihn selbst zurückgingen, die aber auch den eigentlichen Grund seiner Hinrichtung dargestellt haben dürften. Zum einen sah er – ähnlich wie die ägyptische Religion, aber auch die Stoiker – alle Menschen von der gleichen Lebenskraft durchdrungen, eben dem genannten Nefesch. Dies galt sogar für den obersten bzw. seit der Babylonischen Gefangenschaft und der hier erfolgten Änderung des Judentums hin zum Monotheismus einzigen Gott der jüdischen Religion, JHW. Daraus folgerte er eine Verwandtschaft mit diesem bzw. eine – angesichts der ungleichen Macht – Vater-Kind-Beziehung. Die Bindung an Gott war also bei Jesus deutlich enger und intensiver als bei anderen Predigern seiner Zeit. Das dürfte auch der Grund sein, warum er nach seiner legendären Eskapade als Kind noch einmal nach Jerusalem gegangen ist. Er musste wissen, dass seine Anhängerschaft zu groß geworden war, um von der römischen Besatzungsmacht weiterhin ignoriert zu werden, insbesondere dann, wenn er diese Bewegung auch ins Zentrum ihrer Herrschaft in Palästina brachte. Aber er scheint erwartet zu haben, dass dieses Selbstopfer seinen Vatergott zum Eingreifen veranlassen würde, zur Vertreibung der Ungläubigen und Neugründung des Königreichs aller Juden. Das erklärt auch seine Verzweiflung am Kreuz. Er begreift, dass JHW zwar Isaak vor Abrahams Opfermesser zu retten bereit war. Aber für seinen eingeborenen Sohn unternimmt er offensichtlich gar nichts. Und Jesus schreit hilf- und rettungslos: „Eloï, Eloï, lema sabachtani? – Gott, Gott, warum hast du mich verlassen?"[11]

Die Zeile entspricht dem Beginn von Psalm 22 und die christliche Tradition hat hier viele Klimmzüge versucht, daraus eine Glaubensbekräftigung zu machen oder sogar zu behaupten, der Sterbende am Kreuz hätte nur „Eloï, Eloï!" hervorgebracht, erst die Überlieferung hätte hier ein Zitat des Psalm 22 konstruieren wollen. Aber faktisch scheitert Jesus in einem der Kernelemente seines eigenen Gottvertrauens in diesem Moment, und zwar endgültig und dauerhaft, wenn man die folgende Märchenstunde zu Höllenfahrt und Auferstehung nicht allzu ernst nehmen möchte.

Denn das Zerbrechen seines Gottvertrauens im Zuge der Kreuzigung stellte für Jesus auch die finale Hoffnung in Frage, die bis dahin das zweite wichtige Element seiner Lehre war. Denn Jesus hatte ja auch die pharisäische Idee des Lebens nach dem Tode übernommen. Zwar hatte er den Schrecken des göttlichen Strafgerichts gemildert durch die Idee von Liebe und Vergebung, welche das Diesseits bestimmen sollen, das Jenseits bestimmen werden. Aber eine postmortale

---

11   Die Rekonstruktion des Originaltexts ist strittig. Im Aramäischen sagte Jesus wohl „ܐܝܠ ܐܝܠ ܠܡܢܐ ܫܒܩܬܢܝ" („il, 'il, lmana schwaktan" bzw. „Mein Gott, mein Gott, warum hast Du mich verlassen?". Im zeitgenössischen hellenistischen Griechisch, im Koine, wurde daraus „ελωι ελωι λαμμα σαβαχθανι"; Gese: Psalm 22, S. 7.

Fortexistenz der Seele war bis dahin seiner auch individuellen Selbstversicherung gewesen, die in diesem tragischen Moment umfassend scheiterte.

Drittens war Jesus radikal egalitär, was unausweichlich ist, wenn man alle Menschen als Verwandte bzw. Kinder Gottes sieht. Damit distanzierte er sich aber von den strengen Hierarchien sowohl des Judentums wie der entsprechenden Ordnung des Römischen Reichs, eine Haltung freilich, die spätestens in seiner Nachfolge, wahrscheinlich vor allem durch Paulus, rasch relativiert und endlich ganz aufgegeben wurde.

Während aber die Frage, ob „Gebt dem Kaiser, was des Kaisers ist" wirklich von Jesus stammt, kaum entscheidbar und aus heutiger Sicht auch nicht sehr fruchtbar ist, lässt sich durchaus vermuten, dass die platonischen Anteile seiner Lehre mindestens in Teilen bereits von ihm selbst mit dem traditionellen Judentum verquickt worden sind. Dabei ist die Quellenlage bekanntermaßen schwierig. Die Fixierung der christlichen Lehre geschah erst deutlich nach diversen Ereignissen, deren Verlauf diese Lehre mit Sicherheit deutlich verändert haben:

- Jesus wird um das Jahr 37 wegen vermuteter Verbindungen zur jüdischen Unabhängigkeitsbewegung und als Führer einer zu groß gewordenen Volksbewegung hingerichtet.[12]
- Seine Anhänger beschließen, die neue Spielart der jüdischen Religion auch außerhalb des jüdischen Volkes zu verbreiten.

---

[12]   Seine Konfrontation mit den Pharisäern war hierbei unerheblich, da solche Zankereien kein Todesurteil seitens des römischen Statthalters erzwungen hätten. Zudem war das Kreuzigen die römische, nicht die jüdische Hinrichtungsform.

- Einige seiner Anhänger werden wegen fortgesetzter Umtriebe gegen die römische Herrschaft in Palästina verfolgt. Mit dieser Aufgabe wird u.a. der römische Bürger Saulus betreut, der später zu Paulus wird.
- Petrus und Paulus etablieren eine christliche Sekte in Rom. Paulus propagiert eine Unterwerfung der Christen unter den römischen Staat. Seine Gegner versuchen im Jahr 64, durch umfangreiche Brandstiftungen in Rom die Rückkehr ihres Heilands zu erzwingen.[13] Das scheitert. Es kommt unter Kaiser Nero zu umfangreichen Christenverfolgungen, in deren Verlauf auch Petrus und Paulus hingerichtet werden.
- Nero wird gestürzt und begeht im Juni 68 Selbstmord.
- Der spätere Kaiser Vespasian und sein Nachfolger Titus schlagen ab dem Sommer 67 den jüdischen Aufstand nieder.
- Vespasian setzt sich im Vierkaiserjahr 69 als Kaiser durch, nachdem Galba ermordet, Otho durch Selbstmord gestorben und Vitellius zu Tode gefoltert worden ist. Der Vernichter der

---

[13] Ob die Christen den Brand von Rom tatsächlich verursacht haben, ist durchaus nicht sicher. Tacitus als wichtigste Quelle dieser Zeit berichtet zwar, dass Nero die vom einfachen Volk wegen ihres Lebenswandels gehassten Christen zu Schuldigen erklärte, um Gerüchten zu begegnen, das Feuer sei staatlicherseits gelegt worden; Tacitus: Annales, 15, 44. Aber Tacitus nennt die Christen „rei", was er nicht gemacht hätte, wenn es sich nur um Sündenböcke gehandelt hätte. Der oft genannte Kaiser Nero jedenfalls kommt kaum in Frage, da er bei Ausbruch des Feuers noch nicht einmal in Rom weilte. Und gegen das Bild einer durch einen Unfall entstandenen Feuersbrunst spricht, dass das Feuer anscheinend an mehreren Stellen gleichzeitig aufflammte. Allerdings war zu diesem Zeitpunkt Hochsommer, die Wahrscheinlichkeit hierfür also nicht völlig abwegig.

nationalen Identität des Judentums, symbolisiert in der Zerstörung des Tempels, wird damit zum Herrscher der bekannten Welt.

- Titus erobert 70 n. Chr. Jerusalem. Der Tempel wird als Festungsbau eingestuft und daher niedergerissen.
- Die letzten Aufständischen in Palästina begehen in Masada 74. n. Chr. kollektiven Selbstmord.

Erst nach diesen Ereignissen verfasste ein unbekannter Autor, der in der christlichen Tradition als Markus bezeichnet wird, das erste Evangelium. Markus war kein Zeuge der berichteten Ereignisse, er bediente sich wohl auch, wie in jener Zeit üblich, eines Schreibers, um Lesbarkeit seiner Sammlung von Erzählungen, Geschichten und Zitaten zu garantieren.

Markus bezeichnet die Zerstörung des Tempels als Weltuntergang, was in gewisser Weise wörtlich zu verstehen ist, da die alte Welt, in der Gott den Staat Israel als seinen Gottesstaat stiftet, nun offensichtlich dahin ist. Jetzt wendet sich die christliche Vorstellung einem jenseitigen Reich zu, während man sich mit den diesseitigen Herrschaftsverhältnissen zu arrangieren habe.

Die beiden nächsten Evangelisten, Matthäus und Lukas, fußen stark auf diesem ersten Evangelium. Vielleicht gab es zudem bereits eine Sammlung von Aussprüchen, die Jesus zugeschrieben wurden. Mindestens Matthäus und Lukas könnte diese Schrift zu Verfügung gestanden haben, deren Existenz allerdings zweifelhaft ist. Möglicherweise griffen auch sie wie schon Markus lediglich auf eine breite mündliche Tradition zurück.[14]

---

[14] Allerdings existiert eine Minderheitsmeinung in der Theologie, dass der Gründer einer der ersten Gegenkirchen, Marcion, bereits auf die genannte ältere Sammlung zugreifen konnte, das vielleicht

Die eindeutig anti-staatliche und eschatologische Ausrichtung, wie sie wohl Jesus' eigene Predigten auszeichnete, war mit den oben genannten Debakeln, der Kreuzigung und dem Brand von Rom, gescheitert. Jetzt setzte sich der bereits von Paulus eingeschlagene Weg eines Arrangements mit dem römischen Staat in den christlichen Gemeinden durch.

Von erheblichem Einfluss war auf diesem Fundament dann Aurelius Augustinus, der – selbst ursprünglich einer neoplatonischen Kongregation entstammend - in großem Umfang platonisches Gedankengut in die christliche Theologie einführte.

Somit ruht das Seelenverständnis des Christentums letztlich auf diesen drei Säulen:

- Jesus
- Epigonen im 1. Jahrhundert einschließlich der vier Evangelisten
- Aurelius Augustinus

Es waren diese Einflüsse, welche die Topologie des menschlichen Seelenlebens im Christentum – und damit auf lange Zeit in Europa insgesamt – auf die platonischen Prinzipien einer monolithischen, also

---

sogar von einem Zeitzeugen verfasst worden war. Dann wäre das Lukas-Evangelium lediglich eine Erweiterung dieses ersten Evangeliums. Aus diesem verlorenen Evangelium heraus begründete Marcion ein dualistisches Gottesbild, welches durch die nachfolgenden jüdischen Theologen wieder auf ein monotheistisches Konzept gebracht worden sei. Entscheiden lässt sich das nicht, aber es gibt in der jüngeren Forschung einige gute Argumente für diese Ansicht, die dann auch eine neue Exegese der vier Evangelien und der Apostelgeschichte nötig machen würden, um Hinweise auf eine dualistische Lehre zu finden; Aland: Gnosis, S. 330-332.

unteilbaren, von der materiellen Welt grundsätzlich unterschiedenen und unsterblichen Seele festlegten. Lediglich die Idee der Wiedergeburt der Seele hat das Christentum aufgrund seiner den Brand von Rom überdauernden Endzeiterwartung nicht aufgenommen. Denn natürlich verliert die Idee eines göttlichen Strafgerichts einiges an volkspädagogischer Wirksamkeit, wenn dessen Letztgültigkeit durch Tod und Wiedergeburt kontinuierlich ausgehebelt wird.

13.3. Das scheinbare Gegenkonzept: Die Proteische Persönlichkeit

Zweifel an der oben geschilderten Idee des Monolithischen Ichs haben Menschen wahrscheinlich zu allen Zeiten gehabt. Das liegt schlicht daran, dass diese Idee mit der Eigenwahrnehmung der allermeisten Menschen mehr oder weniger deutlich kollidiert. Manch einer fragt sich doch händeringend, wie es sein kann, dass er sich selbst als tausendfache Person empfindet, wenn scheinbar alle anderen rund und geschlossen und in sich ruhend durch die Weltgeschichte wandern. Die Antwort lautet wahrscheinlich in den allermeisten Fällen, dass unsere Eigenwahrnehmung realistischer ist als unsere Beobachtung anderer. Dass unser Auge, wie scharf es auch sein mag, die allgegenwärtigen Persönlichkeitskonstruktionen um uns herum einfach nicht durchdringt. Anders gesagt, keiner ist monolithisch, aber alle tun so, als wären sie es, weil man ihnen eingeredet hat, dass dies das eigentliche Wesen des Menschen sei. Mehr noch, wir tauchen ab in alle mögliche Aktivitäten, welche uns helfen sollen, das angeblich nur verschüttete monolithische Ich in uns wiederzufinden, es zu begreifen, quasi als den Ankerstein, auf den wir dann all unser Sein und So Sein aufzubauen hoffen. Selbsterfahrungsgruppen, Meditationskurse, Betkreise, aber auch Wandervereine und Schrebergartenkolonien segeln mehr oder weniger unausgesprochen unter diesem Banner.

Das Unerfreuliche an diesen Bemühungen ist nur: Ganz offensichtlich hat unser Ich kein Innerstes, und schon gar kein „wahres Ich", das in diesem Innersten zu finden wäre. Und die meisten, die solche Bet-, Koch- und Yogakurse leiten, wissen das eigentlich ganz genau und hoffen nur, dass es keiner ihrer meist zahlenden Klienten allzu rasch bemerkt.

Ohnehin: Begreifen wir unser Solarsystem, wenn wir nur die Sonne verstehen, um die alle lokalen Planeten, Asteroiden usw. kreisen? Der Wikipedia-Artikel zur Sonne ist 10% kürzer als der zur Erde – und das ist nur einer von acht Planeten und einer großen Anzahl weiterer Himmelskörper. Selbst der Artikel zum Uranus ist länger als der zur Sonne. Aber vor allem führen Hunderte von Links aus dem Artikel zur Erde zu einem schier endlosen Wissensreservoir, sodass ein Verständnis unseres Sonnensystems sich wohl kaum auf die Sonne fokussieren kann.

Gegen die Idee des Monolithischen Ichs hat sich immer schon – und in den letzten Jahren deutlicher und mit wissenschaftlichem Beistand – die Vorstellung von der Proteischen Persönlichkeit positioniert. Geprägt hat diesen Begriff Robert J. Lifton Anfang der 1990er Jahre.[15] Er meinte damit, dass der heutige Mensch über ein Kompendium von Persönlichkeiten verfügen müsse, um in einer zunehmend komplexeren Anforderungswelt das jeweils passende Ich präsentieren zu können. Insbesondere Jeremy Rifkin hat diesem Ich dann vorgeworfen, es widme sein Dasein ganz dem Augenblick und sei weder an einer historischen noch an einer sozialen Mission sonderlich interessiert.[16]

---

[15] Lifton: Protean Self, passim, v.a. S. 31-33.
[16] Rifkin: Age of Access, S. 169, mit Rückgriff auf Jean Baudrillard.

Das Bild dahinter ist der griechische Meeresgott Proteus, von dem es hieß, er könne sich je nach Bedarf in tausend Gestalten verwandeln, deren keine jedoch sein eigentliches Wesen zeige.

Nun ist das Ich kein Werkzeugkasten, aus dem der Handwerker stets das angemessene Gerät hervorzuholen weiß. Wenn überhaupt, ist es eine Kiste, in die man wahllos Hämmer, Zangen, aber auch Käsehobel, Wurstbrötchen und den zweiten Band von Winnetou geschmissen hat. Einige dieser Werkzeuge sind wahrscheinlich kaputt oder mindestens erkennbar beschädigt, oder wir verstehen nicht, dass die scheinbare Beschädigung in bestimmten Situationen eine besondere Qualität dieses Werkzeugs ausmacht. Von Fall zu Fall vermischen sich auch zwei Werkzeuge ganz oder teilweise, sodass dann ein neues in der Kiste liegt mit dem Griff eines Hammers, aber der Spitze eines Kugelschreibers.

Mehr noch, anscheinend ist das Ich noch nicht mal eine chaotische Werkzeugkiste, denn das suggeriert immer noch die wenigstens topologische Zusammengehörigkeit der hiermit in Zusammenhang gebrachten „Werkzeuge". Aber neben anderen hat Daniel Dennett in seiner Wendung gegen Descartes argumentiert, es gebe auch keinen Grund, von einer klaren Verortung des bewussten Denkens und Erkennens in einer bestimmten Hirnregion auszugehen.[17] Wie also soll dann die scheinbare Einheit des Denkens zustande kommen oder erst recht die Formation eines hierauf gründenden monolithischen Ichs möglich sein?

Das fragmentarische Ich ist, folgt man Dennett, eine unausweichliche Eigenschaft menschlichen Denkens, die aus den neuronalen Gegebenheiten resultiert. Sie kann natürlich in einem mentalen Prozess überwunden werden, indem das Ich – mehr oder weniger monolithisch –

---

[17]   Dennett: Sweet Dreams, S. 171; ders.: Consciousness, S. 34-35.

als Konstrukt die diversen mentalen Prozesse bündelt und struktu-
riert. Aber das fragmentierte, das proteische Ich ist keine neuzeitliche
Fähigkeit des Menschen, wie Lifton meint, kein individualistisches
Aufbegehren gegen Totalisierung und Gleichmacherei. Es ist vielmehr
die Eigennatur der menschlichen Geisteswelt. Anders gesagt, es gab
nie eine andere Art von Ich, wo man es nicht mühsam und stückhaft
konstruierte. Aber das war natürlich ein Gedanke, der vor allem im
Abendland über lange Zeit ausgesprochen unpopulär war.

Schon Platon, wie oben dargelegt einer der Väter des dualistischen
Weltbilds, attackierte die Legenden um Proteus heftig, weil er in ihnen
das genaue Gegenstück seiner Seelenvorstellung – monolithisch, un-
sterblich, haftbar – und damit seinen wichtigsten Gegner sah. Die Götter sollten wie die Ideen sein, also ewig und unwandelbar, nicht wie in
den zahllosen griechischen Sagen in immer neue Gestalten gehüllt.
Platon nannte hier nicht nur Proteus, den großen Gestaltwandler, sondern auch Thetis und Hera.[18] Er hätte auch Zeus auflisten können,
der selbst auch in diversen Gestalten auftrat. Doch Zeus hatte eben,
anders als Proteus, einen inneren Kern, eine eigentliche, wahre Persönlichkeit.[19] Als seine Geliebte Semele, der er als Sterblicher erscheint, ihn in dieser wahren Gestalt sehen will, führt das allerdings
dazu, dass sie und der gesamte Palast von Theben in Flammen aufgehen; nur der gemeinsame Sohn, Dionysos, kann gerettet werden. Hingegen fragt man sich hinsichtlich Proteus schon gelegentlich, ob der
freundliche Greis, der Robben hütet, als wären es Schafe, der „wahre,
eigentliche" Meergott ist – oder dies nur eine weitere seiner zahllosen
Gestalten.

---

18   Platon: Politeia, II. Buch, 381
19   Vgl. Männlein-Robert: Umrisse, S. 136.

13.4.   Das Fragmentierte des menschlichen Seins und So Seins

Letztlich müssen alle monolithischen Ansätze zu einer Beschreibung dessen, was man gemeinhin als „menschliche Seele" bezeichnet, ebenso scheitern wie die diversen Versuche, eine „proteische Seele" zu beschreiben. Das liegt schlicht an der Zerrissenheit der menschlichen Seele. Das ist kein Augenblickszustand, weil der Meergott gerade wieder in eine andere Gestalt schlüpft. Es gibt keinen „eigentlichen" Kern hinter diesen vielen Gestalten. Aber ihre Parallelität ist auch weder a priori sinnvoll noch durch den Menschen steuerbar.

Stellen Sie sich Dutzende von Steintafeln vor, die jemand in der Schwerelosigkeit ausgestreut hat. Sie sind eine dieser Tafeln. Sie treiben durch das All, umringt von anderen Tafeln. Irgendwann entdecken Sie – vielleicht zuerst bei anderen Tafeln – eine mehr oder weniger große Anzahl von Wörtern, die auf jeder Tafel stehen. Neugierig geworden, versuchen Sie, den Text, der auf ihnen steht, zu entziffern, was Ihnen vor allem dann gelingt, wo er sich in den Augen anderer Steintafeln spiegelt. Ach ja, die Tafeln haben natürlich Augen. Nun verkündet irgendwer, Sie seien nicht etwa diese eine Tafel. Nein, Ihr Ich, das ist die Gesamtheit dieser Tafeln. Denn der Text jeder Tafel mache für sich vielleicht Sinn, aber das wahre, das eigentliche Ich gäbe es nur zu lesen, wenn alle diese Tafeln sich zu einer großen Tafel zusammenfügten. Allerdings kriegen Sie das nicht hin, schon deshalb nicht, weil alle anderen Tafeln sich ständig bewegen, aber auch, weil der Text auf den meisten Tafeln sich wieder und wieder ändert. Sie müssen begreifen, dass Sie nicht mehr sind als eine Ansammlung dieser Tafeln.

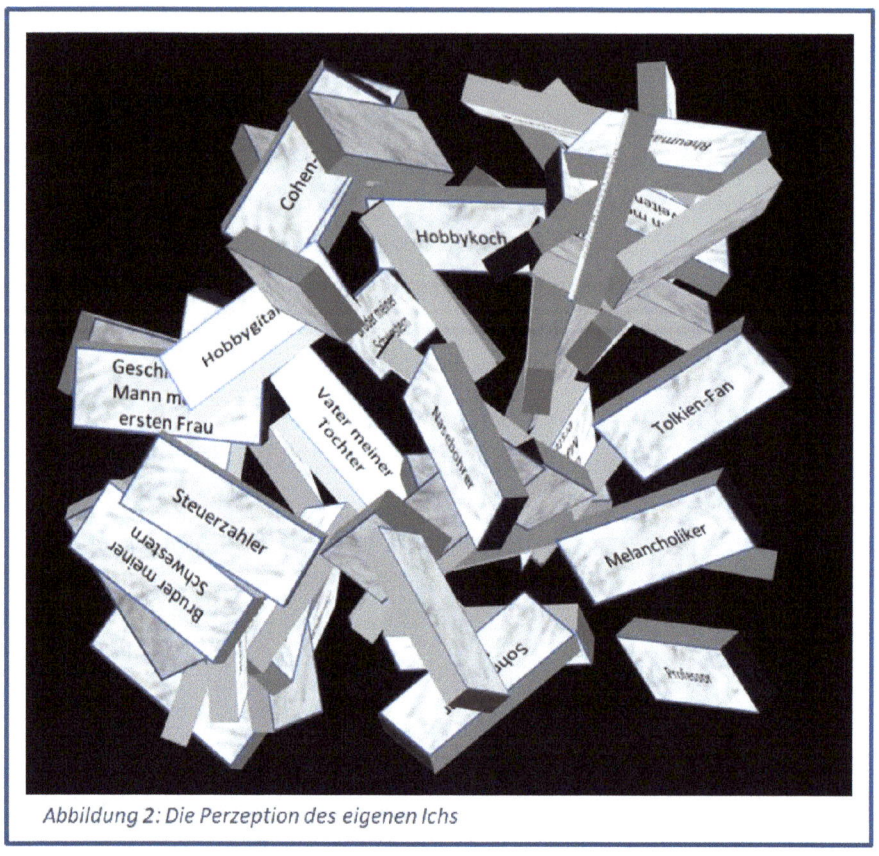

Abbildung 2: Die Perzeption des eigenen Ichs

Ein Ich im eigentlichen Sinne lässt sich dadurch nicht mehr beschreiben, wohl aber ein Ich, das einem Konstruktionsakt entstammt. Dass also auch nicht das unwandelbare Ergebnis eines einmaligen solchen Akts ist. Sondern es ist dieser fortgesetzte Akt selbst, der mal das eine, mal das andere Bild, aber immer nur als kurzlebige Zwischenlösung, bereitstellt.

Man kann diesen Konstruktionsprozess, die entstehenden Agglomerationen, ihre Bewegung und die ihrer Fragmente, ihre und deren unausgesetzte Veränderung, ihr wunderbares Wechselspiel mit der Welt ringsum als die kontextuelle Einbettung des eigenen Ichs beschreiben. Das bloße Sein wird also umgeben von einer volatilen Hülle eines „So Seins" und einer weiteren, noch instabileren Hülle des augenblickhaften „Wo Seins".

Abbildung 3: Das So Sein des Seins im Wo Sein des umgebenden Seins

Als Jesus in der Bibel einen Verrückten heilt, sagt lt. Mk 5, 9 der Dämon, der von diesem Mann Besitz ergriffen hat: „λεγιὼν ὄνομά μοι, ὅτι πολλοί έσμεν. – Legion ist mein Name; denn wir sind viele." Hier wird also die Antithese zum monolithischen Seelenkonzept schon des frühen Christentums beschrieben.

Aber die Legion ist kein Dämon, kein Feind in des Menschen Innenleben. Sie ist alles, was der Mensch überhaupt ist, und eigentlich hätte Jesus nicht eine Stimme antworten sollen, es hätten Dutzende sein müssen.

Diese Volatilität und Fragmentiertheit wird nun aber zum Prüfstein für Kants eingangs zitiertes Diktum. Kann es angesichts der Verfasstheit unseres Selbst das Ich geben, welches Kant zum Träger der Autonomie des Menschen in der Aufklärung definiert? Oder muss aus den Fragmenten erst ein autonomes Ich gezimmert werden, bevor die Aufklärung als solche stattfinden kann? Ist womöglich die Generierung des volatilen, dennoch autonomen Ichs aus seinen Fragmenten der eigentliche Sinn der Aufklärung? Und wenn man feststellt, dass das nicht zu erreichen ist, scheitert damit der Grundgedanke von Aufklärung, Demokratie und Moderne?

Verschiedene Geistestraditionen betrachten, anders als die platonisch-christliche Tradition, diese Konstruktion eines wenigstens nicht mehr bis ins Allerletzte fragmentierten Ichs als den wesentlichen Schritt zur Autonomisierung des Menschen. So hat in seiner frühen Schaffensphase Nishida Kitarô die unausgesetzte, nicht überwindbare Dialektik des Miteinanders dieser Gegensätze in einem fragmentierten Ich als Grundlage des Menschwerdens beschrieben. Die Fragmentiertheit werde durch das Verstehen ihrer selbst in Korrelation zum Ort, in dem sie fortgesetzt verweilt, wo sie sich konstituiert und zugleich fortgesetzt auf eine höhere Ebene gehoben ist. Aber sie wird nicht überwunden, nicht aeterniert, sondern droht, jederzeit in ihr bloßes Sein zurückzufallen, gibt sie ihren Prozess der Selbstkonstruktion auf,.[20]

Ist also ein autonomes Ich als Voraussetzung der individuellen Freiheit möglich? Nun, abgesehen davon, dass möglicherweise diese Voraussetzung der Freiheit gar nicht zwingend notwendig ist: Wenn das Ich sich immer wieder als autonom konstituiert, zerfällt, neu bildet, aber in allem unausgesetzt um die Gewissheit seines Seins ringt, so ist genau dieses Werden und Vergehen der eigentliche Ankerstein der Autonomie. Anders gesagt, das Werden und Vergehen konstituiert ein Sein, das nicht auf die cartesianische Identität angewiesen ist. Es ist freilich kein Sein, dem mehr als ein momentanes So Sein zu eigen ist, wenn überhaupt. Denn jede Behauptung eines solchen kurzzeitigen So Seins ist nur plausibel, wenn die dem nicht zuzurechnenden Fragmente des eigenen Seins für den Moment ignoriert werden. Und es ist ein wesentliches Element der Gemeinschaftsstiftung und letztlich der Gesellschaftswerdung, dass die anderen zeithaften Identitäten im interpersonellen Miteinander diese Begrenzung der Sicht auf das eigene Sein akzeptieren. Dass sie sich weitgehend aller Hinweise oder Nachfragen hinsichtlich diesem Ich nicht zugehörender Fragmente des anderen Selbst enthalten. Mindestens so lange, wie nicht die Definition des momentanen Ichs dem darauf beruhenden, aber langlebigeren Wir zuwider läuft. Das Wir akzeptiert die Selbstdefinition jedes Ichs, das dieses Wir beinhaltet. Wer hingegen sein Ich so konstituiert, dass es dem Wir nicht mehr hinnehmbar erscheint, kann entweder hoffen, dass die anderen Ichs im Wir die Toleranzgrenzen des Wir erweitern. Oder es tritt aus dem Kontext des Wir hinaus und findet sich auf sein

---

[20] Nishida: Über das Gute, S. 29-37.

jeweiliges Sein als Ich zurückgeworfen, quasi in die Einsamkeit des Nur-Ich, dem ein Wir nur noch von ferne begegnet.

Wenn man die Gesellschaft als einen Raum der wechselseitigen Akzeptanz des jeweiligen momentanen Ichs im Wir beschreibt, dann ist dies quasi der Gesellschaftsvertrag der frühen Aufklärung. Wer sein Ich in diesem Wir nicht mehr akzeptiert findet, kann sich natürlich zu ändern versuchen, wenn ihm an diesem Wir gelegen ist. Aber zunächst – und wenn er das will: auf Dauer – tritt er aus dem Wir hinaus. Er lässt den Gesellschaftsvertrag hinter sich. Die Möglichkeit, das zu tun, ja sanktionsfrei zu tun, da regelhafte Sanktionen nur im Kontext des Gesellschaftsvertrags legitim sind, diese Möglichkeit ist das Wesen der aufgeklärten Gesellschaft. Wo wir aber versuchen, dem anderen seine Selbstdefinition zu unterminieren, um ihn in das Ichlose der Fragmentiertheit zurückzustoßen, da entsagen wir selbst dem Gesellschaftsvertrag, treten als Kollektiv von ihm zurück und öffnen damit Tür und Tor allem, was die Aufklärung überwindet: Zwang, Unfreiheit, Herrschaft. Und Faschismus als Kulmination allen Bestreitens des Rechts des Individuums, sein Ich – und sei es immer nur für einen Augenblick – selbst zu bestimmen.

13.5. Die psychologische Bedingtheit der Moderne

Sind dann Aufklärung ihrerseits und mit ihr Emanzipation, Demokratie, Atheismus usw. ohne ein autonomes Ich überhaupt vorstellbar – und sei es auch eines autonomen Ichs, das erst mühselig aus den Fragmenten der Seele zusammengebastelt wurde, ganz dem Augenblick geschuldet und dennoch mit vielen Defiziten und Kompromisslösungen behaftet. Denn wenn dieses wenigstens teilweise defragmentierte Ich ein unabdingbares Erfordernis des autonomen Menschen in der Definition nach Kant ist, dann fragt sich, ob Demokratie überhaupt vorstellbar ist mit solcherart rudimentären, zur Autonomie nur momentweise bereits fähigen Individuen.

Nun ist Demokratie glücklicherweise nicht erfunden worden, um die jeweils beste Lösung zu finden, sondern die mit dem größten gesellschaftlichen Konsens. Dies erscheint an dieser Stelle ungefährdet. Aber die Konstituierung einer persistenten Ich-Identität als Konstrukt über das fragmentierte Sein und So Sein des Menschen ist möglicherweise gar nicht machbar. Also angenommen, es gibt kein autonomes Denken, Sprechen und Handeln gibt, weil Denken und Sprache nicht desozialisiert werden können. Die Konstruktion des Ich wäre zwar in der Individualsprache, Symbolik usw. machbar, aber diese wiederum sind immer und unabänderlich lediglich Emanationen oder Konkretisierungen eines kollektiven Sprachkontexts. Dann kann der Einzelne seine Identität nicht, auch nicht für Sekunden, konstruieren, ohne im Kollektiven der Sprachverwender zu existieren. Also negiert die Einsicht in unsere Fragmentiertheit und in die Verwurzelung des individuellen Ich-Konstrukts im Kollektiven von Sprache und sprachverhaftetem Denken vielleicht den Optimismus, welcher der Aufklärung zugrunde liegt. Weil wir uns dann nie aus dem Wir zu einem Ich hin autonomisieren könnten. Der Träumer könnte nicht träumen, ein Schmetterling zu sein, weil er als Mensch und nur als Mensch dem Konzept „Schmetterling" begegnen kann. Er kann diesen Kontext nicht verlassen, er kann kein Schmetterling werden, er kann auch nicht träumen, ein Schmetterling zu werden. Würde er dies oder könnte er sich wenigstens vorstellen, dass er dies würde, so wäre er der tragenden Elemente seiner Bedingtheit beraubt und wäre mithin außerstande, überhaupt zu denken, zu sprechen und auch zu träumen.

Folgt man dieser Überlegung, so ist eine Autonomisierung unmöglich, mithin auch das Grundprogramm der Aufklärung auf einer falschen

Prämisse aufgebaut. Nämlich der Annahme, der Mensch könne sich aus seiner kontextuellen, sozialen Bedingtheit quasi freischwimmen. Da wir hierzu unserer Sprache bedürfen, diese aber nicht desozialisiert werden kann, ist Kants Ansatz vielleicht nicht mit den Gegebenheiten menschlicher Existenz vereinbar.

Die Frage kann hier zwar genannt, aber keineswegs beantwortet werden. Träfe diese Annahme aber zu, so müsste man versuchen, dem jedenfalls in meinen Augen unverändert geradezu überlebensnotwendigen Programm der Aufklärung eine neue Grundlage zu schaffen. Denn auch der Mensch, der im Kant'schen Sinn zur Autonomie anscheinend gar nicht fähig ist, bedarf der Aufklärung und Befreiung seiner selbst. Nicht zuletzt vermute ich auch, dass erst diese initiale Befreiung des Menschen durch die Aufklärung ihm die Fähigkeit schafft, auf dem Weg zu einer Autonomisierung in der Fragmentierung weiter voranzuschreiten.

Gelingt es nicht, trotz der kategorischen Sozialität von Sprache und Denken eine hinreichende Begründung für eine gesellschaftliche Autonomie des Menschen zu formulieren, die keiner psychologischen und epistemischen Entsprechung bedarf, so werden die Argumente gegen totalitäre Ideologien deutlich schwächer. Sie sind dann nämlich lediglich utilitaristisch zurückzuweisen, indem man sagt, es sei für den Einzelnen wie für die Gesellschaft besser, den Menschen als autonomes Wesen zu sehen – was immer „besser" dann bedeuten mag. Ihn so zu sehen, obgleich sein Denken, sein Wollen, sein Handeln nie autonom sein werden, sondern immer nur Augenblicksaufnahme des eigentlich übergeordneten, unpersönlichen Diskurses, den man insgesamt als Weltgeschichte bezeichnet.

Ich überlasse es Ihnen, meine sehr verehrten Damen und Herren, sich gleich nach meinem kurzen Vortrag diesen Fragen – und ich zweifle nicht, höchst erfolgreich – anzunehmen. Ich bin sehr gespannt auf

Ihre Gedanken, Ideen und Anregungen. Für jetzt aber danke ich Ihnen für Ihre Aufmerksamkeit.

13.6. Literatur

Aland, Barbara: Was ist Gnosis? Tübingen (Mohr Siebeck) 2009

Assmann, Jan: Tod und Jenseits im Alten Ägypten, München (C. H. Beck) 2001

Carnap, Rudolf: Überwindung der Metaphysik durch logische Analyse der Sprache, in: Erkenntnis, Bd. 2 (1931/1932), S. 219-241

Chenoweth, Erica, Maria J. Stephan: Why Civil Resistance Works: The Strategic Logic of Nonviolent Conflict, New York (Columbia UP) 2011

Dennett, Daniel C.: Consciousness Explained, New York (Litte, Brown & Co.) 1991

Dennett, Daniel C.: Sweet Dreams - Philosophical Obstacles to a Science of Consciousness, Boston (MIT Press) 2005

Descartes, René: Meditationes de prima philosophia, Hamburg (Felix Meiner) 1977

Descartes, René: Philosophische Schriften in einem Band, Hamburg (Felix Meiner) 1996

Epikur: Briefe, Sprüche, Werkfragmente, hrsg. und übersetzt durch Hans-Wolfgang Krautz, Stuttgart (Reclam) 1980

Freud, Sigmund: Das Ich und das Es, in: ders.: Studienausgabe, Bd. 3, Frankfurt/M. (Fischer) 2000, S. 273-330

Freud, Sigmund: Neue Folge der Vorlesungen zur Einführung in die Psychoanalyse, in: ders.: Studienausgabe, Bd. 1, Frankfurt/M. (Fischer) 2000, S. 447-608

Galouye, Daniel F.: Simulacron-3, New York (Bantam) 1964

Gese, Hartmut: Psalm 22 und das Neue Testament: Der älteste Bericht vom Tode Jesu und die Entstehung des Herrenmahles, in: Zeitschrift für Theologie und Kirche 65.1/1968, S. 1–22

Harman, Gilbert: Thought, Princeton (Princeton UP) 1973

Kant, Immanuel: Kritik der praktischen Vernunft, Hamburg (Felix Meiner) 2003

Lifton, Robert Jay: The Protean Self, New York (Basic Books) 1993

Männlein-Robert, Irmgard: Umrisse des Göttlichen: Zur Typologie des idealen Gottes in Platons Politeia II, in: Dietmar Koch, Irmgard Männlein-Robert, Niels Weidtmann (Hrsg.): Platon und das Göttliche, Tübingen (Attempto-Verlag) 2010, S. 112-138.

Nishida, Kitarō: Über das Gute: Eine Philosophie der reinen Erfahrung, Frankfurt/M. (Insel) 1989

Platon: Phaidon, in: www.perseus.tufts.edu/hopper/text?doc=Perseus% 3atext%3a1999.01.0169%3atext%3dPhaedo

Platon: Politeia, in: https://www.perseus.tufts.edu/hopper/collection?collection= Perseus%3Acorpus%3Aperseus%2Cwork%2CPlato%2C%20Republic; dt. Übersetzung in https://www.projekt-gutenberg.org/platon/platowr3/platowr3.html

Putnam, Hilary: Reason, truth, and history, Cambridge (Cambridge UP) 1981, S. 1–21

Rifkin, Jeremy: The Age of Access: The New Culture of Hypercapitalism, Where All of Life is a Paid-For Experience, New York (Putnam) 2000

Tacitus, Publius Cornelius: Ab excessu divi Augusti (Annales): Liber XV, in: https://la.wikisource.org/wiki/Ab_excessu_divi_Augusti_(Annales)/Liber_XV#XL

Zhuāng Zhōu: Zhuangzi, in: http://www.zeno.org/Philosophie/M/Zhuang+Zi+

14. Karl Germelmann: Tiger und Dachs - Tomoyuki Yamashita und das Ende der 14. Kaiserlichen Armee

Karl Germelmann ist als Leiter unserer kleinen, aber erlesenen Bibliothek den meisten Angehörigen der Akademie natürlich bekannt. Alle anderen kennen ihn vielleicht als Autor zahlreicher kurzweiliger Kriminalromane, von denen mehrere auch den Weg auf die deutschen Fernsehschirme gefunden haben. Für unsere diesjährige Tagung hat er sich allerdings für ein militärhistorisches Thema entschieden, dem aber eine gewisse kriminalistische Note auch nicht ganz abgeht.

Wir geben den Vortrag in der gehaltenen Form wieder, allerdings mit den entsprechenden Belegstellen versehen, die im Laufe des Vortrags naturgemäß nicht mitgeteilt werden konnten. In der Diskussion des Vortrags auf der Tagung sowie auch im Nachgang bei der Vorbereitung der Drucklegung ergab sich aber die Frage, ob die Bezeichnungen der hier benannten Militärverbände in deutscher Übersetzung oder im Original wiedergegeben werden sollten. Die britischen und US-amerikanischen Einheiten mit ihren eigentlichen Namen zu benennen, aber die Namen der japanischen Einheiten zu transkribieren oder zu übersetzen, hätte ein Ungleichgewicht erzeugt, das von mehreren Beteiligten der Diskussion nach dem Vortrag als unangemessen bezeichnet wurde. Wir haben uns auch auf Drängen von Karl Germelmann dieser Argumentation angeschlossen. Die japanischen Einheiten mit ihren eigentlichen Namen und womöglich auch in japanischer Schrift zu bezeichnen, hätte die Lesbarkeit des Beitrags aber deutlich erschwert, sodass wir uns dazu entschlossen haben, die Namen aller Einheiten in deutscher Übersetzung wiederzugeben. Eine Ausnahme hiervon bilden Schiffsnamen, die wir zwar, soweit es sich um japanische Einheiten handelt, transkribiert, aber nicht übersetzt haben. Die Prince of Wales *heißt jetzt also nicht etwa „Prinz von Wales" oder womöglich „Britischer Thronfolger", die* Yamato *nicht „Land der Götter". Als weiteres Zugeständnis an die europäisch geprägte Zuhörerschaft und die Leser der Druckfassung des Beitrags sind alle japanischen Personennamen transkribiert und in die europäische Reihenfolge gebracht worden. Das führt dazu, dass im Literaturverzeichnis der Familienname vom Eigennamen durch ein Komma getrennt ist, was angesichts der japanischen Schreibweise mit vorangehendem Familiennamen eigentlich unnötig wäre.*

14.1.   Ein aufstrebender junger Stratege

Ein weißer Sack über dem Gesicht, die Schlinge um den Hals gelegt. Den Weg der Ehre war er nicht gegangen, jetzt schickten die Sieger ihn auf den Weg der Schande.

Vielleicht dachte er in diesem Augenblick, es wäre besser gewesen, er hätte das Schicksal der Kameraden geteilt, die angesichts der schmachvollen Niederlage auf dem Weg der Ehre Seppuku begangen hatten, die traditionelle, hochangesehene Art, sich das Leben zu nehmen, wenn weiterzuleben nicht möglich war. Er war diesen Weg nicht gegangen. Das Letzte, was er hörte, war nicht das Zischen des Schwerts, mit dem der Kaishaku-nin, der beste Freund, dem Todgeweihten den Kopf abschlug, nachdem dieser den rituellen Schnitt quer durch die Bauchdecke vollzogen hatte. Bis auf einen kleinen Rest am Hals, der verhindern sollte, dass der Kopf in peinlicher Weise davonkullerte oder Assoziationen zur Hinrichtung eines Verbrechers erweckte. Nein, das Letzte, was Tomoyuki Yamashita hörte, war das unheilvolle Knacken der Falltür, die sich unter ihm öffnete.

Er war Realist gewesen, ein Mann der Moderne. Er sprach nicht von Seppuku, er benutzte das Schimpfwort "Harakiri". Aber auch er hätte wohl jene traditionelle Art zu sterben dem Strick vorgezogen. Ein Strick, um seinen Hals gelegt von einem weißen Henker, einem Angehörigen jener Rasse, die er verachtete, die er so oft besiegt hatte. Jetzt standen sie um ihn her, Blitzlichter, Kameraklicken, ein Surren, sie filmten seinen Tod also, vielleicht für ihre Wochenschauen, sie wollten den Barbaren zu Hause zeigen, dass der Tiger endlich zur Strecke gebracht war.

So endete das Leben eines der bemerkenswertesten Strategen des Zweiten Weltkriegs, im Februar 1946, in Manila, der Stadt, der er nie große Liebe, nie Verständnis entgegengebracht hatte. Wo er und die ihm unterstehenden Truppen sich der abscheulichsten Verbrechen schuldig gemacht hatten, so jedenfalls seine Ankläger, so der historische Befund.

General Tomoyuki Yamashita wurde 1885 als Sohn eines Dorfarztes auf Shikoku geboren. Auf der Militärakademie in Hiroshima gehörte er zu den besten Absolventen des Jahrgangs 1917, diente danach als Militärattaché in der Schweiz, Ungarn, Deutschland und Österreich. 1936 wurde er als einer der vielversprechendsten jungen Strategen der japanischen Armee Kommandierender General der 40. Infanteriebrigade im von Japan 1910 okkupierten Korea. Er erhielt diesen Posten, weil er den Kaiser zu dessen Verärgerung zu einem milden Umgang mit den Überlebenden des Putschversuchs vom 26.02.1936 aufgefordert hatte, sodass die Armeeführung es für geraten hielt, ihn zunächst aus dem Zentrum der Aufmerksamkeit zu entfernen. Denn das war Korea in den 1930er Jahre ganz sicher nicht. Es war aber auch nicht der Ort für einen ambitionierten jungen Offizier, Karriere zu machen.[1]

Bereits 1932 hatte Japan mit dem Mandschurischen Zwischenfall einen Krieg gegen China vom Zaun gebrochen. Dieser führte zur Errichtung des formal unabhängigen, faktisch ganz auf Japan ausgerichteten Mandschukuo in Norden Chinas, in der früheren Mandschurei. China musste im Mai 1933 einen Waffenstillstand schließen, der die japanischen Gewinne faktisch anerkannte. Am 01.03.1934 wurde Pu

---

[1]   Fuller: Japanese Generals, S. 244.

Yi, der letzte chinesische Kaiser, zum Kaiser von Mandschukuo ernannt.

Doch am 07.07.1937 provozierte das japanische Militär - wohl mit Wissen und Billigung der Regierung - einen weiteren Zwischenfall, diesmal an der Marco-Polo-Brücke südwestlich von Peking. Als der Krieg daraufhin erneut ausbrach, gab es keinen Zweifel, was das Ziel der japanischen Kriegführung sein sollte. Japan tat jetzt alles, um sich China als ökonomischen Rückraum zu sichern: Der innerjapanische Bevölkerungsdruck sollte hierhin abgeleitet werden, gleichzeitig hoffte man, sich in China einen billigen Rohstofflieferanten und fast unersättlichen Absatzmarkt zu sichern. Dies waren klassisch imperialistische Motive, auch wenn sie weitgehend unzeitgemäß waren. Hinzu traten noch die Träume von einer japanischen Herrschaft über ganz Asien und ein extremer Nationalismus und Rassismus, der die japanische „Rasse" allen anderen „Rassen" weit überlegen hielt und hieraus einen Weltherrschaftsanspruch ableitete.

Aber noch eine andere Macht betrachtete China als ihr ökonomisches Hinterland: die USA. Die Open-Door-Policy – Erhalt der staatlichen Integrität Chinas und freier Handelszugang für alle Mächte – war seit dem Boxerprotokoll von 1901 Kernpunkt der amerikanischen Chinapolitik gewesen. Ein Bruch dieser Maxime konnte nicht hingenommen werden, erst recht nicht, wenn japanischer Expansionismus sich auch nach Osten zu wenden drohte. Dort konnten die amerikanischen Interessen auf den Philippinen und den vor allem strategisch bedeutsamen kleineren Inseln im westlichen Pazifik leicht in Gefahr geraten. Der radikalste Befürworter eines Krieges im Pazifik war auf japanischer Seite Gen. Hideki Tojo. Bis 1938 war er Generalstabschef der Kwantung-Armee gewesen und als solcher der Drahtzieher des Zwischenfalls an der Marco-Polo-Brücke. Im Mai 1938 wurde er Stellvertretender Kriegsminister, im Dezember 1938 auch Generalstabschef

des Heeres. Diesen Posten behielt er, als er im Juli 1940 Kriegsminister und am 16.10.1941 Premierminister wurde. Er war Exponent wie
Vordenker der radikalen Kreise innerhalb der Heeresführung, die inzwischen die japanische Politik in hohem Maße kontrollierte.

Yamashita hingegen gehörte zu den skeptischen Stimmen unter den
japanischen Generälen. Schon in jungen Jahren hatte seine vorsich-
tige Haltung immer wieder Konflikte mit Tojo provoziert. 1937 mit Beginn des Krieges nach China versetzt, plädierte er für einen raschen
Frieden, um das Verhältnis zu den USA und zu Großbritannien nicht
zu gefährden. Damit geriet er erneut in direkten Konflikt mit Tojo, der
ihn auf einen wenig einflussreichen Posten in Mandschukuo, also
noch weiter in die Peripherie, abschieben ließ.

Im Juni 1941 leitete Yamashita eine Militärmission nach Deutschland
und Italien, wobei er auch Hitler und Mussolini traf. Zurückgekehrt
nach Japan, machte er aus seiner Einsicht kaum ein Hehl, dass Japan
nicht über genug Truppen, erst recht nicht über genug Panzer und
Flugzeuge verfüge, um die USA oder auch die UdSSR militärisch zu
besiegen. Bevor die Aufrüstung nicht entsprechend fortgeschritten sei,
wäre daher jede Planung solcher Szenarien völlig inakzeptabel. Tojo
ließ Yamashita daraufhin erneut abschieben, diesmal auf den Posten
des Oberkommandeurs der Kwantung-Armee. Das war zwar eine re-
nommierte Funktion, nahm ihm aber zugleich seinen Einfluss auf die
Diskussionen innerhalb der Heeresführung in Tokio.

14.2.   Der Tiger von Malaya

Überzeugt, dass ein Krieg mit den USA ohnehin unvermeidlich sei,
entschloss sich die japanische Führung unter Tojo zu einem Überra-
schungsangriff. Die Gelegenheit schien günstig: In Europa tobte der
Zweite Weltkrieg, und die - offiziell noch neutralen USA - benötigten
umfangreiche Marinekräfte zur Sicherung ihrer Geleitzüge über den

Atlantik. Zudem erhielt Großbritannien im Rahmen des Lend and Lease-Abkommens zahlreiche Handels- und Kriegsschiffe von den USA.

Die Regierung befahl, die amerikanische Pazifikflotte durch einen massiven Schlag gegen Pearl Harbor auszuschalten und gleichzeitig auf breiter Front in Südostasien in die Offensive zu gehen. So hoffte man, sich die ökonomische und strategische Basis zu schaffen, um dem zu erwartenden Gegenschlag der USA gewachsen zu sein. Viele hohe Militärs meldeten Bedenken an: Japan sei nicht ausreichend gerüstet und verfüge nicht über die Rohstoffe, einen Krieg mit den USA durchzustehen. Insbesondere die Schwerölversorgung galt als erhebliches Problem. Zu diesen Kritikern innerhalb des Militärs gehörte neben Yamashita auch der bedeutendste japanische Seestratege, Adm. Isoroku Yamamoto, der dennoch den Angriffsplan gegen Pearl Harbor entwarf.

Yamashita wurde zu diesem Zeitpunkt Oberbefehlshaber der 25. Armee. Er erhielt die Weisung, das rohstoffreiche Malaya zu erobern und dann Singapur einzunehmen.

Singapur besaß in Südostasien eine Schlüsselstellung. Die Stadt kontrollierte mit der Straße von Malakka den kürzesten Seeweg von Europa nach Ostasien. Dennoch war die Kampfkraft der "Festung Singapur" nicht viel mehr als ein Mythos. Die britische Seite hatte im Zuge der Wiederaufrüstung ab Mitte der 1930er Jahre den Ausbau der Kolonialverteidigung zugunsten einer Stärkung der Heimatverteidigung auf ein Minimum beschränkt. Entsprechend besaß Singapur zwar starke Geschütze, welche die Straße von Malakka sperren konnten. Aber die Verteidigungsmittel der Stadt waren äußerst beschränkt. Insbesondere gab es keine nennenswerte Luftwaffe in Singapur.

Dass sich die Briten trotzdem sicher wähnten, lag an der einhelligen Auffassung, dass der malayische Dschungel für eine angreifende

Armee faktisch unüberwindlich sei. Doch diese Ansicht entsprang wohl eher einer Mischung aus Wunschdenken und Propaganda als einer nüchternen Analyse der militärischen Ausgangslage.

Als am 06.12.1941 die japanischen Bomben und Torpedos auf Pearl Harbor niedergingen, befand sich die 25. Armee bereits auf dem Marsch nach Malaya. Am 08.12.1941 landete Yamashita mit 35.000 Mann an der Ostküste der Halbinsel im Grenzland zu Thailand. Weitere Einheiten der 25. Armee sowie Verbände der 11. Armee stießen aus Indochina nach Thailand vor und schlossen sich dem Vormarsch an. Damit verfügte Yamashita über ca. 70.000 Mann. Der Angriff der 25. Armee wurde unterstützt vom 3. Fliegerverband und der Malay-ischen Operativen Flottenvereinigung. Den Schutz der Seeoperationen übernahm die in Saigon stationierte 22. Luftflottille der 11. Luftflotte.[2] Die britischen Verteidiger unter Gen.ltn. Arthur Percival verfügten zwar über mehr als 100.000 Soldaten in drei Divisionen, aber kaum über Panzer und schwere Artillerie. Vor allem aber vernichtete die japanische Luftwaffe in den ersten zwei Tagen des Angriffs ein Drittel der ohnehin wenigen in Malaya stationierten britischen Flugzeuge.[3] Die verbliebenen Einheiten wurden nach Singapur zurückgezogen, um ausschließlich für die Verteidigung der Stadt eingesetzt zu werden.

---

[2] Kojima: Taiheiyo Senso, Bd. 1, S. 26. Hattori: Daitoa, S. 206, S. 233-234. Zur 22. Koku Sentai (Luftflotille) gehörten in Dezember 1941 91 Maschinen vom Typ Mitsubishi G3M2, amerikanischer Deckname "Nell", in zwei Geschwadern, sowie eine Verstärkung von 6 Mitsubishi C5M2 "Babs" und 36 Mitsubishi A6M2 "Zeke".

[3] Die vorhandenen Maschinen waren zudem teilweise überaltert. Lediglich die vier in Tengah bei Singapur stationierten Staffeln verfügten über moderne Bomber vom Typ Bristol Blenheim I, die aber für die lokalen Aufgaben einer Verteidigung der Stadt weitgehend ungeeignet waren.

Die britische Führung war sich klar darüber, dass Yamashitas Vormarsch eine kombinierte See-Land-Operation war. Immer wenn der Dschungel unpassierbar wurde, wurden die Truppen auf Schiffe verladen, was, vor allem durch überholende Landungen, den Vormarsch und die Einnahme einzelner Positionen deutlich erleichterte. Aus Singapur lief daher ein Marine-Verband aus, bestehend aus den Schlachtschiffen *Prince of Wales* und *Repulse*, daneben als Begleitschutz vier Zerstörer. Doch keine zwölf Stunden nach dem Auslaufen griffen in Indochina stationierte japanische Fliegerkräfte den Verband an und versenkten am Morgen des 10.12.1941 beide Schlachtschiffe.[4] Die schlechte Ausrüstung und die mangelnde Seeunterstützung der Briten, daneben Yamashitas strategisches Talent und die Entschlossenheit seiner Unterführer und Mannschaften führten auch zu Land zu schweren britischen Niederlagen. Eine Division wurde völlig vernichtet, eine zweite musste sich nach schweren Verlusten und unter Aufgabe umfangreichen Materials zurückziehen.

Yamashita stieß mit dem Kern der 25. Armee in zwei Keilen entlang der Ost- und der Westküste Malakkas auf Singapur vor. Percival musste sich nach Johore im Süden der Halbinsel zurückziehen. Aber auch die dort errichtete neue Front zerbrach. Jetzt war ganz Malaya bis auf Singapur in japanischer Hand.

In Singapur waren inzwischen 45.000 Mann Verstärkung und 141 Flugzeuge eingetroffen.[5] Die Stadt wurde fieberhaft auf die Verteidigung eingerichtet. Doch der Mangel an schweren Waffen und an Flugzeugen machte den Vorteil von Singapurs Insellage zunichte.

Am 08.02.1942 überquerten die ersten Einheiten der 25. Armee die Straße von Johore und setzten sich am Stadtrand von Singapur fest.

---

[4]   Potter/Nimitz/Rohwer: Seemacht, S. 767. Hattori: Daitoa, S. 240.
[5]   Roskill: War, Bd. 2, S. 8.

Sie kontrollierten damit bereits die Flugplätze und die Wasserversorgung der Stadt. Dennoch leisteten die britischen Truppen zähen Widerstand, und wie später in Stalingrad und dann in Berlin erwies sich auch in Singapur die Panzerwaffe als stumpf im Häuserkampf. Es war im wesentlichen die Leistung der japanischen Infanterie, die es Yamashita schließlich ermöglichte, am 15.02.1942 Percivals Kapitulation entgegenzunehmen. Er zwang den britischen Befehlshaber, eigenhändig die britische Fahne vor seinen Füßen niederzulegen. Damit wollte er den völligen Triumph seiner Armee und der asiatischen „Rasse" über die europäische Welt verdeutlichen. Das spiegelte sich aber noch mehr in den Verlustzahlen: Den 10.000 japanischen Gefallenen standen 70.000 tote Briten und Angehörige der Hilfstruppen gegenüber; weitere 70.000 und ein ganzer Generalstab gingen mit Percival in die Gefangenschaft.

14.3.   Die Herrschaft des Terrors in Singapur

Japan war wenigstens seit Beginn der 1930er Jahre von zunehmendem Rassismus geprägt. Das japanische Kernvolk, das Yamato, wurde als eigenständige Rasse angesehen, die allen anderen Rassen weit überlegen sei. Diese anderen Rassen wurden als vollkommen rechtlos definiert. Das fußte auf Gedanken der japanischen Feudalverfassung des Shinōkōshō, wo der Bauernstand, vor allem aber die Burakumin als quasi Kastenlose faktisch rechtlos waren, vor allem gegenüber der Kriegerkaste der Bushi, also der Adligen und Samurai. Dazu kam, dass die sehr stark auf sozialer Kontrolle beruhende Sittlichkeitsverfassung der japanischen Gesellschaft im Ausland annähernd keine Bedeutung hatte. Was auf dem japanischen Festland moralisch inakzeptabel war, galt als unkritisch, solange es irgendwo sonst in der Welt geschah.

Daher verbanden sich bei der Eroberung Singapurs und unmittelbar danach Exzess-Taten aller militärischen Ränge mit nüchterner, ausschließlich auf Effizienz fokussierter Besatzungsplanung und einer ebenso nüchternen, von Rassismus und letztlich exterminatorischen Ideen geprägten Unterdrückungs- und Terrorpolitik.

Was dadurch geschah, hatte sein Vorbild in den unzähligen Kriegsverbrechen der japanischen Besatzer Chinas seit dem Mukden-Zwischenfall 1931, nicht zuletzt dem sechswöchigen Massaker in Nanking nach der Eroberung Mitte Dezember 1937 mit mehreren hunderttausend Ermordeten.[6]

Die Dimension japanischer Kriegsverbrechen in China und Südostasien zwischen dem Überfall auf China und dem Ende des Zweiten Weltkriegs ist nach wie vor nicht völlig geklärt. Schätzungen gehen von wenigstens vier, eher wohl bis zu zehn Millionen Ermordeten aus, dazu wenigstens fünf Millionen Menschen, die aufgrund der Ausplünderung der besetzten Gebiete an Hunger starben.[7]

In Yamashitas Dienstbereich kam es demgemäß zu einer Fülle von Kriegsverbrechen, wovon das Sook Ching zwischen dem 18.02. und dem 04.03.1942 das bekannteste Massaker darstellt und zugleich der Auftakt zu einer großen Zahl weiterer Verbrechen war. Ziel war die Terrorisierung und teilweise Eliminierung der chinesischen Bevölkerung in Singapur, in der man den gefährlichsten Kern einer potenziellen Resistance sah. Hierzu wurde direkte Weisung aus Yamashitas Stab erteilt, wahrscheinlich durch Ob.ltn. Tsuji Masanobu, der schon

---

[6] Nach Schätzungen verschiedener Autoren wurden in diesen Wochen zwischen 200.000 und 300.000 Menschen ermordet. Hinzu kamen Zehntausende von Vergewaltigungen, außerdem unzählige Plünderungen und sonstige Kriegsverbrechen; Fogel: Nanjing, S. 6.

[7] Gruhl: Imperial, S. 85; Rummel: Statistics, S. 169-170.

in den vorangegangenen Operationen Yamashitas wichtigster Berater gewesen war.[8]

„Sook Ching" ist eine Entnahme aus dem Mandarin und bedeutet „Reinigung, Ausmerzung". In den ersten Tagen wurden unter diesem Leitbegriff wenigstens 50.000 Chinesen aus Singapur ermordet, ehe die Aktion auf ganz Malaya ausgedehnt wurde. Jetzt wurden auch tamilische Bevölkerungsteile Opfer der Mordaktionen, sodass in ca. zwei Wochen insgesamt wenigstens 80.000 Chinesen und etwa 150.000 Tamilen ermordet wurden, ehe Weisung erging, die Mordaktionen einzustellen.[9] Führend bei der Umsetzung dieses teilweisen Genozids war die Kempeitai, also die japanische Militärpolizei. Aber das Kalkül dahinter war zunächst rein militärstrategisch. Man fürchtete in Tokio wie vor Ort vor allem den Widerstand der chinesischen Bevölkerungsgruppen gegen die japanische Besatzung. Aber mit der Eskalation durch die Ermordung der Tamilen verließ die exterminatorische Politik den Anschein strategischer Begründbarkeit und wurde offen rassistisch und letztlich genozidal.

14.4.   Der amerikanische Vormarsch im Pazifik

Nach Yamashitas Sieg in Singapur nannte die japanische Propaganda Yamashita den "Tiger von Malaya" (marē no tora). Diesen Namen behielt er während der nächsten Jahre, als er wieder nach Nordchina ging, nachdem er zum Oberbefehlshaber der in Mandschukuo stehenden 1. Heeresgruppe ernannt worden war. Das kam einer erneuten Abschiebung ins Hinterland auf einen Verwaltungsposten gleich. Die Gründe der japanischen Heeresführung, einen ihrer fähigsten

---

[8]   Totani: Justice, S. 67-69.

[9]   Lee: Syonan Years, S. 71.

Strategen derart kaltzustellen, sind unklar. Vielleicht wollte man verhindern, dass eine Niederlage den propagandistisch wertvollen Nimbus des "Tiger von Malaya" zerstörte. Wahrscheinlicher ist jedoch, dass Tojo Yamashita auf diese Art erneut an die Peripherie drängen wollte. Tojo war der wichtigste Befürworter des Krieges gewesen, Yamashita zusammen mit Yamamoto der profilierteste Kritiker. Tojo konnte es sich kaum leisten, dass Yamashita noch mehr Ruhm anhäufte.

Entsprechend sollte Yamashita erst nach Tojos Rücktritt als Premierminister wieder ein Frontkommando erhalten.[10] Da befanden sich die japanischen Truppen nach den herben Niederlagen seit der Schlacht von Midway im ganzen pazifischen Raum längst auf dem Rückzug. Aber noch schien in Asien nichts entschieden, anders als in Europa, wo die Alliierten in der Normandie gelandet waren, die Rote Armee die deutschen Truppen immer weiter nach Westen drängte und Hitler und seine Generäle bereits ihre letzten Divisionen zusammenkratzten und in weitgehend aussichtslose Gefechte warfen. Mochte Deutschland zusammenbrechen wie vorher Italien; in Asien besaß die japanische Kampfkraft noch immer eine solide Basis, vor allem durch das in China eroberte Hinterland. Vielleicht waren die Alliierten nicht mehr zu besiegen. Aber man konnte ihnen den Sieg so sauer machen, dass sie sich zu einem Kompromiss bereitfanden, der Japan den größten Teil des eroberten Terrains, insbesondere Mandschukuo, beließ.

Freilich, Mitte 1944 sah es nicht so aus, als würde der Angriffswille der Amerikaner und Briten erlahmen. In Neuguinea war der

---

[10] Tojo trat von seinem Posten als Premierminister am 18.07.1944 zurück, nachdem mit dem Verlust der Marianen Japan in den Wirkungsbereich der B-29 Superfortress-Bomber gekommen war. Er blieb jedoch Generalstabschef und Kriegsminister.

japanische Widerstand im Juli zum Erliegen gekommen; die ehemals in Port Moresby eingeschlossenen australischen und amerikanischen Truppen hatten die Insel bis auf Teile des Berglands zurückerobert. Damit rückte ein alliierter Angriff auf die Philippinen in unmittelbare Nähe. Gleichzeitig konzentrierte die japanische Führung ihre Kräfte aber auf den Ausbau der Heimatverteidigung, da eine Invasion Japans nicht mehr auszuschließen schien. Infolgedessen waren die auf den Philippinen stationierten Truppen, etwa 262.000 Mann, in schlechtem Zustand. Ihre Versorgungslage war katastrophal; das senkte die Kampfkraft und wirkte sich auch auf die Moral negativ aus. Nur wenigen japanischen Schiffen gelang es noch, die Sicherungen der amerikanischen Luftaufklärer und U-Boote zu durchbrechen. Der Weitertransport angelandeten Nachschubs auf den Philippinen scheiterte dann häufig an der massiven Tätigkeit der philippinischen Partisanen, die vor allem das Eisenbahnnetz der Inseln nach und nach fast völlig zerstörten.[11]

In dieser disparaten Situation hoffte die japanische Führung offensichtlich, strategisches Talent, Energie und Nimbus eines einzelnen Mannes könnten das Fehlen von Nachschub, die schlechte Moral der Truppe und den weitgehenden Verlust der Luftherrschaft ausgleichen. Daher wurde Yamashita aus Nordchina abberufen und im September 1944 mit der Verteidigung Luzons, der Hauptinsel der Philippinen, beauftragt.

Yamashita war sich über die Bedeutung der Insel völlig im Klaren. Nicht nur kontrollierte Luzon wichtige Seewege, insbesondere die Verbindung zwischen Japan und Niederländisch-Indien, und war Produzent kriegswichtiger Rohstoffe. Sondern es bot vor allem den Raum, um als Aufmarschgebiet einer amerikanischen Invasionsarmee zu

---

[11] Hunt/Norling: Behind Japanese Lines, S. 182.

dienen, mit denen nach dem Vorbild der Landung in der Normandie wenige Monate zuvor ein Angriff auf Indochina oder auch auf Japan selbst erfolgen konnte.[12]

Um so entsetzter muss Yamashita gewesen sein, als er vor Ort eintraf und sich über die tatsächliche Kampfkraft der Inseltruppen klar wurde. Vielleicht erinnerte er sich in diesem Moment an Gen. Percival, der seinerzeit in ähnlich schlechter Lage gewesen war und dem Yamashita keine ehrenvolle Kapitulation zugestanden hatte.

Wenn Yamashita gewusst hätte, dass man in Washington seine Einschätzung der Bedeutung Luzons nicht teilte, wäre er für die nächste Zeit vielleicht ruhiger gewesen. Tatsächlich war die Entscheidung, nach Mindanao auch Luzon zu erobern, im wesentlichen eine politische, keine militärische Entscheidung.

Die USA hatten zu diesem Zeitpunkt die langwierige und verlustreiche Taktik des Inselspringens bereits aufgegeben. Die Operationen der 5. US-Flotte hatten gezeigt, dass tiefe, über mehr als 1000sm gehende Stöße möglich waren, mit denen japanische Inselpositionen einfach umgangen und abgeschnitten werden konnten. Die Joint Chiefs in Washington schlugen daher Präsident Roosevelt vor, Gen. Douglas MacArthur, der Oberkommandierende des Heeres für den Bereich Südwest-Pazifik, solle lediglich auf Mindanao landen, die japanischen Fliegerkräfte auf Luzon durch Bombenangriffe vernichten und anschließend an Luzon vorbei direkt auf Formosa und China vorstoßen. Doch MacArthur, der seinerzeit von den Philippinen hatte fliehen können, während der Großteil seiner Truppen in japanische Gefangenschaft geriet, plädierte bei Roosevelt dafür, die bereits seit Jahren im Kampf gegen die Japaner befindlichen Partisanen nicht im Stich zu lassen. Diese jetzt zu unterstützen wäre eine entscheidende

---

[12] Atschkasow: Niederlage, S.62.

Notwendigkeit auch für die Entwicklung der Philippinen nach dem Ende des Krieges.

MacArthurs Beweggründe für dieses Votum sind nur teilweise rational herleitbar. Wahrscheinlich mischte sich eine irrationale Angst vor einer Machtübernahme der philippinischen Kommunisten mit echter Sorge um die langjährigen Verbündeten. Aber er dürfte sich auch der Wirkung auf die Truppe und die US-amerikanische Öffentlichkeit klar gewesen sein, wenn er seine 1942 breit publizierte Ankündigung, auf die Philippinen zurückzukehren, tatsächlich umsetzte. Zudem trug er sich mit Ambitionen auf die Präsidentschaft in mehr oder minder naher Zukunft; spektakuläre Siege konnten ihm daher nur willkommen sein.[13]

Zu MacArthurs Forderungen kam die Einschätzung des Kommandierenden der 3. US-Flotte, Adm. William Halsey, dass die Widerstandskraft der Besatzungstruppen auf den Philippinen gering sei, vor allem wegen der schwachen japanischen Fliegerkräfte in diesem Raum. Beides zusammen führte schließlich zur strategisch nicht begründeten Entscheidung, neben Mindanao auch Luzon anzugreifen.[14]

Halseys Einschätzung der japanischen Verteidigungsbereitschaft war weitgehend zutreffend. Yamashita fand auf Luzon einen bunt zusammengewürfelten Haufen schlecht ausgerüsteter Einheiten vor und weniger als 500, teils überalterte Flugzeuge; viel zu wenig, um eine drohende Invasion abzuwehren.[15] Infolge seiner wiederholten Eingaben an das Oberkommando erreichte er zwar einige Verstärkungen. Doch erlitten diese oft das Schicksal der 10. Division, die bereits auf dem

---

[13] Petillo: Douglas MacArthur, S. 220.

[14] Zur Entscheidung für die Landung auf den Philippinen Potter/Nimitz/Rohwer: Seemacht, S. 828.

[15] Ross-Smith: Triumph, S. 28.

Anmarsch nach Luzon auf dem Seeweg durch Feindeinwirkung etwa ein Drittel ihres Kampfbestands verlor. Das war im Dezember 1944, als Yamashita bereits eingesehen hatte, dass eine Invasion der US-Truppen nicht zu verhindern sein würde[16].

Die amerikanische Rückeroberung der Philippinen erfolgte in mehreren Schritten. Erstes Ziel war die Landung auf Leyte, um hier eine Basis für Operationen gegen die philippinischen Hauptinseln, vor allem Mindanao und Luzon, zu gewinnen. Am 20.10.1944 begann die Landungsoperation der 6. US-Armee auf Leyte. Innerhalb kürzester Zeit wurden 132.000 Mann und 200.000t Material ausgeschifft und ein Brückenkopf gebildet.

Die japanische Führung befahl den Ansatz eines Flottenverbandes gegen diesen Brückenkopf, der durch Beschießung von See den amerikanischen Aufmarsch zerschlagen sollte. Daraus entwickelte sich die größte Seeschlacht aller Zeiten.[17]

Die Landungsoperation wurde von der 7. US-Flotte durchgeführt. Zur Unterbindung der Landung entwarf der japanische Flottenchef, Adm. Soemu Toyoda, einen Operationsplan, der das Gros der japanischen Flotte einbezog. Der weitgehende Zusammenbruch der Treibölversorgung infolge der Aktivitäten amerikanischer U-Boote hatte Toyoda Ende September 1944 gezwungen, die Flotte zu zergliedern: Die Schlachtschiffe und Kreuzer standen bei Singapur, die Flugzeugträger waren nach Japan zurückbeordert worden. Mitte Oktober war die japanische Flotte im wesentlichen auf drei Standorte verteilt: Das bei Singapur stehende Schlachtgeschwader unter Vize-Adm. Takeo Kurita, ein Verband von Kreuzern und Zerstörern unter Vize-Adm.

---

[16]   Hayashi: Kogun, S. 129-130.
[17]   Zum Folgenden Potter/Nimitz/Rohwer: Seemacht, S. 833-850.

Kiyohide Shima bei den Ryu-Kyu-Inseln und die nach Japan rückverlegten zehn Träger, die der Kaiserlichen Marine noch verblieben waren.

Aus diesen Trägern löste Vize-Adm. Jisaburo Ozawa auf Toyodas Weisung vier ältere Schiffe heraus, die zusammen mit mehreren Begleitfahrzeugen den Köder in der von Toyoda entworfenen Falle bilden sollten.

Toyodas Plan war, zunächst die amerikanischen Sicherungskräfte durch das Aufkreuzen der Flugzeugträger von den Landungsschiffen und dem Küstengebiet wegzulocken, um so zwei zangenförmig um die Inseln Leyte und Samar herum vorstoßenden Gruppen von Schlachtschiffen und Kreuzern den Angriff auf die Landungsoperation zu ermöglichen.

Doch die amerikanische Luftaufklärung machte diese Pläne zunichte. Kuritas nördliche Schlachtschiff-Gruppe geriet schon auf dem Anmarsch von Borneo in schwere Angriffe amerikanischer Flugzeuge und U-Boote. Kurita verlor zwei Kreuzer, vor allem aber das Superschlachtschiff *Musashi*, das neben seinem Schwesterschiff *Yamato* mit 69.100ts und neun 45,6cm-Geschützen das größte jemals gebaute Schlachtschiff.[18] Kurita zog sich zurück, und erst jetzt wendete sich die Task Force 38 unter Vize-Admiral Mitscher gegen den eigentlich als Köder gedachten Trägerverband Ozawas. Bei Kap Engano nördlich der Philippinen wurden alle vier Träger der Gruppe und fünf weitere Schiffe versenkt.

---

[18] Zum Vergleich: Das größte jemals gebaute deutsche Schlachtschiff, die „Bismarck", hatte ebenso wie ihr Schwesterschiff „Tirpitz" eine Tonnage von 45.172ts bei acht 38cm-Geschützen als schwerster Artillerie.

Durch das vom amerikanischen Oberbefehlshaber, Adm. Halsey, abgesegnete Vorpreschen der Task Force 38 waren die Landungsschiffe jedoch ihrer Nordsicherung beraubt. Als Kurita erneut umkehrte und am Morgen des 25.10.1944 die San Bernardino-Straße passierte, war daher ein japanischer Sieg in greifbare Nähe gerückt - wenn auch vielleicht ein Pyrrhus-Sieg. Noch immer verfügte Kurita über vier Schlachtschiffe, darunter die *Yamato*, acht Kreuzer und elf Zerstörer. Toyodas Plan war aufgegangen, Mitscher hatte die Landungstruppen ohne nennenswerten Schutz zurückgelassen.

Doch Kurita fehlte die Luftaufklärung, und der Funkspruch Ozawas, der meldete, dass er plangemäß von der amerikanischen Hauptmacht angegriffen werde, wurde von Kuritas Verband nicht aufgefangen. Auf der Höhe von Samar geriet er in ein Gefecht mit den Geleitträgern und Zerstörern der TF 77.4.2 unter Konteradm. Clifton Sprague, der einzigen Sicherung, über welche die Landungsschiffe jetzt noch verfügten. Mangels Luftaufklärung hielt Kurita Spragues Schiffe für Mitschers Nachhut, während die Task Force 38 in Wirklichkeit noch weit nördlich stand. Er eröffnete das Gefecht mit dem Ziel, zu den Landungsschiffen durchzubrechen. Doch als sein Flaggschiff, die *Yamato*, vor Torpedos ausweichen und nach Norden abdrehen musste, geriet Kurita das Geschehen außer Sicht. Über Funk erhielt er nur Meldungen von einem relativ schwachen Verband, mit dem seine Schlachtschiffe und Kreuzer es zu tun hatten, und den er nach wie vor für Mitschers Nachhut hielt. Dann trafen Funksprüche ein, von einem zweiten Verband seien Flugzeuge aufgestiegen und hätten drei Kreuzer durch Bomben und Torpedos versenkt. Kurita vermutete in diesem zweiten Verband Mitschers Hauptmacht. Tatsächlich handelte es sich aber lediglich um einen zweiten Verband von Geleitträgern und Zerstörern, der TF 77.4.3 unter Konteradm. Felix B. Stump, während Mitscher weit nördlich Jagd auf Ozawas Trägergruppe machte.

Da Kurita dies unbekannt war und er selbst mit der *Yamato* außer Sichtweite der Schlacht manövrierte, rechnete er damit, dass in kürzester Zeit ein schwerer Luftangriff von den Trägern der TF 38 über seine Schiffe hereinbrechen würde. Er befahl daher Sammeln bei der *Yamato* und brach das Gefecht ab, um sich eilends abzusetzen. Durch diese krasse Fehlentscheidung entgingen Spragues und Stumps Einheiten ebenso wie die Landungsschiffe der Vernichtung, während Ozawas Opfer von vier Flugzeugträgern seinen Sinn verlor.

Noch schlechter als Kuritas Verband erging es der südlich anmarschierenden Gruppe unter Vize-Adm. Shoji Nishimura. Nishimura befehligte den geringeren Teil des seinerzeit bei Singapur stehenden Schlachtschiffverbands. Ihm schloss sich als Nachhut Shimas Kreuzerverband an. Doch beim Einmarsch in den Golf von Leyte geriet Nishimura in eine Falle der Task Force 77 unter Vize-Adm. Jesse Oldendorf. Bis auf einen Zerstörer wurde der gesamte Verband vernichtet, Nishimura ging mit seinem Flaggschiff, der *Yamashiro*, unter. Auch die Nachhut unter Vize-Adm. Shima geriet noch in das Gefecht und verlor zwei ihrer drei Kreuzer, bevor sie sich absetzen konnte.

Die Schlacht im Golf von Leyte bedeutete einen schrecklichen Aderlass für die Kaiserliche Marine: Vier Flugzeugträger, drei Schlachtschiffe, zehn Kreuzer und neun Zerstörer waren versenkt, 10.000 Mann gefallen, 1.500 Flugzeuge abgeschossen, auf den Flugdecks zerstört oder mit ihren Trägern untergegangen. Die Amerikaner, deren Potential ohnehin viel größer war, verloren nur acht kleinere Schiffe, nämlich aus Spragues Verband drei Zerstörer und einen Geleitträger im Gefecht mit Kurita sowie vier weitere Geleitträger aus Stumps Verband durch Kamikaze-Flieger nach Kuritas Rückzug.[19]

---

[19] Es wird hier und im Folgenden der Ausdruck „Kamikaze" verwendet, der in dieser Form eigentlich ein westlicher Begriff ist. Der

Die Kamikaze-Flieger, die Stump angegriffen hatten, waren von den Philippinen gekommen. Dies war das erste Mal gewesen, dass diese Selbstmordflieger zum Einsatz kamen. Yamashita gehörte zu zahlreichen japanischen Offizieren, die entsprechende Aktionen für sinnlos hielten. Doch hatte er über die wenigen auf Luzon stehenden Fliegerkräfte keine Kommandogewalt. Führend war hier der erst Anfang Oktober ernannte Befehlshaber der 1. Luftflotte, Vize-Adm. Takijiro Onishi.[20] Onishi war überzeugt, dass seine jungen und schlecht ausgebildeten Piloten die amerikanische Luftherrschaft nicht durchbrechen konnten, geschweige denn einen gewöhnlichen Angriff auf die feindlichen Schiffe fliegen und heil zurückkehren. Auf dem Flugplatz von Clark Field wurde daher eine erste Staffel von fünf Selbstmordfliegern – ausschließlich Freiwillige – aufgestellt. Ihr Erfolg in der Schlacht bei Leyte bewirkte, dass von da an die japanische Führung in Selbstmord-Angriffen das ideale Mittel gegen die große Zahl amerikanischer Kriegsschiffe sah. Tatsächlich aber ging durch die Verbesserung der Abwehr nach diesem ersten, schockierenden Erfolg die Wirksamkeit

---

japanische Terminus 神風 (Shinpū) als Teil des Verbandsnamens 神風特別攻撃隊 (Shinpū Tokubetsu Kōgekitai, Spezial-Angriffseinheit des Göttlichen Winds) wurde in den USA zunächst nur schriftlich perzipiert und daher nach der in Japan in diesem Fall eigentlich nicht verwendeten Kun-Aussprache der Zeichen statt nach der On-Aussprache transkribiert.

[20] Es handelte sich um jenen Onishi, der 1941 für Yamamoto die Probleme des Anflugs auf Pearl Harbor gelöst und somit das Desaster der US Navy erst möglich gemacht hatte. Während der Eroberung der Philippinen Ende 1941 vernichtete Onishis Geschwader durch einen Angriff auf Clark Field sämtliche dort stationierten amerikanischen Flugzeuge, wodurch Onishi zum wohl berühmtesten japanischen Piloten wurde.

der Kamikaze-Angriffe deutlich zurück.[21] Daran vermochte auch die Entwicklung einer gesteuerten Bombe, der Yokosuka MXY-7, nichts zu ändern, ebenso wenig wie der Einsatz bemannter Torpedos.[22]

Nach der Niederlage im Golf von Leyte konnte es für Yamashita keinen Zweifel geben, dass die Kaiserliche Marine eine amerikanische Landung auf Luzon nicht mehr verhindern konnte. Da kaum Verstärkungen eintrafen und im Gegenteil noch 45.000 Mann an die auf Leyte stehende 35. Armee unter Gen.ltn. Sosaku Suzuki abgegeben werden mussten, schien aber auch eine Abwehr einer Invasion mit Heeresmitteln aussichtslos. Die Niederlage im Leyte-Golf schloss auch eine Vereinigung der auf Luzon stehenden Hauptmacht mit den Armeen von Mindanao und den kleineren Inseln aus. Dort stellte man sich ebenfalls auf die Notwendigkeit einer Verteidigung ein, die ausschließlich mit vor Ort verfügbaren Mitteln bestritten werden sollte.

---

[21] Es wurden wahrscheinlich 47 meist kleinere US-amerikanische Schiffe durch diese Selbstmordangriffe versenkt, ca. zwei Dutzend weitere so schwer beschädigt, dass sie abgewrackt werden mussten; Gordon, 47 Ships, passim; früher publizierte Zahlen gelten als zu hoch; Warner: Sacred Warriors, S. 323-334. Dem standen mehr als 3.000 tote japanische Piloten und zerstörte Flugzeuge gegenüber. Hinzu kommt eine unbekannte Zahl von Opfern auf beiden Seiten durch entsprechende Angriffe gegen die Truppen der UdSSR.

[22] Die Bombe trug den symbolträchtigen Beinamen „Ōka", also „Kirschblüte", wurden aber in der US-Propaganda als „Baka" bezeichnet, was auf Japanisch „Idiot" bedeutet; Zaloga: Kamikaze, S. 21-24. Die Torpedos wurden als Kaiten bezeichnet und waren ebenso wie die Ōka nur wenig erfolgreich, bilden aber bis heute die Grundlage zahlreicher Mythen auch in westlichen Rezeptionen; Mair/Waldron: Kaiten, S. 21-24.

14.5.   Die Verteidigung der Philippinen zu Land

Das Kaiserliche Oberkommando hatte bereits im Juli 1944 versucht, Lehren aus der alliierten Landung in der Normandie und eigenen Erfahrungen im pazifischen Raum zu ziehen.[23] Angesichts der massiven Sicherung der amerikanischen Landungen durch Begleitschiffe und Flugzeuge wurde die Idee, die Invasoren am Strand zu bekämpfen, aufgegeben. Jetzt wurde eine tiefgestaffelte Verteidigung befohlen, für die frühzeitig Stellungen anzulegen waren. Angelpunkte dieser Verteidigung sollten festungsmäßig ausgebaute Städte sein, da sich den Krieg hindurch immer wieder gezeigt hatte, wie schwierig und zeitraubend die Einnahme einer Stadt im Häuserkampf war.

Doch auch eine solche Strategie bot nur Aussicht auf Erfolg, wenn Artilleriestellungen und Infanteriepositionen nicht durch überlegene Flieger- und Panzerverbände zerschlagen werden konnten und wenn die eigenen Truppen über genug Proviant und Munition verfügten, um es in ihren Stellungen auch über lange Zeit auszuhalten. Damit war dieses Konzept auf den Philippinen weitgehend unbrauchbar. Yamashita musste einen Kompromiss finden zwischen den wirklichkeitsfernen Befehlen des Oberkommandos und dem, was er selbst für seine einzige strategische Option hielt: Rückzug in entsprechend ausgebaute Verteidigungsstellungen in den Bergregionen und von dort hinhaltender Krieg, um möglichst lange möglichst viele feindliche Truppen zu binden und so der feindlichen Kriegführung zu entziehen.[24] Ziel dieser Kriegführung war nicht, irgendwann den Sieg davonzutragen. Yamashita konnte nur hoffen, durch seine Verzögerungstaktik der japanischen Regierung ein Maximum an Zeit zu geben, um sich

---

23   Potter/Nimitz/Rohwer: Seemacht, S. 830.
24   Hayashi: Kogun, S. 129-130. Ross-Smith: Triumph, S. 694.

auf die Invasion Japans vorzubereiten, mit der für den Verlauf des Jahres 1945 oder 1946 zu rechnen war.

Yamashitas Plan unterteilte die 14. Armee in drei Hauptgruppen. Der stärkste Verband, die Shobu-Gruppe mit ca. 150.000 Mann, sollte den Nordteil der Insel halten, wo Yamashita den Kern seiner Verteidigungsstellung und seinen Rückzugsraum bilden wollte. Im Nordwesten der Insel, im Bergland nahe der Flughäfen von Clark Field stand die Kembu-Gruppe mit 30.000 Mann. In den Bergen östlich von Manila stand die Shinbu-Gruppe mit 50.000 Mann. Diese Aufstellung überließ den Amerikanern einen breiten Küstenstreifen, den Yamashita sowieso nicht sichern konnte. Alle drei Gruppen sollten sich in den örtlichen Bergregionen festsetzen, wobei die vorgesehene Aufstellung den beiden schwächeren Gruppen den Osten der Insel als Rückzugsraum sicherte, da die amerikanische Landung voraussichtlich an der Westküste erfolgen würde. Wenn es gelang, die Verbindung der drei Gruppen zu halten, wären die Amerikaner gezwungen, sich Meile um Meile ins Gebirge nach Osten und dann nach Norden zu kämpfen, so Yamashitas Plan. Seine Hauptmacht hätte zur Unterstützung der beiden schwächeren Gruppen den Vorteil der inneren Linie nutzen können. Aus ihren Stellungen herausgedrückt, sollten die Kembu- und die Shinbu-Gruppe nach und nach nordwärts schwenken, um sich schließlich mit der Shobu-Gruppe zu vereinen und im unwegsamen Bergland im Norden Luzons langanhaltenden Widerstand zu leisten.

Yamashitas Plan konnte jedoch nicht alle auf den Philippinen stationierten Truppen einbinden. Der Befehlshaber der in Manila stationierten Einheiten der Kaiserlichen Marine, Konteradm. Sanji Iwabuchi, lehnte es ab, die Stadt zu räumen, wie Yamashita eigentlich gewollt hatte. Er beabsichtigte, getreu der Vorgaben des Oberkommandos, Manila mit seinen extrem starken Befestigungen möglichst lange zu verteidigen. Dabei unterlag er wohl auch der illusorischen Annahme, dass es noch einen japanischen Entsatzversuch geben könnte, für den dieser wichtigste Hafen der Philippinen unbedingt gehalten werden musste. Die Marinetruppen, immerhin ca. 20.000 Mann, wurden Yamashitas Strategie also entzogen. Zudem verblieben etwa 4.000 Soldaten des Heeres in der Stadt, die aufgrund des unerwartet raschen Vorstoßens der US-Truppen nicht mehr zurückgezogen werden konnten.

Yamashitas Idee, den Norden Luzons als Rückzugsraum zu verwenden, hatte mehrere Gründe. Erstens hoffte er, dass die Unwegsamkeit des Geländes und der Vorteil der höheren Position die amerikanische Überlegenheit an Landtruppen teilweise ausgleichen könnte. Zweitens versprachen die Höhlen des Berglands den besten Schutz gegen die sich abzeichnende vollständige Luftherrschaft der US Air Force über Luzon. Beides galt auch für die Bergregionen, wo die Kembu- und die Shinbu-Gruppe sich festsetzen sollten. Vor allem aber bot das im Norden Luzons liegende Cagayantal mit seinen umfangreichen Reispflanzungen die besten Aussichten, auch nach einer amerikanischen Invasion die Versorgung der japanischen Truppen noch einigermaßen sicherstellen zu können. Wenn hier die Reisernte eingebracht und die Vorratslager der Bewohner geplündert sein würden, wollte Yamashita sich noch tiefer in die Berge zurückziehen, um dort so lange wie möglich seinen letztlich aussichtslosen Kampf fortzusetzen.

Der amerikanische Invasionsplan sah eine Landung der Hauptkräfte der 6. Armee im Golf von Lingayen nördlich Manila vor. Nach etwa zwei Wochen sollte das XI. Korps der 8. Armee in der Bucht von Subik, westlich von Manila, landen. Durch einen Zangenangriff auf Manila sollte die Stadt eingenommen werden. Ein vereinter Stoß nach Osten sollte dann die Reste der japanischen Armee vernichten.

Die Landung im Lingayen-Golf war ursprünglich schon für Ende Oktober 1944 vorgesehen. Die Kämpfe um Leyte und Mindoro, den zwei vorgesehenen Basen für den Angriff, gestalteten sich jedoch langwieriger als erwartet. Daher wurde der Beginn der Invasion auf den 09.01.1945 verschoben.

Die 7. Flotte, welche die Landung durchführen sollte, stach am 04.01.1945 in See, nachdem zuvor schon Räumverbände das Aufmarschgebiet geklärt hatten. Die Materialüberlegenheit der Invasionstruppen war in allen Bereichen enorm; so kamen auf jedes japanische Flugzeug mehr als fünf amerikanische. Diese Materialüberlegenheit machte dann auch wett, dass bei der Zahl der Soldaten die Überlegenheit lediglich 1,1:1 betrug. Außerdem waren zu den amerikanischen Truppen die philippinischen Partisanen zu rechnen. Diese unternahmen in Abstimmung mit dem amerikanischen Geheimdienst bei Invasionsbeginn zahlreiche Anschläge, welche die japanischen Vorbereitungen z.T. empfindlich störten.

Die Räumverbände hatten gemeldet, dass das Landungsgebiet keinerlei Minensperren oder sonstige Hindernisse besaß. Dadurch war eine fast ungefährdete Landung möglich. Nur noch schwacher Widerstand kam von den japanischen Fliegerkräften, welche trotz der amerikanischen Luftherrschaft ab und an zu den Landungsverbänden durchbrechen konnten. Insbesondere Kamikaze-Flieger blieben der Schrecken der Amerikaner, was aber im Wesentlichen ein psychologischer Effekt war. Die Gesamtbilanz dieser Angriffe war hingegen ernüchternd: Ein Geleitträger und drei Räumfahrzeuge wurden versenkt, zehn Schiffe schwer, 22 leicht beschädigt. Aber dabei verlor die 4. Kaiserliche Luftarmee ca. 130 Flugzeuge. Bereits im Dezember waren durch massive Schläge der 3. US-Luftflotte etwa 270 japanische Flugzeuge auf Luzon am Boden zerstört worden. Am 3. und 4. Januar kamen Angriffe gegen Flughäfen in Taiwan und auf Kyushu und

Okinawa dazu, wobei weitere 100 Flugzeuge zerstört wurden.[25] Damit war auch eine Unterstützung der Inselverteidigung von den noch in Reichweite befindlichen japanischen Flughäfen aus unmöglich geworden. Schließlich wurden bei einem dritten Großangriff am 06. und 07.01.1944 auf Luzon weitere 111 japanische Flugzeuge zerstört und die Mehrzahl der Flughäfen und Landebahnen unbrauchbar gemacht. Die amerikanischen Truppen stießen bei ihrer Landung nur an wenigen Punkten auf - auch dort schwachen - Widerstand. Yamashita hatte vermutet, dass die Amerikaner im Raum von San Fernando landen würden, wie im Dezember 1941 die japanische Armee. Doch selbst wenn er über den Landungsort Bescheid gewusst hätte, wäre er kaum bereit gewesen, die Kräfte der Shobu-Gruppe dem konzentrierten Bombardement der 3. US-Luftflotte und der Schiffsgeschütze der 7. Flotte auszusetzen.

Erst in den folgenden Tagen, als die amerikanischen Truppen den Brückenkopf nach Norden und Süden erweiterten, stießen sie am linken Flügel auf die vorbereiteten Abwehrstellungen der Shobu-Gruppe. Yamashita hatte das Gelände sorgfältig ausmessen lassen, so dass die japanische Artillerie mit hoher Zielgenauigkeit schoss. Doch gegen die amerikanische Luftüberlegenheit nutzte auch das nichts mehr. Das I. und das XIV. Korps der 6. US-Armee drückten die Japaner nach und nach aus ihren Stellungen und stießen Richtung Manila vor.

Auch die Kenbu-Gruppe, die Stellungen im Raum Clark Field bezogen hatte und sich nun den Angriffen des XIV. Korps ausgesetzt sah, musste nach schweren Verlusten weichen. Am 31.01.1945 setzten sich die Reste der Gruppe nach Nordosten ab, um sich mit Yamashitas Hauptmacht zu vereinigen.

---

[25]   Krueger: From Down Under, S. 221-222. Morison: Liberation, S. 89-90.

Aber noch war Manila in japanischer Hand. MacArthur war entschlossen, die Stadt zu erobern, nicht nur wegen ihrer Bedeutung als Hafenstadt und Metropole, sondern auch wegen ihrer Symbolkraft. In Manila war seinerzeit, als die Japaner die Insel eroberten, mit dem Fall der Festung Corregidor am 06.05.1942 der letzte Widerstand der US-Truppen gebrochen worden. MacArthur war geflohen, aber Tausende amerikanischer und philippinischer Soldaten waren in Gefangenschaft geraten. Schon am 09.04.1942 hatten sich die US-Truppen auf Bataan ergeben müssen, wohin MacArthur sich damals zurückgezogen hatte. 15.000 amerikanische und 61.000 philippinische Soldaten waren in Gefangenschaft geraten und auf den berüchtigten "Todesmarsch von Bataan" gegangen, einen Marsch in das Gefangenenlager Camp O'Donnell. Auf dem Marsch waren etwa 7.000 Mann gestorben, mehr als 15.000 weitere erlagen den unmenschlichen Lagerbedingungen.[26]

Am 29.01.1945 folgte wie vorgesehen die zweite amerikanische Landung, diesmal in der Bucht von Subik. Dadurch wurde ein weiterer Brückenkopf gebildet, ohne dass Yamashitas Truppen dagegen Widerstand geleistet hätten. Am nächsten Tag besetzten 30.000 Mann von Subik aus den Flottenstützpunkt Olongapo, was den Amerikanern einen leistungsfähigen Hafen in die Hand gab. Schließlich ging das Gros der 11. Luftlande-Division 37km südlich der Einfahrt in die Bucht von Manila bei Nasugbu am 31.03.1945 an Land.

Diese zwei neuen Positionen erlaubten den Amerikanern, in insgesamt drei Säulen auf Manila vorzustoßen, wobei die Hauptlast weiterhin das

---

[26] Hunt/Norling: Behind Japanese Lines, S. 27-35. Umfassend zum Todesmarsch Falk: Bataan: The March of Death, New York 1962. v.a. S. 127-139.

XIV. Korps trug. Am 05.02.1945 erreichten die Spitzen, Angehörige der 1. Kavalleriedivision, den Stadtrand Manilas.[27]

Der Eroberung Manilas boten sich drei wesentliche Hindernisse: Bataan, Corregidor und die auf Häuserkampf ausgerichteten Truppen in der Stadt selbst, etwa 17.000 Mann.

Iwabuchi hatten fieberhaft seine Stellungen in Manila ausbauen lassen und dabei keinerlei Rücksicht auf die Einwohner genommen, stattdessen Tausende zu Zwangsarbeitern gemacht, von denen eine unbekannte Zahl bei den Befestigungsmaßnahmen zu Tode kam. Ganze Straßenzüge waren gesprengt worden, Hunderte von Minenfeldern, Panzersperren und Fallen aller Art sollten den Amerikanern das Vordringen so schwer wie möglich machen. Aber es wurde vielerorts auch verhindert, dass die Bevölkerung ihre Quartiere verließ, weil auch dies als Hindernis für ein Vorrücken der US-Truppen angesehen wurde.

Der erste amerikanische Schlag galt Bataan, da von hier die Bucht von Manila abgeriegelt werden konnte. Einen ganzen Tag lang ging ein Bombardement aus Dutzenden von Schiffsgeschützen auf die Halbinsel nieder, unterstützt von immer neuen Bomberwellen. Am folgenden Tag, dem 15.02.1945, landeten Teile des XI. Korps auf der Insel. Es dauerte nur zwei Tage, bis der japanische Widerstand gebrochen war. Nach dem Bombardement Bataans wandten sich die amerikanischen Schiffe und Flugzeuge gegen Corregidor, das am 16.02.1945 schwer bombardiert wurde. Dann landeten Fallschirmjäger des 503. Regiments nahe der Festung, wobei über 200 Mann falsch absprangen und getötet wurden. Unmittelbar darauf wurde das 34. Inf.Rgt. angelandet. Corregidor freilich erwies sich als harter Brocken. Die Amerikaner kannten die Festung aus eigener Erfahrung, vor allem die gewaltigen,

---

[27] Morison: Liberation, S. 188.

bombensicheren Tunnelsysteme. Aber die Japaner hatten diese noch weiter ausgebaut und zusätzliche Sicherungen installiert.

Nur 4.000 Japaner hielten Corregidor über eine Woche gegen eine mehrfache US-amerikanische Übermacht. Als die Munition schließlich zur Neige ging, sprengten die noch lebenden Verteidiger sich in die Luft. Das war am 26.02.1942. Nur 19 Mann konnten die Amerikaner lebend gefangen nehmen.[28]

Zu dieser Zeit tobte längst der Straßenkampf in Manila. Iwabuchis 17.000 Mann verteidigten sich mit einem Fanatismus, den die Amerikaner nicht verstehen konnten und ebenso wie die immer noch laufenden Kamikaze-Angriffe für schlichten Irrsinn hielten. Haus für Haus, Straße für Straße kämpften sich die Truppen der 37. Division in die Stadt vor. Bis zum 23.02.1945 waren die Verteidiger auf die Intramuros, die ummauerte Altstadt Manilas, zusammengedrängt. Hier setzten sie sich erneut fest, und es dauerte noch zwei Wochen, bis am 03.03.1945 der letzte Widerstand gebrochen war. Kein einziger Angehöriger von Iwabuchis Truppen fiel den Amerikanern lebend in die Hände.

Jetzt blieben in der Stadt nur noch die japanischen Besatzungen im ehemaligen Ft. Hughes auf Caballo und im Ft. Drum am Südende der Bucht von Manila. Eine Gefährdung der Schifffahrt in der Bucht ging

---

[28] Weitere 20 Japaner ergaben sich Anfang Januar 1946. Sie hatten in einem der tiefsten Tunnel der Festung unentdeckt einen amerikanischen Angriff erwartet. Auf der Suche nach Wasser war einem der Japaner eine alte Zeitung in die Hände gefallen, aus der er von der japanischen Kapitulation erfahren hatte; Breuer: Retaking the Philippines, S. 262-263. Es waren dies nicht die letzten japanischen Soldaten, die teils aus Mangel an Information, teils aus Treue zu ihrem Eid noch lange nach dem Krieg in solchen Tunneln oder auf Dschungelposten ausharrten.

von hier nicht mehr aus; dennoch wollte MacArthur auch diese letzten japanischen Posten einnehmen.

Doch die Forts waren noch besser befestigt als Corregidor. Dies galt vor allem für Ft. Drum, das schon seit den 1930er Jahren den Spitznamen "Betonschlachtschiff" trug. Eine Erstürmung der Festungen wäre ähnlich verlustreich gewesen wie die Einnahme Corregidors, wo die Amerikaner über 1.000 Mann verloren hatten. Nach diversen vorbereitenden Angriffen und vergeblichen Versuchen, in die Tunnel der Festungen vorzustoßen, gossen die Amerikaner daher am 05.04.1945 in Ft. Hughes und am 13.04.1945 in Ft. Drum ein Diesel-Benzin-Gemisch in großen Mengen in alle Öffnungen der Festung und setzten es in Brand. Allein in Ft. Drum wurden ca. 19.000l vergossen, die vier Tage brannten. Das zwang in beiden Fällen die geringe Zahl von Überlebenden der Besatzungen zur Kapitulation. Damit war ganz Manila in amerikanischer Hand.

Den Hauptpreis der Eroberung Manilas hatte die Zivilbevölkerung gezahlt. Die Stadt war weitgehend zerstört worden. Vor allem aber waren nicht nur ca. 17.000 Japaner und etwa 1.000 Amerikaner gefallen, durch die Kampfhandlungen starben auch wenigstens 50.000, evtl. sogar 140.000 Zivilisten. MacArthur hatte mit Rücksicht auf die Bevölkerung nur zögernd dem Einsatz von Artillerie bei der Eroberung der Stadt zugestimmt. Doch die örtliche Situation ließ einen Verzicht auf Artillerie-Unterstützung nicht zu. Nachdem bekannt geworden war, dass die Japaner auch in Krankenhäusern und Kirchen Geschütze postiert hatten und von dort die amerikanischen Truppen beschossen, genehmigte MacArthur auch den Beschuss solcher Gebäude. Danach gab es für die Bevölkerung in der an Bunkern und Kellern extrem armen Stadt praktisch keinen Schutz mehr.[29]

---

[29] Breuer: Retaking the Philippines, S. 157.

366

Neben den Zivilisten, die Opfer der Kampfhandlungen wurden, kam es in den vier Wochen der Schlacht auch zu einer Fülle teils von der japanischen Führung angeordneten, in anderen Fällen mindestens geduldeten Kriegsverbrechen, der insgesamt etwa 100.000 Zivilisten zum Opfer fielen.[30] Zehntausende Frauen und Mädchen, aber auch eine große Zahl von jungen Männern und Kindern wurden vor ihrer Ermordung Opfer von sadistischen Folterspielen und Massenvergewaltigungen, ganze Viertel wurden mit ihren Bewohnern niedergebrannt oder gesprengt.[31] Philippinische Zwangsarbeiter wurden, wenn ihre Arbeitskraft nicht mehr benötigt wurde, häufig erschossen oder von ihren Aufsehern erschlagen.

Nach der Eroberung Manilas war es kein besonderes Problem, den Süden der Insel einzunehmen, wo nur noch Teile der Shinbu-Gruppe standen. Yamashitas Strategie begann erst jetzt zu greifen, als sich die Shobu-Gruppe zum Cagayantal zurückzog, wohin nach und nach auch die Reste der Kembu- und der Shinbu-Gruppe kamen.

Wollte Yamashita seine hinhaltende Verteidigung durchführen, musste er das Cagayantal mit seinen Reisfeldern bis zur Ernte halten. Der Zugang zu dem Tal konnte über verschiedene Pässe erfolgen. Yamashita vermutete zu Recht, dass die Amerikaner versuchen würden, in Richtung der Stadt Baguio und weiter nach Osten zum Balete-Pass vorzustoßen. Daher stellte er sich bei Baguio zu einer ersten Schlacht. Gegen Yamashitas Truppen operierte das Gros der 6. Armee, unterstützt von land- und seegestützten Bombern und Erdkampfflugzeugen.

---

[30] Connaughton/Pimlott/Anderson: Battle, S. 174. Zahlreiche Historiker gehen von deutlich größeren Opferzahlen aus, doch ist eine genaue Rekonstruktion aufgrund der unzureichenden Dokumentenlage kaum zu erwarten.

[31] Scott: Rampage, S. 230.

Doch nur im Kampf um Baguio waren Luftangriffe nennenswert erfolgreich. Die Hauptlast des Kampfes trugen auch hier, vor allem aber dann in den Bergen, Infanterie und Artillerie.

Der Kampf um Baguio begann in den ersten Tagen des März, als in Manila noch geschossen wurde. Aber hier hatte die 6. Armee es mit Yamashitas Hauptmacht zu tun, hier waren alle Reserven an Artillerie und Munition zusammengezogen worden. Zudem hatte auch hier der Schwerpunkt des Baus von Stellungen gelegen, die Artillerie-Offiziere hatten das Schussfeld vermessen, Minengürtel und Panzergräben, häufig getarnt, behinderten zusätzlich den Vormarsch der US-Truppen.

Die Spitzen der 6. Armee, die 33. und die 37. Division, lagen noch am 21.04.1945 in schweren Kämpfen am Ufer des Irisan und westlich der Stadt. Zwei Tage später erreichte die 37. Division die Außenbezirke von Baguio. Doch Yamashita konnte nicht riskieren, dass seine Truppen in der Stadt eingeschlossen wurden und dann der amerikanischen Luftüberlegenheit zum Opfer fielen. Daher zog er nach und nach den größten Teil der Shobu-Gruppe zurück. Am 25.04.1945 fiel Baguio in amerikanische Hände.

Es galt jetzt, der 14. Kaiserlichen Armee entschlossen nachzusetzen, bevor sie ihre neuen Stellungen weiter nördlich und östlich beziehen konnte. Doch konnten die Amerikaner nicht verhindern, dass der japanische Rückzug am Balete-Pass zum Stehen kam. Erneut begannen schwere Kämpfe. Erst am 13.05.1945 erzwangen die US-Truppen den Pass und drückten Yamashitas Armee weiter Richtung Cagayan.

Yamashitas nächste Auffangstellung war im Gebiet von Bambang und nahe des Bessang-Passes vorbereitet. Bambang fiel am 07.06.1945, der Bessang-Pass wurde unter starker Beteiligung einheimischer Partisanenverbände am 13.06.1945 eingenommen. Danach stand das 1. Korps der 6. Armee im Cagayantal, wo am 19.06.1945 Ilagan fiel. Nach dem Fall von Tuguegarag am 25.06.1945 war die 14. Armee bis auf wenige Versprengte aus dem Cagayantal vertrieben, bzw. Yamashita hatte sich aus dem Tal zurückgezogen, nachdem alle im Tal verfügbare Nahrung abtransportiert oder zerstört und ein weiterer Widerstand gegen die amerikanische Überlegenheit nicht realisierbar war.

Hatten die Kämpfe um Baguio und den Weg zum Balete-Pass noch Ähnlichkeit mit den gewohnten Feldschlachten und Häuserkämpfen des Zweiten Weltkriegs gehabt, so folgte danach ein mühseliges Erobern einzelner Höhlenabschnitte. Yamashitas Pioniere und Techniker hatten diverse neue Taktiken entwickelt, die vor allem die Zerschlagung der kleineren Bereitstellungen für die US-Truppen zu einem erheblichen Problem machten. Die natürlichen Höhlen in dieser Region waren ausgebaut worden, zum Teil durch Beton oder Tragebalken stabilisiert und tief in die Berge vorgetrieben. Das trug Yamashita in der US-amerikanischen Berichterstattung den Spitznamen „Badger" ein, weil aus dem Tiger von Malaya ein Dachs geworden sei, der sich seine Burg in die Tiefe des Erdreichs gewühlt habe.

Das Ausheben dieser häufig durch Maschinengewehrnester geschützten Unterstände erforderte ein hohes Maß an Improvisation. Vielerorts verwendeten die US-Truppen Bulldozer, die zunächst die Maschinengewehrnester zusammenschoben, bevor die Panzer das Feuer eröffneten. In diversen Fällen konnten die Höhleneingänge gesprengt werden, wodurch die Verteidiger eingeschlossen waren. Vor allem aber die mit Flammenwerfern ausgerüsteten Panzer wurden zum Schrecken von Yamashitas Truppen.

Erneut begegneten die Amerikaner hier dem japanischen Todesmut und Fanatismus, der ihnen völlig unverständlich blieb. Dass Truppen, die seit Tagen in einer Felsenhöhle unter Beschuss lagen, schwere Verluste in Kauf nahmen, um in der Nacht zur einzigen verfügbaren Wasserstelle vorzustoßen, war ja noch einsehbar. Aber viele GIs erlebten hier erstmals Banzai- und Gyokusai-Angriffe, das Infanterie-Vorbild der Kamikaze-Attacken.

Banzai-Angriffe, also verlustreiche Sturmangriffe auf Stellungen des Feindes, hatten in der japanischen Kriegsgeschichte eine lange Tradition. Obwohl sie mit der Einführung von automatischen Waffen eigentlich zu aussichtslosen Selbstmordkommandos geworden waren, hielten sich beim japanischen Heer im Ersten und eben auch im Zweiten Weltkrieg Sturmangriffe, während derer ganze Einheiten auf die Stellung des Feindes losstürmten, wobei sie aus voller Kehle „Banzai!" schrien, was dem Angriff seinen Namen gab.[32] Dies lag auch daran, dass sich gegen die schlecht ausgerüsteten chinesischen Truppen der 1930er Jahre solche Angriffe durchaus als erfolgreich erwiesen hatten. Aber während Banzai-Angriffe in der japanischen Wahrnehmung immer noch eine gewisse Erfolgschance hatten, traten neben sie etwa ab Mai 1943 reine Selbstmordangriffe, die als Gyokusai (玉砕) bezeichnet wurden.[33] Diese sollten nicht einen – wenn auch eher unwahrscheinlichen – Erfolg auf dem Gefechtsfeld erzielen. Sondern sie sollten ausschließlich in aussichtsloser Lage dem Soldaten einen heldenhaften Tod verschaffen und ihm so einen Platz im Kreis der Kami sichern,

---

[32] Der im Mittelalter aus dem Chinesischen übernommene Ausruf „Banzai" wurde Anfang des 20. Jahrhunderts zu einem gebräuchlichen Glückwunsch und Jubelruf in Japan. Er fußt auf der japanischen Verfassung von 1889, die mit dem Satz beginnt, dass eine Dynastie zehntausend Jahre überdauere. Insbesondere war dies das gebräuchliche Jubelwort der Meiji-Restauration seit 1868. Entsprechend riefen die Angreifer im Zweiten Weltkrieg häufig auch „Tennō heika banzai!", was dem Kaiser zehntausend Lebensjahre wünscht.

[33] Straus: Anguish, S. 51-53.

also der unsterblichen Seelen im Yasekuni-Schrein.[34] Daher wurde hierfür der gleiche Ausdruck verwendet wie für den Tod durch rituellen Selbstmord, also durch Seppuku.

Bei dieser Art von Selbstmordangriffen banden sich die Soldaten Minen oder Dynamitpackungen auf den Bauch oder befestigten sie an Bambusstangen; manchmal schwangen sie auch nur ein Katana, ihr Samurai-Schwert. Dann stürmten sie einzeln oder in Gruppen auf die amerikanischen Stellungen los. Wenn es ihnen gelang, das MG-Feuer der Amerikaner zu überwinden, sprengten sie sich möglichst nahe an der feindlichen Stellung in die Luft.

Sehr erfolgreich waren diese Angriffe nicht, außer dass die japanischen Angreifer ihr eigenes Ziel eines ehrenhaften Tods verwirklichen konnten. Aber diese Angriffe hatten auch starke Auswirkungen auf die Moral der Amerikaner. Die Kriegsunlust wuchs in der Truppe, und es mehrten sich die Fälle psychischer Erkrankungen infolge nervlicher Zerrüttung.[35]

Nach der Eroberung des Cagayantals beendete die 6. Armee ihren Vormarsch im wesentlichen. Noch immer verfügte Yamashita über mehr als 50.000 Mann.[36] Diese standen jetzt im Bergland der Sierra Madre östlich des Cayagan; aber eine Bedrohung stellte die 14. Armee nicht mehr dar. Trotzdem war es überzogen, dass MacArthur am

---

[34] Der Ausdruck Gyokusai setzte sich im Westen nicht durch. Die zeitgenössischen US-amerikanischen Berichterstatter machten keinen Unterschied zwischen Banzai- und Gyokusai-Angriffen.
[35] Ross-Smith: Triumph, v.a. S. 503-504.
[36] Breuer: Retaking the Philippines, S. 258. In seinen Memoiren spricht der damalige Oberbefehlshaber der 6. Armee allerdings von nur noch 25.000 Mann, die Yamashita noch unterstanden; Krueger: From Down, S. 318.

05.07.1945 verkündete, die Philippinen seien insgesamt befreit worden.

Yamashitas Plan, große Kontingente der amerikanischen Truppen auf den Philippinen zu binden, war nur für wenige Monate aufgegangen. Hauptziel dieser Strategie war es ohnehin gewesen, der Regierung in Tokio Zeit zu geben, um Japan auf die erwartete Invasion vorzubereiten. Das war zu keinem Zeitpunkt in befriedigendem Umfang geglückt. Von Anfang Januar bis Anfang Juli 1945 die hatte die Rückeroberung der Philippinen erhebliche US-amerikanische Kontingente gebunden. Das hatte jedoch die Eroberung von Iwo Jima ab dem 19.02.1945 nicht beeinträchtigt. Vor allem aber war die US-amerikanische Eroberung von Okinawa ab dem 01.04.1945 nicht verhindert worden. Dadurch war die Anflugdistanz für US-amerikanische Bomber dramatisch verkürzt worden, wenn sie das japanische Mutterland attackierten. Auch die sonstige strategische Bedeutung dieser größten der Ryu-Kyu-Inseln war erheblich, nicht zuletzt wegen der dortigen Häfen und als Sicherung der Seewege nach Borneo und Sumatra. Immens war zudem der Symbolcharakter von Okinawa, das erst 1871 Teil Japans geworden war. Yamashita und sein Stab dürften daher alle Nachrichten von dort mit Entsetzen aufgenommen haben, auch deshalb, weil hier anders als zuvor die japanischen Soldaten nicht mehr durchweg bis zum Tod zu kämpfen bereit waren, sondern sich zu Tausenden ergaben.

Spätestens als Okinawa am 30.06.1945 vollständig erobert war, trat das Scheitern von Yamashitas Plan offen zutage. Es war ihm nicht gelungen, in ausreichender Weise US-Truppen zu binden. Und die Idee, Japan die Zeit zu verschaffen, sich auf eine Invasion vorzubereiten, war ohnehin von der technischen Entwicklung in den USA überholt, auch wenn Yamashita das so wenig wie die japanische Regierung wissen konnte. Doch mit dem erfolgreichen Test vom 16.07.1945 in der Wüste bei Alamogordo trat der Krieg in seine letzte Phase.

Die USA unter Harry S. Truman waren in der schwierigen Situation, dass sie von den sowjetischen Plänen eines Angriffs in China natürlich wussten, aber kaum einschätzen konnten, ob Stalin nicht versuchen würde, ganz China, Korea und vielleicht sogar Japan selbst zu erobern. Daher verzichtete man darauf, die japanische Seite zunächst auf die Verwüstungswirkung der neuen Waffe hinzuweisen, sondern beschloss, sofort vollendete Tatsachen zu schaffen. Auch die Idee eines ersten Einsatzes über einer unbewohnten Insel war damit vom Tisch.[37]

Am 06.08.1945 wurde Hiroshima, drei Tage später Nagasaki fast völlig zerstört. In beiden Angriffen wurden zusammen etwa 120.000 Menschen direkt getötet worden, mindestens ebenso viele starben bis Ende 1945 an ihren Verletzungen.[38] Um Ähnliches zu erreichen, hatte die US Air Force am 09. und 10.03.1945 bei ihrem Brandbombenangriff auf Tokio noch 279 Höhenbomber vom Typ B-29 Superfortress einsetzen müssen. Damals waren nach japanischen Angaben 83.783

---

[37] Gelegentlich wird behauptet, man habe mit dem Einsatz der Kernwaffen gigantische Opferzahlen einer Invasion vermeiden wollen. Eine solche Operation stand zu diesem Zeitpunkt aber noch gar nicht fest. Immerhin wurden aber nach dem Einsatz der Bomben zur Bereitstellung einer solchen Rechtfertigung die ursprünglich kalkulieren Zahlen deutlich nach oben verändert; Walker: Prompt and Utter, S. 71-73.

[38] Die an den Spätfolgen der Strahlung nach Jahren Gestorbenen und die Opfer der folgenden Generationen einschließlich der Fehl- und Totgeburten sind in ihrer Gesamtzahl bis heute Gegenstand mehr oder weniger hitziger Diskussionen; Lifton/Mitchell: Hiroshima, S. 173-177.

Menschen dem Feuersturm zum Opfer gefallen; tatsächlich dürften es weit über 100.000 gewesen sein. Diesmal hatte über Hiroshima wie über Nagasaki eine einzelne B-29 genügt, um eine ganze Stadt dem Erdboden gleich zu machen. Und beides waren eher kleine Städte gewesen. Ein entsprechender Angriff auf Tokio oder Kyoto stellte mithin ein albtraumhaftes Szenario für die japanische Landesverteidigung dar.

Und doch es waren nicht in erster Linie die neuen Waffen der Amerikaner, welche letztlich die japanische Kapitulation erzwangen. Seit dem Angriff auf Tokio war ohnehin eine japanische Stadt nach der anderen Ziel verwüstender Angriffe gewesen. Die Zerstörung Hiroshimas und Nagasakis bedeutete keine wesentlich neue Qualität, zumal auch die Zahl der Verluste gering war angesichts der Maßstäbe, in denen Volk und Regierung in Japan inzwischen zu denken gewohnt waren.

Entscheidend war vielmehr, dass die UdSSR, von der Japan sich die Vermittlung eines Verständigungsfriedens erhofft hatte, dem Kaiserreich am 08.08.1945 den Krieg erklärte.[39] Bereits am nächsten Tag brachen die Erste Fernostfront, die Zweite Fernostfront und die Transbaikalfront der Roten Armee mit insgesamt über 1.500.000 Mann und umfangreichem Material über die schlecht versorgte Kwantung-Armee herein. Diese bestand zwar noch aus knapp einer Million Soldaten, hatte aber kaum noch Panzer und fast keine Flugzeuge mehr. Die japanischen Stellungen wurden in kürzester Zeit überrollt, zu Hunderttausenden gerieten die japanischen Soldaten in Gefangenschaft. Bis

---

[39] Diese erstmals von Hasegawa (Racing the Enemy, passim, v.a. S. 354-361) 2006 detailliert dargelegte Ansicht ist bis heute umstritten, aber mit Blick auf die japanische Quellenlage eigentlich unausweichlich.

zum 18.08.1945 war die gesamte Mandschurei in sowjetischer Hand. Einheiten der Roten Armee standen im Norden Koreas und stießen in breiter Front auf chinesisches Gebiet vor.

Die Katastrophe der Kwantung-Armee nahm der japanischen Regierung jede Aussicht, auf das chinesische Hinterland gestützt die USA zu einem Verständigungsfrieden zu bringen, der Japan wenigstens Teile der Kriegsgewinne beließ. Trotzdem fand sich die japanische Regierung noch immer nicht bereit, die Forderung der Alliierten nach bedingungsloser Kapitulation zu akzeptieren. Jetzt eskalierte der Konflikt zwischen dem eigentlich äußerst zurückhaltenden Kaiser und den radikalen Mitgliedern seiner Regierung. Hirohito hatte bereits seit Anfang Juli angesichts der fortschreitenden Zerstörung Japans seine Regierung gedrängt, über die bisher neutrale UdSSR Friedensverhandlungen mit den USA und Großbritannien zu initiieren. Stalin entzog sich diesem Ansinnen aber über geraume Zeit, bis ihm auf der Konferenz von Jalta als Lohn für einen Bruch des Japanisch-Sowjetischen Neutralitätsabkommens vom Juli 1941 erhebliche Kompensationen versprochen wurden. Vor allem sollte die UdSSR zurückerhalten, was seinerzeit das Russische Kaiserreich nach dem Debakel von Tsushima eingebüßt hatte. Hierzu gehörten vor allem der Südteil von Sachalin, die Kurilen und die Verfügungsgewalt über Port Arthur.

Truman, Churchill und Chian Kai-shek richteten am 27.07.1945 ein Ultimatum an Japan, in dem erneut die bedingungslose Kapitulation gefordert und andernfalls die vollständige Vernichtung der japanischen Bevölkerung angedroht wurde – eine Begriffswelt, die man gegenüber dem Deutschen Reich stets vermieden hatte.

Für den Fall der Kapitulation wurde u.a. eine konsequente Verfolgung aller Kriegsverbrecher angekündigt. Da Hirohito hiervon nicht ausgenommen war, fürchteten diverse Kreise in Militär und Regierung, dass der Kaiser hingerichtet werden würde und es daraufhin zu einer kommunistischen Revolution kommen würde. Wiewohl letzteres eine annähernd paranoide Idee war, stand damit eine Kapitulation zunächst nicht zur Diskussion.

Jetzt wandte sich Hirohito offen gegen die dominierenden Kräfte innerhalb Japans. Er machte in der Sitzung des Thronrats vom 14.08.1945 in unerhörter Weise von seinem eigentlich nur pro forma existierenden Recht Gebrauch, der Regierung Befehle zu erteilen, und ordnete ein Ende des Krieges an. Er besprach ein Band, das am nächsten Tag im japanischen Rundfunk gesendet wurde – für die allermeisten Japaner das erste Mal, dass sie überhaupt die Stimme ihres Staatsoberhaupts vernahmen.[40]

In dieser im Nachgang als Gyokuon-hōsō (玉音放送, „Aussendung der kaiserlichen Stimme") bezeichneten Ansprache verwies Hirohito auf seinen und damit für das gesamte Volk geltenden Beschluss, das "Unerträgliche zu ertragen und das Unerduldbare zu erdulden." Er verwies dabei nicht auf die Entwicklung im China, sondern führte ausschließlich die Verwüstungskraft der neuen Waffe der USA an, um die Kapitulation zu begründen. Zudem vermied er jeden Eindruck, Japan hätte diesen Krieg gegen das Völkerrecht und ohne eigene Bedrohung begonnen.

---

[40] In der Nacht zuvor hatten noch Offiziere des Heeresministeriums in Tokio unter Führung von Kenji Hatanaka den Kaiserpalast besetzt und zunächst versucht, das Band an sich zu bringen. Als sie es nicht finden konnten und die Kaiserliche Garde ihre Unterstützung verweigerte, besetzten sie die mit der Ausstrahlung beauftragte Radiostation, gaben dann aber auf Befehl des regionalen Oberkommandos auf. Mehrere Offiziere, darunter Hatanaka, begingen noch am Morgen vor der Ausstrahlung Suizid, wobei sie sogar auf das langwierige Ritual des Seppuku verzichteten und sich kurzerhand erschossen; Toland: Rising Sun, S. 1043-1051.

Da Hirohito leise und in der Hofsprache redete und lediglich von einer Annahme der alliierten Note sprach, waren viele Menschen sich nicht sicher, wie sie diese Rede verstehen sollten. Doch am folgenden Tag befahl der Kaiser allen japanischen Truppen, die Kampfhandlungen einzustellen.

Formal war mit der Erklärung des Kaisers und seiner Weisung an das Militär der Krieg beendet. Doch erwies die Umsetzung sich auch angesichts zahlloser Fanatiker und Selbstmordwilliger im japanischen Militär als erhebliche Herausforderung.

Es ist anzunehmen, dass Yamashita relativ bald von der Kapitulation wusste, aber bewaffnete Konflikte unter seinen Offizieren und in den Truppen insgesamt befürchtete, wenn er umgehend kapitulierte. Daher begann diese Phase erst mit dem 02.09.1945, als er offiziell von der Kapitulation in Kenntnis gesetzt wurde und daraufhin die Waffen streckte. Mit ihm gingen 50.500 halbverhungerte und erschöpfte Soldaten in Gefangenschaft.

14.6.   Der Kriegsverbrecherprozess gegen Yamashita

Yamashita wurde als Kriegsverbrecher verhaftet. Zur Last gelegt wurden ihm die zahlreichen Übergriffe unter seinem Kommando stehender Truppen auf die Zivilbevölkerung und gegen Kriegsgefangene. Ohne Zweifel hatte Yamashita von diesen Kriegsverbrechen gewusst, sie in vielen Gefällen geduldet und, wo es militärisch geboten schien, auch ausdrücklich befohlen, etwa als die Bevölkerung der Cagayantals massiv terrorisiert wurde. Allerdings wurden ihm auch die ungeheuren Verbrechen während der Schlacht um Manila angelastet, obgleich Iwabuchi eindeutig gegen Yamashitas Weisung in Manila verblieben war.

Am 29.10.1945 wurde in Manila das Verfahren gegen Yamashita und weitere an Kriegsverbrechen auf den Philippinen beteiligte japanische

Generäle eröffnet.[41] Die Abwicklung des Prozesses erregte auch in den USA starke Kritik, da das Urteil offensichtlich schon vor Eröffnung des Verfahrens feststand und gemessen an der Schwere der Vorwürfe die Beweise der Ankläger kaum überzeugten. Während die Nürnberger Prozesse zu gleicher Zeit demonstrierten, mit welcher Sorgfalt und mit welchem Aufwand eine legitime Anklage vertreten werden konnte, improvisierte man in Manila Verfahren, die eher an Schnellgerichte erinnerten. Berichte amerikanischer Wochenschauen wurden als Belastungsmaterial verwendet. Zeugen kamen zu Wort, welche die in Frage stehenden Taten zum Teil nur aus dritter Hand kannten. Zu den Yamashita angelasteten Verbrechen gehörte ein Massaker an Filipinos Anfang September 1944, als Yamashita noch in Mandschukuo gewesen war.

Insbesondere kritisierte man in den USA, dass sich das Gericht ausschließlich aus amerikanischen Offizieren zusammensetzte und dass die Verhandlung in der Empfangshalle des Hochkommissars für die Philippinen abgehalten wurde. Hier drängten sich Hunderte aufgebrachter Filipinos, die Rache für die Jahre der Unterdrückung, für die Zerstörung Manilas und die Verwüstungen und Gräueltaten der sich daran anschließenden Kampfhandlungen forderten.[42]

Yamashita wurde, ebenso wie der seinerzeitige Eroberer der Philippinen, Gen.lt. Masaharu Homma, zum Tode verurteilt.[43] In beiden Fällen war die Argumentation des Urteils fragwürdig. Homma etwa wurden Taten japanischer Truppen zur Last gelegt, die zum fraglichen Zeitpunkt nicht unter seinem Kommando standen. Hierzu gehörte die

---

[41] Umfassend hierzu: Reel: Case, v.a. S. 214-226. Zu den Vorwürfen auch Breuer: Retaking the Philippine, S. 253.

[42] Breuer: Retaking the Philippines, S. 262.

[43] Gesamtschau der Verfahren bei Taylor: Trial, v.a. S. 61-69.

Bombardierung Manilas in der letzten Woche des Jahres 1942, nachdem die Stadt zur offenen Stadt erklärt worden war, was der japanischen Seite spätestens seit dem 26.12.1942 bekannt war. Anders als in Yamashitas Fall wurde Homma letztlich seine Führungsschwäche zum Verhängnis, die jede Art von Wildwuchs unter seinem Kommando ermöglicht hatte. Aber die meisten dieser Taten – die Kriegsverbrechen bei der Eroberung Manilas, das Terrorregime der folgenden Jahre usw. – hätte man umfangreich und mühselig belegen müssen. Daran war zu diesem Zeitpunkt die US-amerikanische Führung offensichtlich nicht interessiert. Insbesondere MacArthur wollte einen raschen Schlussstrich ziehen, um mit diesem Erfolg im Rücken seine politischen Ambitionen in den USA weiter gedeihen zu lassen.

Noch extremer verlief die Anklage gegen Yamashita. Die ungeheuren Kriegsverbrechen, für die er vor allem in Singapur und später in weiten Teilen der Philippinen verantwortlich war, blieben auf weite Strecken unberücksichtigt, um das Verfahren zu einem schnellen und politisch gewollten Ergebnis zu bringen.

Der Hauptvorwurf gegen Yamashita war, dass unter seinem Kommando stehende Truppen Kriegsverbrechen begangen hätten, ohne dass Yamashita nachgewiesen werden konnte, dass er selbst auch nur im Detail davon wusste. Auch wenn es höchst wahrscheinlich ist, dass Yamashita die Vorgänge etwa in den Lagern von Kriegsgefangenen und Zwangsarbeitern mehr als nur vage kannte und wie in Singapur, so auch auf den Philippinen die entsprechenden Befehle selbst erteilt hatte, fehlte der Schuldbeweis. Damit erging wie bei Homma das Urteil letztlich aufgrund mangelnder Aufsicht über die kommandierten Truppen. Bei Homma mag dies noch einigermaßen plausibel gewesen sein, bei Yamashita war es grotesk.

Die Verurteilung erfolgte also letztlich auf Basis der Vorgesetztenverantwortlichkeit.[44] Durch diese ist ein Offizier nicht nur für Kriegsverbrechen ihm direkt unterstellter Truppen verantwortlich, sondern auch, wenn ihm nur mittelbar unterstellten Truppen Kriegsverbrechen anzulasten sind. Dieses Prinzip war nach verschiedenen Vorläufern zwar bereits 1907 in den Haager Konventionen IV und X festgeschrieben worden. Es fehlte aber die Strafbewehrung, was dazu führte, dass etwa im Ersten Weltkrieg dieses Prinzip nicht angewendet wurde und es auch nach der Kapitulation 1918 nur in sehr geringem Umfang zu strafrechtlicher Verfolgung führte. Noch im Nürnberger Hauptverfahren wurden z.B. Raeder und Doenitz ein halbes Jahr nach Yamashitas Hinrichtung lediglich zu Haftstrafen verurteilt, obgleich sie von Kriegsverbrechen diverser Einheiten der Marine nachweisbar im Detail wussten und diese mindestens teilweise aktiv befördert hatten. Auch die erste Anwendung des Prinzips im sog. „Geiselmord-Prozess", einem der Nürnberger Nachfolgeprozesse, führte 1948 im Verfahren gegen die auf dem Balkan eingesetzten Wehrmachtsgeneräle lediglich zu Haftstrafen. Aufgrund der zahlreichen Begnadigungen durch den US-amerikanischen Hohen Kommissar John McCloy verbrachten auch die hier zu lebenslänglicher Haft Verurteilten wie Generalfeldmarschall Wilhelm List oder Gen. Walter Kuntze maximal fünf Jahre im Gefängnis. Man kann sich des Eindrucks mithin nicht ganz erwehren, dass für Asiaten nach Kriegsende ein anderes Recht galt als für Europäer.[45] Allerdings: Die Vorgesetztenverantwortlichkeit

---

[44] United States Military Commission: Case No. 21, S. 1-2.

[45] Reels Veröffentlichungen zu Yamashitas Fall regten eine heftige Diskussion in den USA an; das Oberkommando der US-Streitkräfte (SCAP) sah sich genötigt, eine Gegendarstellung zu veröffentlichen.

hätte auch den Tenno vor ein entsprechendes Gericht bringen müssen. Aber im Interesse einer zügigen Kapitulation hatte MacArthur auf jede Strafverfolgung des Staatsoberhaupts verzichtet. Bis heute wird in Japan bestritten, dass Untergebene strafbar gewesen sein können, wenn ihr Oberbefehlshaber dies nicht gewesen sein soll.

Das Urteil gegen Yamashita mag daher moralisch gerechtfertigt gewesen sein, soweit man das von Todesurteilen überhaupt sagen mag. Aber seine juristische Grundlage war äußerst zweifelhaft. Einer der Verteidiger Yamashitas, Adolf Frank Reel, brachte daher den Fall vor den amerikanischen Supreme Court, gegen Stimmen, welche die Zuständigkeit des Gerichts als letzter Instanz für Kriegsgerichtsurteile über Angehörige besiegter Nationen bestritten.[46] Doch in der nach wie vor antijapanischen Stimmung der Nachkriegszeit scheiterte seine Eingabe, auch wenn sich immerhin zwei Richter des Supreme Courts seiner Ansicht von der Unrechtmäßigkeit des Urteils gegen Yamashita anschlossen. Neben der Bedeutung für Yamashitas weiteres Schicksal war diese Entscheidung aber vor allem deswegen relevant, weil das Gericht damit seine Zuständigkeit auch für Kriegsgerichtsverfahren gegen ausländische Offiziere konstatierte. Zudem wurde so die Vorgesetztenverantwortlichkeit auch für solche Verfahren als zwingend etabliert, nachdem sie bereits während des Bürgerkriegs den US-amerikanischen Truppen vorgeschrieben worden war.

Yamashitas letzte Chance war jetzt ein Gnadengesuch. Nachdem Truman – anders als der Supreme Court - sich geweigert hatte, ein Militärgerichtsurteil zu bewerten, lag die Zuständigkeit bei MacArthur als dem zuständigen Militärbefehlshaber, auch wenn schon von Zeitgenossen dieser als parteiisch kritisiert wurde. MacArthur lehnte das

---

[46]   Wright: Due Process, S. 404-405.

Ersuchen ab. Am 27.02.1946 wurde das Urteil in Los Banos durch Erhängen vollstreckt.[47]

Völkerrechtlich war dieses Urteil von erheblicher Bedeutung bis in unsere Tage und weit darüber hinaus.[48] Und doch müssen Verfahren und Urteil gegen Yamashita aus mehreren Gründen ausgesprochen kritisch gesehen werden. Zunächst einmal wurde Yamashita im Interesse eines schnellen Urteils auf Basis eines erst nachträglich eingeführten Rechtsprinzips verurteilt. Das verstieß nicht nur gegen eherne Prinzipien des Rechtsstaats. Es verhinderte auch eine konsequente Aufarbeitung der Yamashita ohne weiteres nachweisbaren Kriegsverbrechen wie des in Singapur und Malaya auf seine Weisung hin verübten Massenmords an Chinesen und Tamilen nach der Besetzung Singapurs ab Mitte Februar 1942.

Verfahren und Urteil schrieben – mit Blick auf die Nürnberger Prozesse – auch die bereits mit Kriegseintritt der USA offen zutage getretene Ungleichbehandlung von Deutschen und Japanern fort:

---

[47] In Los Baños, 40km südlich von Manila, war ein berüchtigtes Kriegsgefangenenlager; die Vorgänge in diesem Lager waren Yamashita ebenfalls zur Last gelegt worden.

[48] Verglichen damit ist es nicht viel mehr als eine bizarre Fußnote der Geschichte, dass einige Verschwörungstheoretiker die Legende von Yamashitas Gold in die Welt gesetzt haben. Dabei handele es sich um Beute der Japaner aus Plünderungen in allen besetzten Gebieten, vielleicht auch um Teile des kaiserlichen Schatzes, den man aus Tokio weggebracht habe. Einigen Fassungen dieses modernen Märchens zufolge soll Yamashita diesen Schatz in Höhlen und Schächten auf den Philippinen verborgen haben. Dort harre er vielleicht bis heute seiner Entdeckung durch Schatzsucher, welche daher Jahr für Jahr auf die Philippinen pilgern. Gefunden haben sie allerdings bis heute nichts. Aber das scheint sie auch weiterhin nicht abzuhalten.

Deutschstämmige US-Amerikaner waren nach Pearl Harbor nur teilweise und meist nicht sehr lange interniert worden, wohl aber die japanstämmige Bevölkerungsgruppe, selbst wenn es sich um in den USA geborene Japaner handelte. Deutschland wurde nie die Ausrottung des ganzen Volks angedroht, und auch der Morgenthau-Plan zur Rückführung Deutschlands auf einen Agrarstaats wurde nach kurzer Überlegung verworfen. Nicht zuletzt sind Zweifel angebracht, dass, wenn das Manhattan-Projekt etwas schneller vorangekommen wäre, im Februar oder März 1945 wirklich eine Kernwaffe gegen Köln oder München eingesetzt worden wäre.

Zugleich wurde den entsprechenden Stimmen in Japan durch Urteile wie das gegen Yamashita erleichtert, von „Siegerjustiz" und Fehlurteilen zu sprechen. Ein Diskurs über die japanischen Kriegsverbrechen zwischen 1937 und 1945 ist daher nur sehr rudimentär in Gang gekommen. Wo man überhaupt das Vorkommen solcher Handlungen zugesteht, werden meist deutlich zu niedrig geschätzte Opferzahlen genannt oder die Massenmorde als bloße Reaktionen auf zuvor erfolgte Handlungen Chinas, aber auch anderer Völker verharmlost.

Diese Haltung in Japan wurde dadurch begünstigt, dass nach dem Kriegsverbrecherprozess in Tokio 1946 auf Folgeprozesse, anders als in Deutschland, verzichteten. Zu dringlich schien es, Japan in eine anti-sowjetische Phalanx zu integrieren, sodass sogar bereits inhaftierte, aber noch nicht verurteilte japanische Angeklagte wieder auf freien Fuß gesetzt wurden. In der Folgezeit wurde schrittweise auch der Status der wenigen verurteilten Kriegsverbrecher verändert. Das kurz als Engoho bezeichnete Beistandsgesetz für Kriegsversehrte und Hinterbliebene, welches Japan zwei Tage nach Wiedererlangung seiner vollständigen staatlichen Unabhängigkeit 1952 erließ, betrachtet auch alle verurteilten Kriegsverbrecher wie Yamashita und Tojo als in staatlichem Dienst Verstorbene und räumt den Hinterbliebenen entsprechend einen Pensionsanspruch ein. Zudem haben diverse japanische Regierungen die Urteile über die japanischen Kriegsverbrecher als Verstoß gegen den Grundsatz „nulla poena sine lege", also letztlich als Rechtsbeugung bezeichnet. 1995 gestand zwar der damalige Premierminister Tomiichi Murayama anlässlich des 50. Jahrestags des Kriegsendes zu, dass die japanische Kolonialherrschaft viel Leid über diverse Völker in Asien gebracht habe. Er bedaure dies, auch wenn Japan mit seiner Expansionspolitik absolut legal vorgegangen sei. Aber schon diese Erklärung führte wenige Monate später zu katastrophalen Stimmverlusten von Murayamas Partei, den japanischen Sozialdemokraten, und in der Folge zu seinem Rücktritt als Premierminister.

Immerhin, die Etablierung der Vorgesetztenverantwortlichkeit als völkerrechtlichem Prinzip stellt trotz seiner meist zögerlichen Anwendung einen großen Fortschritt für die Verfolgung von Kriegsverbrechern und vor allem ihrer Auftraggeber dar. Sie hat daher als Art. 28 auch in das Römische Statut Eingang gefunden, welches die Grundlage der aktuellen Tätigkeit des ICC in Den Haag bildet.[49] Ihre Durchsetzung freilich, vor allem ihre Etablierung in der Ausbildung junger Offiziere, bleibt in vielen Ländern der Erde, vorsichtig gesagt, weiterhin rudimentär.

Yamashita wurde zunächst auf dem Friedhof von Los Baños begraben, dann 1951 nach Japan überführt, wo er heute in Fuchu auf dem Tama Reien, dem größten Friedhof der Präfektur Tokio, liegt. Hierher sind zahlreiche weitere japanische Heerführer des Zwanzigsten Jahrhunderts nach ihrem Tod verbracht worden, darunter Adm. Isoruku Yamamoto und Adm. Heihachirō Tōgō, der Sieger von Pt. Arthur und Tsushima sowie der bis heute verehrte ultranationale Dichter und

---

[49]   www.fedlex.admin.ch/eli/cc/2002/586/de#art_28

Putschist Yukio Mishima. Zudem wurde Yamashita im Yasekuni-Schrein 1959 ein Gedenkstein gesetzt, was ihn in verbreiteter Sichtweise in Japan zu einem unsterblichen Nationalhelden gemacht hat. Am Ort seiner Hinrichtung in Los Baños wurde 1970 ein Ehrenmal errichtet. Auch in anderen Städten, u.a. in Saitama, wo ihm der shintoistische Aoba-Schrein gewidmet ist, wird seiner regelmäßig bis heute gedacht. Yamashita ist also insgesamt eine populäre Gestalt in der japanischen Wahrnehmung. Ein Diskurs über die von ihm und den ihm unterstellten Truppen verantworteten entsetzlichen Kriegsverbrechen hat wie insgesamt zu den japanischen Verbrechen bis heute nicht einmal ansatzweise stattgefunden. Es ist leider damit zu rechnen, dass dies sich angesichts der politischen Lage in Japan auch zukünftig weder in akademischen Kreisen noch erst recht in der Öffentlichkeit ändern wird, vereinzelten Publikationen und Aktivitäten zum Trotz.

Ich danke Ihnen für Ihre Aufmerksamkeit.

14.7. Literatur

Agoncillo, Teodoro: The Fateful Years: Japan's Adventure in the Philippines, 2 Bde., Quezon City 1965

Arnold, Robert H.: A Rock and a Fortress: a true war story of victory through Christian faith in the mountains and jungles of the Japanese-occupied Philippines, with vital implications for Americans today, Sarasota (Blue Horizon Press) 1979

Atschkasow, W.I., G.K. Plotnikow, et al.: Die Niederlage des militaristischen Japan: Die Beendigung des Zweiten Weltkriegs, Berlin-Ost (Militärverlag der Deutschen Demokratischen Republik) 1984

Baclagon, Udalrico S.: Philippine Campaigns, Manila (Graphic House) 1952

Breuer, William B.: Retaking the Philippines. America's Return to Corregidor and Bataan, October 1944 - March 1945, New York (St. Martin's Press) 1987

Buenafe, Manuel E.: Wartime Philippines, Manila (Philippine Education Foundation) 1950

Carlisle, John M.: Red Arrow Men: Stories About the 32nd Division on the Villa Verde, Detroit (Arnold-Powers, Inc.) 1945

Connaughton, Richard, Pimlott, John, Anderson, Duncan: The Battle for Manila, London (Presidio) 1995

Daly, James A.: The Yamashita Case and the Martial Courts, in: Connecticut Bar Journal, Nr. 2-3/1947, S. 135-158, 210-229

Fairman, Charles: The Supreme Court on Military Jurisdiction: Martial Rule in Hawaii and the Yamashita Case, in: Harvard Law Review, Nr. 59/1946, S. 833-882

Falk, Stanley: Bataan: The March of Death, New York (W. W. Norton & Co.) 1962

Falk, Stanley: Liberation of the Philippines, New York (Macdonald & Co.) 1971

Feldhaus, J. Gordon: The Trial of Yamashita, in: South Dakota Bar Journal, Nr. 15/1946, S. 181-193

Fogel, Joshua A. The Nanjing Massacre in History, in.: Ders. (Hrsg.): The Nanjing Massacre in History and Historiography, Berkeley (University of California Press) 2000, S. 1-9

Fuller, Richard: Japanese Generals: 1926–1945, Atglen/PA (Schiffer) 2011

Fuqua, Ellis E.: Judicial Review of War Crimes Trials, in: Journal of Criminal Law and Criminology, Nr. 37/1946, S. 58-64

Ganoe, John T.: The Yamashita Case and the Constitution, in: Oregon Law Review, Nr. 25/1946, S. 143-158

Gordon, Bill: 47 Ships Sunk by Kamikaze Aircraft, web.archive.org/web/20100702024423/http://wgordon.web.wesleyan.edu/kamikaze/background/ships-sunk/index.htm

Gruhl, Werner: Imperial Japan's World War Two: 1931–1945, New Brunswick (Transaction Publ.) 2007

Hanson, John Frederick: The Trial of Lieutenant General Masaharu Homma, Ph.D. Diss., Mississippi State Univ. 1977

Hasegawa, Tsuyoshi: Racing the Enemy: Stalin, Truman, and the Surrender of Japan, Cambridge/Ms. (Harvard UP) 2005

Hattori, Takushiro: Daitoa senso sen shi, Tokio (Haro Shobo) 1965

Hayashi, Saburo: Kogun. The Japanese Army in the Pacific War, Quantico (Marine Corps Ass.) 1959

Hessel, Eugene: Let the Judges do the hanging, in: Christian Century Nr. 66/ 34 (1949), S. 984-986

Hunt, Ray C., Bernard Norling: Behind Japanese Lines: An American Guerilla in the Philippines, Lexington (UP of Kentucky) 1986

Katona, Paul: Japanese War Crime Trials, in: Free World, Nr. 12/1946, S. 37-40

Kenworthy, Aubrey Saint: The Tiger of Malaya: The Story of General Tomoyuki Yamashita, New York (Exposition Press) 1953

Kojima, Noboru: Taiheiyo Senso, Bd. 1, Tokio (Bungeishunju) 1966

Krueger, Walter: From Down Under to Nippon. The Story of the Sixth Army in World War II, Washington (Combat Forces Press) 1953

Lael, Richard L.: The Yamashita Precedent: War Crimes and Command Responsibility, Wilmington/Del. (Rowman & Littlefield) 1982

Laine, Michele L. de: 'Jus Gladii' - The Right of the Sword: The Trial of General Yamashita Tomoyuki, ungedruckt (Adelaide 1979)

Lee, Geok Boi: The Syonan Years: Singapore Under Japanese Rule, 1942-1945, Singapur (National Archives) 2005

Lifton, Robert Jay, Greg Mitchell: Hiroshima in America: A Half Century of Denial, New York (Avon Books) 1996

Mair, Michael, Joy Waldron: Kaiten: Japan's Secret Manned Suicide Submarine and the First American Ship It Sank in WWII, New York (Berkley Books) 2014

Morison, Samuel Eliot: The Liberation of the Philippines, Luzon, Mindanao, the Visayas 1944-1945 (History of United States Naval Operations in World War II, Bd. 13), London (Little, Brown and Company) 1959

Morton, Louis: The Fall of the Philippines, Washington (Center of Military History) 1953

Pacific War Research Society: Japan's Longest Day: Surrender – The last 24 Hours through Japanese Eyes, New York (Ballantine Books) 1968

Petillo, Carol Morris: Douglas MacArthur: The Philippine Years, Bloomington (Indiana UP) 1981

Potter, Elmar B., Chester W. Nimitz und Jürgen Rohwer: Seemacht, Herrsching (Pawlak) 1982

Potter, John Deane: The Life and Death of a Japanese General, New York (Signet) 1962

Reel, Frank A.: The Case of General Yamashita, Chicago (University of Chicago Press) 1949

Roskill, Stephen W.: The War at Sea 1939-1945, Bd. 2: The Period of Balance, London (Her Majesty's Stationery Office) 1956

Ross-Smith, Robert: Triumph in the Philippines, Washington (Office of the Chief of Military History, Department of the Army) 1963

Rummel, Rudolph Joseph: Statistics on Democide, Charlottesville (Center on National Security and Law) 1997

Ryan, Allan A.: Yamashita's Ghost: War Crimes, MacArthur's Justice, and Command Accountability, Kansas City (University of Kansas Press) 2012

Scott, James M.: Rampage: MacArthur, Yamashita, and the Battle of Manila, New York (W. W. Norton & Co.) 2018

Straus, Ulrich: The Anguish of Surrender: Japanese POWs of World War II, Washington (University of Washington Press) 2005

Taylor, Lawrence: A Trial of Generals: Homma, Yamashita and MacArthur, South Bend (Icarus) 1981

Toland, John: The Rising Sun: The Decline and Fall of the Japanese Empire 1936 – 1945, New York (Random House) 1970

Totani, Yuma: Justice in Asia and the Pacific Region, 1945–1952: Allied War Crimes Prosecutions. Cambridge (Cambridge UP) 2015

United States Military Commission, Manila (Hrsg.): Case No. 21, Trial of General Tomoyuki Yamashita, https://www.legal-tools.org/doc/c574e3/pdf

United States Supreme (Hg.): General Tomoyuki Yamashita vs. Lieutenant General Wilhelm D. Styer, in: United States Supreme Court Records, Lawyers Edition, Nr. 327, S. 499-545

Walker, Samuel: Prompt and Utter Destruction: President Truman and the Use of Atomic Bombs Against Japan, Chapel Hill (University of North Carolina Press) 2005

Warner, Denis, Peggy Warner, Sadao Seno: The Sacred Warriors: Japan's Suicide Legions. New York (Van Nostrand Reinhold) 1982

Willmott, Hedley Paul, Robin Cross, Charles Messenger: World War II. London: Dorling Kindersley

Wright, Quincy: Due Process and International Law, in: American Journal of International Law, Nr. 40/1946, S. 398-406

Zaloga, Steven J.: Kamikaze: Japanese Special Attack Weapons 1944–45, Botley (Osprey Publ.) 2011